KATHRIN TSAINIS (Hg.) | 33 Grad im Schatten

Fragen an die Herausgeberin Kathrin Tsainis

Neunzehn Autorinnen und Autoren haben für das BRIGITTE-Sommerlesebuch geschrieben. Gibt es Gemeinsamkeiten?
Das Thema war für alle dasselbe – Sommer. Die Autorinnen und Autoren konnten ihrer Fantasie freien Lauf lassen, und so entstanden völlig unterschiedliche Geschichten. Ein Motiv, das aber häufig auftaucht, ist Aufbrechen und Unterwegssein, wobei auch das ganz individuell interpretiert wird: Mal geht es um einen Urlaub mit allen Höhen und Tiefen, dann wieder eher um eine Entdeckungstour ins eigene Ich, wenn eine Figur plötzlich mit ihren Abgründen oder Ängsten konfrontiert wird. Und »Jarmila« von Stephan Bartels ist eine Geschichte über die Liebe und das Erwachsenwerden in Zeiten des politischen Umbruchs – sie spielt im Sommer 1968 in Prag.

Der Sommer ist für viele die schönste Zeit des Jahres – wird das auch in den Geschichten deutlich?
Vor allem wird die Magie des Sommers deutlich: Alles fühlt sich intensiver an, alles scheint vor lauter Energie zu vibrieren. Und diese Energie steckt an, lockt Hoffnungen und Sehnsüchte hervor. Manchmal erfüllen sie sich sogar, manchmal scheitern sie – und beide Möglichkeiten bieten viel Stoff zum Erzählen, wie dieses Buch beweist.

Kann man dieses Buch nur im Sommer lesen?
Das ist doch genau wie mit Eisessen: Wenn man sich das nur in der Saison gönnt, vergibt man sich für den Rest des Jahres die Chance auf viele genussvolle Momente …

Kathrin Tsainis (Hg.)

33 Grad im Schatten

Das **Brigitte**-Sommerlesebuch

Brigitte Buch
im
Diana Verlag

FSC
Mix
Produktgruppe aus vorbildlich bewirtschafteten Wäldern und anderen kontrollierten Herkünften

Zert.-Nr. SGS-COC-1940
www.fsc.org
© 1996 Forest Stewardship Council

Verlagsgruppe Random House FSC-DEU-0100
Das für dieses Buch verwendete
FSC-zertifizierte Papier *Holmen Book Cream*
liefert Holmen Paper, Hallstavik, Schweden.

BRIGITTE-Buch im Diana Verlag
Originalausgabe 06/2009

Redaktion | Eva Spensberger
Umschlaggestaltung | Hauptmann & Kompanie Werbeagentur,
München – Zürich, Teresa Mutzenbach
Herstellung | Helga Schörnig
Satz | Leingärtner, Nabburg
Druck und Bindung | GGP Media GmbH, Pößneck
Printed in Germany 2009
978-3-453-35415-9

www.diana-verlag.de

Inhalt

Vorwort

Mag sein, dass Sie mich für kleinkariert, fantasielos oder gar arrogant halten. Aber wie man bei Sonnenschein und Temperaturen über zwanzig Grad extrem fiese Laune bekommen kann, will mir einfach nicht in den Kopf. Und so betrachte ich meine Freundin Marlene denn auch mit einem gewissen Staunen – um es mal wertneutral zu formulieren.

Marlene also. Die Rätselhafte. Sobald der Sommer Fahrt aufnimmt, macht sie eine seltsame Metamorphose durch: Sonst durchaus ausgeglichen, jammert sie bei jeder Gelegenheit über das »grauenhafte Wetter!«, zieht sich, wann immer es möglich ist, einem Nacktmull gleich in ihre Höhle zurück, schließt die Vorhänge und kühlt die Räume mit einem extrem leistungsstarken Ventilator auf Spätherbst herunter.

Muss sie doch mal hinaus, um ins Büro oder in den Supermarkt zu gehen, trägt sie lange Ärmel und Hosenbeine, Sonnenbrille und einen großen Hut, und reisen andere an die Adria, steht Marlene der Sinn nach Norden: Äußere Hebriden, Grönland oder so etwas in der Art.

Den Winter dagegen gibt sie sich gern richtig: Im Januar erkundete sie den Aralsee vom Pferdeschlitten aus, und vor zwei Jahren ließ sie sich an Weihnachten von einer Meute hechelnder Huskys durch Alaska ziehen. Davon schwärmt sie immer noch.

Ich habe Marlene sogar schwer im Verdacht, geheimnisvolle Rituale zu pflegen, mit denen sie Wind, Kälte und Regengüsse herbeibeschwört. Denn dann zeigt sie sich von ihrer vergnügtesten Seite, während wir anderen mit dem Himmel weinen.

Nein, Marlene ist weder rothaarig noch blass, was zumindest der Ansatz einer Erklärung wäre. Sie kann den Sommer einfach nur nicht leiden – und muss damit leben, dass das kaum einer versteht.

Ich am allerwenigsten. Der Sommer gehört zu meinen großen Lieben, und anders als manch andere große Liebe hat sie nie aufgehört, mich glücklich zu machen. Sie muss wohl in jenem August begonnen haben, als ich sechs Jahre alt war, zumindest ist das der erste Sommer, an den ich mich wirklich erinnern kann.

Wir verbrachten ihn in einem kleinen Badeort nicht weit von Athen. Meine Geschwister und ich spielten mit den anderen Kindern am Strand, über dem die Hitze wie in einem Backofen flirrte, tobten durch die Wellen, und meine Eltern kauften uns aufblasbare Schwimmtiere, Eis und Schmalzkringel, die der Sohn des Bäckers von einem großen Tablett aus unter die Leute brachte. Mein Vater hatte uns auch Angeln besorgt, und wir brachten Stunden auf dem langen Holzsteg zu, um mindestens so große Fische zu fangen wie der alte Christos, der jeden Morgen schwer beladen an unserer Pension vorbeischlurfte.

Nie biss einer an. Meine Geschwister hatten die Hoffnung längst aufgegeben, aber ich wollte nicht lockerlassen.

Und dann passierte es: Die Angelschnur zuckte, ich vergaß vor Schreck beinahe zu atmen und zog schließlich ein Fischlein aus dem glitzernden Blau. Ich war so stolz – und wunderte mich gar nicht darüber, dass es einen recht leblosen Eindruck machte. Vermutlich war ich sogar froh darüber, es nicht mit einem Schlag auf den Steg ins Jenseits befördern zu müssen.

Ich rannte zu meiner Mutter, die unter einer Tamariske döste, sie bewunderte meine Angelkünste, und später machten wir ein kleines Feuer, spießten die Beute auf einen Stock, ich durfte sie braten und ganz allein essen. Dass mein Vater, angetan mit Taucherbrille, Schnorchel und einem Fisch aus Christos' Boot unter dem Steg herangeschwommen war, um mich zu erlösen, habe ich erst viele Jahre später erfahren.

Zum Glück! Das Wissen darum hätte mir die Freude genommen. Und das Gefühl, in jenem endlos scheinenden August auf einem riesigen Abenteuerspielplatz voller wunderbarer Überraschungen umherzustromern.

Bis spät in die Nacht durften wir aufbleiben, meinen Eltern beim Tanzen zusehen und im immer schneller werdenden Takt der Musik mithüpfen, und eines Abends nahm Stefan, ein braun gelockter Junge aus Gauting, in der Hollywoodschaukel der Strandbar meine Hand in seine.

All das habe ich bis heute nicht vergessen. Genau wie man den ersten Kuss nicht vergisst. Und so wie jeder neue erste Kuss immer wieder aufregend und zauberhaft ist, so wie man sich wünscht, dass er der Beginn von etwas Großem sein möge, so wie man ihn herbeisehnt, so sehne ich jedes Jahr aufs Neue den Sommer herbei.

Gut, ich gebe es ja zu, er hat auch seine herausfordernden Seiten. Schließlich kann nur da, wo viel Licht ist, der Schatten seine zuweilen irritierenden Figuren malen, nicht wahr?

Nehmen wir zum Beispiel das Sonnenbaden. An sich eine schöne Sache. Sehr entspannend. Wenn da bloß nicht dieser lästige Gedanke wäre, dass die Haut nichts vergisst, und man just in diesem Augenblick, auf diesem Liegestuhl daran arbeitet, über kurz oder lang wie eine Krokolederhandtasche auszusehen, die ihre besten Zeiten hinter sich hat.

In lauen Nächten an einer Präsentation zu feilen, kann einen melancholisch machen. Und bei dreiunddreißig Grad im Businesskostüm von Termin zu Termin zu hetzen, ist ebenfalls kein Vergnügen. Aber was bleibt einem anderes übrig? Spätestens ab dem Eintritt ins Berufsleben schrumpfen die großen Ferien nun einmal auf das zusammen, was die zeichnungsberechtigte Führungskraft für vertretbar hält, also in der Regel auf deutlich weniger als sechs Wochen.

Auch ungepflegte nackte Männerfüße in Trekkingsandalen und diverse andere ästhetische Fragwürdigkeiten, zu denen die sommerliche Freizügigkeit viel zu viele Mitmenschen animiert, gehören nicht unbedingt zu meinen persönlichen Highlights der Saison. Und manchmal kann einem tatsächlich sogar ein kleines bisschen marlenehaft zumute werden.

Weil der Bikini seit dem vergangenen Jahr schon wieder geschrumpft ist, und die Sonne die Dellen an den Oberschenkeln ebenso gnadenlos beleuchtet wie die Einsamkeit oder den Kummer über eine verlorene Liebe, der einem das Herz zernagt. Wenn das Leben draußen spielt, wenn jeder stolz spazieren führt, was er hat, kommt es schon mal vor, dass man sich – zumindest einen Moment lang – zurück in die Winterpullis wünscht, unter denen sich die gefühlten Unzulänglichkeiten des eigenen Selbst und Daseins viel, viel besser verstecken lassen.

Trotzdem: Für mich kann sich keine andere Jahreszeit mit dem Sommer messen. Schon das Wort ist weich wie ein flauschiges Strandlaken und zergeht auf der Zunge wie Schokoladeneis, klingt nach Zehen-in-den-Sand-Bohren, Meerwasser auf dem Körper, saftigen Steaks vom Grill und eisgekühlten, bunten Cocktails mit Schirmchen drin. Nach Freiheit, Spaß und purer Sinnlichkeit.

Die Natur hat sich herausgeputzt, vom Himmel strahlt Helligkeit im Überfluss, Wärme umspielt die Haut wie ein duftig leichtes Baumwollkleidchen und weckt die Lust danach, das Leben zu spüren, in vollen Zügen zu genießen, nichts zu müssen, aber alles zu dürfen. Rein in die Hängematte und den Tag verbummeln! Los, Körbchen packen, gegessen wird heute im Park! Auf zum nächsten Straßencafé! Einen Sundowner trinken und mal nach rechts, mal nach links flirten!

Die Welt scheint voller Versprechen, voller Möglichkeiten, die bloß darauf warten, dass man sie ergreift. Und wenn auch nur für einen Abend. Sommerluft macht wagemutig, sexy und stark – irgendwie beschwipst. Wissenschaftler erklären diesen Umstand mit dem Einfluss des Sonnenlichts auf den Hormonhaushalt, romantischer veranlagte Zeitgenossen nennen es Magie.

Vom Sommer wollen wir Ihnen in diesen hier erstmals veröffentlichten Geschichten erzählen: Sechzehn Autorinnen und drei Autoren werden Sie mitnehmen in den Süden des

Jahres – zu Menschen und Orten, zu Tücken und Freuden, erotischen Verwicklungen, großen Hoffnungen und geheimnisvollen Begegnungen.

Sie werden erfahren, wie ein junger Eisverkäufer zwischen Mango-Vanille und Himbeersorbet seinen Obsessionen frönt, was geschehen kann, wenn man Freunden für ein paar Tage die Wohnung überlässt, und wie sich eine Frau in den Fallstricken einer verbotenen Affäre verfängt.

Dem ein oder anderen von Ihnen dürfte die Aufregung kurz vor dem Wiedersehen mit dem Ex nicht ganz unvertraut sein: die Gedanken an frühere Niederlagen, die dann durch den Kopf mäandern, und die wilde Entschlossenheit, sich jetzt, nach all den Jahren, von der tollsten, besten, verführerischsten Seite zu präsentieren. Soll der Kerl ruhig sehen, was er damals hat gehen lassen!

Vielleicht erinnern Sie die beiden Traveller, die sich in Südamerika über den Weg laufen, auch an eine eigene Urlaubsliebe. Und dass man manchmal sehr weit wegfliegen muss, um die Vergangenheit endgültig loszulassen, davon erzählt die Geschichte einer Liaison, die in Indien an der Macht der Realität zerschellt.

Sie werden einen japanischen Schutzengel kennenlernen, den Dschungel West-Papuas und eine Frau, die in Kenia den Mut findet, sich von Konventionen und Ängsten zu befreien, um endlich ihren Hunger nach Leben zu stillen.

Überhaupt werden Sie viel unterwegs sein in diesem Buch. Das hat der Sommer so an sich: Im Sommer will man Ferien machen. Aber leider hält nicht jede Reise den Erwartungen stand. Oder wie fänden Sie es, im Regen durch die raue See vor Dänemark zu kreuzen? Reihernd über der Reling zu hängen, während der Mann des Herzens partout nicht begreifen will, wo denn nun das Problem ist? Und wenn sich eine neue Freundin beim Trip durch Deutschlands Osten als nervtötende Prinzessin auf der Erbse entpuppt, kann einem das die Petersilie ebenfalls gewaltig verhageln.

Manchmal allerdings kommt es auch vor, dass eine vermeintliche Nervensäge in Wirklichkeit ein guter Geist ist, der mit einer generalstabsmäßig geplanten Aktion alles daran setzt, um die von Trennungsschmerz geplagte Seele unter seinen Fittichen wieder an den Mann zu bringen. Diesmal an den richtigen, versteht sich.

Und was passiert eigentlich, wenn sich eine von Erfolgsdruck geplagte Autorin auf dem Zahnarztstuhl direkt in eine große Suppe der Verwirrung hineinsinniert? Lassen Sie sich überraschen!

Viel Vergnügen beim Lesen und einen wunderschönen, zauberhaften, im allerbesten Sinn aufregenden Sommer!

Herzlich
Ihre
Kathrin Tsainis
Hamburg, März 2009

SUSANNE ARNDT

Schneckenliebe

Bei den Frangipani-Bäumen hob sie nicht mal den Blick. Letztes Jahr, als sie das erste Mal hier gewesen war, war sie genau an diesem Baum stehen geblieben. Hatte einen Ast an ihre Nase gezogen, die Augen geschlossen und den Duft eingesogen. Die Blüten waren so sauber, samtig und weiß, dass sie das Verlangen verspürt hatte, sie in den Mund zu stecken. Bestimmt würden sie auf der Zunge zergehen.

Heute roch Amber nichts; missmutig trottete sie weiter zu der Straße mit den Garküchen, um sich eine Tortilla mit Bohnenmus zu holen. Alles, was sie spürte, waren ihre quietschnassen Flip-Flops, die mit jedem Schritt mehr Haut zwischen ihren Zehen abrubbelten. Sie war wütend auf den Regen, der Monsun sollte doch längst vorbei sein. Aber das zweite Mal am gleichen Ort war eben nie so schön wie das erste. Sie hätte woanders hinfahren sollen.

Amber trug ihr rotes Top und die Army-Hose, die sie kurz vor dem Abflug noch schnell abgeschnitten hatte; ihr offenes Haar fiel über ihre Schulterblätter. Auf den ersten Blick wirkte sie jung, aber es war ihre letzte Reise, auf der sie die Hosen kurz und die Haare lang trug, nur wusste sie das nicht. Wer denkt schon: Vielleicht hat die Cellulite schon nächstes Jahr ein Schlachtfeld aus meinen Oberschenkeln gemacht und vielleicht lasse ich mir demnächst die Haare abschneiden, weil ich sonst wie ein zu alt geratenes Mädchen aussehe?

Auch die Tortillas schmeckten nicht so gut, wie Amber sie in Erinnerung gehabt hatte, der Koriander fehlte. Als sie den letzten Bissen mit ihrem Guavensaft hinunterspülte, beschloss sie, gleich am nächsten Morgen den Bus ans Meer zu nehmen. Sie wollte so schnell wie möglich mit ihrer Unterwasserfotografie beginnen; die Kamera hatte sie sich selbst zum Geburtstag geschenkt.

Am nächsten Morgen am Busbahnhof versanken Ambers Flip-Flop-Füße im Matsch, sie fluchte. Kaum hatte sie sich auf eine der winzigen Bänke im Bus gequetscht, strömte ein Pulk schnatternder Frauen an ihr Fenster, um ihr Körbe mit allerlei Essbarem unter die Nase zu halten: saftige rote Wassermelonenscheiben, kleine gebratene Fleischspieße, sorgsam gefaltete Päckchen aus Bananenblättern, geköpfte Trink-Kokosnüsse, aus deren Öffnungen bunte Strohhalme fröhlich nickten, als hätten sie sich für einen Kindergeburtstag fein gemacht. Amber lächelte die Frauen schuldbewusst an – sie wollte nichts kaufen, sie wollte ihre Ruhe.

Als die Stadt endlich im mit Nippes behangenen Rückspiegel verschwunden war, war nur noch der Plastiksound billigen Latino-Pops aus dem Radio des Busfahrers zu hören. Und das Federn der Sitze, wenn ein Schlagloch besonders tief war. Die Leute im Bus sprachen kaum. Lauter erloschene Gestalten saßen da, meist arme Indios, in bunten Kleidern zwar, aber mit hängenden Wangen und traurigem Blick. Es war schwül, Amber brannte der Schweiß in den Augen – auf ihre Augenbrauen war offenbar auch kein Verlass mehr. Ungehalten rieb sie sich die Stirn mit ihrem Ärmel trocken.

Der Indio neben ihr nickte mitfühlend und sagte mit rollendem »R« und einem »V«, das wie ein »B« klang: »*Sí, sí, very, very hot!*«

Amber lächelte ihn kurz an und wandte sich wieder den vorbeirumpelnden Zuckerrohrfeldern zu. Ihr war nicht nach Small Talk, sie hatte Durst.

Als sie sich erhob, um ihre Wasserflasche aus dem Gepäcknetz zu angeln, verfing sich ihr Blick in seinem. Ihr Herz bäumte sich auf, als wollte es sich vor Aufregung übergeben. Er saß zwei Reihen hinter ihr und sah aus wie der französische Austauschschüler, in den sie mit zwölf verknallt gewesen war: Sanft und sexy war er, aber nicht diese öde Sorte Weichei-sanft, sondern sanft mit viel Coolness dabei. Amber fiel in ihren Sitz zurück, atemlos. Die Wasserflasche baumelte noch im Netz. Wieso hatte sie ihn nicht schon beim Einsteigen gesehen?

Augenblicklich wich ihre Unbefangenheit einer perfiden Selbstkontrolle. Amber nahm ihre Schultern zurück, reckte ihren Hals und schob ihre Brust nach vorn, weil sie irgendwo gelesen hatte, dass eine gute Haltung viel ausmache. Wenn sie aus dem Fenster blickte und er ihr Profil sehen konnte, schürzte sie die Lippen, damit sie ein bisschen voller aussahen. Sie bedauerte, dass sie sich heute Morgen nicht die Haare gewaschen hatte, und versuchte möglichst beiläufig, ihrem Haar mit fahrigen Händen etwas mehr Volumen einzuhauchen.

Aber wahrscheinlich hatte er sowieso nur Augen für die blonde Amerikanerin da vorn in Reihe eins. Sie sah toll aus mit ihren Sommerhaaren und ihrer Sommerhaut, den bunten Perlenketten und dem schwarzen Kajal, dem Batiktop und dem breiten Lachen, das sie hin und wieder ihrer Begleiterin schenkte. Offenbar waren die beiden schon eine Weile unterwegs, so vollgesogen waren sie mit Sonne und Müßiggang.

Amber wurde sich schmerzlich ihres eigenen Teints bewusst, der wie blasser Knödelteig aussah. Sie schaute aus dem Fenster, die Lippen geschürzt, doch ihr Blick schweifte immer wieder ins Wageninnere zu den Amerikanerinnen. An welchem Punkt war die Evolution eigentlich derart aus dem Ruder gelaufen? Während die Tiermännchen mit aufgeblasenem Gockelgetue um die Gunst der Weibchen rangen, waren es bei den Menschen die Frauen, die um die Männer konkurrierten. Sie putzten sich pfauengleich heraus, schlugen imaginäre Räder und bekämpften sich gegenseitig, während die Männer es sich entweder im Pinguinkostüm (die erfolgreichen) oder im Jogginganzug (die weniger erfolgreichen) bequem machten und der Dinge harrten, die da kamen.

Als Amber aus dem Bus kletterte, klebte ihre Hose an den Beinen – das Ergebnis von viereinhalb Stunden Kontakt mit einem Plastiksitz in Tropenluft. Beim Aussteigen sah sie ihn aus dem Augenwinkel. Eilig warf sie sich ihren Rucksack über die Schulter, drehte sich um und lief in Richtung Strand. Bloß nicht anmerken lassen, dass er bei ihr eingeschlagen hatte wie eine Bombe. Über die Jahre hinweg hatte sie sich ein Schneckenhaus aufgebaut, das hart war und zerbrechlich zugleich. Nicht viele konnten ihr etwas anhaben. Doch wer fest genug zudrückte, konnte es zerbrechen, sodass die scharfen Splitter ihr ins Fleisch schnitten. Diese Wunden heilten nie.

Noch bevor sie den Strand erreichte, wurde sie von Indios

umringt, die mit verblichenen Zimmerfotos vor ihren Augen herumwedelten. »*Muy barato, muy lindo!*«, priesen sie ihre Unterkünfte an. Amber setzte ihr Pokerface auf und ging zu einer sympathisch aussehenden Frau, die etwas abseits stand und ebenfalls ein zerknittertes Foto vor ihre Brust hielt.

Amber deutete auf das Foto: *»Está a la playa?«*

»*Sí, sí, venga, venga!*«, rief die Frau erfreut und dirigierte sie zu ein paar einfachen Bungalows auf Stelzen am Strand. Amber hatte Glück, sie bekam eine Hütte mit intaktem Moskitonetz, Veranda und Hängematte, Meeresbrise inklusive.

Als sie auspackte, hörte sie plötzlich eine Männerstimme, die auf ihre Vermieterin einredete. Amber drückte ihre Nase an die Bretterwand ihrer Hütte, um durch einen Schlitz auf Augenhöhe nach draußen zu spähen. Als sie ihn erkannte, presste sie atemlos ihre Hände auf den Mund. Dann kauerte sie sich auf den Boden und lauschte ihrem Herzen, das diesmal offenbar wild entschlossen war, ihre Schläfen zu sprengen. Herzlichen Glückwunsch! Nun wohnte sie also mit ihm in einer Art Reihenhaus für Rucksacktouristen: Immer zwei Hütten standen Wand an Wand, dazwischen ein paar struppige, kurze Palmen, die anscheinend erst kürzlich in den Sand gesteckt worden waren. Sie saß in der Falle. Ihr Schneckenhaus war in Gefahr.

Amber war froh, als es endlich dunkel wurde und sie sich hinlegen konnte. Sie schwitzte unter ihrem Moskitonetz, sie war nervös und hungrig; sie hatte nicht gegessen, weil sie sich den ganzen Abend nicht aus ihrer Hütte gewagt hatte. Jetzt lauschte sie, wie er in seinen Sachen kramte, und beobachtete den zuckenden Lichtkegel seiner Taschenlampe. Ab und zu räusperte er sich, dann war alles dunkel.

Noch ein Räuspern. Und noch eins.

»Hey, du da drüben, magst du vielleicht rüberkommen?«

Amber traute ihren Ohren nicht. Sprach er mit ihr? Halluzinierte sie jetzt? Ihr erschöpftes Herz fiel in einen unangenehmen Schweinsgalopp.

»Hey, Nachbarin! Schläfst du schon?«, flüsterte er. »Magst du ein Bier?«

Da niemand antwortete, musste tatsächlich sie gemeint sein.

»Nein, danke«, sagte Amber mit aufgerissen Augen, »ich schlafe schon.«

Was für ein Blödmann! Hatte es nicht mal nötig, sich vorzustellen. Sie schien sich total in ihm getäuscht zu haben. Trotzdem fand sie in dieser Nacht keine Ruhe.

Als sie am Morgen in die Sonne trat – sie glaubte, er sei schon unterwegs –, saß er auf seiner Veranda und schaute sie an. Amber beglückwünschte sich zu ihren sorgfältig getuschten Wimpern.

»Hallo, ich bin Pete. Ich wollte gestern Abend nicht unverschämt sein, sorry. Aber ich konnte nicht einschlafen«, sagte er. »Magst du vielleicht einen Kaffee?«

»Oh ja, einen Kaffee könnte ich gebrauchen!« Amber ging zu ihm rüber, reichte ihm die Hand und sagte mit gespielter Lässigkeit: »Hi, ich bin Amber.«

Seine Hände waren so groß, dass sein Zeigefinger für einen Moment ihre Pulsschlagader berührte. Ihr Herz übergab sich ein zweites Mal.

»Setz dich doch«, sagte er und reichte ihr eine blaue Emailtasse mit Kaffee, den er offenbar auf der Feuerstelle vor seiner Hütte gekocht hatte. Er war schwarz und süß, so, wie sie ihn mochte.

Neben Pete fühlte sich Amber sofort wie ein Troll, teigig und tapsig. Er war zarter als sie, und schöner mit seinen sanften, grünen Augen, der gebräunten Haut und den langen dunklen Haaren. Obwohl sie nie religiös gewesen war, hatte Amber sich schon immer gern Bilder von Jesus angesehen. Wegen seiner Haare, die sein Gesicht wie ein drapierter Vorhang dramatisch in Szene setzten. Frauenhaar und Männergesicht, damit war sie leicht zu kriegen.

Während Pete von seinem Leben als Anthropologe erzählte, ließ ihre Anspannung nach. Er war hinreißend. Aber auch sie machte offenbar Eindruck auf ihn, sie lachte an den richtigen Stellen herzhaft und schaffte es, ihn mit ihren eigenen Anekdoten bei der Stange zu halten. Amber rückte ihre Erscheinung ins beste Licht: Sie ließ ihre Augen strahlen, ihre Grübchen lachen, ihre Zähne blitzen. Um ja keine Gelegenheit für eine geistreiche Bemerkung zu verpassen, schärfte sie ihren Blick für die Umwelt.

»Schau mal, der Mond«, sagte sie am Abend, als sie immer noch am Strand saßen und ihre nackten Zehen in den kühlen Sand bohrten. »Was für ein Angeber! Jetzt macht er einen auf Sichel und legt sich auf den Rücken wie ein hilfloser Käfer. Dann stellt er sich wieder aufrecht hin, so wie bei uns in Europa, ein andermal macht er sich dick und rund wie ein bräsiger Schaumstoffball. Und wozu das Ganze? Um den Menschen etwas von der Aufmerksamkeit zu stehlen, die sie ganz allein für die Sonne reserviert haben.«

»Du bist verrückt«, sagte Pete und grinste sie anerkennend an.

Es hatte funktioniert.

Als sie am nächsten Morgen wieder auf seiner Veranda saßen und seinen süßen Kaffee tranken, küsste Pete sie so sanft, dass ihr die Tränen in die Augen schossen. Seine Lippen waren wie zwei weiche Kissen zum Versinken. Lippen waren ihr immer wichtig gewesen und seine waren perfekt. Sie mochte keine Strichmünder, außer bei Strichmännchen. Robbie Williams zum Beispiel sah aus, als hätte ihm jemand mit dem Schwert einen Schlitz ins Gesicht geschlagen, so was konnte man unmöglich küssen.

Nach ein paar Tagen versuchte Pete, Amber zu überreden, mit ihm zu den Garífuna zu fahren, den Nachfahren afrikanischer Sklaven, die sich vor zweihundert Jahren an der Küste von Honduras niedergelassen hatten. Pete wollte zu Fuß über die grüne Grenze, verschiedene Leute hätten ihm davon erzählt, in zwei Tagen wäre man drüben.

Amber wurde schwindelig vor Glück: Ausgerechnet sie hatte er auserwählt, ihn zu begleiten! Zwar strengte es sie maßlos an, rund um die Uhr klug, charmant und begehrenswert zu sein, aber die Anstrengung war okay, solange er bei ihr blieb. Und er blieb. Oder besser, sie blieb.

»Okay, ich komme mit«, sagte Amber eines Abends unvermittelt, als sie eng umschlungen in der Hängematte schaukelten und schweigend im fahlen Licht der Milchstraße badeten.

Dann saßen sie wieder im Bus, diesmal nebeneinander. Die Enge kam ihnen entgegen, ihre Schultern und Schenkel berührten sich während der ganzen Fahrt. Amber saß am Fenster, Pete neben ihr, und wenn sie aus dem Fenster blickte, entspannten sich ihre Gesichtszüge, weil Pete sie nicht sehen konnte. Sie blickte oft hinaus.

Die letzten Kilometer vor der Grenze mussten sie zu Fuß durch den Dschungel. Es regnete wieder. Dicke Tropfen trommelten auf dicke Blätter. Pete hatte Tabak dabei, den sie sich in die nassen Strümpfe stopften, um die Blutegel davon abzuhalten, sich an ihre Fersen zu heften. Es war schwer, mit den Rucksäcken auf dem glitschigen Pfad vorwärtszukommen. Aber sie lachten über den Regen und ihre Blödheit, blieben immer wieder stehen und küssten ihre triefenden Gesichter. Als sie ein Rinnsal an der Innenseite ihres Oberschenkels kitzelte, ahnte Amber, dass sie blutete. Sie stellte ihr Gepäck in den Matsch, kramte einen Tampon raus und verarztete sich so gut es ging hinter einem Baum. Sie war nass, dreckig, blutig. Und erschöpft. Pete grinste unsicher und sagte: »Armes, süßes Ding.«

Die Nacht verbrachten sie bei einer Indiofamilie, die offenbar schon auf Touristen eingestellt war – die Sache mit der grünen Grenze musste sich herumgesprochen haben. Die Frau wies ihnen wortlos eine Matte am Boden zu und schlachtete ein Huhn fürs Abendessen, während Amber und Pete sich an der Regentonne wuschen. Das Wasser, das sie sich mit kleinen Plastikschälchen über den Kopf gossen, lief kühlend ihre müden Körper hinunter, die sie die ganze Zeit nur mit Sarongs verhüllten.

In der Nacht umschlang Pete sie mit seinen Armen und Beinen.

»Das Leben ist so schön mit dir«, flüsterte er. »Bleib bei mir, ja?«

Amber hörte auf zu atmen und rührte sich auch dann nicht, als sie den Skorpion an der Wand entdeckte. Bloß den Moment nicht zerstören, er würde sich schnell genug wieder in Luft auflösen. Das Leben war nicht darauf ausgelegt, dauerhaft schön zu sein. Sie schloss die Augen. Sogar jetzt noch, im Dunkeln, roch seine Haut nach Sonne. Wie machte er das bloß? Welche Lockstoffe setzte er frei, dass ihre Nase immer wieder die kleine Beuge über seinem Schlüsselbein suchte? Hier wollte sie bleiben bis ans Ende ihrer Tage, Augen und Mund geschlossen. Sich nicht mehr anstrengen müssen, nichts mehr sagen, nichts mehr tun müssen und trotzdem geliebt werden. War er tatsächlich derjenige, der das konnte?

Am nächsten Tag liefen sie schweigend, die Hände innig ineinander verknotet. Gegen Mittag erreichten sie die Grenze, aber die Zollstation war zu: »*Cerrado*, geschlossen«, stand auf einem Zettel an der Tür. Als Pete frustriert daran rüttelte, gab sie nach. Das Haus war leer, abgesehen von einem Schreibtisch, dessen Furnier sich in der feuchten Hitze wellte, und den Spinnweben an den Fenstern, die die Sonne versilberte.

»Wird wohl nichts mit dem Visum«, sagte Amber. Sie war das erste Mal genervt, seit sie Pete getroffen hatte.

»Tut mir leid«, meinte er. »Was machen wir denn jetzt?«

»Keine Ahnung.« Amber setzte ihren Rucksack ab und ließ sich an der Hauswand hinunterrutschen. »Bist du sicher, dass das das richtige Haus ist?«

»Yep. Es soll so ein Haus mit Türmchen am Giebel sein, und andere Häuser gibt es hier ja nicht.« Pete sah sich um und kratzte mit dem Fuß die Erde von einem platten Stein, der sich wie eine Flunder in den Boden gegraben hatte. »Sieh mal, hier steht's auch: *República de Honduras*. Ein Grenzstein.«

Sie saßen schweigend am Boden, ihre Köpfe lehnten an

der warmen, weiß getünchten Wand der Zollstation. Erst jetzt nahm Amber das rhythmische Konzert der Zikaden wahr. Sie war froh, dass sie zu hören, aber praktisch nie zu sehen waren. Ein Einheimischer hatte ihr mal eine Zikade gezeigt, ein hässliches, braunes Vieh mit Fühlern, ein bisschen wie eine Kakerlake.

»Ohne Visum weiterzufahren, ist keine gute Idee in einem Militärregime«, stellte sie fest.

»Ich weiß. Aber den ganzen Weg zurückzulaufen, wäre auch …«

»Psst, sei mal still!« Amber legte den Zeigefinger an ihre Lippen und sprang auf.

Sie hatte sich nicht getäuscht, von irgendwoher wehte »Mr. Tambourine Man« zu ihnen herüber. An dieser gottverlassenen Grenze klang der Song ähnlich bizarr wie Fitzcarraldos Opernarien im peruanischen Dschungel.

Pete sackte in sich zusammen, als hätte jemand die Luft aus ihm rausgelassen.

»Was ist denn?«, fragte Amber erschrocken und legte ihren Arm um seine Schultern.

Pete schaute weg. »Nichts.«

»Sag' doch«, flehte Amber ihn an.

Pete blickte ihr in die Augen und sagte: »Diesen Song hat meine Mutter immer gehört, wenn sie Depressionen hatte. Er war das Zeichen für mich, besser abzuhauen. Das tat ich dann auch. Irgendwann war ich nur noch zu Hause, wenn Mom ihre gute Phase hatte – nachdem ich endlich kapiert hatte, dass ich ihr nicht helfen konnte. Als Junge hatte ich immer noch versucht, sie aufzuheitern. Ich las ihr aus der Zeitung vor oder baute mein Kasperltheater vor ihrem Bett auf. Es klappte nie.«

Amber war bestürzt, wusste aber nicht, wie sie Pete trösten konnte. Ihr fehlten die Worte, und so umschlang sie nur seinen Kopf mit ihren Armen und brannte in der vertrauten Gewissheit, im entscheidenden Moment zu versagen. Irgendwas musste sie doch sagen. Nur was? Was war jetzt angebracht? Hilfe suchend rasten ihr die Gedanken durch den Schädel: Sag was! Tu was! Mach was!

»Weißt du, warum sie Depressionen hatte?«, brach es schließlich aus ihr heraus.

Sobald die Frage ihre Lippen verlassen hatte, hätte sie sich dafür ohrfeigen können. Sie hätte vielmehr fragen sollen, wie es seiner Mutter heute geht. Oder ob er überhaupt noch Kontakt zu ihr hatte.

»Wer weiß das schon«, sagte Pete und schüttelte den Kopf. »Es hieß, dass sie in den Sechzigern alle möglichen Drogen genommen hat. Keine Ahnung, ob das wirklich was damit zu tun hatte.« Er blickte auf und holte tief Luft. »Komm, lass uns mal zu der Musik gehen, vielleicht gibt es ja dort jemanden, der uns weiterhelfen kann.«

Pete erhob sich, und Amber war erleichtert, dass er das Thema gewechselt hatte.

Sie folgten einem schmalen Pfad durch das Gebüsch und horchten immer wieder, aus welcher Richtung die Musik kam. An einer Abzweigung gerieten sie aneinander, uneinig darüber, wo es langging, und Amber gab schließlich nach. Plötzlich standen sie vor einem Holzhaus, auf dessen Veranda ein verwitterter Hippie in einem Schaukelstuhl wippte; zu seinen Füßen sangen die Beatles voller Inbrunst »Ob-La-Di, Ob-La-Da.« Amber war der Song in seiner kindlichen Penetranz schon immer auf den Wecker gegangen. Als sie mit den Augen nach dem Ursprung der Musik suchte, sah sie, dass der staubige Gettoblaster von Flaschen umzingelt war. *Flor de Caña*, Zuckerrohrrum. Den trank hier jeder, der es sich irgendwie leisten konnte.

»Hi«, sagte Pete zu dem Mann, »kannst du uns vielleicht weiterhelfen? Wir sind über die Grenze gekommen, und der Zoll ist nicht besetzt. Weißt du, wo wir hier ein Visum herkriegen?«

Der Typ grinste hochnäsig und wippte weiter. Dann saugte er an seinem Joint, als lieferte dieser lebenswichtigen Sauerstoff, und inhalierte theatralisch. Er hielt die Luft an, bevor er den Rauch geräuschvoll wieder ausblies.

»Ihr dämlichen Touristen!«, keifte er dann. »Bleibt doch zu Hause, wenn ihr im Dschungel nicht klarkommt, okay?«

Als er auflachte, konnte Amber sehen, dass nur noch ein einziger Schneidezahn in seinem Oberkiefer steckte. Es ekelte sie. Fast alle Expats, denen sie auf ihren Reisen begegnet war, entpuppten sich als Alkoholiker. Da lebten sie im vermeintlichen Paradies und ertrugen die Langeweile nicht. Genauso wenig wie die Isolation. Sie waren und blieben Gringos, die von den Einheimischen mit einer Mischung aus Unterwürfigkeit und Misstrauen bedacht wurden. Sie gehörten nie dazu. Aber nach einer gewissen Zeit gab es eben kein Zurück mehr. Die Gringos konnten den Lieben daheim ihr Scheitern nicht eingestehen. Und sich selbst auch nicht. Wer im Paradies nicht klarkam, mit dreitausend Sonnenstunden im Jahr und minimalen Lebenshaltungskosten, dem war nicht zu helfen. Außerdem, wer wollte sie zu Hause noch? Maximal ihre Mütter.

»Und was sagst du den Touristen, die hier vorbeikommen?«, hörte Amber Pete geduldig fragen.

»Das Gleiche wie euch«, sagte der Typ, »dass sie Vollidioten sind! Und dass sie von Agualote aus den Bus nach Santa Barbara nehmen können. Dort kriegt man ein Visum.«

»Super, danke. Verrätst du uns auch noch, wie wir nach Agualote kommen?«

»Da hinten runter, dann zweimal rechts, über die Holzbrücke, dann seht ihr das Dorf links liegen.« Er tippte seine rechte Hand wie zum Soldatengruß an die Stirn und krächzte abschließend: »*Hasta la vista, baby!*«

Amber war unendlich müde, die Sonne stach ihr auf den Kopf, ihr Bauch krampfte, sie wollte nicht mehr laufen. Als sie bemerkte, dass Einzahn ihr unverhohlen auf die Brust glotzte, setzte sie sich widerwillig in Bewegung. Amber hatte Visionen von einem Hotelzimmer mit weißen Bettlaken, einer eiskalten, prasselnden Dusche am Morgen und einer Riesenschüssel Obstsalat zum Frühstück. Warum taten sie sich das an?

»Warum tun wir uns das an?«, fragte sie Pete. »Wäre es nicht schön, sich mal ein paar Tage in einem Hotel zu gönnen? Das heißt, falls wir jemals lebend aus diesem Scheißland rauskommen«, sagte sie mit ungewohnter Schärfe.

»Hey, hey, jetzt mal nicht so pessimistisch, meine Dame! Wir schaffen das schon. Und wenn wir das Visum haben, geht's direkt ins Marriott, falls es hier eines gibt. In die Prinzessinnensuite!« Er beugte sich zu ihr runter und küsste sie beherzt auf die Stirn.

Irritiert suchte Amber seinen Blick. Sie wusste nicht, ob er es ernst gemeint hatte oder sich nur über sie lustig machte. »Dame« und »Prinzessinnensuite« hatte er gesagt. Als wäre sie die Tussi aus der Großstadt, die es keine drei Wochen ohne Roomservice aushielt. Sie versuchte, das Bild gerade zu rücken.

»Das Marriott muss es ja nicht gleich sein, aber ein Zimmer mit einem richtigen Bett und einem Fenster wär schon mal was, oder?«

»Wir suchen uns bald was Schönes, versprochen!«, sagte er liebevoll mit Blick in ihre müden Augen.

Als sie im Bus nach Santa Barbara eine Reihe von immergleichen Strohhütten passierten, vor denen weiße Laken reglos wie Gips in der Sonne trockneten, sagte Amber schlecht gelaunt: »Wie eintönig es sein muss, den ganzen Tag mit den existenziellen Dingen des Lebens zu verbringen: Essen auftreiben, kochen, abwaschen, Kleider nähen, Wäsche waschen. Und dann das Ganze von vorn. Ich würde sterben vor Langeweile.«

Pete widersprach: »Ich glaube nicht, dass den Leuten langweilig ist. Sie haben doch Kinder, für die sie leben, Familie und Freunde, die sie lieben. Genau wie wir auch.«

»Kann schon sein«, räumte Amber ein und schämte sich für ihre Gedanken, die doch nur ihre Überheblichkeit dokumentierten. Denn was war schon so aufregend daran, jeden Tag zur Arbeit zu gehen und sich abzumühen, es irgendwelchen Vorgesetzten recht zu machen? Sie musste zugeben, dass Pete reifer war als sie, mehr vom Leben verstand, obwohl er jünger war. Amber kapitulierte, schloss die Augen, gab vor zu schlafen. Sie brauchte endlich eine Pause, eine Pause vom Klugsein, Sexysein, Tollsein. Und davon, ihre Vorzüge stets ins rechte Licht zu rücken.

Als der Bus stoppte, hatte die Dämmerung den Tag zur Ruhe gelegt. Irgendjemand rief: »*Passaporte, passaporte!*« Amber hob ihre schweren Lider, sie schien tatsächlich geschlafen zu haben. Für einen Augenblick überlegte sie, wie sie dabei wohl ausgesehen haben mochte. Hatte sie mit offenem

Mund geschlafen? War ihr etwa Speichel aus dem Mundwinkel gelaufen? Da sah sie, dass Soldaten den Bus durchkämmten. Die Leute zeigten stoisch ihre Dokumente, sie schienen das zu kennen. Als ein Soldat durch ihre Pässe blätterte, schüttelte er den Kopf und sagte: »*No good, no good.*« Mit einem »*venga, venga, venga!*« trieb er sie vor sich her nach draußen. Im Gras am Hang kauerten schon drei Männer. Jemand warf ihr Gepäck vom Dach, dann war der Bus weg.

Amber und Pete hockten sich zu den Männern, einer von ihnen schob mit einem Zweig Dreck hin und her. Die Soldaten standen mit verschränkten Armen etwas abseits in der Abendbrise, die die Hitze des Tages abgelöst hatte, kauten träge auf Zahnstochern und spuckten hin und wieder auf den Boden.

Pete drückte Ambers Hand. »Keine Panik, uns passiert nichts.«

»Nö«, flüsterte Amber, »die bringen uns jetzt ins Marriott. Oder vielleicht doch lieber in Romeros Folterkeller?«

»Die tun uns nichts. Wir sind doch nur Urlauber, harmlose Touristen, weiter nichts«, versuchte Pete, sie zu beschwichtigen.

»Touristen ohne Visum«, ergänzte Amber.

»Alles wird gut.«

Amber lächelte gequält.

Dennoch hatten Krisensituationen etwas für sich, dachte sie. Wenn es ernst wurde, konnte sie sie selbst sein – jenseits der Abfallprodukte des modernen Lebens, wie nagende Selbstzweifel im Angesicht von zu großen Poren oder zu kurzen Wimpern. Sie genoss das Gefühl der Stärke, das sich zu ihrer Angst gesellte.

Dann kam der Jeep.

Im Gefängnis mussten die Männern in eine Zelle, die mit ihrem Maschendraht eher einem Hühner- als einem Menschenkäfig ähnelte. Es stank nach Pisse. Amber wurde an der Zelle vorbei ins Soldatenkasino geführt, wo ihr eine Tischtennisplatte als Schlafstätte zugewiesen wurde. Unbeirrbar versuchte Pete, den Soldaten klarzumachen, dass er Amber auf keinen Fall allein lassen und zu den Männern in die Zelle gehen würde. Sie gestikulierten aufgeregt und sagten irgendwas von »nicht erlaubt, erst den Jefe fragen«, aber Pete ließ sich nicht beirren und legte sich einfach neben sie.

Amber gefror das Blut in den Adern, aber es geschah nichts. Sie fiel in einen traumlosen Schlaf.

Mitten in der Nacht holten sie Pete, um ihn in die Zelle zu stecken. Der Jefe hatte wohl ein Machtwort gesprochen. Pete schaute Amber besorgt an.

»Geh nur, die tun mir nichts«, flüsterte sie durch halb geöffnete Lider. Sie war zu müde, um sich aufzuregen.

Tatsächlich hatte sie keine Angst vor den Männern mit den Kalaschnikows. Sie waren so schmächtig und wirkten so unsicher. Wenn sie sich unbeobachtet fühlten, sahen sie sie bewundernd an, als sei sie eine Göttin von einem fremden Stern, die sich aus Versehen in ihr trostloses Dasein verirrt hatte.

Am Morgen gab es Tortillas und Wasser. Roomservice auf Honduranisch.

»*Americana?*«, fragte der Soldat freundlich, der ihr den Teller auf die Tischtennisplatte stellte.

»*No, Alemana*«, sagte Amber und streckte sich. Vom Liegen auf der Spanplatte taten ihr alle Knochen weh.

»*Aaah, muy bonita, Alemania. Me gusta mucho Alemania. Y las Alemanas.*« Der Soldat nickte begeistert.

Nach dem Frühstück brachte er Amber und Pete in den ersten Stock des Gefängnisses. Der Jefe saß hinter einem imposanten Mahagonischreibtisch, auf dem ihre Pässe lagen. Er trug eine goldene Brille auf der Nase und bunte Orden an der Brust – hier gab es also noch Männer, die sich schmückten, dachte Amber. Mit einer unwirschen Handbewegung wies er sie an, sich zu setzen.

Sie ließen sich auf der Bank nieder. Die umherstehenden Soldaten schwiegen, der Jefe telefonierte, schaute aus dem Fenster, kratzte sich am Arm, stocherte in seinen Zähnen. Der Deckenventilator schnitt die dicke Luft in Stücke, und Amber fragte sich, ob ihre Hand wohl brechen würde, wenn sie sie zwischen die Flügel steckte. Oder ob sie den Ventilator stoppen könnte.

»*Señor, por favor* …« Nach einer Weile versuchte Amber, sich in immer kürzer werdenden Abständen bemerkbar zu machen. Der Jefe ignorierte sie, zuckte nicht mal mit den Schultern. Niemand sagte irgendwas.

Nach mehreren Stunden auf der Bank spürte Amber, wie ihr das Adrenalin in Hirn und Glieder schoss und ihren Verstand vernebelte. Als sie aufsprang, um sich die Pässe zu greifen, löste ein Soldat blitzschnell die Handschellen von seinem Hosenbund und fuchtelte damit vor Petes Gesicht herum. Amber legte die Pässe zurück auf den Tisch und ging zur Tür. Sie weinte vor Ohnmacht.

Am Abend kam wieder der Jeep. Man fuhr sie zur Grenze. Der Jefe hatte ihnen einen handgekritzelten Zettel mitgegeben, den sie dort abgeben sollten. Sie zahlten achtzig Lempira Strafe und verließen das Land.

Silvester verbrachten sie auf einer Insel. Sie badeten im Meer, fotografierten sich mit Ambers Kamera unter Wasser, wo ihre Haare so schön schwebten, knutschten in der Hängematte, aßen am Morgen Obstsalat, abends gegrillten Fisch und hingen mit Andy und Sarah rum. Endlich Ferien!

Andy und Sarah waren Künstler aus Vancouver, die ihren Winter im Süden damit finanzierten, Pillen und Pülverchen an die Traveller zu bringen. Zu viert unternahmen sie Bootstouren oder verdösten die Mittagshitze in den Liegestühlen der einzigen Strandbar. Spätestens wenn die Sonne ihr gleißendes Mittagslicht gegen ein gnädiges Abendrot eintauschte, zog Andy einen Joint hinter seinem rechten Ohr hervor, den er unter seinen blonden Dreadlocks versteckt hatte. Er und Sarah waren jeden Abend high.

Am Silvesterabend saßen sie nach Einbruch der Dunkelheit zusammen am Tresen der Strandbar, jeder hatte ein Glas *Flor de Caña* vor sich, im Hintergrund klampfte Bob Dylan wieder seinen »Tambourine Man«. Amber fiel Petes Mutter ein, die er nie wieder erwähnt hatte. Da drückte Andy ihr ein Briefchen in die Hand. Sie schaute ihn fragend an.

»Ich wünsch euch viel Spaß heute«, sagte er und grinste vielsagend. »Geht aufs Haus.«

»Oh, danke!«, rief Amber erfreut und ließ das gefaltete Papierquadrat unauffällig in der Seitentasche ihres Kleides verschwinden.

Sie drehte sich zu Pete, legte ihre Arme um seinen Nacken und flüsterte ihm ins Ohr: »Ich hab was für uns.«

»Schon gesehen«, sagte Pete knapp. »Ohne mich!«

Amber war überrascht von seiner schroffen Abfuhr, ließ sich aber nicht abwimmeln. »Pete, ich möchte heute mal so richtig mit dir feiern«, bettelte sie. »Bitte! Ich will, dass wir beide gut drauf sind!«

»Nein. Ich bin schon gut drauf, ich brauche das nicht«, sagte Pete ungerührt. »Aber wenn du meinst, dass du das brauchst, um Spaß zu haben, lass dich nicht abhalten.«

»Und du bist nicht sauer?«

Pete zuckte mit den Schultern und wandte sich der Tanzfläche zu, auf der das erste Pärchen eng umschlungen tanzte.

Als Amber neben Sarah vor dem Klodeckel kniete und sich das brennende Koks in die Nase zog, ahnte sie, dass sie einen Fehler machte. Aber heute wollte sie nicht darüber nachdenken, wie sie Pete gefallen konnte. Heute wollte sie feiern.

Zurück an der Bar spürte sie durch ihren meterdicken Glücksnebel, wie Pete von ihr wegdriftete, dass er sie befremdet beobachtete; in der hintersten Ecke ihrer himmelschreienden Euphorie bekam sie mit, dass er angewidert war von ihrem dreckigen Lachen, ihrer selbstgefälligen und hemmungslosen Art, mit der sie auf dem Barhocker die Beine spreizte, obwohl ihr Kleid so kurz war. Aber es war ihr egal, der Abend gehörte ihr. Sie ließ sich von den treibenden Salsa-Beats auf die Tanzfläche ziehen.

Sie war die Königin der Nacht. Stunde um Stunde wirbelte sie um ihre eigene Achse, kleine, einheimische Männer tanzten sehnsüchtig um sie herum wie die Motten ums Licht. Erst im Morgengrauen verließ Amber die Bar.

Am nächsten Morgen fühlte sie sich wie der Abschaum des Tages. Von Schluchzern geschüttelt, mit verquollenen Augen, das eine blutunterlaufen, weil ihr einer beim Tanzen die Hand ins Auge geschleudert hatte, war sie zu sich gekommen.

Sie wusste nicht, wie sie ins Bett gekommen war, aber als die Neujahrssonne ihre sengenden Fühler ins Zimmer streckte, angelte Amber nach dem Vorhang und zog ihn vors Fenster. Ihr Kissen war nass vom Weinen, und wenn sie sich auf den Rücken drehte, bildeten die Tränen kleine Pfützen in ihren Ohren. Pete kam ein paarmal rein, stellte ihr Wasser oder einen Teller Ananas ans Bett und strich ihr übers Haar. Wenn sie sich an ihn schmiegen wollte, stand er auf. Er war immer noch distanziert.

»Es tut mir so leid«, sagte Amber heulend. »Morgen ist alles wieder gut, okay?«

Er nickte traurig und zog die Tür hinter sich zu.

Sie kannte das schon: Je euphorischer sie gewesen war, desto depressiver war sie am nächsten Tag. Glück musste man immer mit der gleichen Menge an Leid bezahlen, was für eine witzlose Rechnung. Glück lohnte sich nicht. Sie war erleichtert, als der Schlaf endlich kam und sie betäubte.

Irgendwann wankte sie nach draußen. Die Abendsonne stand bereits am Himmel. Am Strand schüttelte ein Hund glänzende Tropfen aus seinem Fell, wie in einem Krampf. Amber schämte sich für ihr verquollenes Gesicht, aber sie brauchte jetzt frische Luft und etwas zu essen. Das Schlimmste war überstanden.

Auf Gummiknien stakste sie rüber zu Andy, der im Schneidersitz auf dem Bootsanleger saß und aufs Meer schaute. Sie setzte sich neben ihn und lehnte ihren Kopf an seine Schulter.

»Hast du wenigstens seine Adresse?«, fragte er leise.

Amber fröstelte. »Adresse? Nö, wieso?« Schlagartig wurde ihr bewusst, dass sie nicht mal Petes Nachnamen kannte.

Andy zog die Beine an, legte seine Wange auf die Knie und blickte sie von der Seite an. »Er hat das letzte Boot genommen«, sagte er zögernd. »Wusstest du das nicht?«

Als das Schneckenhaus zerbrach, würgte der Schmerz trocken ihre Kehle. Amber hatte keine Tränen mehr.

STEPHAN BARTELS

Jarmila

Komisch, dachte Jarmila. Dass dieser Sommer so zu Ende geht. In einem schaukelnden Bierlaster, mit zwei fremden Männern, die nach Schweiß riechen und Brühwurst und Sauerkraut. Auf dem Weg in ein Land, das noch fremder ist als diese Typen hier. Die sprechen wenigstens noch meine Sprache, dachte Jarmila. Wenn sie denn mal sprechen würden. Sie sah aus dem Fenster. Gelbbraune Hügel rumpelten langsam vorbei, vom langen Sommer verbrannt, fast so wie ihre Haut. Vereinzelte bucklige Häuser, die sich in die Landschaft duckten, als ob sie nichts etwas anginge. Ab und an Soldaten, die mit Gewehren vor dem Bauch am Straßenrand standen und rauchten. Dass Soldaten immer rauchen müssen, dachte sie. Oder schießen. Rauchen oder schießen, eins von beiden, was anderes können die nicht. Jarmila konnte das beurteilen, sie hatte viele Soldaten gesehen in den letzten Tagen.

Der Schweiß lief ihr unter dem dünnen Kleid die nackten Beine hinunter und fing sich am Rand ihrer Leinenturnschuhe. Floss den Hals hinab und durch das Tal zwischen ihren Brüsten zum Bauchnabel, sie merkte ganz genau, dass Jurek ihr verstohlen in den wippenden Ausschnitt schaute, immer wieder, und nur wenn er sich unbeobachtet fühlte.

Sie saß zwischen ihm und František, dem Fahrer. Sie kannte die beiden seit zwanzig Minuten, seit sie in Pilsen zugestiegen war. Ihr Onkel Jaroslav hatte sie von Prag aus hingefahren. Er war mit Jurek befreundet, sie hatten zusammen studiert. Jurek war Mathematiker, genau wie ihr Onkel. Jarmila hatte immer gefunden, dass Jaroslav so ziemlich der klügste Mensch im Bezirk Prag sein müsste. Ihr Vater hatte dann immer gesagt, dass er so ziemlich der dümmste sei, weil er sich ständig mit der Partei anlegte. Der Onkel arbeitete jetzt im Schlachthof in Prag und beinte Rinder aus. Und Jurek, der angeblich eine ähnlich große Klappe wie ihr Onkel hatte, fuhr Original Pilsener Bier durch halb Europa. Heute in die Schweiz. Jarmila hatte sich darüber gewundert. »Wieso bloß«, hatte sie Jaroslav gefragt, als sie in dem geliehenen Skoda über die Landstraße nach Pilsen fuhren, »wieso lassen sie einen, den sie für ihren Feind halten, ständig in den Westen fahren?« Jaroslav hatte laut aufgelacht. Dann sagte er: »Jurek ist eine unglaubliche Nervensäge – die hoffen wohl, dass er von allein drüben bleibt.«

Aber Jurek kam immer zurück. Sie würde ihn vielleicht noch nach dem Grund fragen, wenn sie sich traute. Eine Frau hatte er jedenfalls nicht, das hatte Onkel Jaroslav ihr erzählt. Jarmila las das Ortsschild des Dorfes, in das sie gerade fuhren. »Úlice«, murmelte sie halblaut. František brummte. »Eine Stunde noch bis Deutschland, höchstens«, sagte er. Dann schwiegen sie wieder. Auch Jurek. Der hatte kaum ein Wort gesagt seit der Abfahrt. Dass einer, der für sein loses Mundwerk bekannt sein sollte, so wenig reden konnte. Als brauchte er alle Worte für irgendwelche politischen Scharmützel, dachte Jarmila.

Ihr Blick fiel auf die Zeitung, die auf dem Armaturenbrett zitterte. Sie las das Datum. 31. August 1968. Mein Gott, dachte sie, nicht mal zwei Wochen her, da war die Welt noch in Ordnung. Besser noch. Die Welt war toll. Und jetzt? War sie im Begriff, alles zu verlassen, was ihr vertraut war. Noch nie war sie im Ausland gewesen. In Karlsbad mal, mit ihren Eltern, weiter nach Westen war sie bisher noch nicht gekommen. Sie hatte Angst, es war, als ob eine zentnerschwere Platte quer auf ihrem Brustkorb lag. Aber es ging nicht anders, soviel war klar. Der Laster tuckerte im Schritttempo durch das Dorf, kein bisschen Wind ging durch die offenen Fenster, das Motorengeräusch machte sie schläfrig. Sie zerfloss vor Hitze, aber sie konnte schon spüren, dass es das letzte Aufbäumen dieses Sommers war. Dieses besonderen Sommers. Vielleicht, dachte Jarmila Havlicecková, war das schon der beste Sommer meines Lebens. Vielleicht auch der traurigste. Aber was weiß ich schon. Mit siebzehn hat man ja noch nicht so furchtbar viele Sommer erlebt.

Was für Monate das waren. Was für ein Jahr! Die Demonstrationen. Die Diskussionen. Das Lachen. Diese euphorisierten Menschen überall. Dieses komische Gefühl, dass alles möglich ist. Hanka. Michael. Und Karel. Armer kleiner Karel, dachte sie, wo er jetzt wohl ist? An der Uni wahrscheinlich, wo sonst. Mit Pech im Gefängnis. Nein. Alle anderen, aber nicht Karel.

Zehn Monate vorher, 31. Oktober 1967

Hanka hatte sie auf die große Studentendemo mitgeschleppt, natürlich, immer Hanka. Sie war jedes Mal dabei, wenn irgendwo etwas los war. Hanka war komplett unpolitisch, aber der Rummel dort machte ihr Spaß. Der Rummel und die Jungs. Und so liefen sie, zwei Mädchen von sechzehn Jahren, mit im Strom der Studenten, die gegen die unsäglichen Verhältnisse in ihren Wohnheimen protestierten, so viel hatten sie verstanden. Die Elektroleitungen dort waren allesamt marode, aber statt sie zu reparieren, schaltete die Verwaltung einfach abends den Strom ab, um sie zu schonen. »Wir wollen Licht!«, skandierten die Studenten immer wieder, immer lauter, fast alle hielten brennende Kerzen in den Händen. Der Ruf der Massen hallte von den alten Hauswänden im Burgviertel wider. Jarmila bekam eine Gänsehaut. Sie war es nicht gewohnt, gegen etwas zu sein. Oder für etwas, genau genommen war sie hier ja für Strom. Ist doch eine gute Sache, dachte sie. Wir haben bei uns Strom, wann immer wir wollen. Überhaupt, zu Hause ging es ihr gut, sie musste um nichts kämpfen. Und ihre Lehrer ließen ihr wenig Raum für Protest. Diese Demo fühlte sich fremd an und gut, auf eine verbotene Weise.

Sie waren vom Hradschin herunter auf die Kleinseite gelaufen. Auf den letzten Metern vor der Karlsbrücke hatten sich Horden von Uniformierten an ihre Seite gesellt. Plötzlich wurde laut gerufen, und die Polizisten begannen blitzartig damit, auf die Studenten einzuknüppeln. Jarmila blieb schockstarr stehen und konnte sich vor Panik nicht bewegen, keinen verdammten Zentimeter. Dann griff jemand ihre Hand und zog sie in eine Nebenstraße, sie liefen und liefen und drückten sich schließlich in einen Hauseingang. Sie hatte Hanka verloren, überhaupt war kein einziger Student mehr zu sehen. Nur der hier. Sie keuchten und sahen sich an. Der Junge war ein paar Jahre älter, er hatte diesen Che-Guevara-Bart, den jetzt alle trugen, aber er stand ihm nicht. Dafür war sein Gesicht viel zu fein und weich. Überhaupt, zart war er, fast verloren in seinen Jeans und dem Parka. Jarmila wusste nicht so recht, was sie sagen sollte.

»Habt ihr abends wirklich kein Licht?«, fragte sie schließlich.

Der Junge grinste. »Soll ich's dir beweisen?«

So war Jarmila Karel begegnet.

Es gab tatsächlich kein Licht in seinem Wohnheim, sie drehte den Schalter in seinem Zimmer dreimal, viermal, nichts. Sie wanderte mit vorsichtigen Schritten durch den kleinen, spartanisch möblierten Raum. Er legte seinen Arm um sie, als sie aus seinem zugigen Fenster auf die dunkle Straße sah. Ihr Herz klopfte so stark, dass sie glaubte, halb Prag müsste es hören in der Stille des Abends. »Wir wollen Licht«, flüsterte Karel, ganz nah bei ihrem Ohr. Dann zündete er eine Kerze an. Und küsste sie schließlich.

31. Mai 1968

»Wo bleiben die bloß?«

Jarmila grinste. Hanka und ihre Ungeduld. Wie sie dastand vor dem Hotel Europa, mitten auf dem Wenzelsplatz, groß und blond, im Minirock, engen T-Shirt und in diesen Schuhen mit den hohen Korkabsätzen. Sie hatte die Arme vor dem Bauch verschränkt, lief auf und ab und schaute grimmig. Auf ihrer rechten Brust prangte eine »Make Love, Not War«-Plakette, es waren viele davon unterwegs in Prag in diesen Tagen. Sie ist so hübsch, dachte Jarmila, die ein bisschen abseits auf einer Bank saß und ihren Spaß daran hatte, die vielen Jungs zu beobachten, die sich nach Hanka umsahen. Kein Wunder. So hübsch. Hübsch und schnell böse. Nicht so wie ich. Ich werde nie böse. Jede von uns ist, was die andere nicht ist, dachte Jarmila.

Sie war das Gegengewicht zu Hanka. Klein, dunkel, still. Sehr ansehnlich, ja, das wusste sie, aber nicht so richtig schön. Bloß niedlich. Das sagte Hanka immer: Du bist so niedlich. Man möchte dich am liebsten mit nach Hause nehmen und den ganzen Tag anschauen und streicheln, weil es das Herz wärmt. Das übrigens war heute definitiv nicht nötig. Es war heiß geworden in Prag, urplötzlich und mit aller Macht. Der ganze Mai war kühl gewesen und nass, aber jetzt, an seinem äußersten Rand, legte er sich noch einmal ins Zeug, als wolle er alles wieder gutmachen. Ein bisschen Sommer am Ende des Frühlings.

Die Jungs hatten schon eine halbe Stunde Verspätung. Jarmila machte das nichts, sie hatte eine unglaubliche Geduld. Sie konnte schon immer gut warten. Und irgendwann würden Karel und Jan sicher auftauchen. Sie war jetzt über ein halbes Jahr mit Karel zusammen, Hanka fand, die beiden sahen so aus, als wären sie schon mindestens so lang verheiratet wie ihre Eltern. Das kam ihr wahrscheinlich deshalb so vor, weil sie selbst ihre Freunde im Wochentakt wechselte. Alles eine Frage der Perspektive. Jedenfalls war Jan gerade Hankas Freund, ein neuer Kommilitone von Karel, den sie am Maifeiertag kennengelernt hatte, bei einer Podiumsdiskussion über die nächsten Reformschritte der Kommunistischen Partei. Die Stadt, das Land schien sich wund zu diskutieren, was man mit dieser neuen, wundervollen Freiheit so anfangen sollte. Hankas sehr weltlicher Beitrag bestand darin, möglichst vielen intellektuell beseelten Studenten zu vermitteln, dass diese Freiheit auch eine sexuelle Komponente hatte. Jarmila dagegen fand Politik plötzlich wahnsinnig spannend. Auch wenn sie nicht wirklich alles verstand, was hier passierte. Aber das tat ja kaum jemand. Sie spürte bloß, dass ein ganzes Land tief durchatmete und aufblühte und zu leben begann. Prager Frühling, dachte sie. Freiheit, von der Partei geschenkt. Unfassbar. Sie hatte noch nie so viel Freude und Glück auf einem Haufen gesehen wie gerade jetzt, in ihrer Stadt.

»Ahoj, Mädels!«

Da waren sie ja. Karel und Jan kamen auf sie zugeschlendert, da waren auch noch ein paar andere, die sie vom Sehen kannte, zwei Studentinnen, ein Mädchen von ihrer Schule. Und vier Typen, die sie nie zuvor gesehen hatte.

»Entschuldigt die Verspätung«, sagte Jan jetzt und gab Hanka einen dicken, feuchten Kuss, »aber wir haben überraschend Besuch bekommen.« Er deutete auf die vier Unbekannten. »Das sind deutsche Studenten. Westdeutsche, nicht aus dem Osten, also keine sozialistischen Brüder. Die sind aus … *Sorry, I forgot: Where are you from?*«

»*From Hamburg*«, sagte einer der vier, »*from the SDS.*«

»Ach ja, genau. Hamburg. Die sind vom SDS, das ist so ein sozialistischer Studentenbund oder so was.«

»Also doch sozialistische Brüder, irgendwie«, sagte Karel.

»Und was machen die hier?«, fragte Hanka.

Karel lachte. »Die haben sich selbst an die Uni eingeladen. Wollen sich die Sache mit unserem wunderbaren neuen

Sozialismus mal aus der Nähe anschauen. Wir sind berühmt. Ist scheinbar gerade das große Thema im Westen, was wir hier so machen.«

»Was genau? Den ganzen Tag diskutieren und nichts lernen?«, fragte Hanka. Sie war immer noch ein bisschen sauer, weil Jan sie so lange hatte warten lassen.

»Also, bitte. Wir machen hier Geschichte, und du bist beleidigt. So was wird hart bestraft«, sagte Jan und biss ihr sanft in den Hals. Hanka lachte auf.

Jarmila dachte, dass Karel sie noch nie in den Hals gebissen hatte.

»Na, wie auch immer«, meinte Jan, »jedenfalls hat die studentische Vertretung Karel und mich dazu auserkoren, uns ein paar Tage um diese Herren zu kümmern.« Er wandte sich an die Deutschen. »*These are Hanka and Jarmila, our girlfriends.*«

Die anderen murmelten Grußbotschaften auf Englisch.

»*I'm Jürgen*«, sagte der erste und hob lässig den Arm.

»*Manni*«, sagte der zweite und grinste.

»*Bernd*«, der dritte.

»*And I'm Michael.*« Das war der vierte.

So war Jarmila Michael begegnet.

Sie hatten den Deutschen die Stadt gezeigt an diesem Abend. Das Burgviertel. Den Altstädter Ring mit dem Denkmal für Jan Hus. Den Kleinseitenplatz, auf dem Karel Jarmila sieben Monate zuvor vor den Knüppeln der Polizisten gerettet hatte. Die Deutschen sprachen kein Wort Tschechisch, Jan war der Einzige, der ganz passabel Englisch konnte, er wurde zum Chef ihrer Expedition durch Prag. Jarmila hatte in der Schule nur Russisch gelernt, auf alle englischen Fragen zuckte sie nur die Schultern, bis die Deutschen aufgaben und sie in Ruhe ließen. Also lief sie schweigend mit, meist an der Hand von Karel. Und beobachtete verstohlen die Studenten aus dem Westen. Sie waren anders als die tschechischen Jungs. Die Jeans saßen besser, die Hemden wirkten feiner als die Polyesteroberteile von Karel und Jan, selbst ihre Zigaretten rochen besser. Sie sahen alle so gut aus. Nein, das stimmte nicht. Dieser Jürgen hatte furchtbare Aknenarben, und Bernd einen runden Kopf mit dünnen Haaren. Aber Michael …

In diesem Moment ging Jarmila auf, dass sie gar nicht alle Deutschen beobachtete. Nur einen. Er sieht aus wie einer von den Beatles, dachte sie. Sie versuchte, sich an die Namen auf dem Plakat im Schallplattengeschäft auf der Štípánská zu erinnern. Nicht John, nicht Paul … richtig, George. Michael aus Hamburg sah fast so aus wie George Harrison.

In diesem Moment drehte er sich um und sah sie an. Jarmila wurde sofort rot. Michael grinste.

So ging es den Abend über weiter. Sie gingen in mehrere Kneipen, aßen belegte Brote, tranken dunkles Bier. Immer wieder fanden sich die Blicke von Michael und Jarmila. Sie sah dann schnell wieder weg. Nicht wieder rot werden, befahl sie sich. Er hatte blaue Augen, so richtig blau, es ist eine so schöne Farbe, dachte sie. Und ich mag seine Haare, nicht zu kurz, nicht zu lang, nicht so zerzaust wie die der anderen. Und wie er die Hände benutzt, wenn er redet. Schade, dass ich nichts davon verstehe.

Aber sie verstand ja kaum ihre eigenen Leute. Es war laut in der Kneipe, viele waren inzwischen betrunken. Karel zum Beispiel, der jetzt lallend auf Jan einredete, er solle den

Deutschen übersetzen, dass Dubček ohne die Unterstützung der Studenten nie so erfolgreich geworden wäre. »Niemals«, rief er, und seine Stimme kippte hinten über. »Der wäre immer noch ein slowakischer Bauer ohne uns!«

Jan tippte sich an die Stirn. »Das ist doch Quatsch, so was übersetze ich nicht«, sagte er und verstrickte sich nun endgültig in eine fruchtlose, alkoholgetriebene Diskussion mit Karel.

Michael sah an beiden vorbei und lächelte Jarmila an. Sie lächelte zurück, zum ersten Mal, ihr wurde warm, unendlich warm. Sie spürte, wie sich ihr Atem beschleunigte. Aber sie wollte nicht wegschauen, sie wollte seinem Blick standhalten. Irgendwann ging es nicht mehr. Ich brauche Luft, dachte sie. Sie stand auf und ging vor die Tür.

Draußen floss träge die Moldau vorbei, ganz links konnte man die Karlsbrücke sehen, die auch jetzt noch voll war von Menschen. Der Abend war schon wunderbar mild, sie vermisste nicht einmal ihre Jacke, die drinnen hing. Sie atmete tief ein und beruhigte sich allmählich. In ihrem Rücken knarrte die Tür der Kneipe. Jemand stellte sich neben sie.

»Ahoj«, sagte Michael.

Später dachte Jarmila, wie gut es ihr getan hatte, nicht mehr zuhören zu müssen an diesem Abend. Es wurde so viel geredet im Moment, manchmal brummte ihr der Schädel davon. Aber Michael hatte ihr einfach nichts zu sagen, keiner von beiden hatte auch nur eine leise Ahnung von der Sprache des anderen. Sie nahm alles mit ihren anderen Sinnen wahr. Mit den Augen, die sahen, wie sein weißes Hemd an den Muskeln der Oberarme spannten, als sie wortlos ein

Stück die Moldau hinabgingen. Mit der Nase, die seinen Geruch einfing, ein bisschen Bier, ein bisschen Sauerteig, aber auch etwas anderes. Seine Haut roch nach Sonne und Stachelbeeren, seltsam, dachte sie, wieso Stachelbeeren? Aber sie konnte nicht aufhören, ihre Nase in seine Richtung zu halten. Das war gut. So gut.

Sie nahm ihn mit ihrer Haut wahr, zuerst mit den Fingern, die er wie zufällig beim Gehen berührte, bis er seinen kleinen Finger in ihren verhakte und schließlich ganz ihre Hand nahm. Und sie schmeckte ihn, als er sie küsste, seine Zunge, seine Lippen, seinen Speichel. Sie zitterte, als es passierte. Ihr Kopf, ihre Brust schienen zu brennen. Klar hatte sie schon Karel geküsst, aber das hier war anders. Mein Gott, ich bekomme Fieber, dachte sie, als sie eine erste Pause einlegten und sie ihren Kopf auf seine Brust legte. Sie konnte sein Herz durch den dünnen Stoff schlagen fühlen. Auch schneller, dachte sie, wär ja auch noch schöner. Einen Moment lang war es angenehm ruhig in ihrem Kopf. Und dann dachte sie an Karel. Müsste sie jetzt nicht ein furchtbar schlechtes Gewissen haben? Müsste sie sich nicht wehren gegen das, was hier passierte?

Ja, vielleicht müsste sie das. Aber sie wollte nicht. Jarmila war überrumpelt worden. Von diesem Tag, diesem Typen, dieser seltsamen Situation, ihren eigenen Gefühlen. Auf einmal pfiff sie auf das enge Treue- und Loyalitätskorsett, das sie selbst geschnürt hatte, weil sie glaubte, es sei richtig und wahr und gut und so moralisch, wie sie immer zu leben gedachte. Sie wollte sich nicht mies fühlen, dazu war später noch genug Zeit. Denn das hier war mindestens ein Abenteuer, eines mehr in diesem abenteuerlichen Frühling. Und wer weiß, wohin es führte. Sie spürte die Hände eines Mannes auf ihrem Rücken, der so anders war als Karel. Der hier war groß und hatte Muskeln. Er war nicht viel älter als Karel, aber so viel erwachsener. So selbstsicher. Er hatte nicht diesen lächerlichen Fusselbart, sein Kinn kratzte nur ganz zart beim Küssen. Er roch nicht mehr wie ein Junge. Und er sah aus wie George Harrison. Sie küssten sich wieder, lang, immer wilder, ihre Finger wanderten unter sein Hemd, sie spürte seine Hände jetzt auf der nackten Haut ihres Rückens. Große, weiche Hände.

»Jarmila«, flüsterte er jetzt. Er hatte sich ihren Namen gemerkt. Sie sah ihn an. Er lächelte. Zwei Worte hatte er gesagt in der letzten Stunde. Ahoj. Jarmila. Er versuchte gar nicht erst, etwas zu sagen, was sie nicht verstehen würde. Das gefiel ihr. Sie lächelte zurück, sie küssten sich wieder.

Er deutete mit dem Kopf in Richtung des Lokals, das ein paar Hundert Meter das Wasser hinauf stand. Und zuckte mit den Schultern. Sie begriff, er wollte zurück. Oder hatte das Gefühl, es zu müssen. Natürlich, er war Teil einer Gruppe, die würden sich wundern. Und ihre Leute auch. Alles in ihr sträubte sich. Aber sie nickte. Und so liefen sie zurück, erst Arm in Arm, dann Hand in Hand. Und schließlich ließen sie einander ganz los.

Als sie in die Kneipe kamen, saß Hanka auf Jans Schoß, er knabberte an ihrem Ohr herum. Sie sah Jarmila an, dann Michael, die beiden sahen aus, als wären sie außer Atem. Jarmila spürte, wie sie rot wurde. Verdammt noch mal, hörte das denn nie auf? Hanka grinste. Die anderen tranken und redeten aneinander vorbei in einem Gemisch aus Tschechisch, Deutsch und ein paar Brocken Englisch, ihr Dolmetscher war schließlich anderweitig beschäftigt. Der Einzige, der nichts mehr tat, war Karel. Der lag mit dem Kopf in einer Bierpfütze auf dem Tisch und schlief. Vielleicht besser so, dachte Jarmila.

1. Juni 1968

Am nächsten Tag saß Jarmila auf dem Steg des Badesees. Sie hatte eine unruhige Nacht gehabt. Sie suchte ihren Körper nach Spuren seiner Finger ab. In einem Liebesroman hatte sie von einer Frau gelesen, die die Berührungen eines Mannes noch Tage später auf der Haut fühlen konnte. Bei ihr war das nicht so. Nicht bei Karel. Und nicht mal jetzt, bei Michael.

Michael. Sie murmelte den Namen ein paarmal vor sich hin. Michael. Michael. Michael. Sie probierte den anderen Namen. Karel. Karel. Michael. Karel. Michael ging ihr leichter von den Lippen. Bei Karel wurde ihr dafür sofort das Herz schwer.

Sie sah auf. Da drüben hockten sie alle. Die Deutschen, die anderen Studenten, Karel, Jan, Hanka. Und Michael. Sie trugen Badekleidung, ein paar auch geliehene Turnhosen, die sozialistische Delegation aus Hamburg hatte schließlich nicht damit gerechnet, dass auch das Schwimmen in einem Badesee in Prag-Lhotka zum Programm gehören würde. Es war wieder heiß, der Juni machte da weiter, wo der Mai aufgehört hatte. Die Revolution hatte sich heute einfach mal hitzefrei genommen. Jarmila hatte keine Ahnung, worüber die da drüben gerade redeten. Es war ihr auch egal. Sie hätte eh nicht folgen können. Sie hatte nur Michael im Kopf.

Dabei war er sehr reserviert gewesen. Hatte am Abend nur kurz zum Abschied gewunken, als er mit seinen Kommilitonen Richtung Wohnheim gezogen war, Karel musste sich von Jan und diesem Bernd stützen lassen. Und als sie sich am Nachmittag getroffen hatten, sah Michael sie kaum an. Karel dagegen schien es wieder gut zu gehen. Die frisch geknüpften internationalen Beziehungen machten ihm sichtlich Spaß. Er war richtig aufgedreht. Jarmila nicht.

Sie ließ ihre nackten Zehen durch das Wasser gleiten. Ihr Onkel Jaroslav hatte neulich beim freitäglichen Familienessen gesagt, dass es keinen größeren Scheiß gäbe als die Liebe. Alle hatten protestiert. Aber jetzt bekam Jarmila eine leise Ahnung davon, was er damit gemeint hatte. Auch wenn Michael in diesem Moment ohne sich umzudrehen das Land verlassen würde – mit Karel würde es nie wieder so sein wie vorher. Das machte sie traurig.

Der Steg zitterte. Ein paar Sekunden später setzte sich Jan neben sie und stellte zwei Flaschen mit Wasser zwischen ihnen ab.

»Na? Alles okay?«

Sie kannten sich noch nicht sehr lange, aber Jan gehörte zu diesen Menschen, bei denen man sich vom ersten Moment an wohlfühlte.

»Ach, ich bin bloß ein bisschen müde. War spät gestern.«

»Ja, stimmt. Spät und interessant, nicht wahr?«

Jarmila sagte nichts.

»Auf diesen Michael hast du jedenfalls ziemlichen Eindruck gemacht«, sagte Jan. »Der hat bei mir im Zimmer geschlafen. Obwohl, das weniger. Eigentlich hat er mich die halbe Nacht nach dir ausgefragt.«

»Echt? Was denn so?«

»Das Übliche. Was du so machst. In welcher Ecke du wohnst. Und wie es zwischen Karel und dir so läuft.«

Jarmila schwieg. Aber ihr Herz hatte seine Frequenz gerade verdoppelt, mindestens.

»Ich konnte ihm nicht viel erzählen, nur das, was ich von Hanka weiß. Und die hat in der Regel Besseres zu tun als zu reden.«

Er ließ seine Füße ins Wasser fallen. Sie schwieg immer noch.

»Hör zu, Jarmila. Ich weiß ja nicht, was gestern draußen vor der Kneipe passiert ist. Ich weiß auch nicht, was du vorhast. Aber erstens, und das sage ich dir mit der geballten Weisheit meiner einundzwanzig Jahre: Pass auf dich auf.«

Sie sah ihn jetzt an.

»Und zweitens: Pass auch ein bisschen auf Karel auf. Ich fange zwar gerade erst an, mich mit ihm anzufreunden, aber er ist ein netter Kerl. Ein netter und weicher Kerl. Brich ihm nicht das Herz, wenn's nicht unbedingt sein muss.«

»Und wann weiß man, ob es unbedingt sein muss?«

Jan zuckte mit den Schultern. »Keine Ahnung. Woher soll ich das wissen? Aber du hast einen guten Kern, sagt Hanka. Du wirst es schon merken.«

»Blödmann. Du kannst doch hier nicht weise Parolen rauspusten und den entscheidenden Teil einfach weglassen.«

»Doch. Was ich alles kann, du würdest staunen.« Er nahm einen tiefen Schluck aus der Flasche. »Mann, ist das heiß. Ich brauche noch was zu trinken. Komm, wir gehen zu den anderen.«

Der Abend ähnelte dem vorangegangenen geradezu verblüffend. Es war Samstag, die Stadt war voller Menschen.

Wieder zogen sie zusammen durch Gaststätten und tranken, wieder musste Jan für alle übersetzen. Er machte das gut, aber es schien ihn zunehmend zu erschöpfen. Karel hingegen wurde immer ausgelassener. Er versuchte, Bernd und Manni ein tschechisches Volkslied beizubringen. Jarmila stand am Tresen und sah ihnen zu. Es war eine belustigende Mischung aus Bierseligkeit und eifriger Konzentration. Um sie hatte sich Karel so gut wie gar nicht gekümmert. War ihr gerade mal recht. Hanka stellte sich neben sie.

»Er beobachtet dich.«

»Wer?«

»Der Beatle. George. Michael. Oder wie du ihn nennst.«

Jarmila sah zum Nebentisch. Tatsächlich. Er saß da und schaute zu ihr herüber. Sie hatte es kaum gewagt, seinen Blick zu suchen, seit sie den See verlassen hatten. Er lächelte ihr zu.

»Und jetzt?«, fragte sie Hanka beklommen. »Du kennst dich doch aus mit Typen. Was soll ich jetzt machen?«

»Die Frage ist doch: Was willst du machen? Möglich ist alles. Wenn du mich fragst. Und erst recht nach dem, was du von gestern erzählt hast, meine Süße.«

Sie sahen beide zu Michael hinüber.

»Er sieht nett aus«, sagte Hanka, »besser als nett sogar. Meinst du, dein kleines Herz verkraftet es, wenn du jetzt mit ihm rausgehst und er morgen wieder nach Westen fährt?«

Wahrscheinlich nicht, dachte Jarmila. Aber ihr wurde gerade klar, dass sie schon längst nicht mehr die Wahl hatte.

Sie hatte sich nicht verabschiedet. War vor die Tür gegangen, hatte ihre Tasche über die Schulter gezogen, heute Abend würde sie nicht mehr zurückkommen. Hanka und

Jan hatten ihr kurz zugenickt, die anderen merkten nicht einmal, dass Jarmila nicht mehr da war. Karel schon gar nicht. Dieser Idiot, dachte Jarmila, er hätte mich wirklich von dem abhalten sollen, was jetzt passieren wird.

Michael kam zwei Minuten später durch die schwere, alte Holztür. Das Lachen, das Gesprächsgemurmel aus dem Raum wurde von der sich schließenden Tür geschluckt. Es war eigentümlich ruhig. Sie drehte sich um und ging los. Er blieb an ihrer Seite. Über der Burg lag noch ein orangefarbener Streifen am Himmel, der gerade von Blau nach Schwarz kippte. Am jüdischen Friedhof küssten sie sich zum ersten Mal, dann gingen sie weiter. Küssten sich. Gingen. Küssten sich. Gingen. Und schwiegen.

Sie zog ihn auf den Laurenziberg. Sie liebte diesen Hügel. Nirgendwo sonst hatte man eine so schöne Sicht auf diese Stadt. Und nirgendwo sonst hörte man so wenig von ihr. Es war still. Man war aus der Welt dort oben. Nein, besser: über der Welt. Es war ihr Lieblingsplatz in Prag. Mit Karel war sie nie hier gewesen. Mit Michael ließ sie sich jetzt ins warme, hohe Gras fallen.

Sie küssten sich. Seine Hand schob sich unter ihr T-Shirt. Ruhte eine Weile auf ihrem Bauch. Rutschte langsam höher. Traf irgendwann auf das Bikinioberteil, das sie immer noch trug. Er begann, ihre Brust zu streicheln. Sie ließ es geschehen. Er zog vorsichtig den Stoff beiseite und nahm ihre nackte Brust ganz in die Hand. Schob ihr T-Shirt hoch, küsste ihre Brüste, legte sich auf sie, biss ihr ins Ohr.

Als Jarmila mit Michael schlief, war es das erste Mal für sie. Mit Karel hatte sie es einfach nicht gewollt. Noch nicht, Karli. Wir haben doch Zeit. Sie schlug die Augen auf. Sterne über Prag. Das ist schön, dachte sie, mein erstes Mal und gleich mit einem Himmel voller Sterne. Sie spürte Michaels Gewicht auf sich. Spürte ihn in sich. Es war schön und auch wieder nicht, sie fühlte Lust und Schmerz. Aber sie fühlte keine Scham, keine Reue, obwohl sie genau das erwartet hatte. Sie schlief mit einem Mann, den sie kaum kannte, mit dem sie nicht reden konnte, von dem sie nichts wusste. Und dann noch an einem öffentlichen Ort, für jedermann zugänglich und einsehbar. Und das, obwohl sie doch einen Freund hatte. Nichts davon genügte ihren Ansprüchen an Moral oder eine Beziehung. Bis gestern. Jetzt war es anders. Sollte sie doch jeder sehen. Sollte sie doch jeder für bescheuert halten. Sie hatte sich verliebt. Der Rest war für den Moment egal.

Danach lagen sie erschöpft im Gras. Sie hatte den Rock und das T-Shirt wieder heruntergezogen, die Unterhose lag noch im Gras. Michael drehte sich auf den Rücken. Von den Gehwegen leckte ein bisschen Laternenlicht zu ihnen herüber, sie sahen einander an. So schöne Augen, dachte sie und strich mit dem Zeigefinger über seine Brauen. Er lächelte und streichelte ihre Lippen. Kein Wort, seit Stunden. Es war so unwirklich.

Später war er eingeschlafen. Sie konnte nicht. Und wollte nicht. Jarmila musste ihn immer nur ansehen. Sie lag jetzt auf seiner Jacke. Und spürte etwas Sperriges unter ihrem Rücken. Sie sah nach.

Seine Geldbörse. Zögernd zog sie sie aus der Innenseite der Jacke. Sie war braun, aus feinem, weichem Leder. Jarmila klappte sie vorsichtig auf und hielt sie in Richtung des Lichts. Scheine. Ein paar Kronen, das andere mussten wohl Mark sein. Ein paar Dokumente. Sie zog ein weißes Papier heraus, darauf in rot ein Kuppelgebäude. Universität Hamburg. Das verstand sie. Sein Studentenausweis.

Sie las das Gedruckte im schwachen Licht. *Michael Petersen. Elbchaussee 612. 2000 Hamburg 55.* Das musste die Adresse sein. *21.4.1946.* Wahrscheinlich sein Geburtstag.

Michael räkelte sich. Jarmila steckte den Ausweis wieder an seinen Platz und die Brieftasche in die Jacke.

Elbchaussee 612. 2000 Hamburg 55. Konnte ja nicht schaden, sich das einfach mal zu merken.

20. August 1968

»Mädchen, Mädchen«, sagte Dr. Jankulovski und schüttelte den Kopf. »Mädchen, was machst du bloß für Sachen.«

Jarmila atmete tief ein. Also doch. Oma wird genau das Gleiche sagen, sie würde jede Wette darauf annehmen und sie auch mit Sicherheit gewinnen.

»Und ich dachte, du willst mal studieren, Jarmila«, fuhr der Arzt fort, »das wird jetzt bestimmt nicht so einfach.« Er sah noch einmal auf den Zettel vor sich, als müsste er sich noch einmal überzeugen. »Tja, Frau Havlicekovà. Kein Zweifel möglich. Ihre Tochter ist tatsächlich schwanger. Schon im dritten Monat.«

Ludmilla Havlicekovà schlug die rechte Hand vor den Mund. Ein unterdrücktes Stöhnen quoll darunter hervor.

Der Arzt sah Mutter und Tochter über den Rand seiner Brille hinweg an. »Soll ich gratulieren oder Ihnen lieber mein Beileid aussprechen?«

Jarmila war seltsam ruhig. Natürlich, warum auch nicht. Schließlich hatte sie schon zweimal ihre Blutung vermisst. Das heißt, vermisst nicht wirklich. Eher registriert, dass eine Konstante in ihrem Leben fehlte. Sie wusste schon länger, was das bedeutete. Und wenn sie es bei Licht betrachtete, hatte sie unbewusst schon lange ihren Frieden mit dem gemacht, was jetzt kommen würde.

Jarmila sah ihre Mutter an. Die hatte sich schnell wieder gefangen. Griff nach der Hand ihrer Tochter und lächelte. Dann sagte sie: »Das ist eine sehr dumme Frage für einen studierten Mann, Herr Doktor. Natürlich werden Sie jetzt brav gratulieren.«

Ludmilla Havlicekovà neigte nicht zur Verzweiflung. Sie war pragmatisch und optimistisch, zwei Eigenschaften, die im real existierenden Sozialismus von unschätzbarem Vorteil waren. Wahrscheinlich wären sie das überall, dachte Jarmila und war dankbar dafür, so eine Mutter zu haben. Es gab keine Szene. Keine Vorhaltungen. Warum sie so lange gewartet hatte, bis sie ihrer Mutter von ihrem Verdacht erzählte, wusste sie selbst nicht so genau.

Wahrscheinlich hatte sie es verschwiegen, weil sie so glücklich war den ganzen Sommer über. Sie hatte einfach nicht gewollt, dass es vorbeiging.

2. Juni 1968

Es war ein Sommer der Freiheit für sie. Einer, der mit zwei Trennungen begann. Am Morgen nach der Nacht auf dem Laurenziberg war sie zu Karel gefahren. Diesmal hatte er nicht so viel getrunken, dass er ihre Abwesenheit am Abend vorher ignorieren konnte. Es war ihm auch aufgefallen, dass Michael fehlte. Karel war in Liebesdingen ein wenig naiv, aber nicht gerade dumm. Er war nachts durch Prag gelaufen und hatte nach den beiden gesucht, in sich eine Mischung von blanker Wut und Verzweiflung. Den zweiten Teil der Nacht saß er weinend auf dem Fensterbrett in seinem Zimmer im Wohnheim. Jarmila fand ihn am nächsten Morgen eingerollt auf dem Bettvorleger. Sie stupste ihn vorsichtig an.

Als er hochschreckte und sie sah, lächelte er schwach. »Ahoj«, sagte er matt, und es steckte beides in diesem Gruß. Angst und Hoffnung. Die Angst, dass sie wirklich gehen würde. Und die Hoffnung, dass alles nur ein großes Missverständnis war.

»Ahoj«, sagte Jarmila und lächelte zurück.

Da wusste Karel, dass es vorbei war.

Am Nachmittag fuhren die Deutschen ab. Jarmila stand auf dem Bahnsteig, die Lippen aufgesprungen vom Küssen. Es war dabei geblieben, sie und Michael sprachen einfach kein Wort miteinander. Sie hatten eine stille Vereinbarung darüber, dass keine Notwendigkeit dazu bestand. Und das geht auch, dachte sie. Man kann so lieben. Wir sind zwei Liebende aus einem Stummfilm. Ein Stummfilm, der genau achtundvierzig Stunden gedauert hat.

Als der Zug aus dem Bahnhof rollte, legte Hanka ihren Arm um sie.

»Da geht er dahin, kleine Mila«, sagte sie. »Und, was machen wir jetzt mit dem Rest des Sommers?«

Jarmila grinste. »Wir werden dem Kommunismus nach besten Kräften ein menschliches Antlitz geben. Bekommst du das hin?«

»Mein leichteste Übung. Können wir dabei denn auch ein bisschen Spaß haben?«

»Oh ja«, sagte Jarmila, »worauf du dich verlassen kannst, meine Schöne.«

Jarmila tanzte, schwamm, flirtete durch den Juni. Sie fühlte sich gut. Und entbehrte nicht viel. Sie merkte, dass es sie vor keine große Aufgabe stellte, ohne Karel zu sein. Und wunderte sich darüber, wie wenig weh es ihr tat, Michael nicht nahe zu sein. Sie dachte oft an ihn. Und gern. Aber da war keine Sehnsucht, die sich durch ihre Seele fraß. Manchmal kam es ihr vor, als wäre das alles gar nicht real gewesen.

Einmal ließ Jan sie von Michael grüßen. Er hatte ihm aus Hamburg geschrieben, eine große Postkarte auf Englisch mit einem Hafenmotiv, ein Schiff vor Kränen auf dem Fluss. »Er schreibt, dass er dich verzweifelt vermisst«, sagte Jan, »und dass er Ende August wieder nach Prag kommt. Er will sogar ein bisschen Tschechisch lernen bis dahin.«

Ende August. In zwei Monaten, dachte Jarmila. Und wenn bis dahin meine Regel nicht gekommen ist, kann ich George Harrison aus Hamburg beibringen, was Vater auf Tschechisch heißt.

21. August 1968

In der Nacht brach die Hölle los. Jarmila wurde von den Panzern wach, die durch die Straße rollten. Sie lief nach unten. Im Wohnzimmer standen ihre Eltern im Nachtzeug am Fenster und starrten hinaus.

»Was ist los, Papa?«, fragte sie. Ihr Vater legte einen Arm um sie, mit dem anderen hielt er ihre Mutter. Jetzt kamen auch ihre beiden Brüder ins Zimmer, mit weit aufgerissenen Augen.

»Das sind Sowjetpanzer. Mein Gott, ich glaube, die Russen erklären uns den Krieg. Das kann doch nicht wahr sein!«

Sie sahen aus dem Fenster. Panzer auf Panzer rollte durch die kleine Straße. Das war eine Invasion.

»Oma«, sagte Jarmila.

Sie sahen einander an. Die Oma wohnte zwei Straßen weiter. Sie würde sich zu Tode fürchten.

»Ich hole sie her«, sagte Václav Havlicek, Jarmilas Vater.

»Ich komme mit«, sagte Jarmila.

Er zögerte. Jarmila sah ihm an, dass er es eigentlich für zu gefährlich hielt, sein Mädchen auf die Straße zu lassen. Erst recht mit dem Kind im Bauch, auf das sich jetzt, wo es schon mal auf dem Weg war, alle in der Familie freuten. Und der Vater des Kleinen wollte schließlich auch bald kommen, auch wenn er von seinem Glück noch nichts wusste. Eigentlich sollte Jarmila bleiben. Aber sie konnte deutlich besser mit ihrer Oma als er mit seiner Mutter. Mit ihr würde sie ohne Gezeter mitgehen.

»Also gut«, entschied er. »Zieh dich an.«

Zwei Minuten später waren Vater und Tochter unterwegs. Sie waren nicht die Einzigen, viele andere waren aus den Häusern getreten. Und starrten ungläubig auf das gespenstische Schauspiel. Sie holten die Oma ab, die schon fertig angezogen auf dem Stuhl in der Diele saß. »Wusste ich's doch, dass ihr mich mit den Russen nicht alleinlasst«, sagte sie und erhob sich ächzend. Und schon waren sie wieder auf der Straße.

Nach den Panzern kamen die Soldaten, auf offenen Wagen, zu Fuß. Immer mehr Menschen säumten die Straße. Und die wurden immer wütender.

»Verschwindet!«

»Haut ab!«

»Wir brauchen euch nicht!«

Fäuste wurden geschüttelt, Flüche ausgestoßen. Schließlich warf jemand einen Stein. Und dann wurde geschossen. Die Soldaten hielten ihre Gewehre in die Luft und drückten ab. Sie schossen auf die Hauswände. Jarmila, ihr Vater und ihre Oma drückten sich in einen Hauseingang. Die Sache begann zu eskalieren.

Knapp neben ihnen durchschlug eine Kugel ein Fenster. »Das war meins, du Schwein!«, rief ein Mann mit hochrotem Kopf. Es war zu viel für ihn. Was immer sich in ihm aufgestaut hatte, es platzte jetzt heraus. Laut brüllend rannte er auf den offenen Laster zu, von dem aus geschossen worden war. Jarmila sah, wie ein Soldat auf dem fahrenden Wagen sein Gewehr anlegte und auf den Mann zielte.

Sie überlegte keine Sekunde. Trat zwei Schritte vor. Griff sich einen Backstein, der am Boden lag. Und schleuderte ihn Richtung Wagen.

Sie traf den Schützen unterhalb seines Helms an der Schläfe. Er fiel etwa zwei Meter tief auf das Kopfsteinpflaster und blieb dort reglos liegen. Etwa ein Dutzend Soldaten blickten zu der Menschentraube, aus der der Stein gekommen war.

»Lauf«, sagte der Vater ruhig zu Jarmila. »Durch den Hof hinter uns, hinten raus, links am Fluss entlang und zu Hanka. Da hole ich dich morgen. Los jetzt!«

Und Jarmila lief.

Das Wunder geschah. Ein paar Soldaten waren in den Hinterhof gelaufen, aber dahinter hatte niemand mehr ihre Spur gefunden. Sie fanden auch niemanden, der das Mädchen kannte, das sie suchten. Keiner hatte etwas gesehen. Und ihren Vater und ihre Oma brachte niemand mit ihr in Verbindung.

»Er lebt noch«, sagte der Vater, als er Jarmila am nächsten Tag bei Hanka abholte. »Der Soldat, meine ich. Hat sich den Schädel gehalten, aber er war schon wieder bei Sinnen, als wir heimgegangen sind.«

Jarmila atmete erleichtert auf.

»Trotzdem«, sagte ihr Vater, »die lassen nicht locker. Die suchen dich noch immer, laufen rum und klopfen an die Türen. Als ob die keine größeren Probleme hätten.« Er seufzte. »Wir haben heute Nacht lange geredet. Onkel Jaroslav war auch da.« Er machte eine Pause. »Wir sind uns sicher, dass dein Michael bestimmt nicht herkommt. Den lassen die gar nicht erst rein.«

Sie hatte die Nachrichten gehört. Inzwischen konnte sie zwischen den Zeilen lesen. Ihr Vater hatte recht.

»Deine Mutter findet aber, dass ein Kind zu seinem Vater gehört. Eine Meinung, die ich übrigens teile, deshalb will ich dich ja auch bei mir haben.«

Sie lächelte ihn an.

»Andererseits mache ich mir Sorgen, dass die Russen dich doch noch finden. Irgendjemand wird dich schon noch verpfeifen. Und die sind sehr empfindlich, wenn man sie mit Steinen bewirft. Abgesehen davon: Der Spaß hier ist vorbei. Dieses Land ist heute Nacht in schlimme Zeiten zurückgefallen.«

»Worauf willst du hinaus, Papa?«

Er hatte Tränen in den Augen. »Wir glauben, dass es das Beste ist, wenn du in den Westen gehst. Zum Vater meines Enkelkindes. Und zwar so schnell wie möglich, die Grenzen werden gerade dichtgemacht.«

31. August 1968

»Zwei Kilometer noch. Wird langsam Zeit.«

Jurek sah nach draußen. Immer mehr Soldaten standen an der Straße. Die Grenze war nun fast schon zu spüren. »Ab nach hinten mit dir.«

Jarmila nickte. »Alles klar. Und falls es schiefgeht: Danke für alles.«

František lachte. »Wenn's schiefgeht, mein Täubchen, landen wir genauso im Bau wie du. In dem Fall kannst du dir deinen Dank sonst wohin schmieren.«

»Ist schon gut«, sagte Jurek und nickte ihr zu. »Es wird gut gehen.«

Jarmila kletterte durch eine Luke in den Laderaum. Ganz hinten hatten František und Jurek ein leeres Bierfass verstaut und an die Seite zur Bordwand drei Luftlöcher gebohrt. Sie kletterte hinein, Jurek legte den Deckel obenauf. Sie hätte nicht gedacht, dass es noch einen heißeren Ort geben konnte als das Führerhaus. Sie rollte sich zusammen. Gut, dass sie so klein war. Es ist gar nicht mal so unbequem, dachte sie noch. Und dann schlief sie ein.

Jarmila wurde davon geweckt, dass die Ladeklappe heruntergelassen wurde. Das muss mal geölt werden, so wie das quietscht, dachte sie. Was man bloß für einen Unsinn denkt, wenn man Angst hat. Sie spürte, wie sich der Boden leicht absenkte. Jemand war auf die Ladefläche gekommen. Sie hörte Schritte zwischen den Fässern. Und ein anderes Geräusch. Klonk. Klonk. Klonk.

Was war das? Und plötzlich wusste Jarmila es. Jemand schlug mit einem Stock gegen die Fässer. Wenn sie voll sind, machen sie ein anderes Geräusch als leere Fässer.

Die Schritte kamen näher. Klonk. Klonk.

Und schließlich machte es Klink. Er hatte ihr Fass gefunden. Sie spürte ein Zögern. Dann wurde am Deckel gerüttelt. Jurek hatte ihn nicht sehr fest aufgelegt. Er ging fast sofort ab.

Jarmila sah nach oben. Ihre Augen brauchten ein wenig, bis sie sich an das Licht gewöhnt hatten. Über ihr stand ein russischer Soldat, sie hatte viele von diesen Helmen gesehen in Prag. Ihr Vater hatte recht behalten. Die Russen hatten wirklich die komplette Kontrolle im Land übernommen.

Sie starrten einander an. Er war kaum älter als sie. Keiner von beiden bewegte sich. Sie hörte eine Stimme von draußen. Eine russische Stimme. Das konnte sie immerhin verstehen.

»Was ist los, Pavel? Irgendwas gefunden?«

Der Soldat sah sie noch einen Moment lang an.

»Nein«, rief er schließlich, »hier drin ist alles sauber. Lasst sie rüber!« Und dann legte er sachte den Deckel auf das Fass.

Später dachte Jarmila Havlicekovà manchmal daran, dass es vielleicht gar nicht so schlimm gewesen wäre, wenn der Soldat seine verdammte Pflicht getan hätte. Denn dann hätte sie sich nicht so winzig gefühlt vor dem Haus in der Elbchaussee 612. Wer konnte denn ahnen, dass hier in Hamburg solche Schlösser stehen? Sie hatte geklingelt, einer offensichtlich erstaunten Frau ihren Pass gezeigt, der sie als Bürgerin der Tschechoslowakischen Sozialistischen Republik auswies. »Michael«, hatte Jarmila gesagt, »Michael Petersen«, und fragend die Stirn in Falten gelegt. Es wurde telefoniert, und wenig später kam ein Mann mit einer blutbefleckten

Schürze herein, der sie auf Tschechisch ansprach. Er sei der Metzgergeselle aus dem Laden am Bahnhof, eigentlich aus Bratislava, aber jetzt lebe er hier, und man hätte ihn gerufen, weil Frau Petersen nicht verstanden hatte, was sie eigentlich wollte. Jarmila erzählte ihm ihre Geschichte. Von den Tagen in Prag. Wie und wo sie Michael getroffen hatte. Dass sie schwanger war, behielt sie vorerst für sich. Sie fand, dass Michael der Erste sein sollte, der es in diesem Haus erfuhr. Kurzum, sagte sie, sie wolle also gar nicht zu Frau Petersen, sondern zu ihrem Sohn.

Der Metzger übersetzte für sie. Frau Petersen sah ihn lange an, bevor sie antwortete. Der Metzger pfiff durch die Zähne und kratzte sich am Kopf. »Sie sagt, das kann nicht stimmen. Michael wäre zwar in Prag gewesen, aber er hat hier eine Verlobte. Er will im Herbst heiraten.«

Jarmila wurde kalt. All ihr Blut schien in einer Sekunde um zehn Grad abzukühlen. Ihr wurde schwindelig. Der Metzger hielt sie fest, bevor ihre Beine den Dienst versagten.

Frau Petersen sagte etwas. Es klang nicht freundlich.

»Sie möchte, dass du gehst. Und am besten nie mehr wiederkommst.«

Jarmila hatte Tränen in den Augen. »Passt mit gut«, sagte sie. »Hier will ich auch nicht bleiben.«

Jarmila und der Metzgergeselle verließen das Haus gemeinsam.

»Und jetzt?«, fragte sie.

Er schnaufte tief. »Weiß nicht. Zurück kannst du wohl in nächster Zeit nicht, die Grenzen sind angeblich zu. Kennst du hier jemanden? Ich meine – außer diesem Michael?«

Sie schüttelte den Kopf.

Der Metzger sah sie einen stillen Moment lang an.

»Ach, was soll's«, sagte er dann, »die Partei sagt doch immer, Tschechen und Slowaken sollen zusammenhalten. Ich wohne über dem Laden, ein Sofa habe ich auch, da kannst du dich erst mal ausschlafen.« Er wischte sich die rechte Hand an seiner Schürze ab und hielt sie ihr hin.

»Ich bin übrigens Janko.«

Sie lächelte und schlug ein. Eine kleine Hand in einer großen Pranke.

So war Jarmila Janko begegnet.

TINKA DIPPEL

Kompositionen

Die Dritte in der Reihe wird Mango bestellen, »uuu-und …« Sie wird das »uuuuuund« sehr lange ziehen und so tun, als überlege sie noch, damit ich die Mangokugel auch ja als Erstes in die Waffel drücke, »eine knusprige Waffel«, das sagt sie jetzt nicht mehr jedes Mal dazu, nachdem ich ihr mehrmals geantwortet habe, dass bei uns alle Waffeln gleichermaßen knusprig sind. Was sie zu Mango kombiniert, hängt von ihrer Begleitung ab. Schokolade, würde ich heute tippen. Und das würde mich freuen, weil sie eine der wenigen ist, die »Schokolade« sagt, nicht »Schoko«. Ja, die Chancen auf Mango-Schokolade stehen gut, denn heute ist sie allein. Wenn sie mit Freundinnen kommt, dann nimmt sie manchmal irgendeine andere Fruchtsorte dazu, gern auch Sorbet. Wenn ein Typ dabei ist, was genau einmal vorgekommen ist, seit ich hier stehe, dann nimmt sie »nur Mango«.

Es gab aber kein Mango an jenem Tag, also entschied sie sich für »eine Kugel Zitrone – im Becher«. Das hat mir gar nicht gefallen. Ich meine, eine Frau, der die Waffeln sonst nicht knusprig genug sein können, die immer, immer zwei Kugeln isst, will auf einmal nichts als eine Zitroneneiskugel, die in jedem noch so kleinen Becher verloren aussieht? Das glaube ich niemals. Dem Typen kam das glaub ich auch komisch vor, wirklich wissen, dass diese einsame Eiskugel nicht nach ihrem Geschmack ist, konnte er ja nicht. Aber ich. Und ich weiß auch, warum sie sich selbst auf einmal untreu geworden ist: Sie denkt, Fruchteis mit einem dieser albernen Löffelchen zu essen, die aussehen wie Mäusespaten, sei attraktiver als Cremeeis von der Waffel zu lecken. Sie hat so was von keine Ahnung. Wirklich, das sehe ich am liebsten, wenn all diese hungrigen Lippen vor mir zum ersten Mal mit dem Eis in Berührung kommen, wenn sie darin eintauchen, versinken, wenn die Augen sich schließen oder wie beim *Mango-Mädchen* vor Genuss weiten. Gerade bei ihr sieht das granatenmäßig aus. So sinnlich, dass ich mich konzentrieren muss, meine Gesichtsmuskeln unter Kontrolle zu halten. Aber wie gesagt: Sie ist gesunken in meinem Ansehen. Interessant bleibt sie allerdings für meinen Film.

»Hallo«, sagt sie. »Mango, bitte. Uuuund … Vanije.«

Das muss bereits zwei volle Sekunden her sein, mein rechter Arm hängt auch schon startbereit mit dem Schöpfer über der eidottergelben Mangomasse, aber meine Verzückung lähmt ihn noch. Sie hat »Vanije« gesagt! Hinreißend! Seit dreieinhalb Wochen stehe ich hier, verkaufe sieben Nachmittage in der Woche Eis und diese Verunstaltung des vermeintlich einfachen Wortes »Vanille« höre ich heute zum ersten Mal.

»Ähm, Mango und Vanije, bitte!«

Die eidottergelbe Kugel verschwindet fast in der lang gezogenen Waffel, die cremefarbene mit den winzigen schwarzen Pünktchen sitzt auf ihr wie der Bauch bei einem Schneemann. Das *Mango-Mädchen* spitzt die Lippen, drückt sie darauf und saugt. So macht sie das immer. Dass sie das dem einzigen Mann, mit dem ich sie je gesehen habe, vorenthalten hat – selbst schuld.

Ja, jetzt scharren sie wieder mit ihren Flip-Flops über die Kacheln, die mein Chef Paolo höchstselbst jede Nacht blank putzt, jetzt pusten sie wieder genervt die verschwitzten Haare aus ihnen sonnengeröteten Gesichtern. An einem strahlenden Samstagnachmittag wie heute hat mein Eisarm kein Recht auf eine Pause von unerklärlichen fünf bis zehn Sekunden. Die Warteschlange wächst ja schon ohne meine kurze Lähmungsphase durch die Türöffnung hinaus auf den Baldeplatz, und ihr Ende verschwindet aus meinem Blickfeld.

Mango lächelt mich zum Abschied an, direkt, frontal. Ich glaube, sie hofft, dass ich sie wahrnehme. Dass es viel mehr ist, dass ich sie kenne, dass ich für das Blau ihrer Augen die Farbe »unentschlossener Himmel« erfunden, dass ich ihre wenigen Sommersprossen in aller Ruhe gezählt und mir ihre rotblonden Haare etwas kürzer, etwa schulterlang, vorgestellt habe, weiß sie ja nicht. Soll sie auch nicht wissen. Meine Augen suchen schnell den Nächsten in der Schlange. »Einmal Schoko!«, die Stimme kommt von unten, das in aller Schüchternheit entschlossene Gesicht kann ich nur durch das Vitrinenglas hindurch sehen. Ein Kind, ein kleines Mädchen. Je jünger, desto unberechenbarer finde ich sie, bei ihr hätte ich ganz klar auf Erdbeer getippt.

Es sollte ein Job für meine letzten Semesterferien werden, einer, der mir den letzten Sommer als Student nicht verleidet. Fahrradfahren war mir als Erstes in den Sinn gekommen, aber für einen Fahrradkurier bin ich nicht fit genug. So fragte ich in der Eisdiele ganz in meiner Nähe, die La

Traviata heißt und sich mitten auf dem Baldeplatz befindet, in einem kleinen, dunkelgrün gestrichenen Hüttchen, das mal ein Blumenladen war. Paolo, der Chef, sah mich aus seinen stets rot unterlaufenen Augen an, als sei ich soeben vom weiß-blauen Münchner Himmel herabgestiegen, um ihn um eine der zahlreichen Lasten zu erleichtern, die schwer auf seinen Schultern wiegen und ihn mehrmals täglich höchst theatralisch werden lassen. »*Dio mio*«, stammelte er und streckte mir seine sehnigen, von dick hervortretenden Adern durchzogenen Arme entgegen. »Ein Rettung bist du, echt ein ganz große Rettung.« Sein Sohn Beppe, kurz für Guiseppe, benannt nach Giuseppe Verdi, dem Komponisten von Paolos Lieblingsoper, nach der wiederum die Eisdiele benannt ist, war an eben diesem sonnigen, ein dickes Geschäft versprechenden Tag mit einer komplizierten Oberschenkelfraktur ins nahe gelegene Uniklinikum eingeliefert worden. Und würde so schnell nicht wieder da rauskommen. Mindestens sechs Wochen lang sollte ich seine Nachmittagsschicht übernehmen. Einzige Bedingung: dass ich, zumindest während dieser sechs Wochen, nicht mit Skates in die Arbeit komme. Denn Skates, davon hatte Beppes Unfall Paolo überzeugt, »sind eine Werkzeug von *diavolo*«.

Ich war zufrieden. Den ganzen August und den halben September würde ich an einem der neuralgischen Punkte des Münchner Sommers stehen – dort, wo die Wittelsbacher Brücke sich über die Isar spannt und sich Einfall- und Wohnstraßen, Buslinien und Fahrradwege zu Münchner Geschäftigkeit treffen, dort, wo sie alle vorbeikommen: die Schönen aus den Läden und Cafés des Glockenbachviertels. Die Skater, Schnellradler und Jogger, immer in Bewegung, immer an der Isar entlang, immer schön die Vorderseite der

Oberschenkel dehnen, während sie bei mir Schlange stehen. Die Anzugmänner auf dem Heimweg vom Europäischen Patentamt. Die Topträger aus dem Schyrenbad, rosa schimmernde Wangen, Chlorwassergeruch, gute Laune. Die Mütter, bepackt, zwei Arme zu wenig, voller Hoffnung auf fünf Minuten Durchschnaufen, während ihr kleiner Tonangeber mit einer Kugel Eis beschäftigt ist. Zwölf Euro die Stunde verdienen, endlich das Konto in ein sattes Plus bringen und trotzdem: mittendrin sein im Geschehen.

Die einzige Versuchung an diesem Job, so dachte ich, wäre das, was da den ganzen Tag vor mir liegt. »Fünf Kugeln jeden Tag darfs du essen«, hat Paolo gesagt, »ich verlass mich auf deine Ehrlichkeit.« Drei sind es höchstens im Schnitt, und davon geht noch ein Teil an meinen besten Freund Jan. Denn es sind nicht die zähcremige, dicke Streifen ziehende Schokolade, um die den ganzen Tag meine Gedanken kreisen, beim Schöpfen leicht knisterndes Sorbet aus sommerwolkenweißer Zitrone oder kompaktes Panna cotta, das ein bisschen wie Niveacreme aussieht. Es ist das, was sich vor der Eistheke abspielt, das Schauspiel der Frauen.

Ihre hungrigen Augen, ihre süßen Wünsche, ihre bebenden Lippen werfen ein Kino bei mir an – ein Kino, das ich mir jeden Abend wieder und wieder ansehen kann. Denn ich filme die Menschen vor meiner Theke und schneide abends alles raus, was mich nicht interessiert. Übrig bleiben immer nur Frauen. Die Idee hab ich mir von der Kunstakademie abgeguckt, wo mein Freund Jan studiert. Dort hatten sie vor ein paar Wochen ein Projekt mit versteckter Kamera: Sie hatten in monatelanger Arbeit eine Fotofix-Box nachgebaut, unten in der U-Bahn-Station Universität aufgestellt und neben der Fotokamera eine Videokamera installiert. Stundenlang habe ich mir angesehen, wie einzelne Studenten, verwirrte Professoren und verkuschelte Pärchen von der Seite ins Bild kamen und im vermeintlich unbeobachteten Moment hinter dem schwarzen Vorhang einen sehr ehrlichen Teil von sich entblößten.

Dass ich selbst nun jeden Nachmittag mitten in einer solchen Box stehe, einfach durch mein pures Glück, das ging mir am zweiten Tag im Traviata auf: Eine nach der anderen kommen sie von der Seite in mein Blickfeld. Im Hintergrund sind die mintgrünen Fliesen an der Wand zu sehen, die beiden dunkelbraunen Barhocker aus Holz, die manchmal rechts und links der Theke, manchmal am großen Schaufenster stehen, und der Perlenvorhang im Türrahmen, der mal weiß war und meistens wie ein Pferdeschwanz zusammengebunden und über die offene Tür gehängt ist. Ohne sich dessen bewusst zu sein, entblößen die Menschen auch hier vor meiner Theke einen Teil von sich. Wie ihnen die Augen übergehen. Wie sie vor der Auswahl einknicken, eine Kugel mehr bestellen als geplant und dann mit satter Beute in der Hand und schlechtem Gewissen im Genick abziehen. Wie sie ihre Bestellung von der Begleitung abhängig machen, wie Männer ungewollt den Eisappetit der Frauen hemmen. So wie *Mango* neulich pressen die Frauen ihre Ein-Kugel-Bestellung raus, dabei wollen sie ganz was anderes.

Eis, Blicke, Münder – dass schon diese drei Variablen eine kleine Welt ergeben, darum dreht sich mein Film. Und viele meiner Protagonisten kommen wieder und wieder. Wie *Mango*. Oder *Mon Chéri*, ein von mir so getauftes, grauenvolles Geschöpf. Ihre *création fatale* ist »Schoko. Mit extra vielen Cocktailkirschen drauf«. Ja, wirklich, ich muss ihr zwei Kugeln von Paolos Spezialität, die er in aller Bescheidenheit »die beste Schokoladeneis nördlich von Alpen« nennt, in einen Becher drücken und diese glibberroten Zuckerkugeln draufschütten. Sie drückt die Kirschen dann hingebungsvoll in die braune Creme und benutzt dazu den Nagel des rechten Zeigefingers, der überlang und von einer stets lädierten hellrosa Lackschicht überzogen ist. Eigentlich, das hat sie mir am ersten Tag noch zugeraunt, hätte sie gern Schoko-Chili, aber Paolo sei nun mal ein Purist, der Modeeissorten grundsätzlich ablehnt. Mit Mango hat er eine Ausnahme gemacht, das hat er mir selbst erzählt, »schließelich muuss auch ich mit Zeit gehen«.

Leider sah ich mich gezwungen, Jan anzulügen, um mir die Kamera von ihm auszuleihen, und erzählte etwas von ein paar Szenen, die ich für die Silberne Hochzeit meiner Eltern nachstellen wollte. Es war ja nur eine Idee, und die wollte ich erst mal für mich ausprobieren. Und jetzt, wo ich die ersten Filmszenen habe, will ich sie immer weniger mit irgendwem teilen. Wie ich Jan kenne, würde er bei Mädchen wie *Mango* pfeifen und was von »scharf« und »lecker« sagen. Das kann er machen, wenn wir was trinken gehen, aber bei meinem Film will ich so was nicht hören.

Ich verstecke die Kamera jeden Mittag unter einer hohlen Pappfigur, die nach dem Verbleichungsgrad der Farben gut zwanzig Jahre alt ist. Die Figur ist ein Eisverkäufer mit rundem Bauch, über den in geschwungener Schrift *Gelati für die Wampe, Amore für die Tante* geschrieben ist. Der Mann lacht, sein Schnauzbart, zwei schwarze, liegende Achten, tanzen über zwei Zahnreihen aus weißen Balken. In seiner Schulter prangt ein ausgefranstes Loch, »verirrte Kugel von damals, als die Mafia mir Schutzgeld pressen wollte«, das ist einer von Paolos Wiederholungswitzen. Woher das Loch, mein Kameraguckloch, wirklich kommt, weiß ich nicht. Dahinter ist die Kamera jedenfalls sicher versteckt. Sonst sehen Paolos Adleraugen alles. Jede Eislache auf der Theke, jeden Klecks Verunreinigung einer Eissorte durch eine andere kann ihn zu einem seiner »*Dio mios*« veranlassen und seine Adern zum Anschwellen bringen. Er schrubbt diese Bude, als könne er sich und seine Familie bis in drei künftige Generationen dadurch von Sünde reinwaschen. Ich weiß ja, dass er die Kamera auf keinen Fall finden darf, dass niemand sie finden darf. Ab sechs Uhr nutze ich meist die erste Gelegenheit, sie aus ihrem Versteck zu holen, bevor er zu seiner Chef-Schicht kommt.

Abends um sieben den Eisschöpfer an Paolo zu übergeben, das ist keine Erleichterung. Morgens auszuschlafen, bis ich um ein Uhr mittags den Schöpfer von Paolos Neffen Fabio übernehme, das ist reine Vorfreude. Fabio beneide ich nicht, die Frühschicht besteht vor allem aus Kaffee für unterwegs. Aber Paolo beneide ich um die Nachtschwärmer. Sie sind eine ganz andere Sorte Eisesser als meine Kunden. Mit Dunkelheit und Abendfrische werden die Bestellungen cremiger. Die Tops der Frauen sitzen besser, weniger Sportlichkeit, mehr Eleganz. Mehr Paare kommen vorbei. Und fast alle bleiben hier am Baldeplatz, um ganz in Ruhe ihr Eis zu essen. Fünf Tische stellt Paolo abends auf, einen drinnen und vier draußen, immer sind sie voll besetzt und die Ränder der Blumentröge auf dem Platz dazu. So viele Münder, so viele Zungen. Manchmal hole ich mir eine Alibikugel und dann noch eine, sitze mittendrin und gucke.

Mir ist schon bewusst, dass ich etwas tue, das mir Probleme machen könnte. Beim Fotofix-Projekt musste immer ein Student der Akademie unauffällig bereitstehen, die Menschen abfangen und ihre schriftliche Einwilligung einholen. Ich habe niemanden gefragt. Aber wenn ich an den Bankomaten gehe, werde ich doch auch ungefragt gefilmt. Und wenn ich auf die U-Bahn warte. Wenn ich ins Fußballstadion gehe, vielleicht auch. Am Hauptbahnhof. Am Flughafen. Im Saturn und im Karstadt. Wer weiß, wie viele solcher Filme auf den Computern irgendwelcher Überwachungsmenschen existieren. Ich tue doch niemandem was. Wenn ich abends die Szenen des Tages auf meinen Computer lade, dann mache ich dabei nichts, was den Frauen irgendwie unangenehm sein könnte – wenn sie es denn wüssten. Gut, manchmal sehe ich mir eine Szene in Zeitlupe an, wieder und wieder, zoome eines der erhitzten Gesichter ganz nah heran, halte den sehnsuchtsvollen Blick an und lasse ihn auf mir haften. Manchmal berausche ich mich richtig an diesen Bildern, obwohl ich noch gar keine konkrete Idee habe, wie ich sie einmal zusammenfügen werde. Und dann frage ich mich schon, ob ich das bin, was man einen Voyeur nennt.

Wenn ich einer bin, dann ein harmloser. Ich bin ja selbst mehr so reingerutscht in die Filmerei, hatte eine Idee, die jetzt eben immer größer wird, zu einer Obsession, wenn man es so nennen will. Aber in Gegenwart der Frauen habe ich mich doch voll unter Kontrolle, es wäre mir peinlich, wenn mein Interesse an ihnen bemerkbar würde. Und der Gedanke, dass jemand mich mit meinem Film sehen könnte, ist mir sehr unangenehm. Deshalb schiebe ich ihn weg. Allein die Szenen, die ich bisher habe, sind einfach zu großartig.

Langsam glaube ich, das *Mango-Mädchen* will mehr von mir als nur Eis. Eben ist sie schon wieder reingekommen. Ich bin allein mit ihr, was eigentlich höchst selten ist, in der Vierzehn-Uhr-Flaute nach der Mittagessenszeit aber schon mal vorkommen kann. Diese Flaute dauert zwischen fünfzehn und hundertzwanzig Minuten, sie ist wetter- und wochentagabhängig. Heute ist ein wolkenverhangener Mittwoch, was eine lange Flaute und etwas Entspannung für meinen sonst ab nachmittags schmerzenden Eisarm verspricht. Paolo besteht darauf, dass ich vorsorglich eine Binde trage, seit er einmal gesehen hat, wie ich kurz mein Handgelenk massierte.

Ihre Augen suchen ein Wiedererkennen bei mir, aber ich lasse mir nichts anmerken, ich bleibe so neutral wie die Linse der Kamera. Sie guckt in die Vitrine, als würde sie das Angebot zum ersten Mal sehen, dabei kennt sie es auswendig, keine Frage. Und ich würde bei ihr sogar drauf tippen, dass sie eine von denen ist, die lange, bevor sie hier stehen, wissen, was sie wollen. Das »Uuuuuund«, die ganze Überlegerei, ist reines Theater. Sie bestellt Mango-Schokolade, sieht mich noch mal sehr intensiv an und geht einfach nicht, steht mit ihrem Eis an der Glasfront, was ich ihr nicht mal verübeln kann, jetzt, als der Regen niedergeht, der schon die ganze Zeit da oben hing.

Da kommt Jan rein. Er schüttelt seine regennassen Haare, hievt sich auf den Barhocker links von mir. »Alter, wie geht's? Ich brauch 'nen Kaffee. Kannst du mir deinen Computer leihen?«

»Nein!« Die eine Silbe ist mir schneller entfahren, als ich auch nur hätte versuchen können, sie aufzuhalten. Mein Computer ist momentan mit Filmschnitt belegt, und es würde mich einige Zeit kosten, alle Spuren davon zu beseitigen.

»Na, schönen Dank auch«, er nippt an seinem Espresso. »Du brauchst ihn doch tagsüber eh nicht.«

»Ist beim Richten.«

»Deiner auch? Haben sich wohl beieinander angesteckt.«

»Magst 'n Eis?« Mehr fällt mir dazu nicht ein.

»Gern. Heute 'ne Empfehlung?«

»Vanije schmeckt gut«, sagt *Mango* zu ihm, sieht dabei aber mich an. Dann sagt sie »Tschüss« und ist endlich raus.

Jan guckt ihr nach. »Coolen Job hast du. Schoko und Vanille würd ich nehmen.«

Während ich die Kugeln aufeinanderdrücke, stürzt er seinen Espresso runter, und ich spüre seinen Blick auf mir. Ich weiß schon, was jetzt kommt.

»Ist dir eigentlich klar, wie diese Frau dich gerade mit ihren grauen, blauen, was auch immer Augen verschlungen hat? Kommt die öfter?«

»Hm.«

»Alles klar, du kannst mir ruhig sagen, wenn die der Grund ist, warum du in letzter Zeit abends so oft absagst. Könnte ich verstehen.«

Er hat ja gar nicht so unrecht. Ich habe in letzter Zeit viele Abende mit *Mango* verbracht, wenn auch nicht nur mit ihr. Seltsame, aber auch wunderbar unanstrengende Abende. Ich konnte sie vor- und zurücklaufen lassen, sprechen und den Mund halten lassen. Ich habe gelacht, über sie. Aber, der Gedanke hat mich neulich getroffen, nicht mit ihr. Irgendwie benutze ich diese Frauen. Für nichts Schlimmes, aber wenn ich ihr nun auf einmal wirklich gegenübersäße – ich würde mich nicht wohlfühlen dabei. Ich müsste so tun, als ob ich sie nur flüchtig vom Sehen kenne. Und das stimmt ja so nicht mehr.

Jan setzt sein Wir-verstehen-uns-Grinsen auf, versenkt seinen Mund in der Vanille und nickt mir mit weißem Bart zum Abschied zu.

In der Tür dreht er sich noch mal um: »Wie lange brauchst du eigentlich die Kamera noch?« Mir fällt keine Lüge mehr ein, und zum Glück hat er es eilig.

Die Blonde, die soeben das Traviata betreten hat, ist neu.

»Tut weh, der Job?«, sie guckt auf meine Armbinde und lächelt mich an. Ich zucke die Schultern, sie guckt sich betont langsam die Auslagen an, dann mich. Sie hat keine Eile, sie kostet das aus. Sie soll doch bitte einfach sagen, welches Eis sie will.

»Wie lange machst du das schon?«

»Vier Wochen.«

»Semesterferien?«

»Hm.«

»Was empfiehlst du mir?«

»Ich empfehle nicht, ich nehme Wünsche entgegen.«

Sie lacht. »Na dann: Himbeersorbet und Vanille.«

»Gute Wahl.«

»Bis morgen«, sagt sie und schwebt aus der offen stehenden Tür, zuckt unter den Regentropfen zusammen, guckt noch einmal über die Schulter wie beiläufig in meine Richtung. Wunderbar, dieser Abgang hat etwas Poetisches. Das muss heute Abend gleich verarbeitet werden. Sie ist bestimmt ein schöner Kontrast zum *Mango-Mädchen*. Entschlossener, gesprächiger. Und doch weniger aufdringlich. Ich werde sie zu »Mango und Vanije« schneiden.

Beppe, dessen Beinbruch ich meinen Job hier verdanke,

liegt nicht mehr in der Klinik, sondern hüpft jetzt immer öfter, unterstützt von zwei Krücken, auf seinem unversehrten Bein herum, so wie heute auch, als er mit Paolo nachmittags vorbeischaut. Er hat die Theatralik vom Vater geerbt, allerdings muss es bei der Vererbung Reibungsverluste gegeben haben. Paolo ist ein stolzer Mann, Beppe unterstreicht mit seinen großen Gesten nur seine Memmenhaftigkeit. Seinem überbordenden Selbstmitleid werden selbstredend durch den Gips um sein Bein Höhenflüge ermöglicht. »Beppolino«, wie sein Vater ihn nennt, hasst mich, da bin ich mir sehr sicher. Ich stehe da, wo er jetzt stehen sollte, und Paolo ist zufrieden mit mir, mag mich vielleicht sogar ein bisschen. Das reicht. Ich frage Beppolino wie immer höflich, was er möchte, doch er schüttelt nur den Kopf, hüpft hinter die Theke, nimmt mir den Schöpfer ab und stellt eine Waffel in die Halterung auf der Theke. Dann balanciert er mit der rechten Hand eine Kugel Fior di Latte in den schmalen Trichter, während die linke sich zitternd auf ihre Krücke stützt. Bei der zweiten Kugel, einer aus Nuss, verlassen ihn Kraft und Präzision, sie landet mit einem lauten Klatsch auf dem Boden. Nicht das erste Mal, dass ich den Dreck, den er rein aus Trotz macht, für ihn aufwische.

Ich mag diesen Tag nicht. Die Leute kommen mir zu nahe. Jan will meinen Computer und seine Kamera, Beppe will meinen Platz, *Mango* will weiß der Himmel was. Die Blonde lässt mich irgendwie nicht mehr los, ich sehe sie überlegen, ich sehe, wie ihre Zunge sich der Vanille nähert, wie ihre Augen sich schließen, ich sehe sie hinausschweben. Mein Film wird bald zu Ende gehen, zwei Wochen noch.

Ein Gutes hatte der Tag im Rückblick betrachtet dann doch: Himbeer-Vanille passt perfekt zu Mango-Vanije. Und als ich diese Sequenzen zusammengeschnitten habe, ist mir ein Titel für meinen Film eingefallen: »Kompositionen«.

Das passt zu allem. Den Eisgemischen. Den Frauen. Und ihren Begleitern. Und zum Traviata. Mitspielen, das weiß ich jetzt ganz sicher, werden nur die Frauen und ich. Und Vanille wird das Leitmotiv. Sie ist das Ur-Eis. Ich meine, ohne Vanille geht doch nichts, in keiner Eistheke. Eiskonfekt, Magnum, Eisrolle, Vienetta, der ganze Häagen-Dazs-Kram: keins davon denkbar ohne sie. Sie ist unter den Eissorten, was Madonna im Popgeschäft ist, eine, die mit der Zeit geht und mit allen Trends kompatibel ist. Sie ist nicht immer zuerst ausverkauft, besonders an heißen Tagen nicht, wenn die Fruchtsorten Konjunktur haben. Ihre Verkaufskurve steigt, je später der Abend. Aber innerhalb dieser wetter- und tageszeitbedingten Schwankungen ist sie konstant, nicht wegzudenken, *»la mama di gelati«*, wie Paolo zu sagen pflegt.

Unter dem Material, das ich bisher aufgehoben habe, ist leider nicht viel Vanille, mein Leitmotiv ist mir ja jetzt erst klar. Ich habe mich ganz auf die Vanille-Vanije-Sequenz mit *Mango* und der Blonden konzentriert und lange daran herumgeschnitten. Es liegen jetzt drei verschiedene Versionen davon auf meinem Computer.

Da gibt es die, in der die Blonde beim Überlegen zu sehen ist, ihr Blick wechselt zwischen den Eissorten und mir. Während sie noch überlegt – Schnitt – kommt Mango rein, verunstaltet verbal die Königin der Eissorten mit ihrem »Vanije«, saugt daran – Schnitt. Dann bestellt die Blonde. Und geht. Und sogar ihren wunderbaren Abgang, ihr Zusammenzucken im Regen, hat die Kamera für mich festhalten können, weil ausnahmsweise keine Menschen zwischen ihrer Linse und der Tür standen.

Es gibt auch eine Version, in der alles durcheinander ist und ich aus den beiden Bestellungen eine kleine Rap-Sequenz mit schnellen Schnitten gemacht habe. Hat Spaß gemacht, ist aber eher albern.

Version drei, mein Favorit: Mango steht vor mir und sagt ihr mehrere Sekunden langes »Uuuuuuuuuuuuuuuund«, das ich noch etwas in die Länge gezogen habe, während – Schnitt – die Blonde reinkommt, überlegt – das »Uuuund« bricht ab –, bestellt, winkt, im Regen verschwindet. Dann ist wieder *Mango* da, bestellt »Vanije«, saugt daran. Dazu singt Anna Netrebko als Violetta in *La Traviata* »è strano, è strano«. Oh, Paolo wäre sehr böse mit mir, für ihn kann es nur eine Violetta geben »und daas is la Callas«.

Viele Male habe ich mir das gestern angesehen, ich wollte den Computer gar nicht mehr ausmachen, hatte auf einmal die diffuse Angst, er könnte meinen Film verschlucken und beim nächsten Mal Anschalten nicht wieder herausrücken. Schließlich habe ich die Version vorsichtshalber auf meinen USB-Stick gezogen. Den habe ich immer dabei, er hängt an meinem Schlüsselbund, umhüllt von einer Plastikfigur in Form einer Meerjungfrau.

Seit ich mit meinem Film dieses entscheidende Stück weitergekommen bin, hat das Geschehen vor mir zusätzlich an Spannung gewonnen. Ich mutmaße nicht mehr nur noch pausenlos, welche Eissorte zu welchem Menschen in welcher Begleitung und welcher Kleidung passt. Ich bange und hoffe bei jeder Frau, ich brauche mehr Vanille.

Eine Frau mit für diese schweißtreibende Hitze absurd dick rot angemalten Lippen hat vorhin Vanille und Tiramisu bestellt, und ich habe extra die Vanille oben draufgesetzt. Aber statt ihre Lippen draufzudrücken, hat sie das Eis genommen und ist rausgegangen. So was ist mir in meinem einen Traviata-Monat noch sehr selten untergekommen, dass mir der wunderbarste Moment am Eisverkaufen vorenthalten wird.

Dann ein Mann vor wenigen Minuten: Spaghettieis zum Hieressen, ein riesiger, durch die Nudelmaschine gedrehter Vanille-Eisberg! Traviatas Spaghettieis ist rund um den Baldeplatz berühmt. Und nach Beppe und den blitzblanken Fliesen Paolos ganzer Stolz. Die Soße kauft er nicht, er kreiert sie, »nach meine ganz persönlichen Gusto«. Und das Großartige an dieser Soße ist, dass sie nicht nach Erdbeere oder Himbeere aussieht, sondern wahrhaftig nach Tomate. Sie ist sämig, eher breiig als dickflüssig und im Geschmack nicht eindeutig definierbar. Pur schmeckt sie, um ehrlich zu sein, nicht. Aber auf einem Löffel mit Vanilleeis soll sie, so sagt Paolos Neffe Fabio, der Königin des Eises die Krone aufsetzen. Das Parmesan-Imitat besteht auch nicht aus Kokosraspeln, allein dieses Wort im Traviata auszusprechen, wäre, so vermute ich, für Paolo ein Kündigungsgrund, es sei denn, man tauft sie in seinem Sinn in »Koko-Quatsch« um. Paolos »Süß-Parmigiano« ist fein geraspelte weiße Schokolade, die unmittelbar nach dem Geraspel schockgefroren wird. Es erfüllt mich mit Wehmut, wenn ich daran denke, wie oft Traviatas Spaghettieis abends gegessen wird. Nachmittags hat kaum jemand die Zeit dafür. Nun war es zum ersten Mal in meiner Eisverkäuferzeit so weit, und dann ist es ein Mann. Warum nicht die Blonde? Oh, was wäre das für eine Szene gewesen, wenn sie im Schaufenster gesessen und gelöffelt hätte, immer schön im Blickfeld der Kameralinse.

Aber sie ist noch nicht wiedergekommen. Ich versuche, das Bedauern darüber runterzuschlucken. Gut, auch Alfred Hitchcock hat sich in eine seine blonden Hauptdarstellerinnen nach der anderen verguckt und trotzdem gute Filme gemacht. Aber ich habe mir nun mal jede echte emotionale Bindung zu den Frauen in meinem Film versagt, mich würde das stören. Außerdem glaube ich, wenn ich so etwas wie Sehnsucht nach einer von ihnen habe, dann ist das mehr meine innere Gespanntheit, was sie Wunderbares vor mir veranstalten könnte. Ich träume ja nicht davon, mit der Blonden auf einer Wiese zu liegen. Ich träume davon, dass sie ihre Lippen vor mir in einem riesigen Berg *Spaghetti alla Traviata* versenkt.

Mango ist heute auch noch nicht aufgetaucht. Aber *Mon Chéri* wird gleich dran sein, gleich hinter dem Paar, dessen Bestellung auf der Abmachung beruht, dass jeder dann beim anderen probieren darf, und der Joggerin, bei der ich zu neunzig Prozent auf eine Kugel Fruchteis tippen würde. Pfirsisch, das war ja nicht schwer. Auch *Chéri* bleibt sich treu, allerdings ruft sie laut »Stopp«, als ich ansetze, um die Kirschen auf ihr Eis zu kippen. »Keine Kirschen! Kann ich was von der Soße da haben?« Sie zeigt auf den Mann, der auf einem Barhocker am Fenster sitzt und noch immer seine Spaghetti isst. »*Nonono*«, ich habe Paolo gar nicht kommen sehen. »Das ist keine Wunschkonzerte, Soße ist für Spaghetti und sonste gar nix!« Er mag sie nicht, für einen Puristen wie ihn ist so ein Geschöpf unerträglich. »Dann doch die Kirschen«, sagt sie und lächelt. Und da sehe ich ihn. Einen winzigen glitzernden Stein auf dem linken oberen Schneidezahn, das Grauen, sie ist wirklich das kalte Grauen. Ich kann nur hoffen, dass die Kamera richtig steht.

»Zehn Kugeln Vanille zum Mitnehmen.« Der Satz trifft mich von der Seite, ich hatte mich nur mal eben weggedreht, um eine kleine Lache Schoko neben dem Kirschenglas zu eliminieren. Vor mir steht ein weiblicher Schrank, ein kerzengerades Trainingswunder, dem die überschüssige Energie aus jeder verschwitzten Pore quillt. Ich muss sie sehr verdutzt angesehen haben, denn sie beeilt sich zu ergänzen: »Sind nicht alle für mich. Bitte verpack sie gut.« Sie trägt Handgelenkschoner und ansonsten, soweit ich sehen kann, nur ein weißes T-Shirt, das jeden Muskelstrang sichtbar macht, und eine extrem kurze schwarze Hose. Dass sie auf Skates steht, lassen ihre Bewegungen erahnen, wie sie lautlos mit den Beinen vor- und zurückrutscht. Und die wütenden Blicke von Paolo, der noch immer nicht über Beppes Unfall hinweg ist.

Die zehn Kugeln füllen einen schönen Kübel. »Was tust du?«, Paolos Hand schnellt vor und hält meinen Eisarm fest wie ein Schraubstock. Gerade war ich dabei, den Vanilleberg mit Waffelblättchen zu belegen, damit er gut geschützt und besser zu verpacken ist. Er nimmt mir ganz langsam die Waffel ab, die ich gerade in der Hand habe, und sieht mich dabei an, als sei sie eine Pistole und als müsse er mich davon abhalten, auf jemanden zu schießen. »Waffel kommt in Traviatas Eisbecher nur so.« Er stellt sie hochkant auf den obersten Eishügel. »Siehst du? Du weiß doch, was ich immer sage: Jede Kugel ist Kunstwerk. Warum bedecks du eine Kunstwerk?« Die Muskelberge vor mir beginnen zu beben, das Trainingswunder kann sich nur mit Mühe ein Lachen verbeißen. »Weil ich ihn darum gebeten habe«, presst sie hervor, und er blickt sie an mit diesem Blick voller Traurigkeit, voller Unverständnis. »Meine Dame, warum?« »Weil ich das Eis heil von hier über die Brücke ins Schyrenbad bringen muss, und das möglichst schnell.« »Wie das denn auf diese Dinger?« »Na, in der Hand. Ich bin eine sichere Skaterin, keine Sorge.« »Das hat mein Beppolino auch gedacht und jetz? Dicke Gipse und ganze Sooomer futsch.« Sie lacht. »Wirklich, ich krieg das hin. Und wie das Eis aussieht, ist meinen Mädels egal.« »Nein.« Paolo packt den Kübel, stellt ihn in den Gefrierschrank hinter sich, wo auch sein Süß-Parmigiano lagert, und schließt mit einem entschiedenen Knall die Tür. »Ihr könnte später wiederkommen, nach Schwimmbad, dann schenke ich euch die Vanille, aber so verlasse diese Vanille nicht diese Bude.« Jetzt lacht das ganze Traviata, das sich inzwischen gefüllt hat. Und am lautesten lacht sie. »Ich nehm dich beim Wort. Und dann hoff ich für dich, dass dein Vanilleeis das ganze Theater wert ist. Viel Spaß noch.« Der letzte Satz war an mich gerichtet, dann gleitet sie aus der Tür und schwebt nach links aus dem Bild. Wunderbar. Danke, Paolo! Welch eine Szene. Und die nächste hast du mir auch gerettet, sie wird wiederkommen, da bin ich sicher.

Ich habe die Eissorten gezählt, bis es so weit war: dreiundzwanzig Kugeln Mango, neunzehn Zitrone, siebenundzwanzig Schokolade, zehn Erdbeer, vier Pistazie, zwölf Nuss, acht Himbeer, neunzehn Panna cotta, fünfzehn Tiramisu, neunzehn Stracciatella, sieben Pfirsich und immerhin fünf Vanille; dann kam sie wieder reingerollt, hinter sich drei Freundinnen mit etwas weniger durchtrainierter Körpermasse. Es war gerade nicht viel los, da haben sie ihren Kübel direkt vor der Theke vor meinen entzückten Augen vertilgt. Mit den albernen bunten Mäusespaten zwar, aber in der Gruppe sah das wunderbar aus.

Dass ich den Film umschneiden muss, dass dieses Vanillefest mit Paolos Superauftritt einen zentralen Platz bekommen muss, ist wohl klar. Ich wollte auch sofort mit der neuen Version beginnen. Aber Paolo kam früher als sonst, um mich abzulösen, und ich hatte keine Chance mehr, die Kamera aus dem Eismann zu holen, ohne dass er es bemerkt hätte. Ich musste sie eine Nacht im Traviata lassen. Und heute, als Fabio endlich gegangen war, lud ich heimlich den Akku wieder auf und löschte alles außer *Mon Chéris* Glitzerstein und der Eisparty rund um den Vanillekübel.

Jetzt ist Nachmittag, die Sonne schmilzt gerade die letzten Wolken vom Himmel, und die Kamera läuft wieder hinter ihrem Guckloch. Da kommt schon wieder Paolo, gefolgt von Fabio und Beppolino. Seine Augen sind so dick rot unterlaufen, dass es nicht weiter verwundern würde, wenn er im nächsten Moment Blut weint. Sein weißes Hemd ist bis zur Brust geöffnet und bis zu den Ellenbogen hochgekrempelt, seine Adern rekordverdächtig angeschwollen. Nie hab ich ihn so traurig gesehen. Aber da mischt sich noch etwas anderes in sein Gesicht, in seine zielstrebigen Schritte: Wut. Als mir das klar wird, ist er schon neben mir. Und Fabio hat schon die Tür geschlossen und sich davorgestellt. Ein Griff, dann hat Paolo mein Geheimnis gelüftet, hält das Pappmännchen hoch in die Luft und sieht mich an. So traurig.

Nackt steht die Kamera auf der Theke. »Ich nehme an, die willst du mitnehme«, Paolo bemüht sich, ruhig zu sprechen.

Ich bin zu überrumpelt, um überrascht zu sein. Von mir kann er gerade keine Reaktion und schon gar keine Antwort erwarten. Meinen Gedanken ist es hier zu unangenehm, ich würde mich weniger unwohlfühlen, hätte er mir mit einem Ruck alle Kleider vom Leib gerissen.

»Was ist das? Was sooooll das? Was spionierste du?« Er spuckt Fragen aus, auf die er, glaube ich, gar keine Antworten will. Ich könnte ihm auch keine geben. Was sollte ich ihm auch schon erzählen? Dass alles ganz harmlos ist? Dass diese Bilder nur für mich sind? Dass ich seine Eiswelt sehr viel besser verstehe als sein unfähiger, humpelnder Sohn?

»Haste du gedaacht, mir bleibt hier, in meine Traviata, was verborgen? Früher oder später dreh ich alles uum, wiische und wiische. Und gestern Abend hebe ich mein Eismann, mein Talismann, mein Begleiter durch ganze Leben in Eisbusiness, hoch – und finde diese Ding.«

Es rüttelt an der Tür, jemand versucht reinzukommen, Fabio steckt seinen Kopf raus und sagt etwas von fünf Minuten warten.

»Geh!« Paolo greift in seine Brusttasche, zieht ein Bündel Scheine raus, packt meine rechte Hand, dreht sie um und legt das Bündel hinein. »Teil Lohn, das dir noch zusteht. Ich will dich nicht wiedersehen, du hast Hausverbot!«

Ob die Kamera das mitgefilmt hat? Ich bekomme keinen normalen Gedanken zusammen.

Ich will nach ihr greifen, aber Paolo kommt mir zuvor, packt sie, hält sie mir entgegen und sagt: »Lösche, alles, jetz!«

»Nein.« Jetzt habe ich immerhin ein Wort gesagt. Ein vergebenes Wort, das ist mir klar. Die Vanilleparty ist nicht zu retten. Beppe hat sich die Kamera schon gegriffen. Und meine Hoffnung, dass er zu doof zum Löschen ist, erfüllt sich nicht.

Dann macht er sich hinter meinem Rücken an der Schleife meiner Schürze zu schaffen, die ab jetzt wieder seine sein wird. In seiner Fantasie, daran besteht kein Zweifel, lässt er gerade keine meiner Rippen ganz. Aber Paolo ist dabei. Danke dafür und für alles andere auch.

Eine Minute später bin ich draußen, mit dem Schwung, den mir ein Schubs von Beppe mitgegeben hat, mit meiner Tasche, Jans Kamera und meinem Geld.

Die Tür fällt mit einem lauten Rums zu, der Perlenvorhang rasselt.

Nie wieder Traviata. Nie wieder meinen Lieblingsfilm live erleben.

Der Himmel über dem Baldeplatz ist jetzt schon fast wolkenfrei, die feuchte Straße vor mir glitzert, meine Füße haben sich in Bewegung gesetzt. Die Gefühle in mir heben sich gegenseitig auf.

Zurück bleibt Leere. Und der Film.

Gut, die schönste Szene ist weg. Aber alles andere wartet zu Hause auf mich, der Computer wird es nicht geschluckt haben. All die Münder, all die überquellenden Augen, alles wird noch da sein.

Ich könnte jetzt nach Hause gehen, aber ich bin in die andere Richtung unterwegs, laufe über den Südfriedhof, durch die Ruhe. Und langsam, mit jedem auf den Kieseln knirschenden Schritt wird mir klar, dass meine Obsession von ihren Objekten abgekoppelt worden ist. Und das fühlt sich verdammt komisch an. Unangenehm.

Ich bin entblößt worden, wie es schlimmer nicht geht.

Ganz tief unten in mir löst sich ein Brocken, wird langsam nach oben geschwemmt, schießt mir in den Kopf. Scham. Ich gehe schneller.

Fühle mich irgendwie auch leichter. Erleichtert. Und es ist keine Erleichterung darüber, dass der Film noch da ist.

Ich drehe um, gehe nach Hause, schalte den Computer an und lösche die Dateien meines Films. Ohne zu überlegen. Ohne zu zögern. Und mit jedem Mal Drücken der Löschentaste löst sich sein Griff um mich.

Noch etwas wird mir klar: dass weniger ich ihn in der Mache hatte als er mich. Es ist vorbei.

Ich packe die Kamera zusammen, schwinge mich auf mein Rad und fahre zu Jan.

»Fertig?«, fragt er nur.

»Ja.«

Und dann radeln wir zusammen ins Schyrenbad.

Als ich dort mein Fahrrad abschließen will, fällt mein Blick auf die Meerjungfrau, den USB-Stick. Den hatte ich ganz vergessen, meine kleine Vanille-Vanije-Sequenz muss noch darauf gespeichert sein. *Mango* ist eben ein wirklich treues Mädchen, das einem nicht so schnell abhanden kommt.

Ich lege mich neben Jan ins Gras und bin gerade fast weggenickt in der noch erstaunlich warmen Spätsommersonne, da höre ich ein vertraut klingendes »Hallo« über mir.

Sie hat einen roten Bikini an, und dass sie gut darin aussieht, hat Jan wohl registriert.

Sie redet, Jan antwortet, ich nicht.

Ich will nicht wissen, dass *Mango* eigentlich Christina

heißt, ich will überhaupt nichts von ihr wissen. Sie hat ja keine Ahnung, wie gut ich sie kenne.

Am liebsten will ich gar nicht, dass es sie wirklich gibt.

Aber sie geht nicht weg.

Und ihre Augen sind so hartnäckig.

BEATRIX GERSTBERGER

Eine große Suppe der Verwirrung

Es ist so. Ich muss Geld verdienen. Mein letztes Buch hat sich nur vierhundert Mal verkauft. Ich weiß nicht, ob es daran lag, dass auf dem Cover zwei übereinandergeschlagene Frauenbeine zu sehen waren und nicht das mystische Wolkenfeld über einem tibetischen Kloster. Ich habe das immer für einen großen Marketingfehler gehalten. Aber wie soll man das einem Verlag erklären, dessen Lektoren einen hinter vorgehaltener Hand »Die schon wieder mit ihren Selbstfindungsbüchern« nennen. Ich weiß, dass das so ist. Nicht, weil ich es je gehört hätte. Nein, ich sehe es in ihren Augen, wenn ich auf die Buchmesse komme. Jedes Jahr vergessen sie mich einzuladen, jedes Jahr stehe ich in einer Ecke des Standes herum, trinke Kaffee, lächle Journalisten an oder Kollegen, die mich aber auch nicht erkennen. Vielleicht ist es ja das. Ich bin auf eine seltsame Art unsichtbar.

Sogar Buchhändlerinnen, bei denen ich aus meinem Buch lesen sollte, haben mich übersehen, wenn ich vor ihnen stand. Vielleicht hätte ich das Foto von mir für die Rückseite des Buches etwas weniger in Photoshop bearbeiten sollen. Aber ich dachte, alle machen das so. Machen sich Linien ins Gesicht, wenn sie über Abschied, Tod und den verwesenden Planeten klagen, löschen Linien aus dem Gesicht, wenn sie über Prosecco-Mädchen, flotte Alleinerziehende oder das Leben in Prenzlauer Berg schreiben.

Aber ich bin immer noch nicht auf den Punkt gekommen. Ein wenig geschwätzig, ziellos umherschwafelnd, so etwas hat ein Lektor auch einmal über meine Texte gesagt. Ich fand nicht, dass er sich wirklich intensiv genug mit meiner Prosa beschäftigt hat. Ich denke, ich schreibe halt eher für Menschen, die einsame Januartage an der grauen Nordsee lieben. Das aber sind Individuen, die das ganze Jahr auf Johanniskraut abonniert sind, weil sie auch sonst überhaupt nichts Helles mehr in ihrem Leben entdecken. Und die Badestrände im Sommer für ein Internierungslager für Hautkrebs-Masochisten halten. Und die nie, niemals ein Buch mit Sommer-Kurzgeschichten kaufen würden. Ich auch nicht. Ich muss nur so eine Geschichte schreiben.

Ich habe dem Verlag gesagt: Ich mag den Sommer nicht. Er zwingt mich, meine Beine zu entblößen, er zwingt mich zum Draußensein, Fröhlichsein, Verliebtsein, Achselhaar und Bikinizone Rasieren und zum Klarkommen mit juckendem Nachwuchshaar, zum Baucheinziehen, lächerliche Eissorten wie Schlumpfblau Kaufen, Männer in Badehosen zu begegnen, die aus Gründen der optischen Umweltverschmutzung lieber ein Ganzkörperkondom tragen sollten. Der Sommer zwingt mich dazu, so ganz und gar nicht ich zu sein. Aber ich muss ja Geld verdienen.

Weil ich gerade hier liege, flach vor einem Mann, der meinen Kopf nach hinten drückt, mit Fingern in weißen Gummihandschuhen. Er wird circa vierzig kleine Feilen in meine Wurzelkanäle bohren, Ultraschallwellen hinterherschicken und in einer mir fremden Sprache mit seiner Assistentin über meinen vom Zerfall bedrohten Kiefer reden. Der Mann wird tausendfünfhundert Euro dafür verlangen, dass ein anderer Zahnarzt vor zwanzig Jahren etwas in meine Wurzelkanäle goss, das man Russisches Irgendetwas nennt.

Jedenfalls eine Füllung, die raus muss, darunter pocht es im Kiefer, ich bin ängstlich, ich habe zu viel gelesen von Menschen, die plötzlich einen Herztod starben, nur weil so eine Wurzel unentdeckt im Kiefer vor sich hinmoderte. Die erste Frau meines Großvaters ist ebenfalls nach einer Wurzelbehandlung gestorben. Das ist zwar schon über siebzig Jahre her, aber immer noch eine gern erzählte Familienanekdote zu Weihnachten, meist nachdem mein Großvater »Saß ein Soldat am Wolgastrand« gesungen und dabei unentwegt geweint hat. Meine Großmutter, seine zweite Frau, sagte dann immer: »Opa denkt an die Gefangenschaft in Russland.« Ich war mir schon mit sieben Jahren sicher, dass er um seine erste Frau weinte. Wurzelfüllungen und traurige Liebesgeschichten gehören seitdem für mich zusammen.

Deshalb denke ich, ist es eine gute Idee, gleich hier beim Zahnarzt eine Sommerliebesgeschichte zu entwickeln. Ich habe ja Zeit, die beiden letzten Sitzungen haben zusammen schon sechs Stunden gedauert, in denen ich vergeblich auf den Schmerz wartete und den Film *Unser Planet* sah. Über meinem Kopf hing unter der Decke ein Fernseher. Es gibt nur diesen einen Film hier, weiß ich nach sechs Stunden, es gibt ihn untermalt von klassischer Musik, es gibt ihn in einer Endlosschleife. Draußen schneit es immerzu, hier drinnen ziehen Vögel in großen Schwärmen über flirrende Steppen, eine Elefantenkuh schleppt sich mit ihrem Jungen durch die Kalahari-Wüste, ein Wal schnellt aus dunklem Blau, Karibuherden traben über die Steppe. Ich denke, das genügt für ein Sommergeschichten-Feeling. Ich kann mich nämlich gut in Stimmungen versetzen, ich schwinge mit, ja, das ist es, ich bin durchlässig, ich fühle mit, auch Gefühle, die andere gar nicht bei sich spüren.

»Jetzt aber ab in die Pulpa«, sagt mein Wurzelspezialist plötzlich. Ja, ich denke, er könnte eine Hauptfigur meiner Geschichte sein. Grübchen, braune, lockige Haare, das passt. Als ich vierzehn war, lag ich während einer Jugendfreizeit ganze Nächte wach in der Hoffnung auf Grübchen und Locken. Ich werde ihn Ansgar nennen. Er sieht irgendwie aus wie ein Ansgar.

Wie ich ihn einschätze, wird er mich für das erste Treffen in das Elbblick-Restaurant mit den besonders teuren Sushi-Röllchen bitten. Ich stelle überrascht fest, dass er die Sushi-Röllchen genauso sorgfältig untersucht wie meine Wurzelkanäle. Sein Gesicht wirkt dann völlig konzentriert, bevor es sich mir zuwendet und er entspannt sagt: »Habe ich Ihnen schon erzählt, dass mein Auto noch bis morgen Mittag in der Werkstatt steht? Ich bin gespannt, ob es danach einen besseren Kaltstart hinlegt.« Zu Beginn einer Beziehung, denke ich, sollte ich bei solchen Sätzen noch nicken. Noch weiß man ja nicht, ob sich dahinter Schüchternheit und verborgene Leidenschaft verstecken. Und er wird mich für verständnisvoll halten. Oder für eine Frau, die sich gern direkt nach dem Kaltstart hingibt. »Alles, was du je über Zahnärzte gehört hast, stimmt«, sagt er – nun völlig gelöst – nach drei Reisschnäpsen. »Wir sind Meister der Fingerfertigkeit.« Er grinst, und ich sage, dass ich auf die Toilette muss. »Gerade erst kennengelernt und schon auf der Flucht«, ruft er hinter mir her.

Während ich mir die Hände wasche, schaue ich in den

Spiegel. Meine Wangen sind rot. Ich forme meine Hände zu Schalen, lasse Wasser hineinlaufen und spritze es ins Gesicht. Meine Bluse färbt sich dunkel, ein großer Fleck breitet sich über der rechten Brust aus. Ich überlege kurz, ziehe die Bluse aus und halte sie unter den Wasserhahn. Nun ist sie überall dunkel, er wird es nicht bemerken, denke ich. Ich ziehe sie wieder an. Mein BH zieht die Nässe auf, darunter zeichnen sich meine Brustwarzen ab. Ich habe ein Problem. Ich reiße das Trockenpapier für Hände aus dem Automaten und stopfe es in meinen BH. Von der Seite sehen meine Brüste nicht wirklich vergnügt aus, eher wie die verbogene Nase der Concorde, aber ich muss nun endlich wieder raus.

Er sagt nichts, er schaut immer wieder auf meine beiden Concorde-Nasen, dann bestellt er die Rechnung. Im Auto greift er nach der einen Nase. Sie fällt in sich zusammen. »Was war das denn?«, fragt er. »Eine schlecht gemachte russische Füllung«, sage ich. Er schweigt. Er schaut auf die Straße, dann fährt er auf einen Parkplatz, knöpft sein Hemd auf und legt meine Hand auf seine rechte Brust. Die Brust ist behaart, und ich denke kurz an den Sommer und die Männer in Badehosen, aber es ist unwahrscheinlich, dass ein Wurzelspezialist geschmacklose Badehosen trägt, und deshalb ziere ich mich nicht lange und ziehe meine nasse Bluse aus. Die Trockentücher lasse ich unter dem Vordersitz verschwinden. Das hört sich jetzt vielleicht nicht weltbewegend an, aber ich gerate trotzdem in den nächsten zwei Wochen in den Zustand, in dem nichts auf der Welt wichtig ist außer ihm.

Dann fahre ich mit ihm zu einem Kongress an der Ostsee auf Einladung eines Pharmakonzerns, weil er mir gesagt hat, dass vieles in seinem Beruf nur über das berühmte Vitamin B funktioniere. Denn auch bei einem Wurzelspezialisten gelte die Devise: Nur gut sein, das reicht nicht. »Pack was Hübsches ein«, sagt er. »Du weißt, ich bin ein Augenmensch.«

Es gelingt mir seltsamerweise nie, wirklich ordentlich und sauber auszusehen. Anfangs sagt er mir, dass er das mag. Er nennt es: deine Versuche, nah und näher an das Echte heranzukommen. Und als ich mich am Abend im Kongresshotel weigere, Austern zu essen, und frage, warum man in Salzwasser gelösten Schleim vergöttern kann, nennt er mich zielorientiert und gleichzeitig neugierig.

Ich mag auch keine Büfetts. Ich mag nicht die Männer, die einen wegschieben und die letzte Wachtel nehmen mit der Bemerkung: »Oh, tut mir leid.« Ich esse nicht gern unter Fremden, die so tun, als hätten sie alle etwas gemeinsam. »Ich denke, ich vergesse mich heute Abend einmal«, sagt Ansgar und legt drei Brokkoli-Bäumchen auf seinen Teller.

In der Nacht hat er Probleme mit seiner Erektion. Trotz der Austern. »Das Schwächeln meines kleinen Freundes liegt nicht an dir«, sagt er. »Ich bitte dich, doch nicht zu denken, dass du dir Sorgen um meine Funktionen machen musst.« Er redet plötzlich von sich in der dritten Person, er nennt sich »Señor exotico« und schwärmt von Liebe im Latinastil. Ich mag Südamerika nicht. Ich schlafe ein.

Am nächsten Morgen sagt er: »Als du eingeschlafen bist, hatte ich noch unvollendete Lust in mir, die sich dann leider ohne dich entlud.« Er möchte eine Vertrauensübung machen und lässt sich rückwärts in meine Arme fallen, doch leider warnt er mich vorher nicht. Er fällt wie ein fauler, schwerer Apfel zu Boden und behauptet später, das sei der

Moment gewesen, an dem unsere Beziehung zerplatzte. Aber noch befinden wir uns in der Phase »Ich bin so weit«. »Ich bin so weit, dass ich der Idee, mich in eine Beziehung zu dir zu verpflanzen, einiges abgewinnen kann«, sagt er in der zweiten Nacht zu mir. Sein kleiner Freund schwächelt diesmal nicht.

Er will meine Freunde kennenlernen. »Ich weiß nicht«, wehre ich ab. »Die haben alle so viel zu tun, mal sehen, wann das klappen könnte.« »Es sei ja nur erwähnt«, sagt er, »ich kann – Offenheit bei dir vorausgesetzt – auch mal spontan sein.«

Phase drei beginnt. Auf meinem Bildschirm im Büro blinkt eine Mail von ihm auf. »Gestern war ich beim Hausarzt, zu deiner Sicherheit und meiner Vergewisserung habe ich einen HIV-Test gemacht, Vorsorge et cetera, alles negativ, so, dann ist das auch einmal gesagt.« Ich wollte immer einen Mann, der fürsorglich und verantwortlich handelt. Manchmal, denke ich, manchmal bekommt man das, was man wohl verdient.

Ich habe mittlerweile bemerkt, dass er mit den Fingern knackt. Er hat nebenbei erwähnt, dass er letztens im Rotary-Club einen Vortrag über einen außergewöhnlichen Schädelfund hören und diesen außergewöhnlichen Schädel aus der Frühzeit des Menschen mit anderen Rotary-Mitgliedern betasten durfte. Er erzählt, dass eine seiner besten Freundinnen die Kuratorin der angesagten Monet-Retrospektive ist. Er putzt gern. Er putzt lieber nackt, weil Bleichmittel Flecken auf seinen Pullis verursachen könnten. Er streichelt meinen Hund Carlo niemals, weil der gleich bei seiner ersten Übernachtung bei mir seine handgenähten Dreihundert-Euro-Schuhe angeknabbert hat, aber er lehnt großzügig das Angebot ab, meine Versicherung einzuschalten. »Na, so kleinlich wollen wir mal nicht sein«, sagt er und zwinkert mir zu.

Phase vier. Er macht sich Sorgen, weil ich einmal, als wir miteinander schlafen, vor Schmerz zusammenzucke. Er fragt sich, ob etwas mit meiner Gebärmutter nicht stimme, er schickt mich zum Frauenarzt, weil er meine Gebärmutter noch braucht: Er möchte gern eine Familie gründen. Ich liege beim Frauenarzt, der mir sagt, dass ich wohl keine Kinder bekommen kann.

Phase fünf: Wir probieren ein paar erfolglose künstliche Befruchtungen. Eine Adoption will er nicht: Man weiß ja nicht, wessen Gene da dann mittags mit einem am Tisch sitzen. Wir versuchen, unsere Beziehung zu retten und buchen einen Urlaub. Möglichst weit weg, weil man ja immer glaubt, dass man sich da am besten wiederfindet. Wir fahren nach Indien.

Ich finde übrigens, dies ist ein guter Seitenaspekt der Kurzgeschichte. Hier findet sich Hitze, also Sommer, hier findet sich meine persönliche Einstellung, die schon die südindische Heilige Sri Mata Amritanandamayi formulierte: »Die dringendste Notwendigkeit unseres Zeitalters ist, dass Frauen erwachen und in Aktion treten.«

Indien ist also innerhalb dieser Beziehung meine Idee. Ansgar sagt, das sei schon okay so, auch er wolle loslassen, dem Unerwarteten Raum geben, akzeptieren und trotzdem kämpfen. Die ersten drei Tage müssen wir in einem Hotel in Delhi verbringen. Ich höre zu, wie Ansgar sich endlos übergibt und die Explosionen seiner Eingeweide durch das Bad schallen. Seitdem wir im Flugzeug mit Insektiziden besprüht wurden, ist ihm übel. Er hat noch die Kraft, sich als

Erster zum Flugzeugausgang zu drängeln. Dann steht er hilflos in der schwülen Luft, die nach Benzin, nach Kuhmist, Staub und tödlicher Chemie riecht. Er ist so schwach, dass er noch nicht einmal protestiert, als wir uns das Taxi zum Hotel mit einem Mann mit Turban teilen müssen, der mir für drei Euro aus der Hand liest, für zwei Euro mehr tief in die Augen schaut und mit Blick auf Ansgar nur sagt: »He stinks.«

Ansgar ist sauer. »Ich habe das gehört«, sagt er und dann sagt er drei Tage lang nichts mehr und explodiert nur noch. Ich gehe einmal am Tag in den Park, der ein brauner Fleck mit müden Gummibäumen ist. Manchmal schaue ich ein paar Jungen beim Kricketspielen zu. »Hast du eigentlich bemerkt, dass kaum jemand hier laut lacht«, sage ich zu Ansgar, als ich in unser Zimmer zurückkomme. »Hast du endlich Bananen besorgt?«, fragt er und läuft wieder ins Bad. »Vielleicht solltest du dich mal waschen«, rufe ich ihm hinterher, »hier riecht es auch nicht gerade so, als sei Nektar vom Himmel gefallen.« Gut, ich denke, der Handleser hat mich in diesem für mich unüblichen Ausbruch etwas bestärkt.

Ansgar kommt aus dem Bad, geht wortlos an mir vorbei und legt sich in das Kingsize-Bett. Ich hocke im Flur und weiß nicht, wo ich jetzt hin soll. »Ich gehe«, sage ich. Er dreht sein Gesicht zu mir. »Wohin?« Ich sage nichts, packe demonstrativ meine Tasche. Es ist mittlerweile Nacht in Delhi. Die Vernunft sickert langsam in mein Hirn. Aber ich kann nicht mehr zurück. Denn es geht ja in Wirklichkeit nicht um ein Darmproblem – zack, mit einem Raumduftspray ist alles wieder in Ordnung –, es geht um Macht. Wer mehr, wer weniger liebt, wer die größere Sehnsucht hat, die schmerzhaftere Liebe lebt. Jedenfalls für mich geht es immer darum. Es geht um Zukünftiges und Vergangenes: Es geht um die Suche nach der allumfassenden Liebe der Eltern. Die mich nicht gehen ließen mit meinem Barbiekoffer in der Hand, obwohl ich ihnen auf einen Zettel geschrieben hatte: »Ich verlase euch, weill ich euch seise fint.«

Ich habe also genau genommen in diesem Moment eine fünfunddreißigjährige Weglaufkarriere. Von der Barbie- über die *Bravo*-Phase bis zur drohenden Menopause. Jetzt stehe ich da vor der Hoteltür, die noch nicht ganz zugezogen ist. Gleich werde ich mit meinem kleinen Samsonite an der Hand durch schlecht beleuchtete Straßen huschen. Ein erbarmungswürdiges Wesen, das in die nächste Hotelbar schleicht, die Haare wirr, die Augen verquollen, um dort bis um sechs Uhr morgens alles durcheinanderzutrinken, bis ich mich mit einem einbeinigen Rikschafahrer zum Bahnhof traue.

Der Bahnhof von Delhi ist ungefähr das genaue Gegenteil von einem Bahnhof in Mecklenburg-Vorpommern an einem Sonntagnachmittag. Männer wollen meinen Koffer tragen und prügeln sich, ein Kind bettelt um Geld, zwei Frauen erledigen ihre Morgentoilette über den Gleisen hängend und winken mir freundlich zu. Eine Großfamilie möchte einzeln mit mir fotografiert werden, ein alter Mann spuckt vor mir aus, ein anderer will mir Tee verkaufen, und auf dem Rollkoffer sitzt eine Ratte, die netterweise ein rülpsender Mann mit gelben Augen verscheucht – und einen angemessenen Lohn von mindestens einem Euro dafür verlangt. Ich nehme den ersten Zug, der fährt, und übergebe mich sofort in die Briefumschläge aus handbemaltem Reispapier, die ich meiner Mutter mitbringen wollte.

Vielleicht ist das ja alles zu dramatisch, ich weiß doch, was der Leser jetzt denkt: ein kleiner Streit im Hotel, und schon irrt sie ziellos durch Indien. Weibliche Hysterie ist auch in Büchern der Reihe *Freche Frauen* so etwas von gestern, aber sie enthält meiner Meinung nach immer gleichzeitig auch mindestens eine Prise Vernunft. Wenn ich ihn also verlasse, werde ich natürlich das Kontaktlinsenmittel ergreifen und die Zahnbürste einpacken, denn ich will zwar traurig und verhärmt, aber nicht mit unscharfem Blick und Mundgeruch in die Einsamkeit laufen. Ich will auch in Momenten schonungsloser Selbstkritik angesichts dieser doch kindlichen Verhaltensweise sagen können: Du sahst wenigstens gut aus.

Mein Mund ist trocken. In meinem Abteil sitzt eine Frau mit dichten schwarzen Haaren. Sie reicht mir einen Becher Tee. Ich zögere. Ich habe die Desinfektionstabletten im Hotel vergessen. Saranya sagt, sie sei Tantra-Meisterin und Meisterin im »Negative-Energie-Abwehren«. Sie erteilt mir Ratschläge gegen das innere Vertrocknen: »Wende dich den Säften des Lebens zu!«

Ich erzähle ihr, wie es in der Wohnung von Ansgar aussieht. »Wie soll die Liebe da ihren Platz finden?«, fragt sie. Sie kennt sich aus mit der richtigen Zimmerdekoration: Blumen, am besten Rosen, dazu Kerzen, die die blaue Flamme in ihm und mir füttern sollen. Und dann dreht sie meine Handflächen nach oben gen Himmel und sagt: »Fühl die Energie, es ist die Energie des Universums, die Heilung liegt in uns selbst. Finde dein inneres Kind!«

Saranya erzählt mir, sie habe auch die Göttin Kali, die Göttin des Todes und der Verwandlung, getroffen. Nachts. Das erste Mal habe sie Kali links von ihrem Bett gesehen, der Raum habe vibriert und die Göttin vor ihr gestanden, sagt sie, dunkelblau, einen Schädel in der Hand. Und da in Indien alle Arten von Religiosität gleichzeitig existieren, habe auch Jesus sie einmal nachts besucht. Zuerst brannten ihre Füße, dann begann sie zu meditieren und schließlich sah sie ihn. »Kein schlechter Typ«, sagt sie, »warme braune Augen, braune Haare.«

Bevor sie sich verabschiedet, warnt Saranya noch vor den indischen Ashrams. »Finde deine eigene Wahrheit«, sagt sie. »Ich habe Frauen getroffen, die dort fünfzehn Jahre zu Füßen eines Gurus verbracht haben. Aber wenn du den Männern nicht mehr jung genug bist, bitten sie dich zu gehen.« Sie schweigt kurz. »Das wiederum«, sagt sie dann, »ist eine universelle Weisheit.«

Es ist fünf Uhr morgens, der Zug fährt in Varanasi ein. Varanasi, viertausend Jahre alt, gilt als älteste Stadt der Welt und das Zentrum des Universums. Was wohl Ansgar macht, wenn er jetzt aufwacht und sieht, dass ich schon die zweite Nacht nicht zurückgekommen bin?

Ich habe Hunger, ich fühle mich schwach, ich weiß nicht, warum ich hier bin. Ich stelle mich unauffällig neben eine der Frauengruppen, die im Uferschlamm des Ganges hocken. Sie reichen kleine aus Lehm geformte Göttinnen herum, bestreichen sie mit Goldstaub und kichern. Ihre Saris kleben noch vom frühen Bad im Wasser am Körper, sie opfern den kleinen Göttern Blumen und Obst und Süßes, sie singen und beten. Ich schaue auf die Kekse für die Göttinnen. Eine Frau mit einem roten Fleck auf der Stirn bietet mir einen an. Mir kommen die Tränen. »Lass es fließen«, sagt jemand in meiner Sprache zu mir.

Eine hoch gewachsene Frau mit einer blassen Haut, die

aussieht wie nach vierzig Jahren Untertagearbeit, lächelt mich an. Ich gehe einfach mit ihr. Die anderen Frauen, die auf sie warten, umarmen mich, ich frage nicht warum, sie tragen alle Saris, sind Ende vierzig und sagen, sie suchen hier die Göttin in sich, die sie, so habe ich es verstanden, zu Hause in Worms irgendwie zwischen Akten, Kindern, Männern und Einbauküchen verloren haben. Einen Ort der karmischen Wende, nennen sie Varanasi.

Ich weiß aus meinem Lieblings-Ratgeberbuch *Finde dich selbst und es ist egal, wer auf dich tritt*, dass es sich bei solchen Orten um jene handelt, die einen weichkochen, die man fliehen will oder die einen zum Bleiben, zum Aushalten zwingen. Die Gruppe aus Worms hat sich für das Aushalten entschieden. Ich miete ein Zimmer in ihrem Hotel. Von der Hotelterrasse schaut man auf den Fluss, und auch bei geschlossenem Fenster ist es so, als würde ich gleichzeitig im Bett liegen und auf der Straße darunter neben der Flöte des Schlangenbeschwörers hocken. Jeden Morgen ab drei beginnen die Stimmen lauter zu werden, die Musik aus den Lautsprechern und die Gesänge der Frauen auf dem Weg zum Flussufer. Es ist heiß, es ist so heiß, dass mir meine Kleider stets am Körper kleben. Es ist Sommer, mehr Sommer geht nicht.

Die Gruppe beginnt den Tag mit Atemübungen und mit Yoga. Danach gibt es Toast und Müsli. Ich esse viel, ich ignoriere das Gefühl der Schwere, das sich sofort einstellt. »Na, na«, sagt eine der Frauen, »da muss sich ja bei jemandem die Energie ganz neu ordnen.« Sie zwinkert mir zu und wendet sich einer anderen Frau aus der Gruppe zu. »Wie geht es dir hier?« »Ich fühle mich schutzlos.« »Dann fass deine Schwester an der Hand und lass die Tränen fließen.« – »Mir ist übel, ich muss erbrechen.« – »Du fließt wie der Ganges, nimm es einfach hin.«

Ich bin jetzt also irgendwie in eine Pilgergruppe mit pfälzischer Sprachfärbung geraten. Pilgern ist modern, das machen alle, Pilgern verkauft sich gut auf dem Buchmarkt. Da muss ich jetzt durch. Und fließen, fließen ist eine wichtige Vokabel, letztlich das entscheidende Tätigkeitswort überhaupt auf einer Pilgerreise. Und deshalb sitze ich in Varanasi wie alle Touristen aus dem Westen täglich am Ganges und warte darauf, dass irgendetwas in mir endlich Ja zum Fließen sagt. Ich kaufe mir bunte Tücher, rauche nicht unerheblich viele Joints, gehe jeden Morgen im Ganges baden und bekomme einen blühenden Hautausschlag. Chemikalien sind der Auslöser.

Täglich gegen fünf Uhr abends pilgern wir durch Varanasi. Zwei aus der Gruppe glauben hier schon einmal vor langer, langer Zeit gelebt zu haben. Sie sagen, sie erinnern sich an das Glockengeläut an den Tausenden kleinen Tempeln, an die Schreie der Affen auf den Dächern der vor sich hinbröckelnden Paläste, das Klatschen der Wäsche auf den Stufen der Badeplätze. Männer, die Steine in Körben auf ihren Köpfen balancieren, schauen uns nach, Kinder lassen Drachen steigen und verkaufen Schälchen mit Blumen und Kerzen für das Opferritual am Ganges. Haushoch gestapelte Seidenstoffe werden befühlt und dann unter lauten Schreien verhandelt.

Die Frauen haben sich heute besonders geschmückt. Wir wollen bei den öffentlichen Leichenverbrennungen zuschauen. Die meisten von uns tragen pinkfarbene Saris, haben Tücher um ihre Köpfe geschlungen. Wir sehen aus wie ein Trupp fünfstöckiger Hochzeitstorten mit Extrazuckerguss. Am Manikarnika-Ghat beginnen die Verbrennungen. Eine Kuh frisst die orangefarbenen Blumengirlanden, die über einer mit Butterfett übergossenen und auf Sandelholz unterschichteten Leiche liegen. Es riecht süßlich nach verbranntem Fleisch, und auf dem Wasser treiben die Boote und plötzlich die Leiche eines Sadhus, eines Wanderheiligen, der nicht eingeäschert, sondern als Erleuchteter dem Ganges übergeben wird. »Nej, wenn ich das den Mädels aus dem ›Wo-ist-meine-Mitte?-Kreis‹ erzähle«, sagt eine der Frauen. Am Abend tanzen sie auf der Hotelterrasse. Eine hat ihren iPod an die Boxen des Hotels angeschlossen, und acht Hochzeitstorten wiegen die Arme in der Luft zu »Living next door to Alice« von Smokie. »Alice, Alice, who the fuck is Alice«, brüllen sie.

Am nächsten Morgen hat irgendjemand beschlossen, dass wir alle eine Handvoll Samenkörner nach dem Frühstück bekommen und darüber meditieren sollen. Ich habe immer noch Hunger und schiebe mir die Samenkörner in den Mund. »Wo sind deine Körner?«, fragen sie mich später, als wir uns wiedertreffen. Alle haben kleine Kunstwerke daraus geklebt: zerbrochene Herzen, Buddhas und kleine Frauen, die an großen Penissen nuckeln, denn wir sind ja in der Stadt Shivas, des Gottes der Zerstörung und der Erneuerung. An jeder Ecke steht ein Schrein mit seinem »Lingam«, dem phallischen Symbol dieses Gottes. Die deutschen Frauen nennen es jedes Mal, wenn wir es sehen »Das große Blubb«. Und man sieht es oft hier in Varanasi.

Ich denke an Ansgars schwächelnden Freund. Ich gehe in ein Internetcafé und schreibe ihm, dass es mir gut geht, dass ich langsam entspanne. Zwei Tage später mailt er zurück: »Dann liegst Du wohl in der Horizontalen: –). So bist

Du doch, in der Horizontalen intensiv, auf Distanz in der Senkrechten. Komm zurück. Dein home turf. Basic. Nah dran.« Ich schicke ein einfaches Fragezeichen zurück. Er antwortet sofort: »Gern würde ich mit Dir das, was unsere gegenseitige bivalente Wahrnehmung betrifft, etwas weiter ausloten; denn das, was Du skeptisch an mir wahrnimmst, hat zwar mit mir zu tun, aber mehr noch mit Dir, und so wird es wohl auch mit dem sein, was ich an Dir rätselnd wahrnehme und was mir zu denken gibt. Denn das Maß dessen, was Du an Eindenken und Anpassen passiv erzwingst, ist doch recht groß. Denke bitte nach über uns und gib uns Zeit und die Chance, ein wenig zu mäandrieren.«

»Es heißt mäandern«, schreibe ich zurück.

Vor unserem Hotel steht Asim Singh, der Besitzer. Er betet jeden Tag zu seinem Gott, dem affengestaltigen Hanuman. Asim ist ein Brahmane, ein Mitglied der obersten Kaste, und er ist ein runder Mann mit beringten Händen. Wenn er von seiner Großmutter erzählt, die vor ein paar Jahren starb, dann ist es wie ein Märchen aus Tausendundeiner Nacht. Er spricht gern, auch wenn er seine kleinen Götter und Göttinnen in seinem eigenen Tempelchen neben dem Hotel wäscht und bekleidet. Früher, sagt er, zu Zeiten seiner Großmutter, da habe seine Familie allein fünfzehn Angestellte für die Gottheiten, einen Koch, einen Manager, einen Körperpfleger gehabt sowie jemanden, der sich nur um den Schmuck kümmerte. Heute müsse er vieles selbst machen, eigentlich suche er noch jemanden, der die kostbaren Kleider bügelt, ihm die Figuren zum Baden, Putzen, Frisieren und Ankleiden anreicht.

»Das kann ich gut«, sage ich. Und werde Barbiepuppen-Assistentin eines Brahmanen. Die anderen Frauen finden das nicht gut: Extrawürste seien eigentlich nicht vorgesehen innerhalb unserer Gruppe, sagen sie. »Egstrawürscht«, um die schleichende Entsolidarisierung hier einmal lautmalerisch darzustellen.

Jeden Tag gehe ich in die Läden, die es speziell nur für die kleinen Gottheiten gibt und in denen Schmuck, Süßigkeiten und Kleider lagern, und jeder Inder weiß, dieses Äußere ist nur ein schöner Schein, hinter dem das eigentliche Sichtbare dieser Welt liegt. Abends hocke ich mit Asim in seinem kleinen Tempel und bereite Petit Fours für seine kleinen Gottheiten. Als ich einmal nach dem letzten Schlummertrunk für die Kleinen vor den Tempel trete, kommt ein großer Mann in einem schmutzig weißen Hemd auf mich zu. »Haben Sie Bikini?«, fragt er. »Warum?«, sage ich misstrauisch. »Wir machen großen Bollywood-Film auf Alpenwiese, du kannst sein wie Gänseblümchen in Bikini, einfach liegen und Cocktail trinken, alles inklusiv.« Von der Hotelterrasse schallen Frauenstimmen herüber: »Alice, Alice, who the fuck is Alice.« Sehe ich so lausig und unmoralisch aus, dass ich nun schon Gänseblümchenjobs annehmen muss? Ich schüttele den Kopf. »Du sein sehr shanti«, sagt er, zückt seine Wegwerfkamera, fotografiert meinen Ausschnitt und geht.

Die Gruppe sagt am nächsten Tag, dass sie glaubt, ich sei nun so weit, mit ihnen unsere neu oder wiedergefundene Göttlichkeit zu feiern. Aus Gangesschlamm sollen wir eine Göttin formen, die alles in sich trägt, was »Frau« inspiriert: Leere, Musik, Stille, Schönheit, Nahrhaftigkeit oder einfach nur die Sphäre um uns herum.

»Das ist nicht so meins«, sagt eine. Sie haben Saris mit glitzernden Plastikelefanten darauf gekauft und wollen unseren letzten Abend feiern. Aber wie? Ratlos stehen wir vor dem Hotel. »Auf den Verbrennungsplätzen tanzen?« – »Da wollte ich eigentlich allein hin und über den Tod meditieren«, sagt eine andere. »Oder unsere Saris aneinanderknüpfen und als Einheit des Göttlichen in ein Restaurant einziehen?« – »Ich weiß nicht, ich habe immer noch Brechdurchfall.«

Ich muss plötzlich wieder an die Austern und Ansgars schwächelnden Freund denken. Vielleicht hatte ich die Sache ja falsch verstanden. Vielleicht hatte die Geschichte mit Ansgar nur den Sinn gehabt, mich hierhin zu bringen. An diesen Ort. Ich weiche einer heiligen Kuh aus, die mich nicht zu sehen scheint. Schweiß läuft meinen Rücken hinunter. Ich bin so richtig schön weichgekocht. Ein Drei-Minuten-Ei, das endlich seine Mitte akzeptiert hat. Ich drehe mich zu den Frauen um und rufe: »Wir alle leben doch in einer großen Suppe der Verwirrung.« Die Frauen umarmen mich. Ich seufze.

»Ich bin ja gleich fertig«, sagt der Wurzelspezialist. Ich schaue an die Decke. Der Wal taucht zum sechsten Mal aus dem Meer auf. Er springt über meinem Kopf in die Höhe und schlägt mit dem Schwanz auf das Wasser, er wirft sich dem Himmel entgegen, und ich weiß, dass er unter Wasser von seiner Sehnsucht singen wird. Als Kind habe ich immer geträumt, dass ich zu einem singenden Wal unter das Wasser steige und ihn tröste. Ich wollte eine Walreiterin werden. An welcher Kreuzung im Leben entscheidet man sich für Sommerkurzgeschichten?

Ich denke, ich sollte Ansgar am Ende der Geschichte nicht so im Ungewissen lassen. Noch eine Mail, ein höfliches: »Die Liebe lässt sich nicht erzwingen.« Ansgar antwortet umgehend: »Natürlich nicht. Ich hoffe, dass wir uns nicht aus den Augen verlieren; das, was war, war. Wir haben uns umkreist, beäugt und losgelassen. Ich bin weiter gelassen und gespannt, wie und wohin ich weitergehe. Ich bin und bleibe lebenshungrig, neugierig, will Neues erfahren und Erfahrenes weiterleben!«

Ich denke für einen Moment, dass ich mich vielleicht in ihm getäuscht habe, und überlege, nach Hause zu fahren, aber wozu mich bewegen, ich weiß ja nicht wirklich wohin.

Eine Woche später schickt Ansgar wieder eine Mail: »Betr. carlo versus calceus. Auf der Sachebene eine Bitte: dass Du den Schuhschaden doch bitte Deiner Haftpflicht meldest; ich habe doch noch den Karton mit Preisschild im Keller gehabt. Ich hoffe, es geht Dir gut.« Man muss keine Schönheit sein, um einen Mann dazu zu bringen, einem sein Innerstes zu offenbaren. Ich kann mich gar nicht erinnern, wann in meinem Leben etwas so wirklich war wie Ansgar. Nicht einmal ich.

Mir ist plötzlich übel. Das kommt mir jetzt ungelegen. Kein wirklich schönes Ende für eine Sommerkurzgeschichte. Die Betäubungsspritze, denke ich. Ich übergebe mich an der Rezeption meines Zahnarztes in die aprikotfarbenen, fruchtig duftenden Blüten eines Rosenstrauches. Die Sorte heißt »Summer Dream«. Das ist jetzt fast schon mystisch. Meine Lektorin wird aufstöhnen.

Nimekunoki

Gesichter pressen sich gegen Scheiben, aufgerissene Münder mit weißen Zähnen, fremd und furchterregend, und ihre Finger krallen sich in die Handtasche. Heidi schämt sich ihrer Angst, die hintergründig, jedoch unbegründet ist. Sie sitzt in einem Bus mit deutscher Reiseleitung. Draußen ist Mombasa, und die Händler wollen sie nicht umbringen, nur Geld verdienen. Keiner im Bus wagt, das Fenster zu öffnen. Die Ampel schaltet auf Grün, und sie fahren langsam weiter durch Straßen, die grell und bunt und chaotisch sind. So ähnlich hat sie sich Afrika vorgestellt, vielleicht ein wenig exotischer und menschenleerer. Nie war Heidi so weit weg von zu Hause, ein Abenteuer ist das, denkt sie, und viele gab es bisher nicht in ihrem Leben.

Rimini war das fernste Reiseziel. Dem einzigen Mann, der sie heiraten wollte, ist sie ausgewichen, weil sie glaubte, dass bessere nachkämen. Was nicht geschah. Also ist sie allein geblieben und hat weiter gehofft, jedes Jahr ein bisschen weniger. Das Schwerste ist, sich selbst zu lieben. Sie sieht nicht aus wie Heidi Klum, überhaupt nicht. Heidi Schulz ist fast fünfzig, klein und rundlich, sie lacht und isst gern, das sagen alle, die sie mögen, die Freunde und Verwandten und Arbeitskollegen, die ihre herzliche Art schätzen. Heidi ist Sekretärin, das ist keine Berufung, sondern Broterwerb. Eigentlich wollte sie Sängerin werden, jetzt arbeitet sie in einem Musikverlag, das ist ein Kompromiss, mit dem sie leben kann, leben muss, weil es niemanden gibt, der für sie sorgen würde.

Kenia: Das war eine Schnapsidee im wahrsten Sinne des Wortes. Die Weihnachtsfeier im letzten Jahr, als der Chef sie nach ihrem Traumurlaub fragte, und sie, sekttrunken, antwortete, dass sie immer schon mal nach Afrika wollte. Palmen, Meer und Sonne, viel Sonne und Exotik natürlich, die Klänge und Gerüche eines Kontinents, der so ganz anders ist als Europa. Danach wetteten ihre Kollegen, dass sie doch wieder nach Rimini fahren würde, und das war der Grund, warum sie diese Reise buchte, sich auf ein Wagnis einließ, das sie jetzt schon ein wenig bereut.

Das Hotel sieht nicht so prächtig aus wie im Prospekt, alles erscheint ihr ein wenig schlampig, und sie hat ihren Koffer im Blick, während sie vor der Rezeption in der Schlange steht, müde, hungrig und durstig – und allein.

Viele Paare sind mit ihr gereist, aber auch ein paar alleinstehende Frauen, und Heidi hofft, dass sich im Verlauf von zwei Wochen ein Kontakt ergibt. Jemand, mit dem sie reden kann, vielleicht sogar gemeinsam essen. Es ist traurig, allein am Tisch zu sitzen, zu Hause macht sie den Fernseher an, um die Illusion von Unterhaltung zu haben.

Ihre Mitreisenden beschweren sich über die laute Musik in der Halle, jeder meckert über irgendetwas, und Heidi lächelt den Mädchen an der Rezeption entschuldigend zu.

Sie tun ihr Bestes, die Leute abzufertigen, doch der Rhythmus hier ist anders, gemächlicher, verwirrender. Die Jungs, die die Koffer tragen, tänzeln zur Musik der Trommeln, das gefällt Heidi, auch wenn sie sich sorgt, wohin ihr Gepäck verschwinden mag. Zu viele Ängste, davon will sie sich lösen in diesem Urlaub, der ihr wie eine Reise weg von sich selbst erscheint. Kann es sein, dass ihre Füße sich im Takt der Trommeln bewegen, als sie dem langen Kerl in ihr Zimmer folgt?

Es ist schlicht, aber sauber, und der Blick aufs Meer ist das Beste daran. Heidi gibt dem Kofferträger einen Dollar, versperrt die Tür hinter ihm und stellt sich auf den kleinen Balkon, um tief einzuatmen. Meeresluft. Afrikanische Sonne, die auf der Haut brennt. Mücken, die sie umschwirren. Plärrende Kinder am Strand. Trommeln, zu denen Touristinnen in Baströcken tanzen. Heidi fühlt sich glücklich in diesem Augenblick. Genau das wollte sie immer: in ferne Länder reisen. Sie wollte auch einen Mann und viele Kinder, aber das Leben erfüllt einem nicht die sehnlichsten Wünsche. Nun ist sie hier und will ihren Urlaub genießen. Aber keinen Bastrock tragen und sich zum Affen machen, das bestimmt nicht.

Bewaffnet mit Autan, Sonnencreme, Brille und Buch begibt sie sich nach dem Auspacken an den Strand, der vor der Tür des Hotels liegt. Um die Hüften hat sie ein buntes Tuch gewickelt, das sie vor der Reise gekauft hat. »Figurumspielend«, nannte es die Verkäuferin, und dennoch fühlt sich Heidi nackt und hässlich. So viel weiße Haut. Weißes Fett. Das Schönste an ihr sind die kräftigen rotblonden Haare, die sie zu einem Zopf gebunden trägt. Das ist praktisch, spart Friseurkosten und Zeit, die sie morgens damit vertrödelt, Croissants mit Marmelade zu essen, so lange, bis sie satt ist.

Jetzt hat sie Hunger. *All inclusive* hat sie gebucht, doch hier gibt es keinen Kühlschrank, den man jederzeit öffnen kann. Der kurze Weg zum Strand fühlt sich an wie ein Spießrutenlaufen. Weiße, gerötete, gebräunte Leiber auf Liegen unter Schirmen aus Palmblättern. Abschätzende Blicke hinter Sonnenbrillen. Kinder, dick eingecremt, bauen Burgen im Sand. Er ist nicht so weiß wie im Prospekt, sondern eher braun, und er fühlt sich heiß an unter ihren dünnen Sohlen. Alle Liegen sind besetzt, das ist kein guter Anfang. Sie winkt einem Hoteljungen zu, der am Pool steht, und kommt sich verwegen vor. Obwohl die Unterscheidung ganz einfach ist: Die Weißen sind Gäste, und alles Dunkelhäutige gehört zum Personal.

»Der Neger an sich ist träge«, sagt der dickbäuchige Mann, der neben ihr in der Sonne brät und Bier aus der Flasche trinkt. Heidi lächelt ihn an, verwundert oder verlegen, und der Junge tänzelt auf sie zu, er ist schön und sehr freundlich und beschafft ihr Schirm und Liege sowie ein Handtuch. Sie hat das Kleingeld im Hotelzimmer vergessen und versucht, ihm das in ihrem mageren Englisch zu sagen. »*Tip later*«, das versteht er und er ist ihr nicht böse. So strahlend weiße Zähne! Er heißt Joe, und Heidi ist ihm dankbar für sein Verständnis, und ja, sie habe Durst, und er bringt ihr Wasser und Obst. Nun liegt sie hier, von Meeresrauschen umgeben, dem Kreischen der Kinder und den deutschen Sprachfetzen, die an ihr vorüberwehen wie der Sand, den die Brise aufwirbelt.

Sie ist angekommen. Eingecremt und autanbesprüht fühlt sich Heidi wie auf einem fremden, sehr heißen Planeten. Ab und zu tastet ihre Hand nach den Trauben, die Joe ihr gebracht hat. Wachsen Trauben in Kenia? Darüber hat sie in ihrem Reiseführer nichts gelesen, nur dass Blumen exportiert werden und dass es ratsam sei, die Zähne mit Mineralwasser zu putzen. Der Führer warnte auch vor nächtlichen Spaziergängen in Mombasa, dem sorglosen Umgang mit dem Portemonnaie, Speisen außerhalb des Hotels und Taxifahrten mit nicht autorisierten Wagen. Nun, sie hat alles gelesen und es sich zu Herzen genommen. Aber es bringt nichts, sich vor allem zu fürchten, das verdirbt nur die Urlaubslaune, und obwohl sie sich um ihre Handtasche sorgt, die sie unter einem Handtuch versteckt hat, rafft sie sich auf und geht ins Wasser, vielmehr läuft sie, weil der Sand unter den Fußsohlen brennt.

Das Meer ist warm, aber nicht so blau wie im Prospekt, eher schlammfarben, und sie kann nicht sehen, worauf ihre Füße treten. Seeigel? Heidi löst sich vom Boden, und die Wellen tragen sie hinaus aufs offene Meer. Sie ist eine gute Schwimmerin und sie hat es gern, dass sie sich schwerelos fühlt im Wasser, wie eine Elfe, die sie sein wollte, als sie ein kleines, dickes Kind war. Die Handtasche ist weit weg, so wie München und ihre Wohnung, der deutsche Winter und der Verlag, in dem sie seit zehn Jahren arbeitet; sie kann froh sein, einen Job zu haben, auch wenn sie ihn nicht besonders liebt. Es ist kein großes Leben, aber eines, mit dem sie sich angefreundet hat wie mit der Katze, die sie von ihrem Chef übernahm, als der eine Allergie entwickelte. Sie ist sein Mülleimer für alles, doch er ist ein netter Mann, der sie manchmal fast zärtlich »Dickerchen« nennt. Miu, die Katze, ist inzwischen kugelförmig und kurzatmig und lässt sich nur blicken, wenn sie Hunger hat. Sie essen zu zweit viel zu viel, Heidi weiß es, doch gute Vorsätze schwinden in der Leere der Wohnung und angesichts der Fülle des Kühlschranks. Die schlanke Seele braucht Nahrung für die dicke Freundlichkeit, die alle an ihr schätzen.

»Schlimmer kann es immer kommen«, pflegte Heidis Mutter zu sagen, und der Krebs gab ihr recht, posthum. Sie vermisst ihre Eltern und erfüllt gewissenhaft ihre Rolle als gute Tante für die Nichten und Neffen. Wie erstaunt sie alle waren, dass sie in diesem Jahr nicht nach Rimini fuhr in die Pension, die sie seit zehn Jahren kennt, wo jeder Stuhl, jede Pasta, jeder Strandabschnitt vertraut sind. Die Stammgäste kennen einander, man spricht Deutsch, und das Italienisch aus der Abendschule braucht sie dort kaum. Ihre Englischkenntnisse sind passabel, das würde kein Problem sein in Kenia, und hinsichtlich der deutschen Omnipräsenz in diesem Hotel wünscht sie sich, dass sie ein anderes gebucht hätte. Doch es war preiswert, ein Schnäppchen fast, und auch eine zweitägige Safari ist in den Kosten inbegriffen.

Sie ist eine Elfe, die von der Strömung weit abgetrieben wurde. Sie sieht den Strand noch, winzige Figuren in der flimmernden Sonne, und erst jetzt spürt Heidi, wie erschöpft sie ist von dem langen Flug. Sie wendet und schwimmt mit kräftigen Stößen dem Ufer zu, Angst hat sie nicht, nur das Gefühl, ihre Kräfte überschätzt zu haben. Das Meer will sie behalten, es zieht sie zurück, und fast wird es zum Kampf, der sie ansporntt, alle Reserven zu mobilisieren, um die Strömung zu besiegen. Es ist kein großes Leben, doch sie will es behalten, und Heidi schwimmt um ihr Leben, so kommt es ihr zumindest vor. Sie könnte um Hilfe schreien, mit den Armen gestikulieren, doch das wäre ihr unangenehm. Sie war immer stolz darauf, alles allein zu schaffen, und noch spürt sie keine Panik, nur das Adrenalin, das sie antreibt, und das Ufer kommt näher, sie kann schon Gesichter ausmachen, das Kreischen der Kinder hören, und sie ist nicht mehr allein, das ist ein gutes Gefühl. Nur nicht verkrampfen oder in Panik geraten, einfach ruhig weiterschwimmen. Was für ein Umstand das wäre, ihre Wasserleiche in Afrika, denkt Heidi, und dass ihr Chef sie ganz gewiss vermissen würde. Er und noch ein paar andere. Die Strömung wird zum Ufer hin deutlich stärker, doch sie kann den Sand schon unter ihren Füßen fühlen, jetzt ist es ihr egal, worauf sie tritt, Hauptsache, sie hat wieder Boden unter den Füßen. Sie gräbt ihre Zehen in den Sand, will die letzten Meter gehen, doch die Wellen werfen sie immer wieder zurück. Das stand nicht im Reiseführer, kein Wunder, dass jetzt alle am Strand sind und nicht im Wasser. Mittagszeit, viel zu heiß und gefährlich, und das Meer zeigt sich von seiner gewaltigen Kraft. Es ist mühsam, sich Schritt für Schritt nach vorn zu kämpfen. Sie hat ihre Kräfte beim Schwimmen verbraucht, jetzt ist nur noch der Wille da, endlich ans Ufer zu kommen. Lächerlich, auf den letzten Metern aufzugeben. Wenn sie nicht so müde wäre, so furchtbar erschöpft …

Die Hand, die sich nach ihr ausstreckt, ist schwarz und kräftig, sie umschließt ihr Gelenk mit schmerzhaftem Griff und zieht sie ans Ufer. Heidi hat ihre Augen geschlossen, weil sie vom Salzwasser brennen, doch sie lässt sich ziehen, dankbar, und sinkt dann in den Sand, der heiß und wunderbar trocken ist.

»You okay?«

Sie dreht sich um und blinzelt in die Sonne. Der Mann, der zu der Hand gehört, ist sehr groß und dunkel und wirft einen Schatten über sie. Er trägt eine Art weißen Kaftan, der von der Taille abwärts nass ist. Er muss sehr kräftig sein, wenn er mich einhändig aus dem Wasser gezogen hat, denkt Heidi und nickt. »Alles okay. Danke. *Thank you.*«

»Gut«, sagt der Riese, greift nach einem Bambusrohr, an dem bunter, klimpernder Schmuck hängt, und geht einfach weg. Lange, ausholende Schritte, eine Gestalt wie aus dem Märchen. Sie will ihm nachrufen, doch ihr Mund ist trocken, salzig, und es kommt nur ein Krächzen heraus.

»Sie sollten in den Schatten gehen«, sagt eine Frau, deren Haut wie gegerbtes Leder ist. »Um diese Zeit schwimmt keiner, weil die Strömung zu stark ist.«

Guter Rat kommt meist verspätet. Heidi nickt und geht zu ihrer Liege im Schatten. Jetzt ist ihr kalt, sie hat Durst und trinkt den Rest aus der Flasche. Von der Ferne sieht sie ihn noch. Auf seinen Schultern balanciert er ein Bambusrohr mit Schmuck aus Muscheln und Glas, der Strandläufer, der sie aus dem Wasser gezogen hat. Sie hätte ihm Geld geben müssen, doch in ihrer Handtasche sind nur große Scheine. So unvorsichtig von ihr, es nicht gleich in den Safe zu legen. Doch sie ist nicht bestohlen worden, sondern nur beinahe ertrunken. Gerettet von einem Märchenriesen, obwohl sie es sicher – vielleicht – auch allein geschafft hätte.

Das erste Abenteuer. Heidi beginnt zu lachen, ein wenig hysterisch, und dann greift sie zu der Zigarettenpackung, obwohl sie eigentlich aufhören wollte. Hunger, bevor dieser Gedanke greifen kann, sinkt ihre Hand mit der Zigarette in den Sand. Sie schläft ein.

Von den Kniekehlen abwärts brennen die Beine wie Feuer. Beim Abendessen trinkt Heidi viel Bier, um sich von innen zu kühlen. Das Büfett, rund um den Pool aufgebaut, ist verführerisch, doch isst sie nur wenig, weil sie immer noch erschöpft ist von Sonne und Wasser. Wie idiotisch von ihr, am Strand einzuschlafen, und viel blöder noch, einfach hinauszuschwimmen und die Gefahr zu unterschätzen. Wenn sie die Geschichte im Büro erzählt nach der Rückkehr, wird sie den Teil mit dem Sonnenbrand weglassen und den Retter ein wenig ausschmücken. Ob sie ihn wiedersieht, wiedererkennen würde am Strand? Kenianer sehen einander so ähnlich – was in umgekehrter Betrachtungsweise vermutlich ebenfalls zutrifft. Groß wie er war, schätzt Heidi, dass er zum Stamm der Massai gehört. Nomaden und Krieger und Rinderzüchter, ein stolzer Stamm, dessen Lebensraum schwindet. Viele von ihnen sind sesshaft geworden, verelenden und verlieren ihre Identität. Das hat sie aus dem Reiseführer, und nachts im Bett liest sie nach, dass die Massai an den Regengott Ngai glauben, der auf dem Gipfel des Mount Kenya thront und ihnen alle Rinder der Erde überlassen hat, sodass sie alle anderen für Viehdiebe halten und sich das Recht nehmen, ihnen die Rinder gewaltsam wegzunehmen. Massai trinken Rinderblut, vermischt mit Milch, eine Mischung, die sie *saroi* nennen, und das Ansehen eines Mannes bemisst sich nach der Anzahl seiner Tiere und Frauen. Nirgendwo steht, dass sie Strandläufer sind, Schmuck verkaufen und Touristinnen aus dem Meer ziehen. Mit diesem

Gedanken schläft Heidi ein und träumt von großen, schwarzen Walen, die mit ihr spielen …

Die verbrannten Waden schützt Heidi mit einer weiten, weißen Baumwollhose, figurumspielend und aus demselben Geschäft, in dem die Verkäuferin ihr Reisekleidung für Afrika angedreht hat, auch den breitkrempigen Hut, den Heidi in München niemals aufsetzen würde. Sie frühstückt mäßig, weil ihr das Brot nicht schmeckt, und sie vermisst die knusprigen Croissants und die Zeitung, vielleicht auch die Ruhe ihres Münchner Morgenrituals. Menschen in Shorts oder Badeanzügen belagern das Büfett, schieben und drängeln, während Kinder durch den Speisesaal toben, der zum Meer hin offen ist. Heidi beobachtet gestresste Mütter und beneidet sie, wie auch die Liebespaare, die ihre Zweisamkeit zur Schau stellen. Im Alltag ist es einfacher, allein zu sein. Jetzt wünscht sie sich einen Partner, Kinder, das große Familiengeschrei, doch ihr bleibt nur das Betrachten und Bedauern. Ein paar Worte, die sie mit Joe wechselt, der ihr Trauben bringt wie am Tag davor, und diesmal hat sie Geld dabei und gibt ihm ein großzügiges Trinkgeld. In fremder Währung verliert sie leicht den Überblick, obwohl sie sonst mit Geld vernünftig umgeht.

Wie leicht es ist, einen Menschen glücklich zu machen. Er strahlt und reserviert ihr nach dem Frühstück eine Schattenliege in der ersten Reihe zum Meer. Dass er anbietet, ihren Rücken einzucremen, findet Heidi wiederum seltsam und natürlich lehnt sie ab. Ziemlich schroff, doch es scheint ihm nichts auszumachen, denn sein Lächeln bleibt unverändert, und kurz darauf sieht sie, wie eine sehr blonde Frau sein Angebot annimmt. Es scheint niemanden zu stören außer

Heidi, die sich verrenken muss, um Teile ihres Rückens mit der Sonnencreme zu erreichen.

»Die baggern ganz schamlos alleinreisende Frauen an«, sagt ihr Strandnachbar, derselbe, der am Vortag vom »Neger an sich« gesprochen hatte. Seine Frau nickt dazu, doch in ihrem Blick liegt ein gewisses Bedauern.

Heidi sagt: »Es gehören doch immer zwei dazu«, bevor sie sich ihrem Buch zuwendet, der Geschichte der Frieda von Bülow in Afrika. Doch es fällt ihr schwer, sich zu konzentrieren. Es ist die Hitze einerseits, aber auch das Geschehen ringsum, Strandidylle zur Hauptverkehrszeit. Jetzt tauchen auch die Strandläufer auf, die alles Mögliche anbieten – von Kokoswasser über Cola bis hin zu Badekleidung, bedruckten Tüchern, Schmuck, Sonnenbrillen und gefälschten Uhren. Es ist lästig, obwohl sie weiterziehen, wenn sie ein klares Nein hören. Sie drängen sich nur dezent auf, die Jungs, die eine Mischung aus Englisch, Deutsch und Suaheli sprechen und deren nackte Oberkörper vom Schweiß glänzen.

Heidi fühlt sich schuldig, wenn sie sie abwimmelt. Sie misstraut ihrem ewigen Lächeln und denkt, dass sie von ihnen gehasst wird – so wie alle anderen Touristen, die in ihren *All-inclusive*-Hotels hocken und Afrika aus der Perspektive fetter Vögel erleben. Sie ist ja auch nicht besser, weiß nur, dass der Sehnsucht nach Abenteuer die Angst vor dem Fremden entgegensteht. So gesehen, hätte sie vielleicht doch nach Rimini fahren sollen.

Der Mann wirft lange Schatten. Bevor sie aufsieht, weiß Heidi, dass er es ist, ihr Retter, und ihre erste Reaktion ist Freude, die zweite Angst. Er will Geld für seine gute Tat, denkt sie, und dass es ihre Pflicht ist, ihm jetzt Schmuck abzukaufen, weil das zumindest nicht wie ein Almosen aussieht.

»*Jambo*«, sagt er von oben herab, der Suaheli-Gruß. Er lächelt nicht wie die anderen. So dunkel ist er und schön, trotz der schlecht verheilten Narbe auf seiner Wange.

Heidi setzt sich auf, sie spürt die Hitze von außen und innen und sie greift nach den Ketten, die bunt und kitschig sind. Sie gefallen ihr nicht, doch sie beschließt, fünf zu kaufen und ihren Nichten mitzubringen.

»*They are beautiful*«, sagt Heidi.

»No, aber ich brauch *bakes*.« Seine Finger zeigen, was das Wort bedeutet: Geld.

Sie will ihm nochmals danken, doch er wehrt ab. »*Don't schwimm in afternoon*«, sagt er und malt mit seinen langen Fingern einen Namen in den Sand. PRINCE.

Sie setzt ein HEIDI daneben und zum ersten Mal schenkt er ihr ein Lächeln. Prince setzt sich in den Sand und rechnet mit ihr fünf Muschelketten ab, sie sind billig, und Heidi schenkt ihm das Wechselgeld, das er achtlos in seine Jeanstasche steckt. Kein weißer Kaftan diesmal, doch er ist wieder barfuß, und sie fragt sich, wie er den heißen Sand erträgt. Sie würde gern mit ihm sprechen, aber es scheint mühsam. Er sitzt da wie eine Statue und schaut auf das Meer. Und sie sieht ihn an und denkt, dass dieser Fremde der attraktivste Mann ist, den sie je getroffen hat. Wie alt mag er sein – zwanzig, dreißig? Hat er keine Rinder, keine Frauen? Warum überlegt sie das überhaupt, was geht sie das an?

Heidi greift in ihrer Tasche nach der Zigarettenpackung. Sie möchte, dass er geht, und sie will, dass er bleibt. Sie bietet ihm eine Zigarette an, und er greift danach. Er gibt ihr

Feuer, und seine Augen sind gelb wie die einer Katze. Er riecht nach Schweiß. Aus den Augenwinkeln sieht Heidi, wie ihre Strandnachbarn neugierig gaffen, das stört sie und ist ihr trotzdem egal.

»Ich sprech *Sheng*«, sagt Prince, »das ist die Sprach der Slums, *mixture* aus alles. Aber auch Deutsch ein bisschen und Englisch, ein paar Wort Chinesisch. Mein Boss ist Chinese. Wir alle laufen für Chinesen, die diesen *shit* vertreiben. Wir kriegen zehn Prozent. Das ist arm.«

Zwei Euro, denkt Heidi und fühlt sich schon wieder schuldig. Zwei Euro dafür, dass er sie aus dem Wasser gezogen hat.

»Ich bin nicht reich«, erwidert sie, und das ist ein blöder, defensiver Satz, den er mit einem Lächeln quittiert, das ungläubig sein könnte.

»Ich komm rum«, sagt Prince und springt auf. Obwohl er so groß ist, sind seine Bewegungen graziös. Er nimmt seinen Bambusstab, der um fünf Ketten leichter ist, und geht seiner Wege. Heidi sieht ihm nach und bewundert einen Körper, der kein Gramm Fett mit sich herumträgt. Hat sie tatsächlich den Bauch eingezogen, während er dasaß? Es zumindest versucht?

»Den Krempel kriegen sie auf dem Markt in Mombasa billiger«, sagt ihr Strandnachbar, der Afrika-Experte ist, schon zum zehnten Mal in Kenia, immer im selben Hotel, weil er keine Überraschungen mag. Er und seine Frau leisten Heidi beim Mittagessen Gesellschaft, und er redet viel, während er Bier trinkt und ihr gute Ratschläge gibt, was zu tun oder zu lassen ist. Vom näheren Kontakt mit Einheimischen sei abzuraten, sagt Karl, »weil die es nur auf unser Geld abgesehen haben«. In Mombasa wimmele es von Taschendieben, Trickbetrügern und Prostituierten beiderlei Geschlechts, aber in Zeiten von Aids sei das gefährlich. Seine Frau, die Beate heißt und mit ihrem Mann eine Reinigung in Bremen führt, nickt dazu.

Heidi isst zu viel und nimmt sich vor, künftig erst nach Sonnenuntergang Alkohol zu trinken. Sie zieht sich für einen Mittagsschlaf in ihr Zimmer zurück und geht erst wieder an den Strand, als die Sonne schon tief steht. Sie plätschert nur im seichten Meer und sieht den jungen Männern nach, die Krempel verkaufen für zehn Prozent. Drei Massai in kriegerischer Aufmachung bieten sich für Touristenfotos an, als sie aus dem Wasser kommt. Sie winkt ab und ärgert sich wieder über Schuldgefühle. Als ob sie etwas dafür könne, in einem reicheren Land geboren zu sein. Seltsam nur, dass die Leute hier ihr glücklicher erscheinen als zu Hause, weil sie mehr lachen und tanzen. Vielleicht ist es das?

Nach dem Abendessen sieht sie die drei Massai wieder, sie veranstalten neben dem Pool kriegerische Tänze zu Trommeln, die Heidis Füße zum Zucken bringen. Einige Hotelgäste lassen sich zum Mittanzen animieren und geben ein jämmerliches Schauspiel ab, das nichtsdestotrotz gefilmt und fotografiert wird. Heidi trinkt Gin Tonic gegen die Scham, Touristin zu sein, und wankt ein wenig betrunken ins Bett. Sie müsste sich daran gewöhnt haben, allein ins Bett zu steigen, doch manchmal nur, wie in dieser Nacht, findet sie ihre Einsamkeit zum Heulen. Es ist der Alkohol, nüchtern überwiegt die Vernunft. Wollte sie einen wie Karl mit dickem Bauch und großer Klappe? Nein, dann eher die schwarze Gazelle, obwohl das ein ganz und gar absurder Gedanke ist.

Prince, der sich diesen Namen gab, um auf der Höhe seiner Zeit zu sein, die modern ist und den alten Traditionen abgeneigt, besucht die Frau mit den goldenen Haaren jeden Tag. Sie liegt auf seinem Weg, und dann sitzen sie am Strand, rauchen und sehen aufs Meer. Sie reden, so gut es geht, und wenn die Worte fehlen, malen sie in den Sand, und als sich ihre Hände zufällig berühren, empfindet Heidi dies wie einen elektrischen Schlag. Aufregend, beängstigend, gefährlich. Seine Haut ist warm und rau, und in seinen Augen liest sie ein Verlangen, das unmöglich ist.

Karl und seine Frau erleben großes Kino, das sie davon ablenkt, aneinander vorbeizuschweigen.

Heidi erlebt, dass ihr der Boden unter den Füßen weggezogen wird, so wie am ersten Tag im Wasser, nur anders. Ihre Tage bestehen darin, auf ihn zu warten. Sich zu überlegen, worüber sie mit ihm reden könnte. Sie weiß jetzt, dass seine Familie nach der großen Dürre alle Rinder verloren hat, worauf zwei der Söhne weggingen, der eine nach Nairobi und Prince nach Mombasa. Nachts arbeitet er als Türsteher in einer Disco und tagsüber verkauft er chinesischen Schmuck, der afrikanisch getarnt ist. Er finde das Leben ganz okay, so sagt er, und mit jedem Jahr werde sein Wunsch kleiner, zurückzukehren in den Busch, um Rinder zu züchten und Wild zu jagen. Mit zwei anderen teilt er sich ein Zimmer am Strand, so viel weiß sie von ihm, und obwohl sie das Gegenteil beteuert, glaubt er immer noch, dass sie reich sei, unermesslich reich. Heidi protestiert nicht mehr, wenn er es sagt. In dieser unmöglichen Beziehung spielen Lüge und Wahrheit keine Rolle. In fünf Tagen wird sie zurückfliegen, dann ist es vorbei, eine Erinnerung an ein schönes Gefühl, das sie nicht vergessen wird.

An seinem einzigen freien Abend fragt Prince sie, ob sie mit ihm ausgehen wolle. Er sagt es beiläufig, und sie fragt »Wohin?«, um Zeit zu gewinnen. Er zuckt mit den Achseln, doch aus seinem Blick spricht großes Verlangen, dem sie nicht widerstehen kann. Auch nicht will. Einmal nur in diesen unglaublichen Sternenhimmel sehen und nicht allein sein. Sich begehrt fühlen. Und wenn die Vernunft ihr sagt, dass sie sich lächerlich macht vor den anderen und vor sich selbst, dann ist dieser Gedanke so unscharf, dass sie ihn mühelos niederkämpfen kann. Sie ist in Afrika, hier gelten die alten Regeln nicht. Er berührt ihren Zopf mit seinen langen Fingern und streicht an ihm entlang, bevor er eine Acht in den Sand malt. Er wird am Tor warten, weil die Sicherheitsleute ihn nicht ins Hotel lassen.

Er kommt um halb neun, als sie gerade umkehren, zurück ins Hotel gehen wollte, ziemlich wütend, weil sie zwei Stunden für die Wahl der Kleidung und das Auftragen der Schminke gebraucht hat, vor dem Spiegel singend, vor dem Spiegel fluchend, weil sie nicht schön ist, nicht jung, und sie die langen Haare, das Beste an ihr, nicht mehr offen tragen kann. Die Sicherheitsleute in ihren Fantasieuniformen haben sie neugierig beäugt, über sie geredet, das nahm sie zumindest an, und Heidi fühlte sich schutzlos und ziemlich dumm.

Doch als er vor ihr steht, hat sie diese halbe Stunde schon vergessen. Prince, der sich diesen Namen von dem Sänger lieh, trägt Jeans und ein weißes T-Shirt, und seine Zähne leuchten in der Dunkelheit. Er nimmt ihre Hand, als sie an die Uferpromenade gehen, und Heidi fühlt sich beinahe sicher, hält aber trotzdem ihre Handtasche fest. Viele sind unterwegs, Touristen und Einheimische und Paare wie sie:

schwarz-weiß in wechselnden, in denselben Geschlechtern. Das beruhigt sie irgendwie, sie hat sich vorgestellt, unangenehm aufzufallen. Doch in Mombasas Vergnügungsviertel gibt es keine Schranken zwischen Farben und Geschlechtern. Allein würde sie sich schrecklich fühlen, doch seine warme Hand um ihre hebt alle Ängste auf. Fast, weil ein böser, kleiner Gedanke bleibt: Wird er sie ausrauben und am Strand zurücklassen?

Er zeigt ihr die Disco, in der er arbeitet, und das Geschäft des Chinesen, der einen Großteil der Strandläufer beschäftigt. Nein, in ein Lokal, das Hofbräuhaus heißt, will sie nicht gehen, sie landen in einer Kneipe, die am Strand liegt, mit lauter afrikanischer Musik, Flaschenbier und auf offenem Feuer gegrilltem Fleisch, das verführerisch riecht, wenn auch hygienisch fragwürdig ist – zumindest aus deutscher Sicht. Heidi hat ohnehin keinen Hunger, weil sie auf einer Wolke schwebt, die dem Himmel sehr nah ist. Sie trinkt Bier, und irgendwann tanzen sie, weil das einfacher ist als zu reden, und es ist ihr egal, dass sie sich wie eine Idiotin bewegt. Sie wirft die hochhackigen Schuhe weg und tanzt barfuß, und wenn er sie umarmt, reicht sie ihm nur bis zu den Schultern. Sie fühlt seinen heißen Atem in ihren Haaren, seine Hände auf ihrem Körper und sie ist schwerelos, liebestrunken, verrückt nach Afrika und jenseits aller Hemmungen, in die sie ihr Leben presste – bisher.

Der Sex am Strand, viel später, ist nur das natürliche Ende dieser Nacht. Berauschend ist er, doch sie hat auch ein paar Züge seines Joints geraucht und irre gekichert, als Prince »*nimekunoki*« zu ihr sagte, während er sie auszog, sanft oder auch nicht, sie weiß es später nicht mehr. *Nimekunoki* heißt in der Sheng-Sprache »Ich liebe dich«, daran erinnert sie sich, als sie aufwacht mit dem ersten Strahl der Sonne. Sand überall an ihrem Körper, er hat sie mit ihrem Kleid zugedeckt. Ihr Kopf schmerzt, ihr Körper auch, doch dem Herzen geht es gut. Sie tastet nach ihrer Handtasche und dem Portemonnaie, beides ist noch da, sie hat irgendwann bezahlt und ein wahnsinniges Trinkgeld gegeben. Das war vor dem Joint, vor dem Sex. Liebe ist viel einfacher, wenn sie keine Sprache braucht. In ihrem Kopf hämmert es, dass sie verrückt ist.

Er schläft auf dem Rücken und atmet tief und gleichmäßig. Er ist so hübsch, so jung. So schwarz. Sie liegen auf einem Strandabschnitt unweit des Hotels, hinter einem Bootshaus. Überall Sand, selbst in ihrem Mund. Überall ein Gefühl, das warm und schön ist. *Nimekunoki*.

Heidi rüttelt sanft an seiner Schulter, und er öffnet die Augen. Das ist der Moment, den sie fürchtet.

Doch Prince schreckt nicht vor einer alten Frau zurück, die sich hinter der Sonnenbrille versteckt. Er sieht sie nur verschlafen an, sieht dann auf seine gefälschte Rolex und sagt: »*Must go*. Ich bring dich zu Hotel.«

Heidi zieht sich hastig an und bewundert noch einmal seinen Körper, der eine Nacht lang ihr gehörte. Sie lächelt, als er ihr Gesicht mit seinem T-Shirt säubert.

»*Nimekunoki*, das klingt schön.«

»Ist schön«, sagt Prince, der ihre Hand hält auf dem Weg zum Hotel und sie erst loslässt, als sie vor dem Schlagbaum ankommen. »*See you*«, sagt er zum Abschied, und Heidi sieht ihm nach, wie er davonsprintet, und die Uniformierten öffnen den Schlagbaum. Sie weiß, was sie denken. Alte Touristin bezahlt jungen Kenianer für Sex. Ist okay, weil junge Kenianer Geld an die Familie weitergeben. Touristen brauchen

Sex und Familien Geld. *Hakuna matata*. Kein Problem. Heidi erwidert ihr verschwörerisches Lächeln und schwebt auf Engelsflügeln.

Versandet, verkatert und hoch erhobenen Hauptes, die Schuhe in der Hand, durchquert sie die Hotelhalle, in der sich nur wenige Gäste aufhalten, ein paar Nachtschwärmer und Frühstückshungrige. Karl und Beate sind nicht darunter, das ist gut. Wie auch die Dusche, unter der sie fast eine Stunde steht, der verflixte Sand scheint in jeder Pore ihres Körpers zu sein. *Hakuna matata*. Diesen speziellen Teil ihres Urlaubs wird sie niemals, niemandem erzählen. Nur sich selbst in einsamen deutschen Nächten.

Noch zwei Tage bis zum Abflug. Bis zum Ende ihres Sommers. Die Engelsflügel sind schwerer geworden, sie tragen nicht mehr so leicht. Obwohl sie abgenommen hat, ein wenig, und sich viel schöner fühlt mit gebräuntem Körper. Der Kontrast zu seiner Haut ist nicht mehr ganz so groß. *Nimekunoki*. Heidi flüstert das Wort wie eine Beschwörungsformel. Sie haben die Nacht nicht wiederholt, weil Prince bis drei Uhr morgens in der Diskothek arbeitet, doch er besucht sie am Strand, drei- bis viermal kommt er vorbei, und sie kauft ihm Ketten ab, damit er länger bei ihr bleiben kann. Sie schauen aufs Meer, sie reden und malen Zeichen in den Sand. Sie halten sich an den Händen und wenn er bei Sonnenuntergang zum letzten Mal bei ihr ist, dann küssen sie sich zum Abschied. Keine Scham mehr, nur Verlangen.

Sie ist die Hotelschlampe, damit kann Heidi leben, die Blicke ignoriert sie und das Getuschel. Mutiger ist sie geworden, fast unabhängig von der Meinung anderer. Zumindest an diesem Ort, zu dieser Zeit.

Als Beate sie nach dem Abendessen flüsternd fragt, ob es denn stimme, »dass die so lange Kerle sind, überall?«, kann Heidi lachen und anstelle einer Antwort in ihr Glas schweigen. Beates Mann hat aufgehört, über »den Neger an sich« zu sprechen, um Heidis Gefühle nicht zu verletzen, das erstaunt und freut sie. Karl hat während der Safari Löwen und Giraffen fotografiert und kann nicht verstehen, dass sie sich dieses Abenteuer entgehen ließ. Nun, sie hat ihres, und es zählt siebenundzwanzig Muschelketten, eine Nacht und viele kostbare Minuten.

Prince spricht nicht von Abschied, auch nicht am letzten Tag vor ihrer Abreise. Sie sitzen am Strand und warten darauf, dass die Sonne wie ein glühender Ball im Meer versinkt. Warten auf die Sterne, die Heidi süchtig machen nach dem afrikanischen Himmel. Prince sagt, dass er sich freigenommen hat. Er wird nach Hause fahren in sein Dorf im Norden. Er möchte, dass sie ihn begleitet, damit sie seine Familie kennenlernt. Sie könnten auch dort heiraten. Ein mehrsprachiges Angebot, das er fast beiläufig vorträgt, während er aufs Meer sieht.

Was immer sie erwartet hat – das NICHT. Sie blickt nach oben und erwartet eine Antwort, irgendein Zeichen. Die Sonne ist untergegangen, und die Sterne warten noch.

Nimekunoki. Er streicht über ihr Haar, das sie seit ein paar Tagen offen trägt. Er sagt, dass ihr Haar wie Gold sei und dass seine erste Frau und die zwei Kinder sich freuen würden über eine goldene Fremde.

Dunkelheit plötzlich. »Ich fliege morgen nach Hause«, sagt Heidi, und ihre Stimme klingt anders. Kälter.

»Du Angst?«

Das auch, und sie hat von den Frauen und Rindern gelesen und sollte nicht überrascht sein. Und nicht gekränkt, doch so ist es nun mal, und sie nimmt seinen Arm von ihrer Schulter. »Ja, und es geht nicht.«

»*Anything goes*«, sagt Prince. »*Don't like my children?*«

Englisch, Deutsch, Sheng und Kisuaheli – es ist ein Wunder, dass sie sich je verstanden haben. Geliebt. Und wenn sie in seinem Gesicht nichts lesen kann, glaubt sie doch zu spüren, dass er es ernst meint mit der Zweitfrau, die ihm hilft, die Familie zu unterstützen. Alles geht, doch nichts kann funktionieren, das so anders ist als das, womit sie neunundvierzig Jahre gelebt hat. Es würde fehlschlagen, sie weiß es. Und es schmerzt, diesen Satz zu sagen: »Ich liebe Kinder. Aber ich bin zu alt. Zu deutsch. Ich fliege morgen.«

Er sagt nichts, als sie aufsteht. Sie hat seinen Stolz verletzt, sie hat ihn abgewiesen. Und er bewegt sich nicht, als sie ihm über die Schulter streicht, *Nimekunoki* flüstert und geht. Er kann ihre Schritte im Sand hören, die Fremden bewegen sich wie Elefanten, doch in ihrem Fall hat er darüber hinweggesehen. Sie hat ihre Zigaretten vergessen, und er steckt sie in seine Jeanstasche. Hört ihre Schritte nicht mehr, nur noch das Meer.

Heidi packt ihren Koffer und legt dreißig Ketten sorgfältig zwischen die Kleidung. Muscheln brechen so leicht. Alles ist gut. Morgen wird sie in das Flugzeug steigen und in ihr altes Leben zurückkehren. Die Kollegen werden ihre Bräune bewundern, und sie wird ihnen von Afrika erzählen, aber eine Geschichte auslassen. Sie hat Prince einmal fotografiert, als er am Strand entlangging, er hat es nicht bemerkt, und sie wird das Bild einrahmen und auf ihren

Nachttisch stellen. Niemand wird es sehen außer ihr. Alles ist gut, und die Traurigkeit ein ganz normales Gefühl nach dem Glück. Doch ja, sie hätte seine Kinder gern gesehen und auch die Frau, vielleicht, und seine Familie. In Afrika ist Alter etwas Schönes, Erhabenes, und sie hätte sich nicht schämen müssen. Dennoch: Sie hätten es nicht geschafft, alle Unterschiede zu überwinden. Sie hatte ihren Prinzen, wenn auch nur für kurze Zeit, und das ist kein Grund zum Weinen.

Das Flugzeug hebt pünktlich ab am nächsten Morgen und es stürzt nicht ins Meer, obwohl Heidi das ganz egal gewesen wäre. Sie friert, als sie ankommt. Sie ist müde und traurig und rutscht doch allmählich in das alte Leben zurück, als hätte es Afrika nie gegeben. Fünf Muschelketten verschenkt sie an ihre Nichten, die mit mäßiger Begeisterung reagieren. Prince steht in einem Silberrahmen neben ihrem Bett, und jeden Abend, bevor sie einschläft, drückt sie sein Bild an sich und sagt das magische Wort. Sie ist ein sentimentales Weib, doch diese Geschichte war ein Wunder, und die brauchen Menschen mehr als alles andere.

Heidi spart für ihren nächsten Urlaub. Rimini wahrscheinlich, doch sie zögert, das Hotel zu buchen. Im Internet studiert sie Pauschalreisen. Kenia ist günstig. Der Mausklick fühlt sich von Kenia magisch angezogen. Sie hat nicht einmal seine Adresse, nur das Bild und den Schmuck. Sie trägt ihn im Sommer, bevor sie ihre Mombasa-Reise bucht für Oktober. Möglich, dass er nicht mehr da ist oder eine andere gefunden hat. Doch möglich ist alles, selbst ein Leben als Zweitfrau in einem sehr fremden Land. Heidi hat Geschenke im Gepäck für die Familie. Ob sie einen bayrischen Bierkrug lustig finden? Daran denkt sie während des Fluges und an den Sternenhimmel und das Lächeln, das auch anders ist als in Deutschland. Kein Problem, sie kann es lernen. *Nimekunoki*.

Dieses Sommergefühl

»Das ist jetzt nicht dein Ernst.« Fassungslos starrte ich abwechselnd auf den Hotelprospekt und in das Gesicht meiner Schwester. »Das kann einfach nicht dein Ernst sein. Mit Brigitte?«

»Wieso nicht?« Emmi sah mich ungerührt an. »Tolles Hotel, schöner Strand, super Wetter. Ich habe übrigens neulich in der Zeitung gelesen, dass wir einen Jahrhundertsommer kriegen. Hast du das auch gehört?«

»Emily! Ich mache das nicht. Vergiss es. Und den Jahrhundertsommer kannst du dir in die Haare schmieren.«

»Sei doch nicht gleich wieder so aggressiv.« Meine Schwester zog betont langsam ihren Pullover aus und blies sich die Ponysträhnen aus dem Gesicht. »Die Sonne knallt ganz schön. Gerade in der Stadt. Schwitzt du nicht?«

»Nein«, blaffte ich sie an, »ich schwitze nie. Und ich habe auch nicht vor, die Stadt zu verlassen. Ich liebe Hamburg im Sommer.«

»Das ist ja mal was ganz Neues«, antwortete sie. »Letztes Jahr hast du dauernd rumgemault, weil Kai nicht mit dir nach Sylt fahren wollte ...«

Hatte ich das tatsächlich? Ich beschloss, mich nicht mehr daran erinnern zu können.

»… und jetzt kannst du nach Sylt und meckerst auch«, Emmi sah mich stirnrunzelnd an. »Man kann es dir auch wirklich nicht recht machen.«

Ich nahm ihr den Hotelprospekt aus der Hand. *Wohnen und Wellness unterm Reetdach.* Und das mit Brigitte. So viel zur Wellness.

Brigitte ist etwas ganz Besonderes. Und etwas sehr Anstrengendes. Sie ist die jüngste meiner Tanten, dreiundfünfzig Jahre alt, geschieden, mal blond, mal rothaarig, mal blauschwarz gefärbt, Kleidergrößen zwischen achtunddreißig und zweiundvierzig, je nach Laune, und immer auf der Suche. Wonach, das hat sich bislang niemandem erschlossen. Und mit eben dieser Brigitte sollte ich jetzt ein Wochenende auf Sylt verbringen.

Ich schob den Hotelprospekt meiner Schwester zu und schüttelte den Kopf. »Nein, danke. Im Leben nicht. Mir geht es nicht gut, ich habe im Moment wirklich ganz andere Probleme. Brigitte fehlt mir gerade noch. Ich kann das nicht.«

»Katrin!« Emmi richtete sich auf und sah mich ärgerlich an. »Langsam gehst du mir auf die Nerven. Okay, du hast gerade Beziehungsstress «

»Ich bin verlassen worden!«, unterbrach ich sie und merkte, dass mir sofort wieder die Tränen in die Augen schossen. »Nach drei Jahren. Weil dieser Vollidiot mit seiner Kollegin rummacht.«

»Letztes Jahr wolltest du diesen Vollidioten selbst verlassen.«

»Das war nur so dahingesagt«, korrigierte ich meine Schwester. »Er ist die Liebe meines Lebens. Ich will ihn zurück.«

Emmi verdrehte die Augen. »Du spinnst. Aber egal. Wir haben Brigitte dieses Wochenende zum Geburtstag geschenkt – du hättest ja was dagegen sagen können. Und sie möchte mit *dir* fahren. Das hat sie ausdrücklich gesagt. Meine Güte, es gibt wirklich Schlimmeres, als bei diesem Traumwetter ein paar Tage nach Sylt zu fahren.«

»Ein Wochenende mit Brigitte ist schlimm. Sie ist mir echt zu anstrengend.«

»Das bist du auch, Schwesterherz. Zumindest im Moment. Also, pack deine Klamotten, sie holt dich morgen Mittag ab.«

Und dann saß ich in Brigittes altem Golf und wartete schlecht gelaunt darauf, dass sie aus dem Kiosk an der Verladestelle in Niebüll zurückkam. Sie war schon seit über zehn Minuten weg, in der Zwischenzeit war bereits angesagt worden, dass die Verladung in Kürze beginne. Die Autos der ersten Spur fuhren los. Es waren nur noch neun vor uns. Beim siebten kam sie endlich. Sie warf mir verschiedenen Zeitschriften und zwei Pappbecher in den Schoß, stellte vorsichtig eine kleine Flasche Sekt ins Seitenfach und startete den Motor.

»Da drin steht dieser Schauspieler«, sagte sie fröhlich, »den du auch so gern siehst. Er hat mir ein Autogramm auf die Zeitschrift geschrieben, kannst du seinen Namen lesen?«

»Sag mal, ich kriege hier Schweißausbrüche, weil alle schon fahren und du nicht wiederkommst.« Ich war wütend.

»Wieso?« Brigitte sah mich erstaunt an, »Ich bin doch da. Genau im richtigen Moment.« Sie fuhr auf den Autozug und hielt hinter einem roten Porsche Carrera. »Tolles Auto, was?«

Ich beäugte etwas kritisch den Abstand. »Zieh bloß die Handbremse an. Nicht, dass du dem draufrollst. Eine Porscheschramme kostet richtig Geld.«

Brigitte legte den Gang ein und griff nach der Sektflasche. »Du machst dir aber auch wegen jedem Blödsinn Gedanken. Wieso sollte ich den anfahren? Das habe ich noch nie gemacht. Gib mal die Pappbecher her, wir trinken auf die Insel. Und vielleicht könntest du deinen ewigen Pessimismus jetzt auf dem Festland lassen.«

Ich verschwieg ihr, dass ich tatsächlich im letzten Jahr auf einen Porsche gerollt bin. Natürlich mit Kais Auto. Und nur weil ich vergessen hatte, die Handbremse zu ziehen. Kai war stinksauer, obwohl bei ihm nur ein winziger Kratzer zu sehen war. Die Schramme am Porsche kostete fast eintausendfünfhundert Euro. Natürlich musste ich sie bezahlen. Er hatte sich die ganze Rückfahrt über aufgeregt. Mir passierten dauernd solche Sachen, immer hatte ich Pech. Und beim Gedanken an Kai und mein Elend schossen mir schon wieder Tränen in die Augen.

Brigitte beugte sich zu mir. »Was hast du denn jetzt? Ich habe das doch gar nicht böse gemeint.«

Selbstmitleidig winkte ich ab. »Lass mal, Brigitte, ich bin im Moment einfach furchtbar schlecht drauf. Du wärst besser mit jemandem anderen gefahren.«

»Hier«, mit entschlossenem Gesicht reichte Brigitte mir den mit Sekt gefüllten Pappbecher. »Trink und guck dich um. Die Sonne scheint, der Himmel ist blau, wir wohnen in einem zauberhaften Hotel mit Sauna und Schwimmbad, wir laufen zehn Minuten und sind am Strand, und auf der Insel wimmelt es bestimmt von gut gebauten, gebräunten, charmanten und leidenschaftlichen Männern.«

»Ich habe keinen Bock auf gut gebaute, gebräunte Typen.« Die Tränen waren jetzt auch im Hals, was auf die Stimme schlug. »Überhaupt nicht.«

»Aber ich.« Brigitte lehnte ihren Kopf an die Scheibe und sah verträumt in den Himmel. Ich musterte sie unauffällig. Ihre Esoterikphase schien vorbei zu sein, statt der bunten, wilden Muster trug sie Jeans und Blazer. Ihre Haare waren auch wieder blond statt hennarot, was ihr deutlich besser stand. Außerdem war sie geschminkt, das hatte sie eine Zeit lang nicht getan, von wegen der Tierversuche und so. Eigentlich sah sie ganz gut aus. Immerhin war sie zwanzig Jahre älter als ich.

»Was heißt, *aber ich*?«, fragte ich irritiert.

Brigitte lächelte. »Ich könnte gut mal wieder eine kleine Sommeraffäre haben. Das täte dir übrigens auch gut, gerade jetzt, wo du diesen Stiesel los bist.«

Ich schluckte und verkniff mir eine heftige Antwort. Was nützte mir jetzt auch noch ein Streit? Das war wieder typisch Brigitte. Sie hatte Kai *einmal* gesehen und wusste wieder alles besser. Was war denn mit ihr? Sie lebte seit zehn Jahren allein, hatte ab und zu mal irgendwelche komischen Liebhaber, und das war's. Ihr Exmann war gar nicht so übel gewesen. Aber aus heiterem Himmel hatte Brigitte damals die Scheidung eingereicht, mit der lapidaren Begründung, sie hätte keine Lust, vor lauter Langeweile und Alltagsfrust depressiv oder süchtig zu werden. Dann lieber geschieden. Ich fand das damals sehr mutig, zumal sie auch noch keinen neuen Mann hatte. Aber den hatte sie aus irgendwelchen Gründen bis heute nicht. Keiner verstand es. Plötzlich überfiel mich die Angst, auch so zu enden. Allein in einer riesigen, leeren Wohnung, nur noch der

Job, ohne Mann, ohne Kinder, genau wie Brigitte. Wieder Tränen.

Mit einer schnellen Handbewegung drehte Brigitte den Innenspiegel so, dass ich mich sehen konnte. Beim Anblick meines kreideweißen Gesichts und der Zornesfalte zwischen den verheulten Augen zuckte ich zusammen. »Was soll denn das?«

»Guck dich an.« Brigitte musterte mich vorwurfsvoll. »So ein Gesicht ziehst du, seit wir in Hamburg losgefahren sind. Langsam geht mir das auf den Geist. Hey, wir haben ein paar schöne Tage vor uns, es ist Sommer, du bist jung, eigentlich auch gut aussehend, was willst du eigentlich?«

»Ich will nicht getrennt sein. Ich will mein altes Leben zurück. Ich will, dass Kai einsieht, dass es mit mir besser war als mit dieser Vera. Ich will ihn zurück.« Jetzt heulte ich richtig.

Brigitte schloss kurz die Augen, dann kurbelte sie das Schiebedach auf. Die Sonne schien mir direkt ins Gesicht, ich tastete nach meiner Sonnenbrille.

»Katrin, du bist zweiunddreißig und benimmst dich wie zwölf. Du hast drei Jahre mit diesem Kai zusammengelebt. Ich habe ja nichts gesagt, aber mir ist selten so ein blasierter und langweiliger Typ begegnet.«

»Du kennst ihn doch gar nicht richtig. Du hast ihn höchstens zweimal gesehen, da kannst du ihn doch gar nicht beurteilen.«

»Ha«, Brigitte lachte gepresst, »mir hat schon das erste Mal gereicht. Er hat mir den Tipp gegeben, mich rechtzeitig um meine Altersversorgung zu kümmern, als alleinstehende Frau fiele ich sonst durchs Raster. Ich bitte dich, Katrin, ich habe ihm nur dir zuliebe keine gescheuert.«

»Das hast du bestimmt falsch verstanden. Ich habe gern mit ihm zusammengelebt, wir haben uns gut ergänzt.«

»Hör doch auf!« Brigitte kam in Rage, ich bemerkte die hellroten Flecken an ihrem Hals. »Du hattest vor ihm so viel Lebenslust und Temperament. Und mit ihm hast du drei Jahre auf der Couch gesessen. Entschuldigung, im Sommer habt ihr ja auch mal auf eurer Waschbetonterrasse gegrillt.«

Mittlerweile fuhr der Zug bereits über die Insel. Brigitte starrte auf die ersten Häuser, als wir durch Morsum zuckelten. »Letztes Jahr habe ich noch zu deiner Schwester gesagt, dass du immer stiller und genervter wirst. Emmi hat erzählt, dass du dich bei deinem Abitreffen wieder in irgendeinen ehemaligen Mitschüler verknallt hast und über eine Trennung von Kai nachgedacht hast. Stimmt das?«

Das Gesicht von Max schob sich vor die Sonne, ich blinzelte es weg. »Dummes Zeug. Emmi ist einfach ein Tratschweib. Ich hatte ihr nur erzählt, dass ich mich mit Max lange unterhalten habe. Mehr nicht.«

»Er ist Drehbuchautor, oder?« Brigitte hatte etwas Lauerndes in der Stimme. »Das würde ja gut passen. Eine Buchhändlerin kann doch viel mehr mit einem Drehbuchautor anfangen als mit einem Vermögensberater. Oder nicht?«

»Hör auf damit!« Wurde ich jetzt etwa rot? »Außerdem fange ich nichts mit ihm an. Er wohnt in Berlin, ich habe ihn sowieso nicht mehr gesehen.«

Aber SMS geschrieben und telefoniert, erinnerte mich eine böse Stimme. Und zwar so lange, bis Kai ihr Handy kontrolliert hatte und ausgerastet war. Und dann Max angerufen hatte, um ihm zu sagen, dass er sie in Ruhe lassen sollte.

Brigitte beobachtete mich weiter. Ich hatte keine Lust, darüber zu reden. Es gab auch nichts weiter zu sagen. Kai und ich hatten das Haus gerade erst bezogen. Wir hatten schon unseren Sommerurlaub gebucht und eine Woche nach diesem eigenartigen Abitreffen hatten wir Kais Kollegen aus der Bank und ein paar Freunde zum Einweihungsgrillen eingeladen, alles war im Fluss. Und somit der denkbar schlechteste Zeitpunkt, einen Flirt mit einem Typen aus der Vergangenheit anzufangen. Ich hatte mich für Kai entschieden und fertig. Das mit Max hatte ich auch nicht so ernst genommen.

Brigitte beugte sich zu mir. »Aber jetzt könntest du ihn doch mal anrufen. Du bist wieder auf dem Markt.«

Ich hasse solche Sätze. »Mich interessiert kein anderer Mann, Brigitte, sieh es endlich ein. Und außerdem musst du dich wieder anschnallen, wir sind da.«

Gegen Abend und nach einem langen Strandspaziergang saßen wir im Strandkorb auf der Terrasse, die zu unserem Apartment gehörte. Brigitte hatte sich umgesehen und anerkennend gesagt: »Guck mal, kein Zentimeter Waschbeton. Alles wie geschaffen für ein neues Leben.«

Ich hatte einfach die Augen zugemacht und an Kai gedacht. Sein Gesicht beim Aufwachen, sein Lächeln, wenn er mich ansah, seine breiten Schultern, die in der braunen Wildlederjacke so gut zur Geltung kamen. Mein Herz zog sich zusammen, ich hatte immer öfter diese Stiche, die mir die Luft nahmen.

»Hier, sieh mal, ist das eine Neun? Oder eine Drei? Was glaubst du?« Brigittes aufgekratzte Stimme ließ Kais Gesicht nebelig werden. Sie fuchtelte mit einer Zeitschrift vor mir rum. »Gregor Bartels hat mir seine Handynummer aufgeschrieben, aber ich kann seine Schrift nicht entziffern.«

Gregor Bartels? Der Kölner Schauspieler, von dem ich jeden Film sah? Den Kai nicht leiden konnte? Ich rappelte mich aus meiner halb liegenden Position hoch und nahm Brigitte die Zeitschrift aus der Hand. »Wie kommst du an die Handynummer von Gregor Bartels?«

Brigitte hatte sich umgezogen und trug ein körperbetontes schwarzes Schlauchkleid. Neidlos musste ich zugeben, dass sie ziemlich scharf darin aussah.

»Was hast du denn vor? Also, woher hast du Gregor Bartels …«

»Habe ich doch vorhin erzählt. Im Kiosk, in Niebüll. Da stand er und hat eine Wurst gegessen. Ich habe ihm gesagt, er soll mir doch ein Autogramm für dich geben. Hat er auch. Die Telefonnummer habe ich erst gerade eben gesehen. Die Zeitung habe ich übrigens gekauft, weil da das Sommer-Liebeshoroskop drinsteht. Wir müssen doch gucken, wie es bei dir weitergeht.«

Ich studierte ganz fasziniert die Signatur und die Telefonnummer. »Ich glaube, das ist eine Neun. Gregor Bartels, ich fasse es nicht. Und du hast den so einfach angesprochen?«

Brigitte nahm mir die Zeitung aus der Hand und schlug sie auf. »Nein, er hat mich zuerst begrüßt. Ich habe im letzten Herbst Fotos von ihm gemacht. So, jetzt will ich mal sehen, wo bist du denn hier? Ach da: ›Skorpion. Auf zu neuen Gefilden. Dieser Sommer wird ein Fest der Sinne. Ein Krebs wird Ihnen mit seiner Leidenschaft den Verstand rauben‹.«

Kai ist Steinbock, dachte ich und sagte: »Seit wann hast du denn Aufträge in Köln? Und wie ist Gregor Bartels so?«

»Sexy«, Brigitte grinste. »Er kam in mein Atelier, als sie letztes Jahr diesen Krimi in Hamburg gedreht haben, und brauchte ganz schnell zwei Porträts. Leider nur der Kopf, ich hätte auch gern andere Bilder gemacht. Aber er wollte nicht.«

Ich schnappte nach Luft. »Du hast ihn gefragt, ob er sich auszieht?«

»Ja –«, Brigitte blätterte wieder in der Zeitschrift, »jetzt will ich doch mal sehen, was mit mir – ach, hier: ›Stier: Endlich wieder Herzklopfen. In diesem Sommer trifft sie die Liebe mit voller Wucht‹ – Na bitte, geht doch. Wollen wir jetzt was essen gehen?«

»Rufst du ihn mal an? Ich würde Gregor Bartels ja zu gern kennenlernen.«

»Er ist zu alt für dich. Und ich habe ihn zuerst gesehen.« Brigitte fuhr sich durch die strubbeligen Haare und lächelte lasziv. »Und ich denke, du hast schlechte Laune?«

»Für dich ist er zu jung. Der ist höchstens Mitte vierzig.«

»Ja und?« Sie stand auf und griff nach dem Zimmerschlüssel. »Ich hole mir noch eine Jacke, dann gehen wir los.«

Ich sah ihr nach und dachte darüber nach, dass Brigitte das deutlich spannendere Leben von uns beiden hatte.

Auf dem Weg vom Hotel zum Restaurant erzählte Brigitte von ihrem Job. Sie war Fotografin mit eigenem Atelier in Hamburg. Obwohl wir in einer Stadt lebten, hatten wir uns in den letzten drei Jahren, in den Kai-Jahren, kaum gesehen. Genauso schnell wie Brigitte aus meiner großen Liebe einen Stiesel gemacht hatte, stand Kais Urteil über meine jüngste Tante fest. »Eine Anfang Fünfzigjährige, die immer noch so tut, als wäre sie dreißig. Sie haut das Geld raus, ist ständig überdreht und hat wechselnde Liebhaber, weil sie sich immer noch nicht festlegen will. Extrovertiert und rücksichtslos. Eben typische Singlefrau, die Angst vorm Altwerden hat.«

Ich hatte nur schwach protestiert, weil ich keinen Streit wollte. Aber der Kontakt zu Brigitte beschränkte sich auf gelegentliche Mittagessen. Natürlich ohne Kai.

»Wie ist eigentlich deine neue Wohnung?« Brigittes abrupter Themenwechsel holte mich aus meinen Gedanken zurück auf die Straße in Wenningstedt.

»Es geht«, antwortete ich seufzend, »wie eine Dreizimmerwohnung in Wandsbek eben so ist. Langweilig. Unser Haus war schöner. Aber ich habe so schnell nichts Besseres gefunden.« Meine Stimme wurde schon wieder rau.

Brigitte blieb kurz stehen. »Sag mal, du hast aber auch nah am Wasser gebaut. Wegen diesem Typen! Der ist nur in deiner Erinnerung gut. Wir haben Sommer, ich habe dir dein Horoskop vorgelesen, das Leben ist schön. Jetzt bewege doch mal deinen Hintern. Dann zieh wieder um, wenn du dich da nicht wohlfühlst.«

»Du sagst das so einfach«, meine Stimme klang kläglich, jetzt hörte ich es selbst. »Du hast doch keine Ahnung, wie schwierig das alles ist.«

»Katrin, du gehst mir mit deinem Selbstmitleid auf die Nerven. Sei so gut und nimm dich wenigstens für dieses Wochenende zusammen. Ab Montag kannst du dich von mir aus wieder heulend und ungewaschen ins Bett verkriechen, dann sehe ich das wenigstens nicht. Aber bitte benimm dich hier wie eine erwachsene Frau, die mit ihrer Lieblingstante zwei Tage Luxusurlaub macht. Kriegst du das hin?«

Langsam breitete sich Scham in meinem Kopf aus. Brigitte blieb am Eingang des Restaurants stehen und sah mich kurz an, bevor sie die Tür aufzog. »Jetzt essen wir die besten Austern der ganzen Insel. Komm.«

Ich kam gar nicht dazu, mich zu entschuldigen.

Wir bekamen einen Tisch am Fenster, die Speisekarte und sofort zwei Gläser Sekt, die Brigitte beim Hinsetzen bestellt hatte. Sie blickte sich zufrieden um und lächelte. »Herrlich. Alles gut jetzt?«

»Tut mir leid. Du hast ja recht.«

»Natürlich habe ich recht. Bestell schnell, ich komme um vor Hunger.«

Ich balancierte gerade meine dritte gebackene Auster zum Mund, als mein Blick zum Eingang ging. Die Auster fiel mir von der Gabel, ich verschluckte mich und stieß mein Weinglas um. Brigitte sah mein Gesicht und drehte sich um. Lächelnd hob sie die Hand, dann wandte sie sich wieder zu mir und sagte: »Sollen wir ihn an den Tisch bitten?«

»Ähm, also«, ich hob den Kopf, während ich mit meiner Serviette auf dem Weinfleck herumrieb, »musst du ..., ja.«

»Brigitte. Das ist ja schön.« Gregor Bartels sah in echt noch besser aus als im Fernsehen. »Darf ich vorstellen? Brigitte Berg, meine Fotografin und gute Freundin.«

Gute Freundin? Ich hörte wohl nicht richtig.

»... das ist Simon Schuster, mein Regisseur. Und wir kennen uns auch noch nicht, oder?«

Er gab mir die Hand und sah Brigitte Hilfe suchend an. Meine Hand in seiner war klebrig vom Wein, ich wurde rot. Brigittes lässige Antwort kam mir zur Hilfe.

»Meine Nichte, Katrin. Wollt ihr euch zu uns setzen?«

Gregor Bartels lächelte mich an, wischte unauffällig seine Hand an der Jeans ab und nickte. »Gern. Was meinst du, Simon?«

»Natürlich.« Der Regisseur hatte kaum einen Blick für mich übrig, nahm aber trotzdem neben mir Platz.

Gregor sah Brigitte lange an, bevor er sich mir zuwandte. »Sind Sie öfters auf Sylt?«

Ich war jahrelang in allen Ferien hier gewesen, zumindest so lange, wie meine Großmutter noch auf der Insel lebte. Kai hasste Sylt. »Nur Reiche und Schöne, lauter aufgedonnerte Kinder von Zahnärzten und Rechtsanwälten. Ich habe keine Lust, zwischen all diesen Angebern horrende Summen fürs Essen und Wohnen zu bezahlen. Das sehe ich überhaupt nicht ein. Nein, Schatz, lass uns nach Rügen fahren.«

Das hatten wir gemacht, zweimal wenigstens, die anderen Urlaube haben wir im Garten und mit Tagestouren an der Ostsee verbracht. Irgendetwas regte sich plötzlich in mir.

»Ich war als Kind jeden Sommer hier. In den letzten Jahren weniger. Leider.«

Brigitte gab der Bedienung ein Zeichen und fragte Gregor: »Wann fangt ihr an zu drehen?«

»Morgen Nachmittag. Hast du den Roman mittlerweile gelesen?«

Ich hätte mich wirklich öfter mit Brigitte treffen sollen. Worum auch immer es ging, ich hatte keine Ahnung. Von welchem Roman war hier die Rede?

»Habe ich«, Brigitte nickte, »und ich bin total begeistert. Katrin, du als Buchhändlerin solltest ihn doch auch kennen: *Mit dir!* Meiner Meinung nach das schönste Buch in diesem Sommer.«

Zu meiner Schande musste ich gestehen, dass ich in den letzten drei Monaten völlig blind durch die Buchhandlung getrabt war. Ich hatte weder Lust, etwas zu lesen, noch mit Kunden über irgendwelche Romane zu reden. Also hatte ich mich freiwillig für die Bestellabteilung gemeldet und in den letzten Wochen nur im Büro gearbeitet, um Zeitschriften, Gesetzestexte und Schulbücher zu bestellen. Bloß nicht im Laden, in dem mir dauernd die Tränen gekommen waren. Schließlich hatte ich Kai als Kunden kennengelernt, überall waren also Erinnerungen.

»Katrin«, Brigittes Stimme holte mich tadelnd zurück, »kennst du den Roman nicht?«

Ich schüttelte den Kopf. Das Buch lag zwar in Stapeln überall im Laden, ich hatte aber keine Lust gehabt, es zu lesen. Nicht mal der Name des Autors fiel mir ein. Irgendein Richard. Oder Robert. Noch nicht mal in meinem Job war ich gut.

»Egal, ich kaufe ihn dir morgen. Jedenfalls wird dieses wunderbare Buch, das hier auf Sylt spielt, verfilmt, und Gregor spielt mit.«

»Aha.« Ich gab mir Mühe, wenigstens klug zu gucken. Morgen würde ich diesen Roman anfangen, garantiert!

Simon Schuster strich sich gelangweilt eine Haarsträhne hinters Ohr. Ich mochte keine Männer mit langen Haaren, schon gar nicht, wenn sie über sechzig waren. Aber er war eben Künstler, und davon hatte ich wohl keine Ahnung. Mit einem abschätzigen Blick auf mich sagte er zu Brigitte: »Ich denke gerade darüber nach, eine Immobilie auf der Insel zu kaufen. Eine Wohnung habe ich schon in Westerland besichtigt. Kennen Sie sich hier aus? Sollte ich besser einen anderen Ort nehmen?«

»Och«, wer Brigitte kannte, würde bei ihrem Gesichtsausdruck jetzt zusammenzucken und die Frage neu stellen. Simon Schuster sagte nichts, er kannte sie wohl nicht. Mit zuckersüßem Gesicht beugte sie sich vor.

»Wenn Sie keine Ahnung haben, warum wollen Sie hier dann was kaufen?«

»Brigitte!« Gregor Bartels und ich rügten sie im Chor. Amüsiert sah er erst mich, dann Brigitte und Simon an. »Simon meint, wo es noch Häuser zu kaufen gibt. Oder, Simon?«

»Natürlich.« Er nickte beflissen. »Gregor hat mir erzählt, dass Sie die Insel kennen. Ich dachte, ich frage Sie einfach mal.«

Woher wusste Gregor Bartels, dass meine Tante Sylt kannte? Was erzählte sie eigentlich alles, während sie Leute fotografierte?

Brigitte lächelte. »Katrin kennt sich viel besser aus. Sie hat nach dem Abitur hier ein halbes Jahr gearbeitet. Und wie gesagt alle Ferien ihrer Kindheit hier verbracht.«

Zum ersten Mal wirkte Simon Schuster an mir interessiert. »Sie haben hier gearbeitet? Das ist ja toll. Dann kennen sie ja auch die Sylter Szene. Wie wunderbar. Sommer auf Sylt, das muss herrlich sein!«

In meiner Erinnerung liefen meine Schwester, mein Bruder, meine beiden Cousinen und ich in einer Karawane über die Dünen. Lauter dicke Kinder, die Kühltaschen, Schwimmringe und Bademäntel schleppten. Unsere Eltern folgten mit dem Restgepäck: Windschutz, Badetaschen, Luftmatratzen, Wolldecken. Wir verbrachten unsere Tage in einer Art Wüstenzeltlager am Ellenbogen. Während die Erwachsenen Kreuzworträtsel lösten oder Krimis lasen, bauten wir Sandburgen, zogen uns gegenseitig die Schaufeln über die Schädel, aßen hart gekochte Eier und Frikadellen, die vorher in den Sand gefallen waren, und schmierten uns gegenseitig die Sonnenmilch in die Haare. Die Erwachsenen tranken in der Hitze Wodka mit Orangensaft, mein Onkel, der Orangensaft hasste, lief als Aufsicht am Strand auf und ab, während wir in der Brandung badeten. Er war der einzige Nichtschwimmer, eigentlich war es ein Wunder, dass wir alle dem Tod durch Ertrinken entronnen sind. Da hatten wir Glück. Gute Tage waren die mit Westwind, vielen Wellen und ohne Quallen. Schlechte Tage hatten Ostwind, Mücken und Algengeruch. Richtig schlecht waren die aber auch nicht. Abends saßen wir im Garten, kratzten unsere Mückenstiche und zählten sie. Wer am meisten hatte, wurde Tagessieger. Das Leben konnte so einfach sein. Und es war immer schönes Wetter. Den ganzen Sommer lang.

Kai trank nie vor neunzehn Uhr. Und er hasste Sand in den Schuhen.

»Katrin?« Brigitte sprach mich an, und ich fühlte Simon Schusters abwartenden Blick auf mir.

»Ja, klar«, beeilte ich mich zu sagen, »das war herrlich. Wir hatten furchtbar viel Spaß in diesen Sommern.« Eine ungeheure Sehnsucht ergriff mich. Ich wollte sofort und unbedingt dieses Gefühl von damals zurück. Dieses Sommergefühl. Ich hatte vergessen, wie es sich anfühlte. Und wie großartig es war.

Die Stimme von Gregor Bartels holte mich endgültig in die Gegenwart zurück. »Katrin, hätten Sie Lust, uns mal am Set zu besuchen? Wir drehen morgen in Westerland am Strand.«

Das war ein Zeichen. Ich fuhr hoch, sah plötzlich den Strand vor mir, das Wetter war schön, es war Sommer, ich war wieder ganz nah dran.

Simon Schuster nickte. »Das ist doch eine nette Idee. Waren Sie schon mal an einem Filmset?«

Natürlich nicht, Blödmann, dachte ich, antwortete aber höflich: »Noch nie, ich habe es mir aber immer schon gewünscht. Danke für die Einladung.«

Simon Schuster bestellte eine neue Runde, und Brigitte lächelte mich zufrieden an.

Ich lag auf dem Bauch und las gebannt die schönste Liebesgeschichte, die ich je gelesen hatte. Er, also der Held, ist ein knallharter Hamburger Immobilienmakler, dessen Job es ist, auf Sylt Grundstücke zu kaufen, um sie teuer weiterzuverkaufen. Er verliebt sich in eine Insulanerin, die von ihrem Vater einen Hof geerbt hat, auf dem sie Schafe züchtet. Sie zeigt ihm den Zauber der Insel, erzählt ihm die Geschichten der Menschen, und er begreift, dass es ein Fehler ist, diese Insel auszuverkaufen. Er hängt seinen Job an den Nagel, zieht zu ihr und wird mit aller Hingabe Insulaner und natürlich ihr Geliebter.

Seufzend klappte ich das Buch zu, drehte mich auf den Rücken und sah in den Himmel. Natürlich war es Kitsch hoch zehn, aber wahnsinnig schön. Langsam grub ich meine Zehen in den warmen Sand, der Himmel war knallblau, die Brandung rauschte, meine Haut roch nach Salz. Wie früher.

»Bist du durch?« Brigittes schläfrige Stimme war direkt neben mir. »Das geht doch ans Herz, oder? Bist du schon mal so geliebt worden?«

Ich dachte an Kai und die letzten drei Jahre. Und ich dachte an die Männer, mit denen ich vor Kai die Liebe ausprobiert hatte. Wenn ich ehrlich war …

»Nein.« Ich rollte mich auf die Seite, stützte mich auf meinen Arm und blinzelte sie an. »Du?«

Sie lag auf dem Rücken, mit geschlossenen Augen und lächelte. »Bis jetzt noch nicht. Aber das wird schon noch kommen.«

Verblüfft über ihre Zuversicht, machte ich die Augen ganz auf. Sie sah schön aus, wie sie da so im Sand lag. Die Sonne schien ihr direkt ins Gesicht, Brigitte hatte immer noch Sommersprossen, ihre blonden Haare leuchteten.

»Woher willst du das denn wissen?« Ich verschluckte den Satz, dass sie schon über fünfzig war. Wenn man sie so ansah, war das eigentlich auch egal.

»Das ist so ein Gefühl.« Sie setzte sich auf und zog ihre Beine an. »Ich glaube, das liegt am Sommer und an Sylt. Man hat hier immer das Gefühl, dass bald was ganz Tolles passiert. Hat Gregor Bartels auch gesagt. Wie findest du jetzt den Roman?«

»Brigitte. Du kannst doch jetzt nicht einfach das Thema wechseln. Gregor Bartels. Er ist mindestens zehn Jahre jünger als du.«

»Sieben. Ich will ihn ja nicht heiraten. Aber so eine schöne Sommeraffäre … Mal gucken. Findest du nicht auch, dass die Katharina in dem Roman genauso beschrieben wird wie du?«

»Ich habe noch nie im Leben Schafe gezüchtet. Ich esse noch nicht mal Lamm.«

Brigitte griff nach dem Buch, blätterte kurz und las dann vor: »›Katharina sah mich mit ihren großen blauen Augen an. Ihre dunklen Locken waren kinnlang, sie war groß, fast so groß wie ich, und trug am liebsten Jeans mit T-Shirts.‹«

»Das trifft auf ungefähr zwanzig Millionen Frauen zu.«

Brigitte blätterte weiter und fuhr fort: »Irgendwo war noch eine Stelle, bei der ich an dich denken musste. Ach ja, hier, wo sie den langweiligen Verlobten verlässt, weil der ihren Hof verkaufen will. ›Peter sah sie gleichgültig an. In diesem Moment wurde ihr klar, dass sie sich all die Jahre nur etwas vorgemacht hatte.‹ Das klingt doch wie bei dir.«

»So weit bin ich noch nicht.« Ich strich mir langsam den Sand von den Schienbeinen. »Verlässt sie ihn wirklich?«

»Ja«, antwortete Brigitte, »und wenn du so einen Hannes kennengelernt hättest, wärst du auch schon viel früher gegangen. Was macht Kai jetzt eigentlich?«

»Diese Vera zieht dieses Wochenende bei ihm ein.« Auch wenn mein Hals sich zuschnürte, Tränen kamen nicht.

»Fein«, sagte Brigitte, während sie aufstand, »dann packen die jetzt in der Hitze Kartons aus und wischen Schränke ab, und wir gehen baden und nachher zum Filmset. Das ist doch gerecht.«

Am späten Nachmittag packten wir unsere Sachen zusammen. Wir hatten dreimal gebadet, ich war mit dem Roman fast fertig, hatte mich ein bisschen in den Helden Hannes verliebt und auf den Schultern einen leichten Sonnenbrand.

»Und Gregor Bartels spielt Hannes?«

Brigitte schüttelte den Sand aus den Handtüchern und antwortete: »Nein, er spielt den langweiligen Verlobten. Sag mal, wie findest du eigentlich Simon Schuster?«

Ich guckte erschrocken hoch. »Den willst du mir doch wohl hoffentlich nicht als Sommeraffäre verkaufen? Ich finde ihn furchtbar. Und er ist so alt wie mein Vater.«

»Du immer mit deinen Altersunterschieden. Dein lahmer Kai war bestimmt zwei Jahre älter als du, ganz so wie es sich gehört, oder?«

»Drei«, korrigierte ich.

»Toll. Und was hat es dir genützt?«

Nichts, dachte ich, und Vera ist Mitte zwanzig. Ich bin tatsächlich wegen einer Jüngeren ausgemustert worden.

»Trotzdem ist Simon Schuster nicht mein Fall. Ich habe es nicht so mit diesen Künstlertypen. Die auch noch Geld haben oder zumindest so tun.«

Brigitte schwang die Badetasche über ihre Schulter. »Na, das sind ja dann die besten Voraussetzungen für den Besuch am Filmset. Willst du dich trotzdem noch umziehen?«

Ich sah an mir hinunter: Knielanger Jeansrock, rotes T-Shirt, Flip-Flops. »Ich weiß nicht, soll ich?«

Brigitte musterte mich und überlegte kurz. Dann sagte sie: »Nein. Auf keinen Fall. Du siehst heute endlich mal nicht aus wie eine zweiunddreißigjährige spießige Hausfrau. Kämm dir bloß nicht die Haare. Dann mal los.«

Den Ersten, den ich am Filmset auf der Westerländer Promenade entdeckte, war Simon Schuster. Er stand wild gestikulierend vor einem Kameramann. Der Zweite war Kai. Er saß auf einer Bastdecke auf einer Düne, neben ihm ein mageres blondes Wesen, das mit großen Augen auf die Szenerie starrte. Kai hatte ein Fernglas.

Mir wurde übel.

»Was will der denn hier?« Brigitte war meinem entsetzten Blick gefolgt. »Und was hat der denn an? Kein Mensch trägt mehr gelbe Öljacken. Ist dieses Mädchen neben ihm schon volljährig?«

Mein erster Gedanke war Flucht. Mein zweiter Gedanke war Wut, dass er hier war, mir die fast schon gute Laune verdarb und dazu auch noch diese Vera mit nach Sylt schleppte. Mit mir wollte er nie hierher. Mein dritter Gedanke war, dass er völlig fehl am Platz war. Er hatte hier nichts zu suchen. Bevor ich zum vierten Gedanken kam, hörten wir eine Stimme: »Brigitte! Katrin!«

Gregor Bartels kam mit strahlendem Gesicht auf uns zugelaufen, küsste erst Brigitte auf die Wange, dann auch mich. »Ich habe schon auf euch gewartet«, sagte er. »Kommt, ich führe euch mal herum.«

Mit tiefer Zufriedenheit bemerkte ich, dass Kais Fernglas auf uns gerichtet war. Die magere Vera hatte sich hingestellt, um besser sehen zu können. Vermutlich war sie auch ein Fan von Gregor Bartels. Tja, *ich* kannte ihn, sie hatte nur Kai. In gelber Öljacke.

Ich hob das Kinn und lächelte Gregor begeistert an, so begeistert, dass er mich fast schon irritiert ansah. »Wunderbar. Ich will alles genau sehen.«

Brigitte grinste, und wir machten uns auf den Weg. »Er hat uns genau gesehen, der Stiesel«, flüsterte sie mir zu. »Kinn hoch, Königinnenhaltung.«

Gregor blieb kurz stehen, um auf uns zu warten. »Ach Katrin«, sagte er, »das wird dich als Buchhändlerin mehr interessieren als irgendwelche Cutter und Beleuchter, der Autor von der Romanvorlage ist auch da. Robert Kruse. Oder kennst du ihn?«

»Nein …«, gab ich zu. »Ich habe das Buch erst heute

Morgen angefangen, ich, ähm, hatte in den letzten drei Monaten nicht so richtig Lust auf Liebesromane.«

Er legte mir die Hand leicht auf die Schulter. »Ja, das habe ich schon gehört. Tut mir leid.«

Was wusste er eigentlich noch alles? Brigitte konnte mir erzählen, was sie wollte, dieses angeblich zufällige Treffen war nie im Leben Zufall. Ich starrte sie fragend an, sie wandte ihren Blick ab und hob die Hand. »Da ist Simon. Hallo, wie läuft es?«

Simon Schuster nickte uns lässig zu. »Stress, wie immer, aber wir sind im Plan. Gregor, wir machen jetzt eine halbe Stunde Pause. Ich habe Besuch von meinem Banker aus Hamburg, es geht um die Immobilie, ihr wisst ja. Er sitzt da hinten, der Typ in Gelb. Dass der gleich mit Begleitung hier anreist, wollte ich zwar nicht, aber gut. Also, bis gleich.«

Er ließ uns stehen und ging tatsächlich auf Kai zu.

Gregor und Brigitte hatten kurz getuschelt, und mit einem Blick auf Gregors Gesicht konnte ich mir denken, was sie ihm gerade gesagt hatte. »Simon wohnt in Hamburg?«, fragte ich. »Oder wieso ist er bei Kais Bank?«

»Ja, er wohnt in Hamburg«, antwortete Gregor schnell, »übrigens genau wie unser Starautor. Komm, ich stelle dich vor.«

Er legte den Arm um Brigittes Schultern, mich wunderte jetzt überhaupt nichts mehr, und fügte dazu: »Robert Kruse ist ein Pseudonym, im wahren Leben ist er ein begnadeter Drehbuchautor, richtig gut im Geschäft. Vielleicht kennst du ihn unter seinem richtigen Namen: Max Pietsch.«

Ich setzte mich an genau der Stelle in den Sand, an der

ich vorher gestanden hatte. Max Pietsch. Der Max, in den ich während meiner gesamten Schulzeit verknallt war, der immer, wenn ich Single war, eine Freundin hatte, der mich beim letzten Abitreffen vollends aus der Bahn geworfen hatte, der Max, von dem ich in den letzten Monaten zweimal in der Woche geträumt hatte. Das war jetzt zu viel, ich ließ mich rücklings in den Sand fallen und machte die Augen zu.

Erst fiel der Schatten über mich, dann hörte ich eine Stimme: »Willst du noch ein bisschen liegen bleiben oder gehst du mit mir einen Kaffee trinken?«

Mit geschlossenen Augen bemühte ich mich, wenigstens höflich zu klingen. »Hallo, Max. Ich hatte keine Ahnung, dass du solche Bücher schreibst.«

Wir fanden einen Platz auf der Terrasse eines Lokals, das direkt an der Promenade lag. Ich sah abwechselnd aufs Meer und auf Max und hatte so ein komisches Ziehen im Magen. Max erzählte von der Idee, diesen Roman zu schreiben, »Weißt du, ich hatte damals so einen Mordsliebeskummer und dabei kam mir die Idee. Als ich fertig war, war der Liebeskummer weg, dafür hatte ich fünfhundert Seiten Liebe, Kitsch und Gefühle produziert. Und dafür habe ich mir lieber den Namen meines Großvaters geliehen, schließlich bin ich eigentlich knallharter Drehbuchschreiber von Krimis, da wollte ich mir nicht den Ruf versauen.«

»Wieso Liebeskummer?«

Nach den Drehbüchern und dem Schreiben konnte ich immer noch später fragen, das hier war jetzt wichtiger.

»Svenja hat mich verlassen. Wegen eines Kollegen. Knall auf Fall. Ich war drei Monate wie betäubt, dann bin ich für ein paar Tage nach Sylt gefahren und danach habe ich angefangen zu schreiben.«

Ich seufzte. Es war ein Zeichen. Er deutete es falsch und sagte: »Meine Beziehung war schon lange hin. Es ging nur noch ums Geldverdienen, um Karriere, die richtigen Freunde, die richtigen Klamotten, das richtige Auto. Es war keine richtig gute Zeit. Und du? Bist du noch glücklich mit Kai?«

»Er hat mich wegen einer Kollegin Knall auf Fall verlassen. Meine drei Monate sind gerade vorbei, ich bin jetzt auf Sylt, aber die Idee mit dem Schreiben ist mir noch nicht gekommen. Ach, und ich habe Kai vorhin entdeckt, der ist nämlich auch hier, weil er in seiner Eigenschaft als Banker gerade Simon Schuster eine Wohnung finanziert.«

Mitfühlend legte Max seine Hand auf meine. Es war wie ein Stromschlag. »Und? Wie geht es dir dabei? Also, ihn jetzt zu sehen, meine ich?«

Ich horchte in mich hinein. Bis auf seine warme Hand auf meiner spürte ich nichts. »Gut.« Ich sah ihn an. Max war immer noch der bestaussehende Mann, den ich seit der fünften Klasse kennengelernt hatte. »Doch, endlich wieder gut. Der zweite Tag auf Sylt, und schon weiß ich wieder, wie dieses alte Sommergefühl war.«

»Und? Wie war es?«

»Schön.«

Wir sahen uns an. Keiner wandte den Blick ab. Seine Hand lag immer noch auf meiner. Langsam strich er mit dem Daumen über meinen Handrücken. Ich bekam Gänsehaut und fragte mich, was hier eigentlich gerade passierte.

Ein durchdringender Pfiff riss mich aus dem Zauber. So pfiff nur Brigitte. Sie stand auf der Promenade und rief zu uns hoch. »Da seid ihr ja, wir haben euch gesucht. Gregor hat einen Tisch bestellt, in der Osteria am Campingplatz. In einer Stunde, wir sehen uns da, bis später.« Sie winkte kurz und lief wieder weg.

»Tolle Frau«, sagte Max anerkennend, »ich mag die gern. Das ist die Freundin von Gregor Bartels.«

»Und meine Tante.«

Erstaunt guckte er hoch. »Echt? Ich habe sie einmal mit Gregor in Hamburg getroffen. Ich hatte den Eindruck, sie gehören einfach zusammen.«

Zufall, dachte ich, klar, Brigitte, alles Zufall.

In der Osteria war ein großer Tisch für uns reserviert. Anscheinend kam das ganze Team hier zusammen. Bisher saßen neben Gregor und Brigitte nur zwei junge Männer, die sich als Kameraleute vorstellten, und die Regieassistentin. Max und ich setzten uns an die Stirnseite, eng nebeneinander, wir wussten ja nicht, wie viel Leute noch dazukamen. Nach und nach trafen tatsächlich immer mehr ein, ich konnte mir die Namen nicht merken. Plötzlich stand Simon Schneider vor uns, hinter ihm tauchten Kai und Vera auf. Kai starrte mich erschrocken an, ich spürte den Druck von Max' Oberschenkel und nickte ihm zu. »Hallo.«

»Katrin. Ich habe dich vorhin schon gesehen. Was machst du denn hier?«

»Urlaub«, kam mir Brigitte zuvor, »und du? Ich denke, du kannst Sylt nicht leiden?«

Kai wurde von mehreren erstaunten Blicken getroffen. Er blieb ungerührt und sah Brigitte lediglich kurz an. »Ich bin ja auch geschäftlich hier.«

In mir regte sich nichts. Gar nichts. Ich betrachtete Kai

wie ein Foto. Er mochte keine Hitze, keine Liebesromane, kein Salzwasser, keinen Sand in den Schuhen. Ich hatte drei Jahre lang keine Sommergefühle mehr gehabt. Drei Jahre zu viel. Ich roch das Rasierwasser von Max, dachte an den Roman, den er geschrieben hatte, spürte den Druck seines Beines und starrte unverwandt Kai an. Und fühlte nichts. Und dann dachte ich an den Sommer, der gerade erst angefangen hatte. Und beschloss, dass ich am nächsten Wochenende wiederkommen würde. Ich holte tief Luft und sagte: »Dann wünsche ich dir noch einen schönen Abend, Kai.«

Er drehte sich nach Vera um, die sich schon auf den Weg gemacht hatte, und folgte ihr.

Simon Schneider sah beiden irritiert nach und beugte sich über den Tisch zu uns. »Kennt ihr euch?«, fragte er mich.

Ich nickte. »Von früher. Wieso?«

Der Regisseur sagte achselzuckend: »Na ja, komischer Typ. Findet Inseln blöd und kommt trotzdem her, um mich zu überreden, mein Geld in einer Wohnung anzulegen. Furchtbarer Spießer. Und diese komische Freundin. Die hat tatsächlich mit mir altem Sack geflirtet. Sie will auch zum Film, hat sie gesagt. So, ich brauche jetzt ein Bier.«

So übel war Simon Schuster gar nicht, beschloss ich, eigentlich sogar ganz sympathisch. Man musste nur genauer hinsehen. Oder hinhören.

Max verstärkte den Druck auf mein Bein. Ich griff nach meinem Weinglas und fragte ihn: »Was bist du eigentlich für ein Sternzeichen?«

Er antwortete: »Krebs. Wieso?«

Brigitte lächelte.

Hallo Emmi, alte Ziege, wenn Du das nächste Mal heimlich mit Brigitte meine Rettung aus dem Sumpf planst, mach es bitte wieder genauso. Danke! Deine Schwester
PS: Hast Du gewusst, dass Brigitte seit einem halben Jahr eine Romanze mit GREGOR BARTELS hat? Sie will nur nicht in die Zeitung!
PPS: Kauf Dir sofort den Roman: ›Mit dir!‹ von Robert Kruse. Den Rest erzähle ich Dir später!
PPPS: Heute: 24 Grad, Westwind, Wellen, knallblauer Himmel, keine einzige Qualle!

Witzig. Komisch. Ich könnte fast ein wenig darüber lachen

Vermutlich ist meine Ehe am Ende. Meine Schwester heiratet, und meine Ehe ist am Ende. Wahrscheinlich ist heute der heißeste Tag des Jahres. Mir ist schlecht. Meine Schwester hält ihren weinenden Sohn auf dem Arm, sie sieht schön aus in ihrem cremefarbenen Brautkleid mit Schleppe, und ihr Mann schwitzt. Die Sonne fällt schwer und niederdrückend auf uns und die ankommenden Gäste herunter. Die Frauen mit glänzenden Gesichtern, hochgesteckten Haaren, in Kleidern und Schuhen, in denen sie nicht laufen können. Tapfer lächelnd wackeln sie hinter ihren Männern her und grüßen unsicher die Umstehenden, die sich mit den Fingerspitzen verstohlen den Schweiß von der Stirn wischen.

Ich nicke ihnen aufmunternd zu, keiner hat eine Ahnung, wer die anderen sind, ob man hier überhaupt richtig ist. Überall lungern noch andere lächelnde Brautpaare herum, die sich in der Hitze eng aneinanderschmiegen. Unten, im Innenhof neben dem rechteckigen Becken mit den Wasserspielen, hier oben in dem schmalen, tja, »Lauf«, würde ich sagen. Oder »in der Laufrinne«. Oder »im Burglauf«. Ich weiß ja nicht einmal, wie man diese Art Bauwerk offiziell nennt, in dessen »Laufrinne« oder »Burglauf« ich mit meiner Familie stehe. »Eine Art Schlösschen mit Innenhof und Doppelturmanlage nach dem Vorbild der italienischen Renaissance«, ja, so würde es vermutlich mein Mann beschreiben. Ich würde sagen: »Ein Gebäude wie von Escher gezeichnet.« Von ihm stammen diese mit Feder und Tusche gezeichneten Bilder, bei denen der Betrachter denkt, er spinne, und das Auge krampfhaft versucht, die Perspektive zu begreifen. Solche Bilder hingen früher über den Behandlungsstühlen meines Kieferorthopäden.

Und hier stehe ich in der prallen Sohne, meine Ehe ist am Ende und mir ist schlecht. Wahrscheinlich werde ich mich im Lauf des Tages übergeben müsse. Auf der Innenseite meiner unteren Zahnreihe habe ich noch immer einen »Retrainer« kleben, das ist ein fixierter Draht, der meine Zähne seit der achten Klasse daran hindern soll, sich zu verschieben. Erst wenn meine Weisheitszähne herausoperiert sind, wird der Draht entfernt. Und eben diese Operation werde ich niemals durchführen lassen. Ich habe bereits eine schwere Zahnoperation hinter mir. Und höre jetzt noch dieses Knirschen.

Die Gäste hetzen an mir vorbei in die Kapelle, die sich im Türmchen hinter mir befindet. Der kleine Raum ist ganz und gar mit einem Mosaik ausgekleidet, im arabischen Stil, würde ich das nun beschreiben. Von irgendwoher höre ich ein Streichquartett, der Himmel ist wolkenlos blau, schön, wenn man heute erst heiratet und nicht schon wieder mit der Ehe am Ende ist. Am Anfang, da ist die Hoffnung groß, es gemeinsam bis zum Lebensende zu schaffen, und es heißt ja, die Hoffnung stirbt zuletzt. Dieser Satz geht mir seit Monaten nicht mehr aus dem Kopf. Immer wenn ich meinen Mann in unseren Flur treten sehe, denke ich: »Die Hoffnung stirbt zuletzt.«

Ich nehme meiner Schwester den weinenden Sohn ab. Um ihn abzulenken, beuge ich mich mit ihm über die Zinnen des Rundlaufs und sage mit freundlicher Stimme: »Ja, guck doch mal!« Unten, neben der kühlen Mauer auf dem Rasen, steht die schwarze Limousine für meine Schwester und ihren Beinahe-Mann bereit. Gerade klebt mein Beinahe-Exmann mit Tesafilm unser mitgebrachtes, von den Kindern hübsch bemaltes Schild *Frisch verheiratet* auf das Rückfenster. Dabei rutscht ihm sein Hemd hinten aus der Anzughose. Der Sohn meiner Schwester lässt sich nicht ablenken, er strampelt mit seinen kräftigen Beinchen und versucht, mir an den Haaren zu reißen. Kann ich ja auch verstehen. Ihm ist heiß, er hat Durst und er hängt sehr an seiner Mutter, die jetzt mit ihrem Beinahe-Mann, der bereits Vater dieses Kindes ist, nach hinten in die kühle Kapelle verschwindet, um sich trauen zu lassen.

Meine Kinder haben nie sonderlich an mir geklebt, ich habe früh dafür gesorgt, dass sie allein zurechtkommen. Also nicht unter übermäßiger Verlustangst leiden – anders als ich. Natürlich mögen mich meine Kinder, obwohl mir mein fünfjähriger Sohn in letzter Zeit öfter den Tod wünscht: »Spring endlich vom Dach, Mama.« Aber das hat sicherlich etwas mit der angespannten Stimmung bei uns zu Hause zu tun. Ich schimpfe meinen Mann ab und zu an, das ist natürlich nicht schön, aber er kann froh sein, dass ich nicht durchdrehe. Meine beste Freundin sagt: »An deiner Stelle wäre ich schon längst durchgedreht.« Ja, er kann einen schon auf die Palme bringen, mein Mann.

Jetzt sind wir noch gemeinsam hier, zum letzten Mal gemeinsam Familie. Witzig. Komisch. Ich könnte fast ein wenig darüber lachen, wäre mir nicht so furchtbar schlecht. Es ist seltsam, wie die Zeit die Form bestimmt. Das heißt, heute, gerade jetzt, sind mein Mann und ich noch ein Paar. Lassen wir einen Tag verstreichen, haben wir eine andere Form. Also, morgen sind wir kein Paar mehr, weil ich mich da von ihm trennen werde, wovon er noch gar nichts ahnt. Er denkt, dass ich eine Frau bin, die sich niemals von ihm trennen wird. Ja, und ich gebe zu, wir hatten in der letzten Nacht Sex. Gar nicht mal so schlechten Sex. Ich habe eine bestimmte Fantasie, die bemühe ich, wenn mein Mann und ich Sex haben, und dann macht es richtig Spaß.

Damit will ich nicht sagen, dass ich meinen Mann grundsätzlich nicht sexy finde. Und sowieso gehört mein Mann heute zu all jenen Männern, die ich schätze oder witzig und unterhaltsam finde. Heute ist er fröhlich und aufgeschlossen und klebt da unten das bunte Filzstiftbild auf die Rückscheibe der Limousine. Das ist doch nett. Und es ist, als würde er ahnen, dass ich mich längst innerlich von ihm verabschiedet habe, obwohl ich zu ihm freundlich bin wie immer. Schon den ganzen Tag lege ich meinen Arm um seinen Hals, ziehe ihn an mich, küsse ihn und sage: »Na, mein Schatz …« Oder: »Geht's dir gut, mein Schatz?« Oder sogar: »Ich würde jetzt lieber mit dir auf dem Balkon sitzen und mich nett mit dir unterhalten.« Und das stimmt.

Mit meinem Mann kann ich mich sehr nett unterhalten, er hat einen scharfen Verstand. Solange wir nicht über uns und unsere Probleme reden, kann er sehr unterhaltsam sein. Nur an sich arbeiten will er nicht. Er möchte sich nicht verändern, weil er befürchtet, sonst ein anderer zu werden. Also, er befürchtet, sich selbst zu verlieren. Somit verliert er mich. Ich habe längst aufgegeben, ihn zu erziehen. Was heißt »aufgegeben«?! Ich habe niemals damit angefangen. Hin und wieder habe ich zurückhaltend angemerkt, welche seiner vielen Charaktereigenschaften ich als zu »massiv« oder gar »verstörend« empfinde. Wie auch immer.

Jetzt winke ich ihm lächelnd zu und sage: »Hallo, Schatz!« Er blinzelt zu uns nach oben, und ich rufe: »Die Trauung geht gleich los.« Es ist wichtig, freundlich zu den Menschen zu sein, die einem nahe stehen. Besonders mein Mann hat das verdient. Nach ihm kommt lange keiner mehr. Er ist der wichtigste Mensch in meinem Leben – neben den Kindern. Alles, was ich denke, sage ich zu meinem Mann. Ich brauche ihn, um mein Denken auszusprechen. Ich vermisse ihn. Mein linkes Auge tränt. Mir ist schlecht. Der Sohn meiner Schwester weint noch immer. Ich bin liebevoll zu meinem Mann – für den Fall, dass ich es mir doch noch einmal anders überlegen und bei ihm bleiben sollte. In dem Fall will ich mir nicht vorwerfen, ich sei nicht immer eine freundliche, liebende Ehefrau gewesen.

Ich laufe mit dem wimmernden Sohn meiner Schwester herum. Die Sandsteintreppen hinunter, ich hoffe, ich stürze nicht. Das gäbe Ärger. Warum sie nicht besser aufgepasst habe, würde es heißen. Der Sohn meiner Schwester könnte beim Sturz verletzt werden. Ich könnte auf ihn fallen, ihn quetschen, durch so einen Unfall die ganze Hochzeit versauen. Endlich nehmen wir die letzte Treppenstufe, stehen am Rand des Innenhofs, zu beiden Seiten gehen die Stufen hinauf zu den Laufrinnen, mein Gott, wie ist der richtige architektonische Begriff dafür? Und in den Türmen, ausgekleidet von arabisch anmutenden Mosaiken, werden die hoffnungsfrohen Paare getraut. Ich halte den Sohn meiner Schwester, er brüllt mittlerweile wieder, und sein Brüllen hallt hinauf zu den frohlockenden Paaren und stolzen Brauteltern und kleinen Blumenmädchen. Und wir stehen hier unten und haben Durst.

Gerade habe ich meinen Mann die Treppen hinaufhechten sehen, nicht, dass er sportlich wäre, ich habe ihn, ganz ehrlich gesagt, noch nie rennen sehen. Irgendwie ist er die Stufen hinaufgekommen, also nicht zwei auf einmal nehmend, eher trippelnd. Der Junge auf meinem Arm hat ein rotes Köpfchen, wir sollten uns in den Schatten stellen. Nur, hier ist kein Schatten. Es ist Mittag, und alle anderen Hochzeitsteilnehmer sitzen auf zarten Stühlchen oben in der kühlen Kapelle – und auch hier bin ich mir nicht einmal sicher, ob das der richtige Begriff für diese Räumlichkeit da oben ist.

Wir, das Kind auf meinem Arm und ich, wir beiden stehen unten. Meine Kinder sind da oben bei meinem Mann, mit dem meine Ehe am Ende ist. Und ich frage mich, woher man weiß, dass eine Ehe am Ende ist, und wie man das Ende zu einem Ende macht, sich also nicht mehr berührt, nicht mehr küsst, nicht mehr miteinander schläft? Wie man so einen Schritt festlegt? Sage ich nur: »Es ist vorbei?« Und dann küsst man sich nicht mehr, obwohl man es am Morgen noch gemacht hat? Es ist doch Sommer und die letzten Tage waren eigentlich ganz schön. Was haben wir gemacht? Wir haben gemeinsam auf dem Balkon gesessen, haben gegrillt, haben uns unterhalten, die Kinder ins Bett gebracht. Was haben wir noch gemacht? Wir haben uns ins Bett gelegt und Stimmen unten im Hinterhof gehört.

Nachts, weil ich mich hin- und hergewälzt habe und wegen all dieser Stimmen nicht schlafen konnte, ist mein Mann aufgestanden und im bläulichen Schimmer rüber zur weißen Kommode gegangen, die ich vor fünfzehn Jahren auf dem Flohmarkt gekauft habe. Er hat die obere Schublade aufgezogen und die dunkelblauen Taschen aufgemacht, die er von seinen Langstreckenflügen mitgebracht hatte, um uns die knallgelben Oropax rauszuholen. Die haben wir uns in die Ohren gesteckt, um den Lärm von unten nicht mehr zu hören. Die Balkontür vom Schlafzimmer stand ja wegen der Hitze offen, unser Hinterhof funktioniert wie ein Trichter. Da unten wohnt eine Art Kommune oder Hippies ohne Arbeit, mit Hang zum Partymachen nach dreiundzwanzig Uhr. Die besitzen auch einen Hund, den sie unten anleinen und die ganze Nacht nicht rein- oder rauslassen. Irgendwas lassen sie ihn nicht, sodass er teilweise stark und stundenlang bellen muss. Gestern Nacht stiegen diese Hippiestimmen zu uns nach oben ins Schlafzimmer, flossen über unsere Körper und in unsere Ohren hinein, dazu diese Musik. »Vermutlich Elektro«, meinte mein Mann. Wir lächelten uns in diesem bläulichen Schimmer an, steckten uns die gelben Dinger in die Ohren, deckten uns mit dem Laken zu und wünschten uns durch ein Streichen über den Rücken eine gute Nacht.

Mein Mann steht da oben in der Kapelle, es gäbe nicht für alle Gäste einen Stuhl, hat mir meine Mutter zugeflüstert, als wir ankamen. »Sag Olaf, dass es nicht für jeden Gast einen Stuhl gibt. Er soll stehen, damit sich Tante Helga mit ihrer kaputten Hüfte hinsetzen kann.« Er sieht heute gut aus, überhaupt ist er guter Laune, besser als sonst, er macht mit meinen Eltern Scherze, sodass sie ganz überrascht sind. »So kennen wir ihn gar nicht«, meinte mein Vater vorhin.

Der Sohn meiner Schwester wird immer schwerer, schreit immer lauter, und ich mache: »Schschsch.« Wo ich jetzt gern sein würde, kann ich genau sagen, mir ist schlecht, also im Bett. In der Nacht konnte ich trotz Oropax nicht schlafen, was daran lag, dass ich noch so spät einen Espresso getrunken habe. Gegen drei Uhr morgens, als ich kurz auf den Balkon hinausgetreten bin und da unten im Hof ein einsamer Hippie mit weit ausgestreckten Armen tanzte – selbstvergessen nennt man wohl diesen Zustand –, ist mein Sohn plötzlich von hinten angekommen, sein Schlafanzug war voll von Erbrochenem. Und bis acht Uhr morgens hatte er nicht mehr aufgehört, sich zu übergeben. Vermutlich habe ich mich bei ihm angesteckt. Die restliche Nacht über saß ich auf seiner Bettkante, mit hellwachem Kopf, müden Augen und schwerem Schädel und half ihm, sich in den dunkelblauen Putzeimer zu übergeben. Und währenddessen wusste ich schon, dass der nächste Tag, die Hochzeit meiner Schwester, grauenhaft werden würde.

Ich bin müde und habe ein schweres Kind auf dem Arm. Wahrscheinlich stecke ich es gerade an. Und dann wird meine Schwester an ihrem ersten Tag als Ehefrau ein krankes Kind verpflegen müssen und sich bei ihm anstecken und dann ihr frisch angetrauter Mann. Unserem Sohn geht es noch immer schlecht. Aber soll man zu Hause bleiben, wenn die eigene Schwester am heißesten Tag des Jahres heiratet? Und es gibt keinen Schatten, um darin zu verschwinden. »Schschsch.«

Es gab auch schon andere heiße Sommertage, an denen ich unglücklich war. Mir fallen viele ein, wobei ich betonen möchte, dass ich an sich kein unglücklicher Mensch bin. Ich neige nicht zu Depressionen, wobei das eine glatte Lüge ist. Ich versuche, nicht zu Depressionen zu neigen. Mein Mittelfinger ist an der Spitze taub, weil ich gestern eine schwere Einkaufstüte nach oben in unsere Wohnung getragen habe. Irgendwie wurde er dabei abgeschnürt und er kribbelt noch immer. Mit der ganzen Hand halte ich den Oberschenkel meines Neffen. Er trägt eine neue dunkelblaue, kurze Hose, ein hellblaues, frisch gebügeltes Hemd und er hat Durst. Und ich sehe meine Hand mit dem tauben Mittelfinger in der gleißenden Sonne und stelle mir vor, wie ich einen neuen Mann kennenlerne und ihm sage: »Ich bin geschieden, ich habe zwei Kinder und keinen Mittelfinger.«

Es ist witzig, dass ich, obwohl ich mich noch nicht einmal getrennt habe, darüber nachdenke, wie es sein wird, ohne Mann mit Kindern zu sein. Und schon fühle ich mich irgendwie gut und irgendwie verlassen und mache bereits Pläne mit dem nächsten Mann. Wie ich ihm selbstsicher begegnen werde. Ich werde ihn nur zwei Mal in der Woche treffen, zum Essen. Nicht gleich mit ihm ins Bett gehen. Vermutlich werden wir eine Affäre haben. Ich werde mich nicht in ihn verlieben, meinen Kindern werde ich ihn auch nicht gleich vorstellen. Ich will mit ihm nur essen gehen. Und wenn er mich sehen möchte, soll er mich anrufen. *Ich* rühre mich nicht.

Meine Mutter sagt immer: »Marie, du hast es den Männern immer viel zu leicht gemacht. Du bist ein Selbstbedienungsladen.« Damit hat sie recht. Und damit ist jetzt Schluss.

Ich liebe die Männer. Und die Männer wissen das. Ich stehe auf Männer. Und ich fühle mich von ihnen nicht unterdrückt. Ich habe auch nicht den Eindruck, Opfer zu sein. Ich gebe mich nur furchtbar schnell auf in Beziehungen. Mit mir ist keine gleichberechtigte Beziehung möglich, da ich mich sofort unterwerfe. Ich kann nichts dagegen tun, obwohl ich diesen Mechanismus so deutlich erkenne. Ich unterwerfe mich. Und sobald ich sage, was ich mir wünsche, komme ich mir komisch vor. Ich möchte da jetzt gar nicht weiter darauf eingehen, ich kann nur versuchen zu erklären, woher es kommt.

Mit siebzehn Jahren hatte ich einen Freund. Mit achtzehn hat er mir einen Brief geschrieben, dass er vorhabe, sich von mir zu trennen. Ich habe ganz cool gesagt: »Gut, glaube bloß nicht, dass ich lange allein sein werde.« Dieser Satz, ich muss zugeben, ich habe ihn ziemlich selbstsicher hervorgebracht, hat ihn zur Umkehr oder zum Umdenken bewegt. Augenblicklich hat mein Freund versucht, mich zurückzugewinnen. Ich habe mich etwas geziert, aber nach einer halben Stunde waren wir wieder ein Paar. Anschließend habe ich allerdings nicht weiter die Position der Selbstsicheren eingenommen, sondern mich meinem damaligen Freund unterworfen, indem ich alles mitgemacht habe, was er sich so geleistet hat. »Und das war eine Menge«, sage ich zum weinenden Sohn meiner Schwester.

Langsam wirft die Mauer etwas Schatten in den Innenhof. Da stellen wir uns hinein, in diesen schmalen dunklen Balken. Ich lehne mich gegen die kühle Mauer und schließe die Augen. Mir ist schlecht. Jetzt blinzle ich wieder. Wo könnte ich mich hier am besten ungesehen übergeben? Die schlechte Nachricht ist: nirgendwo. Überall stehen hoffnungsfrohe Hochzeitspaare mit ihren Gesellschaften. Ich muss weg hier. Mir ist heiß. Dem Sohn meiner Schwester ist heiß. Er weint unnachgiebig. Ich stoße mich von der Mauer ab, und wir schleichen rüber in Richtung Torbogen. Dahinter liegt der saftige Rasen der Schlossanlage. Da will ich hin. Am Rand stehen ein paar Büsche. Genau da will ich hin. Ich atme tief in den Bauch ein. Der Sohn ist ganz glitschig. Seine Beine unter meinen verschwitzten Händen. Er schmatzt und weint. Und ewig kann die Trauung ja nicht dauern. Die von meinem Mann und mir wollte gar nicht mehr enden. Ich mache meine Schritte in Sandalen, eigentlich hatte ich vor, die hochhackigen Schuhe zu tragen, aber in meinem Zustand muss man behände sein. Ich habe also die flachen Sandalen anbehalten.

Der Sohn meiner Schwester und ich erreichen den etwas kühleren Rasen. Wir lassen uns nieder. Er krabbelt ein wenig, dreht sich um und setzt sich in die pralle Sonne. Ich sage: »Komm!« Und stöhnend noch einmal: »Komm schon!« Und ich hebe ihn wieder auf, und wir schaffen es bis zu den schattigen Büschen. Da übergebe ich mich. Das kann ich. Es gibt Menschen, die scheuen sich davor. Dazu gehöre ich nicht. Ich will die Säure aus meinem Magen bekommen.

Nun ja, ich denke an den Sommer vor fast zwanzig Jahren, an den Sommertag, an dem ich aufgehört habe, mich zu lieben. Mein Freund, der alles mit mir machen konnte, hatte sich auf sein Fahrrad geschwungen und war mit seinen in Alufolie eingepackten Kartoffeln losgefahren, zur Schrebergartenparty meiner besten Freundin. Ich wusste im Gegensatz zu meinem Freund nicht, wo sich der Schrebergarten von den Eltern meiner besten Freundin befand. Und die Eltern anrufen wollte ich nicht, da ich davon ausging, dass es meiner besten Freundin gar nicht gestattet war, dort in dieser Schrebergartenkolonie eine Party abzuhalten. Ich wollte sie nicht verraten und darum lief ich hinter meinem Freund her, der auf seinem Rad viel schneller war als ich und bald verschwunden war. Und ich lief weinend in meinen Sandalen die heiße Sommerstraße hinunter, Richtung Kanal, über die Brücke, immer weiter, in die Schrebergartenkolonie hinein, und die Amseln zwitscherten, und überall waren nur Gärten, mit Musik aus Transistorradios und bunte Lampionketten und Leuten auf Liegestühlen. Nirgendwo konnte ich die Party finden, auf der all meine Freunde waren, und wie ich hinterher hörte, waren die Jungs am Ende nackt um den Grill getanzt, nur in Cowboystiefeln und umgebundenen Krawatten, hatten Blutsbrüderschaft geschlossen, wobei sie sich die Pulsadern aufgeschnitten hatten und einige von ihnen ins Krankenhaus mussten.

»Es war eine tolle Party!«, noch heute lacht meine Freundin, wenn sie sich daran erinnert, und sieht mich mitleidig an. »Entschuldige, du warst ja nicht mit dabei.« »Nein«, sage ich dann. »Ich war das weinende Mädchen, das bis Mitternacht durch die Schrebergartenkolonie geirrt ist, auf der Suche nach deiner Party. Ich war das Mädchen, das am Ende wund gelaufene Fußsohlen hatte und sich nichts sehnlicher gewünscht hat, als die Party zu finden, um bei ihrem Freund und den anderen zu sein.« Meine beste Freundin nimmt mich jedes Mal in den Arm und sagt: »Du Arme.«

Und das war der Tag, an dem ich die Achtung vor mir verloren habe. Ich bin nach Hause gekommen, meine Mutter hat die Tür aufgemacht, mich und meine blutenden Füße gesehen. Sie musste mich stützen, legte mich aufs Bett und kümmerte sich um meine verschmutzten, aufgerissenen Füße. Sie war lieb zu mir. Ich weinte und hatte große Angst, dass mein Freund mich verlassen könnte. Ich dachte, *ich* hätte alles kaputt gemacht. Am nächsten Tag rief ich ihn gleich morgens an und fragte mit lieber, freundlicher Stimme: »Wann sehen wir uns wieder?«

Ich komme hinter den Büschen hervor. Der Sohn meiner Schwester hat aufgehört zu weinen. Ich streiche ihm über das seidige Haar. Ja, es ist seidig. Ein anderer Begriff fällt mir dazu nicht ein. Er lächelt und sieht in Richtung Torbogen. Da kommt meine Schwester mit ihrem frisch angetrauten Ehemann und all den Gästen, meinem Mann, meiner Tochter, meinen Eltern aus dem Innenhof herausgequollen, in die pralle Sonne hinein, rauf auf den Rasen, zu uns. Da ist mein Sohn. Jetzt werden Erinnerungsfotos gemacht.

OSKAR HOLZBERG

Sommertherapie

Ich bin nicht gewalttätig. Ich habe noch nie jemanden geschlagen. Aber vor mir im Sand liegt ein afrikanischer Strandverkäufer und blickt mit angstgroßen Augen auf den Fünfzigeuroschein in seiner Hand, den ich ihm hastig zugesteckt habe. Er liegt, weil ich ihn zu Boden gestoßen habe. Ich sitze eine Armlänge weit entfernt von ihm und sauge aus einer großen Plastikflasche Wasser. Wie ein Säugling, den man tagelang austrocknen ließ. Der Mann stieß, als er sich bedroht fühlte, laute, hohe Töne aus. Und deshalb stehen jetzt neugierige Kinder und sensationsgeile Typen in schlaffen Badehosen um uns herum. Mir ist das erstaunlicherweise ziemlich gleichgültig. Ich will nur trinken. Ich kenne mich selbst nicht mehr. Ja, ich bezweifele gerade, dass ich mich je gekannt habe. Etwas, das angesichts meines Berufes etwas beunruhigend ist.

Kurze Zeit nach unserer Ankunft im Apartment zog es mich an den Strand. Ein staubiger Pfad führte mich an den kalkigen Mauerresten eines nie vollendeten Hauses vorbei. Überall war der Boden von den billigen weißen und blauen Plastiktüten aus dem Supermarkt und leeren Wasserflaschen übersäht. Ich bin Realist. Ich weiß, dass man als Tourist nur die Wahl zwischen aufgeräumten Stränden vor gigantischen Pauschalurlaubergettos oder Plastikmüll hat. Plastikmüll ist im Urlaub das verlässliche Zeichen für einen Rest Ursprünglichkeit. Hinter zwei eingestaubten Olivenbäumen beginnt der Strand. Das warme Meer des Südens. Damit unsere Kinder, mit Faktor vierzig beschmiert, nach Herzenslust darin planschen können, trotzen wir bereits das dritte Jahr der höllischen Sommerhitze hier.

Ich wollte gerade einen rund gewaschenen Kieselstein ins Meer werfen, als ich mich durstig fühlte. Ein brennender, ziehender Durst stieg in mir auf, den ich mit jedem Atemzug deutlicher spürte. Er hatte sich angeschlichen, drückte mir jetzt gewaltsam die Kehle zu und fragte: »Na, erkennst du mich?« Und ich kannte ihn. Er war ein alter Bekannter. Aber ich wusste nicht mehr, wo wir uns begegnet waren. Der Durst war so schnell so heftig geworden, dass ich mich bedroht fühlte. Ich sagte mir, dass ich mich nicht wie ein Idiot verhalten sollte. Niemand verdurstet innerhalb von Minuten. Ich dachte an durchgedrehte Terroristen, an schreckliche Viren in der Lüftungsanlage eines Flugzeugs, an Ebola. Doch wie konnte es ein tödlicher Virus sein, wenn wir uns schon begegnet waren?

Genau in diesem Augenblick erblickte ich den afrikanischen Strandverkäufer. Sein buntes Hemd über der Hose, Ketten aus kleinen Muscheln und billigen Silberschmuck um den Hals. Einer aus dem Geisterheer, die unermüdlich die Strände der Welt auf- und ablaufen. Nie sieht man jemanden von ihnen etwas verkaufen. Und doch sind sie immer wieder da und bieten Essen, Getränke, raubkopierte CDs, Brillen und Taschen an. Und lösen in Touristen diese schwer zu ertragende Urlaubsmischung aus Ärger, Mitleid und Schuldgefühlen aus. Der Geist vor mir zog eine schwere, blaue Ikea-Tasche durch den Sand. In seiner freien Hand hielt er eine Wasserflasche, die in der Sonne blinkte wie ein Diamant. Blinkblink. Blinkblink. Er kam näher und wollte gerade an mir vorübergehen, als ich sprang. Ich riss dem verdutzten Schattenwesen seine Flasche aus der Hand, und als er sich wehrte, stieß ich ihn weg und kam selbst zu Fall, mit der Flasche in meiner Hand. Ausgestreckt im Sand kam ich wieder zu mir. Ich versuchte zu denken und spürte eine kurze, heiße Panik in mir aufsteigen. Ich hatte die Kontrolle verloren, ich hatte gehandelt, ohne zu denken. Der Durst hatte mein Großhirn ausgeschaltet wie eine Nachttischlampe. Ich hatte mich verhalten wie ein Raubtier. Die jetzt aufsteigende Angst hatte nur eine Botschaft, es musste sofort etwas geschehen. Blitzschnell. Ich griff hektisch in meine Shorts, zog einen Geldschein aus der Tasche und stopfte ihn dem Strandverkäufer in die Hand. *»Alles easy. Easy! No problem! No problem!«*, hörte ich mich sagen. Er hielt ihn fest und schwieg. Und ich war wieder sicher. Ich war wieder Ich. Alles war wieder gut.

Die Ikea-Tüte liegt jetzt neben mir, und davor ein Haufen glitzernder Wasserflaschen, die daraus hervorquellen. Ich starre auf meine Beine, die quarkweiß und schlabbrig im Sand stecken. Ein rötlicher Flaum lässt die schlaffe Muskulatur noch unreifer aussehen. Mein Rundrücken, meine zu langen Armen und mein rot bekränztes Froschgesicht – ich bin keine Schönheit. Eigentlich verschwende ich keine Gedanken über mein Aussehen. Allein schon, um mich nicht unnötig zu frustrieren. Meistens genügt es, mich an meinen mäßigen, aber grundsätzlich ausreichenden Erfolg bei Frauen zu erinnern, um mich nicht weiter in Neid und Minderwertigkeit zu vertiefen. Aber so nackt unter der gleißenden Sonne fühle ich mich plötzlich wie auf einer Mr-Universum-Wahl. Obwohl keiner der Touristen mehr schaut. Und ein Grieche, der noch all seine Murmeln beieinander hat, ist um diese Zeit ohnehin nicht am Strand.

Außer Stavros natürlich, dem mürrischen Strandliegenvermieter mit dem Kugelbauch. Aber Stavros, in seinem T-Shirt, das einmal stolz darauf gewesen ist, weiß zu sein, ist niemand, dem ich mich schamvoll ausgeliefert fühlen muss. Er sitzt wie jedes Jahr neben seinem selbst gemalten Schild. *Sunbeds: 5 € per day*. Stavros trägt keinen Schnurrbart mehr. Früher besaß jeder männliche Grieche einen üppigen Schnurrbart. Heute will jeder so aalglatt aussehen wie ein amerikanischer Anwalt. Die Bärte sterben aus. Alle wollen aussehen wie alle. Und Stavros wacht wie ein gelangweilter Grillchef über die Einheitstouris, die auf seinen Strandliegen rösten. Und ihre Eingeweide auf Bratentemperatur bringen. Stavros sieht, dass ich zu ihm herüberschaue und grinst. Dann zeigt er auf die Sonne und macht mit der Hand die Scheibenwischerbewegung vor seinem lachenden Gesicht.

Ich proste ihm zu und nuckele weiter an meiner Flasche. Ich, Dr. Xaver Siebel, verheiratet, zwei Kinder, seit zwölf Jahren seitensprungfrei, eigene Praxis, zweiter Vorsitzender des Landesverbandes und stolzer Besitzer eines Dreitagebartes. Der Strandverkäufer eilt verwirrt, aber glücklich mit meinen fünfzig Euro davon. Von den Gaffern ist nur noch ein blonder Knirps mit schiefen Zähnen da. »Hast du immer so viel Durst?«, fragt er mich. Und ich sage: »Zieh Leine, Kleiner, geh spielen!«

Ich erschrecke. Ich lebe schließlich davon, verständnisvoll zu sein. Jeden Tag von neun Uhr bis achtzehn Uhr. Außer Freitag und Mittwochnachmittag. Ich schaue auf die kaputten Muscheln im Sand, die Fußspuren, meinen Bauch. Ich sehe nicht aus wie Stavros. Aber ich habe auch keine Figur mehr. Ich betrachte mich schon wieder kritisch. Sehe mich als eine der verbauten Figuren am Strand, die sich gegenseitig durch ihren Anblick beleidigen. Dann erinnere ich mich an die Grundregel. Die Regel, die ich allen meinen Patienten beibringe: »Seien Sie immer freundlich, wenn Sie mit sich sprechen. Erlauben Sie sich niemals, unfreundlich mit sich selbst zu sein. Selbstkritisch ja. Aber nicht entwertend, nicht gemein, niemals verächtlich. Stehen Sie immer auf Ihrer Seite.« Ich bin immer noch durstig wie eine Bergziege. Vielleicht habe ich ja Diabetes. Und erleide gerade meinen ersten Diabetesschub. Und zwar einen so heftigen, dass mein Gehirn nicht richtig durchblutet wird. Aber existieren Diabetesschübe überhaupt?

Da höre ich eine unangenehm vertraute Stimme: »Hallo, Herr Dr. Siebel! Was für eine Freude, Sie hier zu treffen! Was für ein Zufall!«

Mein Atem stockt. Ein leises Rauschen füllt meinen Kopf. Natürlich, Herr Sommer! Mit ihm kenne ich diesen seltsamen Megadurst. Was zum Teufel macht der hier? Er hat in meinem verdammten Urlaubsort nichts zu suchen! Ich will ihn hier nicht haben! Ich fühle mich wie ein Vierjähriger, den große Jungs von der Schaukel schubsen. Warum passiert mir so etwas? Ich schaue von unten hoch. Wie Eltern, wenn ihre Kinder sie beim Sex überraschen.

»Herr Sommer, was machen Sie denn hier?«, sage ich

endlich und verleihe mir augenblicklich den Preis für die originellste Urlaubsfrage des Jahres. Dann versinke ich vor Scham metertief im Sand.

Sommer bleibt cool. »Urlaub«, sagt er und zeigt seine schrecklich ebenmäßigen Zähne. Er hebt die Hand. »Wir sehen uns.« Dann wendet er seine ebenmäßig gebräunten Muskelstränge und joggt wieder den Wellenrand entlang. Alles, was ein Psychotherapeut in seinem Sommerurlaub nicht möchte, geschieht gerade. Die erste Person, auf die ich treffe, ist ein Patient. Und der Patient ist ausgerechnet Herr Sommer. Und obendrein sitze ich dumpfbackig nuckelnd im Sand. Ob er meinen Überfall beobachtet hat? Aber das ist unwichtig. Denn außerhalb des Therapieraums möchte ein Therapeut überhaupt nie auf einen Patienten treffen. Eine Therapie ist eine total ungleiche Beziehung. Der Therapeut erfährt alles über den Patienten. Der Patient erfährt nichts über den Therapeuten. Das ist Absicht. Denn so macht sich der Patient ungestört Fantasien über den Therapeuten. Und seine Fantasien verraten die Ängste und Überzeugungen des Patienten. Außerdem muss der Therapeut dadurch nicht eingestehen, wie ratlos auch er mit seinen Kindern ist. Und dass er genauso oft depressiv an die Zimmerdecke starrt wie sein Patient, den er davon heilen soll. Wenn Therapeut und Patient als zwei völlig gleichberechtigte Strandurlauber aufeinandertreffen, dann geraten sie völlig durcheinander. Sie fühlen sich schrecklich unwohl. Aber der Einzige, der sich gerade unwohlfühlt, bin offenbar ich. Denn der Patient ist ja Herr Sommer.

Herr Sommer hat sich vor vier Wochen, genau am 21. Juni, telefonisch angemeldet. Das Übliche. Es gehe ihm schon länger nicht gut. Er habe es bisher verdrängt. Aber jetzt quälten in unerträgliche Gefühle. Wir verabredeten uns, und er erschien auf die Minute pünktlich in meiner Praxis.

Ich fragte Herrn Sommer, wieso er denn meine Dienste in Anspruch nehmen wolle. Ich sage immer »Dienste in Anspruch nehmen« zu meinen Patienten. Das ist mein Selbstverständnis. Ich bin ein gut geschultes Rückmeldesystem. Mehr nicht. Ich kann weder helfen noch heilen. Ich betone das, damit ich mich nicht so wichtig nehme. Es ist die größte Gefahr für einen Therapeuten, dass er seine Vernunft verliert. Dass sein Verstand aussetzt und er sich selbst so wichtig nimmt, wie es seine Patienten tun. Sie warten ein halbes Jahr, bis sie überhaupt mit ihm reden können, kommen dann Woche für Woche und vertrauen ihm an, was sonst niemand erfährt. Manchmal ist die Zeit mit ihm die wichtigste Stunde ihrer Woche. Wie können sie ihn da für eine kleine Randfigur in ihrem Leben halten? Auch für Sommer wurde ich gerade wichtig. Er schaute mich erwartungsvoll an. Und ich schaute zurück und hoffte, dass er meine Verwirrung nicht bemerken würde.

Denn Herr Sommer war die Verkörperung eines Mannes. Bis er vor mir saß, hätte ich mir einen Mann wie ihn nicht einmal vorstellen können. Er hatte glatte, makellose Haut. Ein Gesicht, neben dem George Clooneys Züge belanglos wirkten. Seine pechschwarzen Haare trug er mittellang zu unwahrscheinlichen blauen Augen. Seine Hände waren feingliedrig und wie frisch aus dem Maniküresalon. Sein Körper ein Traum aus elastischer Muskulatur. Als hätte Gott Brad Pitt noch mal in die Werkstatt zurückgerufen und die letzten Mängel behoben. Ich bemerkte, wie ich mir alle Mühe gab, einen Makel an ihm zu finden, aber Sommer war einfach perfekt. Ich überprüfte mich kurz, ob bislang verdrängte homoerotische Wünsche in mir aufbrachen. Aber das war es nicht. Ich bemerkte, wie ich mit meinen Gedanken ein ganz unangenehmes Gefühl aus meinem schwachlichen Brustkorb zu vertreiben suchte. Neid. Neid und das unangenehme Gefühl eigener Minderwertigkeit.

Das andere war, dass ich rasenden Durst verspürte, seitdem er den Praxisraum betreten hatte. Ich konnte kaum noch sprechen, meine Zunge war wie mit Honig verklebt. Es war das erste und einzige Mal in meinen neunzehn Jahren als Psychotherapeut, dass ich unter dem Vorwand auf die Toilette zu müssen, in die Küche eilte. Dort trank ich hastig drei Glas Wasser. Ich füllte eine große Karaffe und nahm sie mit in den Therapieraum. »Verdammt heiß, heute!«, sagte ich so nebensächlich wie möglich. Herr Sommer lehnte das angebotene Glas ab. »Ich trinke nie etwas«, meinte er.

Ich war froh, die ganze Karaffe für mich zu haben, und überging seine Bemerkung. Was immer sie zu bedeuten hatte, ich wollte nach so kurzer Zeit nicht auf etwas so Abgedrehtes eingehen. Und außerdem bewegte ich in diesem Augenblick zum ersten Mal den Gedanken, ob Diabetesschübe existieren.

Wie sich herausstellte, warfen ihm seine Geschwister vor, dass er alle Aufmerksamkeit auf sich zöge und alle nur ihn lieben würden. Hier sind die Namen seiner Geschwister, wie ich sie mir im Lauf unseres Gesprächs aufschrieb. Vinta und Freya, seine beiden Schwestern. »Vinta mit V?«, fragte ich noch. »Nein, natürlich mit W. Winta!« Und ich dachte noch, dass das eine sehr merkwürdige Schreibweise sei. Vielleicht Schwedisch. Und Herb, offensichtlich eine Kurzform von Herbert, die er sehr deutsch aussprach. Es hätte mir schon damals alles klar sein können. Aber was man nicht begreift, das erklärt man sich erst durch das, was man versteht. Deshalb versuchte ich mir Eltern vorzustellen, die ihren Kindern so abgefahrene Namen gegeben hatten. Dann fragte ich: »Alle? Alle lieben nur Sie?«

Er nickte eifrig. »Alle! Das ist ja das Verrückte. Das ist genau das, was mich so fertigmacht. Das, was meine Geschwister mir vorwerfen. Es kann ja auch kein Zufall sein. Ich würde es gern so sehen, aber die Fakten sprechen dagegen. Und es wird immer schlimmer. Die Chinesen. Sie fangen jetzt auch damit an. Nein, es muss an mir liegen.«

Ich ignorierte, was er sagte. Konzentrierte mich auf sein Gefühl. Eine bewährte therapeutische Strategie. Wir fühlen uns verstanden, wenn unsere Gefühle verstanden werden.

»Sie sind bedrückt«, sagte ich deshalb. »Sie fühlen sich verantwortlich, sogar schuldig, wenn alle nur Sie lieben.« Wir waren unterwegs. Er wirkte zum ersten Mal ernst, wenn auch sein strahlendes Lächeln nicht aufhörte. Er blickte zu Boden und lehnte sich leicht nach vorn.

»Wissen Sie, wie schrecklich es sich anfühlt, wenn Ihretwegen die schönsten Küsten zubetoniert werden? Wenn Tausende an Hautkrebs sterben? Ehen in der Hitze wegschmelzen wie Vanilleeis? Kaum tauche ich auf, fahren alle auf die Autobahn, stehen ewig im Stau, bis sie endlich an irgendeinem Baggersee sind. Dort suchen sie sich einen Platz, grenzen ihn mit ihren hässlichen Gummisandalen ab, legen sich auf ihr Handtuch, strecken alle viere von sich und liegen drei Stunden stumm nebeneinander. Und dann …«, er keuchte ganz leicht, »… dann fahren sie wieder nach Hause. Sie fahren nach Hause und sagen zueinander, dass das schön war und sie es öfter machen sollten. Oder sie tauschen ihren Wohnblock zu Hause drei Wochen lang gegen einen Wohnblock an der Riviera ein. Und arbeiten monatelang wie verrückt, um all das Geld zu verdienen, das sie der Liegeplatz am überfüllten Swimmingpool kostet. Es ist Wahnsinn, verstehen Sie?«

Wahnsinn schien das richtige Wort zu sein. Aber es war sinnlos, dagegen anzugehen. Herr Sommer, oder wie immer er hieß, hielt sich für eine Jahreszeit. Die heiße Jahreszeit, in der wir bevorzugt in weit entfernte Regionen dieser Erde fliehen, in denen das Wasser so warm ist wie bei uns die Luft. Und die Luft so heiß, dass man nur im Wasser überleben kann. Was dann auch das Problem von Herrn Sommer, oder wie immer er auch wirklich heißen mochte, war. Herr Sommer gab sich die Schuld für die Kerosinschwaden und den ganzen Wahnsinn, der sich in seinem Namen auf der Erde abspielte. Schließlich unterbrach ich ihn. Ich hatte beschlossen, es bei Herrn Sommer mit einer vorsichtigen Umdeutung zu versuchen. Vielleicht würde er etwas in Trance gehen. Ich würde einfach den Eingebungen meines eigenen Unbewussten folgen. Es erschien mir angemessen, es zu versuchen und zu sehen, wie Sommer reagieren würde.

»Ich glaube, Herr Sommer, Sie sind möglicherweise jemand, der tatsächlich das, was er denkt, in die Wirklichkeit umsetzen könnte. Es könnte sein, Sie können sich steuern und Ihren Blickwinkel verändern. Und dann könnten Sie möglicherweise tiefer sehen, erkennen, dass dieser Massentourismus genau das ist, was unsere merkwürdig überfordernde globale Welt jetzt am meisten braucht. Keine tiefere Völkerverständigung, sondern Massentourismus. Alle müssen reisen, müssen das Fremde erleben. Sie müssen es nicht aus tiefstem Herzen lieben. Sie können Fremde bleiben. Sie müssen es nicht mal im Ansatz verstehen. Sie müssen nur sehen, dass andere anders leben als Sie selbst. Wie gesagt, keine große Völkerverständigung, nur ein paar billige Miniaturgötterstatuen als Souvenir. Sich nur daran erinnern, wie Bananen eigentlich schmecken. Wie schön die Menschen überall sind. Und es ist gut. Der distanzierte Massentourismus, das ist die beste Methode, wie Kulturen einander kennenlernen können, ohne gleich in Glaubenskriegen zu versinken. Einander zu verstehen, ist viel zu schwer. Nur daran gewöhnt werden. Was, wenn Sie annehmen könnten, dass es gut ist, wenn es den Massentourismus im Sommer … in Ihnen … gibt?« Meine Nase juckte. Ich war ein wenig unsicher. Wir schwiegen.

Ich begann zu überlegen, ob das, was ich gerade gesagt hatte, meine Meinung war. Aber es war nur eine mögliche Sichtweise, die ich gerade für Sommer entwickelt hatte. Eine etwas naive, um ehrlich zu sein. Sommer atmete tief aus. »Gut«, sagte er und nickte. Schaute mich direkt an.

Ich war irritiert. Ich hatte nicht erwartet, dass er meine Suggestion so widerstandslos akzeptierte. Ich hielt mein Wasserglas umklammert. Ich hatte damit gerechnet, dass wir uns noch viel ausführlicher mit seinen Gedanken würden auseinandersetzen müssen. Aber er hatte sein Problem abgelegt wie eine Jacke, die einem plötzlich nicht mehr gefällt und die man irgendwo auf einem Restaurantstuhl hängen lässt.

»Es klingt fast, als würden Sie Ihre Situation jetzt etwas anders betrachten können?« Ich war vorsichtig.

»Verbrannt. Ich verbrenne alles. Das geht in Sekundenschnelle. In meinem Inneren.« Er saß ganz aufrecht, auf seinem Gesicht zeigte sich Freude.

Nach einigen weiteren Augenblicken Schweigen empfahl ich ihm mit dem Blick auf die Uhr und angesichts der Tatsache, dass er dringend Hilfe brauchte, dass er Frau Dr. Ochsenknabe aufsuchen sollte. Eine Psychiaterin und Neurologin. Sie könne ihn medikamentös behandeln. Ich schlug ihm vor, dass er in der nächsten Woche wiederkommen sollte und wir dann gemeinsam schauen könnten, welche Behandlung für ihn angemessen sei.

»Und geben Sie mir doch bitte noch Ihren Vornamen, für meine Akten«, bat ich und setzte den Stift an.

»Nero«, sagte er, während er eine blütenweiße Brieftasche aus der Innentasche seines Sakkos zog. Dann fügte er hinzu: »Ich möchte mich bedanken. Ich brauche keine weitere Therapie. Und bitte fragen Sie jetzt nicht weiter nach. Sie haben mir sehr geholfen. Und ich werde Ihnen auch noch helfen.«

Ich seufzte. Es klang fast wie eine Drohung. Für einen Menschen mit seinen Wahnvorstellungen wirkte er außergewöhnlich ausgeglichen und selbstbewusst. Und zudem war er außergewöhnlich geschmackvoll, ganz in weißes Leinen gekleidet, von einem Schneider, der offenbar weltklasse darin war, die Körperkonturen nachzuzeichnen. Sommer war mehr als irritierend. Kaum versuchte ich einen klaren Gedanken zu fassen, verhedderte ich mich in Nebensächlichkeiten. Aber ich verstand zu wenig von Wahnvorstellungen. Mein Gebiet waren eher Zwänge. Ich würde darüber lesen müssen, eine Fortbildung machen. Er zahlte. Dann ging er.

Das ist jetzt sechs Wochen her. Ich winke den schiefzähnigen Knirps heran und mache ihm schmackhaft, dass er sich aus den Wasserflaschen ein super Floß bauen könne. Während ich zu unserer Ferienwohnung zurücktorkele, hoffe ich, dass ich Sommer in diesem Urlaub nicht wiedertreffen werde. Und ich hoffe es noch immer, als ich in den langen Schatten des Sonnenuntergangs das Internetcafé betrete. Es lässt mir keine Ruhe. Und für das Beunruhigende haben wir Google. Google, den Seelentröster. Wir googeln das beängstigende Medikament, das der Arzt verschrieben hat, den hübschen Klassenkameraden, der uns tagelang nicht aus dem Kopf geht, die Schule, der wir unsere Kinder anvertrauen. Ich tippe: »krankheit + starker durst« in das Google-Fenster. Fünf Zigaretten später, eigentlich rauche ich nicht mehr, aber heute will ich mir alles erlauben, bin ich immer noch ratlos. Selbst die Doktorarbeit »Psychosomatische Aspekte des außergewöhnlichen Durstes« bringt keine Klarheit. Stattdessen verliebe ich mich nacheinander in das Lächeln der Kellnerin, die Beine der neben mir tippenden Backpackerin und zwei Schönheiten, die vor der gegenüberliegenden Taverne Wein trinken. Frauen ansprechen konnte ich noch nie und so gehe ich an den Hafen. In den ersten Tagen eines Urlaubs bin ich immer unruhig. Es fällt mir schwer umzuschalten, es dauert, bis der Stress von mir abfällt. Heute fühle ich mich besonders getrieben. Ich mag nicht zurück zu Monica und den Kindern gehen, die schon schlafen. Ich bleibe am Hafen und trinke Ouzo. Und irgendwann trinke ich noch mehr Ouzo und singe mit einem betrunkenen englischen Schuldirektor aus Sussex melancholische Beatles-Songs. Ich schlafe unruhig in dieser Nacht. Und träume von wilden Kostümfesten, auf denen ich in riesigen, leeren Treppenhäusern verloren gehe.

Am nächsten Morgen bin ich früh im Ort, um in der herrlichen Morgensonne Zeitung zu lesen. »Schon weg. Nur *Bild* haben. Mehr Sex haben darin.« Dimitri grinst, als ich seinen Zeitungsständer nach der *Süddeutschen Zeitung* durchwühle. Ich sehe sie dann im Kafenio an der Uferstraße. Vor Sommers klassischer Edelnase, die unter einer grünen Sonnenbrille vorlugt. Wortlos setze ich mich mit dem Rücken zu ihm an einen entfernten Tisch und bestelle einen griechischen Kaffee. Die Sonne steht leicht gelblich über den einstöckigen, kleinen Häusern, in denen sich eine endlose Reihe von Tavernen aneinanderreiht. Verbeulte Pick-ups parken davor, die Fahrer lehnen rauchend an den Fahrerhäusern oder laden Säcke und Kanister ab. Abends essen hier Hunderte von Touristen in der milden Luft und dem schummrigen Licht der Tischkerzen. Sonnenverbrannte Gesichter mit strahlenden Augen. Der Geruch von gebratenem Fisch. Gelächter.

Jetzt ist es ruhig, nur eine Familie mit dicken Waden schiebt ihre schlafenden Kinder zwischen den Autos und Postkartenständern hindurch. Auch Stavros, der Kugelbauch, sitzt vor einer himmelblauen Tür und raucht. Er grüßt mich. Wie so oft lässt er dabei den einzigen Satz los, den er auf Deutsch kann. »Sommer sehrrr gut!«, sagt er und lacht. Dann wirft er wieder die Würfel auf sein Tavla-Brett und kratzt sich mit seiner haarigen Pranke in der Kniekehle. Die Sonne brennt, ich habe schon das zweite Glas Wasser nachbestellt. Ich langweile mich und beschließe aufzubrechen. Nein, Sommer wird mir meinen Urlaub nicht vermiesen. Der Kellner legt den Bon auf den Tisch.

»Vier Euro fünfzig? Für einen Kaffee? Gestern kostete der doch noch zwei Euro fünfzig? Hallo, hier, da stimmt was nicht. *Parakalo, wrong money. Too much!*«

Der Kellner geht zum Nachbartisch, holt eine Karte, legt sie vor mir auf die karierte Tischdecke. »*New price. Now summer price!*« Ich blinzele. Wirklich. Vier Euro fünfzig. Ich seufze und zahle den Sommerpreis. Als ich aufstehe, liegt die *Süddeutsche* auf meinen Tisch. Und neben mir auf dem Asphalt tauchen die schief gelaufenen Plastiklatschen des Strandverkäufers auf. Er trägt an jedem Zeh einen Silberring. Er strahlt mich an. Auf dem Kopf balanciert er ein Sixpack Wasserflaschen. Mit seiner freien Hand zeigt er freudig darauf. »Nero!«

Nero? Ich hebe fragend die Augenbrauen. Er schüttelt jetzt eine Flasche vor meinem Gesicht. Und dann verstehe ich es endlich. Wasser! Letztes Jahr wusste ich es. Aber ich vergesse die griechischen Worte immer wieder. *Nero.*

Mir ist flau. Ich reiße eine Flasche auf, klemme mir zwei unter meine verschwitzte Achsel und bezahle meinen Retter. Die Zeitung lasse ich liegen.

Ein paar Tage vergehen, ohne dass Sommer wieder auftaucht. Und glücklicherweise vergesse ich ihn. Nur als an einem Abend die Wasserflaschen im Supermarkt ausverkauft sind, »*nero, ochi, no!*«, erschrecke ich kurz. Und spähe nervös um mich. In meinem Unterbewusstsein verfolgt er mich. Und ich bin erleichtert, ihn nicht im Laden zu entdecken.

Wir haben mittlerweile unsere Routine. Lange schlafen, auf der Terrasse inmitten der leuchtend rotvioletten Bougainvillea frühstücken, Geckos auf den rau verputzten Wänden entdecken und dann mit dem Taschenbuch auf dem Bauch den Schatten genießen, während die Kinder schon an den Strand gehen oder wie gedopt in ihren Gameboy glotzen. Erst wenn es etwas kühler wird, am späteren Nachmittag, schleppen wir unsere Matten und Strandtaschen den schmalen, staubigen Pfad entlang, an dem jetzt ein Maultier grast. Ein paar hundert Meter weiter vom Ort entfernt, wo der Strand noch schmaler wird und ein paar Steinplatten unter dem Sand frei gespült sind, haben wir unseren Stammplatz gefunden. Im Schatten eines struppigen Baumes, dessen Namen ich nicht kenne.

Heute bin ich noch im Haus geblieben und mache mir einige Notizen zu Prof. Sam Smokins Grundlagenwerk *Die absurde Wahnvorstellung*, das ich mit in die Ferien genommen habe. Als ich an den Strand komme, sehe ich, wie meine Frau einem Mann hinterherwinkt. Ein jäher Blitz von Eifersucht fährt in meine Gedärme. Mein Durst bestätigt mir, was ich gesehen habe. Ich atme tief durch. Schultern fallen lassen, den Bauch leicht anspannen, aufrichten. All meine kleinen Tricks, der ganze Mist, um entspannt zu sein.

»Hallo, Schatz!«, sage ich. Und dann nach einer, wie ich meine, unauffälligen Pause, während ich so tue, als suche ich das Sonnenschutzmittel in der Strandtasche, sage ich betont nebensächlich: »Mit wem hast du denn gerade gesprochen?«

»Och, der. So ein Spanier«, sagt Monica. »Herr Verano. Spricht aber gut Deutsch. Und sieht echt fantastisch aus.« Sie kichert wie eine Elfjährige. »Er hat mich gefragt, ob ich wüsste, wo man hier im Ort gut essen kann.« Verano? Ich fasse es nicht. Sommer gibt den Spanier. Ich schaue Monica betont vorwurfsvoll an und versuche mich hinter einem Scherz zu verstecken. »Aber du weißt doch, dass du dich nicht von bösen, fremden Männern ansprechen lassen sollst.

Das weißt du doch?« Aber so was klappt nie. Nicht nach mehr als sechzehn Jahren Ehe.

»Eifersüchtig? Oh, mein armer Schatz. Er fährt morgen. Du kannst also ganz unbesorgt sein! Holst du mir was zu trinken? Ich verdurste gerade.« Sie schaut mich mit leicht gesenktem Kopf an und rollt sich ein wenig genervt auf den Bauch. Dann bürstet sie sich etwas Sand von den Armen.

Mein kleines Herz aber segelt längst wie eine Möwe über das Meer, schwebt über die alten Tempelanlagen von Georgios, über das Kloster mit den weiß getünchten Mauern auf dem Felsen, über den Ort, über die rostigen kleinen Kutter an der Hafenmauer, durch die schattigen, schmalen Gassen, über den Platz vor dem Rathaus, in den Zeitungsladen von Dimitri und greift sich eine Zeitung. *Meine Zeitung. Mein Urlaub. Mein Leben.* Ich habe es wieder.

Ich will gehen und den Wasserverkäufer suchen. Weit kann er ja nicht sein. »Oh, und wenn du was zu trinken kaufst, kannst du dann bitte Olivenöl mitbringen. Ein billiges tut's auch«, sagt Monica.

»Olivenöl? Ich wollte gar nicht bis zum Supermarkt. Und wieso? Was willst du denn hier braten?« Meine Handflächen zeigen ratlos zum Himmel.

»Ich will braun werden.« Sie will sogar dunkelbraun werden und außerdem sofort abnehmen. Und Sommer, alias Verano, hat ihr mindestens sechs hochinteressante Ausgrabungsstätten empfohlen, die sie jetzt unbedingt alle besichtigen will. Sommers psychische Störung hat eine unglaubliche unbewusste Wirkung. In Monica hat er sofort Scham, Angst und Neid ausgelöst. All die Sommerängste. So bikininackt, so ohne die schützenden Hüllen von Zara oder

Strenesse und ohne das Schild an der Bürotür, nur ein ungenügendes, unattraktives kleines Menschentier zu sein. Essgestörte hassen den Sommer, weil er ihren Körper enthüllt. Und in der verzwickten Mischung aus Körperkult, Urlaubswahn und Selbstverwirklichung geraten wir offenbar langsam alle in solche Gefühle.

Ich überlege, ob ich Monica etwas dazu sagen sollte. Aber da taucht Samou auf, so heißt der Wassermann. Wir palavern etwas, dann zieht er weiter. Es wird dann noch ein sehr schöner Nachmittag. Und ich führe das hier nur an, um alle Ereignisse, die um Sommer herum eintraten, zu dokumentieren: Monica, meine Frau, die in der Öffentlichkeit immer etwas schüchtern mit körperlichen Kontakten ist, dieses unbekannte Wesen an meiner Seite, verführt mich im Schatten des struppigen Baumes, als der Strand sich leert. Verschwitzt, sandig und salzig lieben wir uns so innig, wie lange Jahre nicht mehr. Und für einen winzigen Augenblick bin ich Sommer fast dankbar.

Noch ein Tag weiter und ich dämmere wieder im Schatten des namenlosen Baumes vor mich hin. Monica ist mit den Kindern nach Kalamaria gefahren. Shoppen. Bummeln. Kaffee trinken. Ich habe mir am Vormittag eine neue Sonnenbrille gekauft. Und erst als ich aus dem Laden trat, fiel mir auf, dass es dasselbe Ray-Ban-Modell ist, das Sommer trägt.

Mir wird heiß. Ich beruhige mich damit, dass es niemand mitbekommen wird. Sommer ist ja abgereist. Außerdem hat er unzweifelhaft Stil. Und so eine unbewusste Identifikation darf auch mal einem Therapeuten widerfahren. Aber so ganz werde ich das Gefühl nicht los, versagt zu haben. Ich bringe meine Gedanken auf andere Bahnen. Tagträume von unerfüllten alten Lieben lullen mich ein, als ich durch das knatschige Geräusch von aneinanderreibenden Plastikflaschen aufschrecke. Samou und drei seiner Freunde laden gleich palettenweise Wasserflaschen neben mir ab. Samou wedelt mit der ausgestreckten Hand. *»No pay nero!«*

Und dann ist er auch schon da. Nero Sommer. Bevor ich ganz wach bin, sitzt er neben mir im Sand und schlingt die Arme um seine angewinkelten Beine. Ich kann verstehen, dass Frauen Männerbeine sexy finden können.

»Ich fahre in zwei Stunden. Wirklich, Dr. Siebel! Sie werden mich nie wiedersehen. Soweit das geht … na ja. Ich will nur noch mein Versprechen halten.«

Ich krieche hinter ihm entlang, um an eine der köstlichen Wasserflaschen zu gelangen. »Hören Sie, Herr Sommer. Ich bin hier im Urlaub. Und ich will auch im Urlaub bleiben. Also, was wollen Sie?« Ich trinke gierig und gieße mir angesichts des Wasserreichtums die halbe Flasche erfrischend über Kopf und Gesicht.

»Ich möchte, dass Sie es richtig verstehen.« Er lächelt. Auf seinem nackten Oberkörper ist kein einziger Schweißtropfen zu sehen.

»Hören Sie, Sommer, ich bin Heilandsacknochmal im Urlaub. Und ich will jetzt keine Therapiesitzung machen!« Die Sonne kommt gerade um den namenlosen Baum herum und scheint jetzt auf mich, den makellosen Sommer in seiner sehr weißen Badehose und die Wagenburg aus Wasserflaschen, die Samou hinterlassen hat. »Lassen Sie mich mit Ihrem Sommermist zufrieden! Der Sommer ist der Sommer, ist der verdammte Sommer! Und Sie haben gar nichts damit zu schaffen. Und es ist verdammt noch mal natürlich *nicht* die schönste Zeit des Jahres. Es ist voll, heiß, teuer und bescheuert. Und alle wissen das und es ist nichts Neues.« Ich schaue demonstrativ über das Meer. Und die leichten Wellen, die am Strand auslaufen, die Surfer, die bei der sanften Brise wacklig vor sich hindümpeln, die warme Luft, die mich umhüllt, sie alle sagen etwas anderes.

»Sie glauben nicht, dass ich der Sommer bin. Und das ist nicht gut für Sie«, sagt er. Ich fühle, wie sich meine Stirn kräuselt, und ich starre ihn an. Sein Arm schnellt plötzlich vor, und bevor ich reagieren kann, drückt er mit seinem Zeigefinger leicht auf meine Schulter. Schmerz. Ein höllischer Sonnenbrand. Ich stöhne auf. Er zieht seine Hand zurück.

»Sie sind ein vorsichtiger, ängstlicher Mensch, Dr. Siebel. Weshalb wären Sie sonst Psychotherapeut? Sie haben in den letzten zwanzig Jahren keinen Sonnenbrand mehr gehabt. Aber ich bin der Sommer.« Und in entschuldigendem Ton setzt er dazu: »Ich tue das wirklich nicht gern.«

Meine Schultern schmerzen, und soweit ich mit verdrehtem Kopf sehen kann, sind sie feuerrot. Er spricht jetzt weiter. »Der Durst, der Sie immer befällt, wenn ich da bin, den möchten Sie doch verstehen. Fühlen Sie ihn! Wie fühlt er sich an?«

Ich drehe mich abrupt zu ihm hin. Mein Körper springt ihn fast an. Er hat die Rollen umgekehrt. Er fragt mich, wie ich meine Patienten befrage. Ich will einfach gehen, aber ich bin verblüfft, und der Durst ist gerade so stark, dass ich gar nicht anders kann, als ihn zu spüren. Dieser Durst ist eine einzige gierige Sehnsucht.

»Denken Sie jetzt nicht, dass Sie sich nach Mamas Brüsten sehnen. Ich weiß, wie Psychos denken. Doch darum geht es nicht.« Sommer weist mit einem leichten Kopfnicken nach links. Unwillkürlich folge ich der Bewegung mit meinem Blick, der auf Brüsten landet, die einer Blondine aus dem Bikini quellen. Sie geht gerade an uns vorüber. Sommer ist so gerissen. Er nutzt alles optimal aus. Man könnte meinen, er habe die Frau bestellt und sie würde sich jetzt absichtlich in meine Nähe setzen und an diesem einsamen Strandabschnitt ihr Bikinioberteil ablegen. Und ich würde dann wie ein Idiot auf ihre großartigen Brüste starren. Was genau das ist, was passiert. Ich starre, wie es mir meine Schimpansengene diktieren, auf rosige Nippel. Und denke dabei *Durst*.

»Es geht vielmehr um Lebenshunger«, sagt er jetzt. Ich wende ihm das Gesicht zu. Und er schaut mich strahlend an und fragt: »Und, wie ist das jetzt mit dem Durst?«

Meine Hand liegt noch auf meiner roten, brennenden Schulter. Ich ertaste kleine Blasen. Wenn man den Schmerz erst fühlt, wird man ihn schwer wieder los. Ich bin wütend. Aber ich bin ja für meinen Rücken selbst verantwortlich. Vielleicht habe ich die Sonnencreme verwechselt und nur einen lächerlichen Faktor acht benutzt. In jedem Fall lässt mein Körperbewusstsein echt zu wünschen übrig. Peinlich, Herr Therapeut. Predigst den ganzen Tag Achtsamkeit, aber merkst nicht mal, wenn du dir dein Fell versengst. Aber er hat mich auch ausgetrickst. Er muss es gesehen haben und nun behauptet er, *er* sei es gewesen. Ich überlege kurz, ob ich ihn für gefährlich halte. Aber ich will nur noch weg.

»Gehen Sie zu Frau Dr. Ochsenknabe! Okay!?« Ich wende mich zum Gehen und werfe die Flasche, die ich noch in der einen Hand halte, einfach in den Sand.

»Seien Sie immer freundlich zu sich!«, höre ich ihn noch sagen. Und dann das Geräusch, wie er sich den Sand von den Händen klopft. Aber ich laufe nur noch. Ich renne zum Apartment. Stavros öffnet kurz die Augenlider, als ich an ihm vorbeirausche, bevor er wieder in sein Reptiliendämmern versinkt.

Im Bad durchwühle ich fluchend unsere beeindruckende Sammlung an gelben und weißen Plastikflaschen nach kühlendem Aloe-vera-Gel. Monica ist schon zurück. Ich jammere und muss mir von ihr sagen lassen, dass ich ein Idiot bin. Sie tritt hinter mich. »Bist du sicher?«, fragt sie. »Deine Haut ist kein Stück gerötet.« Sie piekt mit ihrem Finger in meine Schulter. Ich schreie in Erwartung auf, aber es tut nicht im Geringsten weh. Kein Schmerz, nur angenehme Entspannung. Ungläubig tastete ich über meine Haut. Kühl, weich, ganz normal.

»Könnte es sein, dass dir die Sonne nicht bekommt? Der Hut ist für ältere, übergewichtige Männer das wichtigste Kleidungsstück. Lieber auf die Hose verzichten, aber nie auf den Hut.« Ich betaste noch immer ungläubig meine Schulter und grinse schief.

»Weißt du, was ich das Tolle hier finde?«, sagt Monica nach einer Weile. »Es gibt hier wirklich einen Sommer. Willst du auch was trinken?«

»Nein, danke.« Ich schaue durch die Verandatür zum Meer. Ganz entfernt am Strand sehe ich jemanden mit einem weißen Hemd. Im Sonnenlicht blinkt seine Wasserflasche. Blink. Blinkblink. Blink. Blink. Blinkblinkblink. Blink. Bitte, nicht mehr! Aber dann erkenne ich Stavros, der wie jeden Sommertag seine Liegen übereinanderstapelt. Seine Flasche in der Hand verlässt er jetzt mit langsamen Schritten den Strand. Und morgen wird er wieder da sein. Und den Morgen darauf und den Morgen darauf. Den ganzen Sommer lang. Ich schaue noch lange schweigend auf den Strand, noch lange, nachdem er gegangen ist.

CHRISTINE KOISCHWITZ

Palm Springs

Anne findet die Wüste unscharf. Sie sitzt in einem weißen Jeep und fährt auf dem North Palm Canyon Drive. Die Straße ist leer, hinter ihr zerfließt ein Tal in grellem Sonnenlicht. Anne hat nicht geschlafen. Sie ist nicht müde. Sie gibt Gas. Den Jeep hat sie direkt am Flughafen von L. A. genommen, ist den Manchester Boulevard runtergefahren, die Figueroa, später den Highway 10. Auf Höhe der Vernon ziehen schwarze Jungs in schweren Vans an ihr vorbei, die Felgen ihrer Reifen sind dünn und glänzen in der Sonne. Anne hört Timberlake, singt »Keep loosing my way«, heult wie ein Schlosshund und schaut dabei in die Gesichter der schwarzen Jungs, die teilnahmslos zurückschauen. Anne macht Fotos von sich beim Fahren. Sie schaut sie an, statt auf den Weg zu achten. Sie sieht sich selbst in der Wüste am Steuer eines weißen Jeeps. Sonst gibt es in der Wüste nichts zu sehen. Das Licht schleift alle Konturen. Der Himmel ist so weit und so hoch, dass er alles unter sich erdrückt, mit seinem gleißenden Licht die Landschaft einfach niedermacht, sie auseinanderfließen lässt. Die Wüste ist ein flacher Teller, von dem man jederzeit in seinem weißen Jeep herunterfallen kann, denkt Anne. Ein ungutes Gefühl. Angst fühlt sich so an.

Die Stadt soll eine Oase sein, das ist das Erste, was Anne denkt, als sie auf die Hauptstraße einbiegt. Ein Meer aus grünem Rasen und fein geharkten Kakteengärten. Anne hat von dieser irren Architektur gelesen, von lichten Bungalows aus Glaswänden, Stahl und Beton. Von Richard Neutra, John Lautner, Albert Frey, von Donald Wexlers Dinah Shore House. Palm Springs die Residenz des alten Jetset von L. A. Sehr kalifornisch, hieß es. Unbekümmert. Schwerelos. »Man wird von dieser Schönheit ganz besoffen«, hat Marc Henderson gesagt. »Palm Springs ist eine Möglichkeit, Anne. Eine sensationelle Möglichkeit.«

Anne sieht aus dem Fenster. Die Bürgersteige brüten in der Hitze. Juli und fast vierzig Grad. Anne sieht das Sunrise Beauty Center, Sandy's 2nd Hand Fashion Mall, Starbucks. Heckmeck und Halligalli, denkt sie. Und dann ist sie da.

Die Beziehung zu dem Mann, wenn man es überhaupt so nennen kann, begann vor drei Tagen. Anne war mit Marc Henderson saufen. Henderson ist Strippenzieher, Berater, irgendwas. Sie saßen in einem Restaurant in der Paul-Roosen-Straße, Hamburg nahe Reeperbahn. Henderson hatte was gelayoutet, einen Katalog für eine Baufirma in Dubai. Anne sah computeranimierte Wolkenkratzer, Riesenkräne. Danach blätterte sie durch die üblichen Reisegeschichten nach Bali ins Bulgari Hotel, ins Four Seasons bei Ubud. Ein Scheiß, hatte sie gedacht und dabei ständig »großartig!« gerufen. Anne brauchte einen Job. Henderson sagte: »Ich besorg dir einen.« Er stützte den rechten Arm zum Restauranttresen hin auf, beugte sich nach vorn und schob das Kokain auf der Tischplatte zu kleinen Straßen zusammen. Henderson, das sagten alle, brauchte nicht zu arbeiten. Der strotzte vor Geld. Wenn Henderson betrunken war, erzählte er von Internaten in England, wie man ihn da geschlagen hatte, die Eltern irgendwo. Er brachte gern Leute zusammen, ließ aber auch manchmal alles wieder platzen. Verließ man sich zu sehr auf ihn, auch das sagten alle, war alles ein Scheiß.

In der Zeit, in der sie zusammensaßen, trank Anne zu viel Gavi. Sie saß zurückgelehnt in den Polstern und hörte Henderson zu, wie er von dem Mann erzählte. Wie der sich neulich im obersten Stock des Adlon in Berlin eingemietet hat. »Kugelsicher, Anne. Die ganze Etage«, sagte Henderson. »Immer hat er die Suite am rechten Ende des Gangs, diesmal die am linken Ende. Er kommt also raus und biegt links ab, weil er zum Fahrstuhl will. Fuck, da läuft er gegen die Wand. Verstehst du, Anne. Der ist gegen die Wand gelaufen, weil er ja sonst immer am anderen Ende des Gangs wohnt. Der braucht eine Assistentin. Anne, ich hab dich da ins Spiel gebracht.«

Henderson schweigt. Dann fragt er: »Wolltest du nicht heiraten?« »Nein«, sagt Anne. Dann wird ihr heiß im Gesicht, weil Henderson jetzt näher rückt. Anne drückt den Rücken in die Polster, schließt für einen Moment die Augen, als könne sie das Schreckliche, was jetzt kommt, ausblenden. Dann ist sein Gesicht direkt vor ihrem. Anne sieht glatte, weiße Haut, das schwarze Brillengestell, liest Prada. Hendersons Hand drängt unter ihren Rock, den rechten Oberschenkel hoch. Seine Hand ist kühl. Anne schwitzt jetzt, im Nacken, unter den Haaren, auf den Armen, überall. »Darf ich dich küssen?«, flüsterte Henderson.

»Schau mal«, sagt der Mann. Die ganze Zeit über sagt er das. »Schau mal hier, die Steine.« Der Mann steht vor dem Gartentor, als Anne kommt. Er führt sie hindurch, vorbei an einer meterlangen Rabatte aus geharkten schwarzen Steinen, die in der Sonne glänzen. »Tausende. Die will ich alle durchnummerieren, ein Kunstprojekt.« Und schon geht es weiter: »Schau mal, das ist es: mein Richard-Neutra-Haus.« Drinnen dann ein Helmut-Newton-Buch, sicher einen Meter hoch, im hüfthohen Buchständer aufgeschlagen, signiert. *Für meinen guten Freund*, kann Anne lesen. An der Wand lehnt was von Andy Warhol. Daneben der Mann, fotografiert von Mario Testino. »Schau mal hier«, er geht voraus in die rechte Ecke des großen Wohnraums. Er geht ein bisschen tuckig-tapsig, findet Anne, vornübergebeugt. Aber er ist noch immer schön. Er ist jetzt einundsechzig. Ein berühmter Regisseur. Ein Deutscher mit Wohnsitz in Palm Springs, der jetzt mit einer leeren Hermès-Pappschachtel durch die Luft fuchtelt. »Die bringen wir zum Maler«, ruft er durchs Zimmer. »Die Wand hier will ich Hermès-orange, die da Tiffany's-blau. Schaust du?« Anne schaut.

Und sofort muss sie weitergucken. Anne sieht den Mann, fotografiert von David LaChapelle, von Michel Comte, vor den Paramount Pictures, einen weißen Eames-Tisch, ein Herman-Miller-Bett, einen Gordon-Chadwick-Stuhl, sechs grüne George-Nelson-Sessel. Anne sieht aber auch, dass die Sessel abgesessen sind, die billige Ikea-Küchenzeile, den Bauschutt im Bad, den Staub auf allen Möbeln. Und dann stehen sie in der Tür zum Garten. Oder was der Garten sein soll, denkt Anne. Vor ihr liegt ein fußballfeldgroßes Brachland, umgeben von einer rissigen Mauer aus Puffbetonblöcken, Schutt und Wüste, dazwischen schäbige Kindergerüste, früher mal rot-gelb lackiert, rostig, ein Hubschrauber, ein Feuerwehrauto, ein Laster.

Anne spürt ein Ziehen im Magen wie eine ungeheure Kränkung. Sie fühlt sich grad betrogen. Sie will ankommen, sich hinsetzen, Hallo sagen, vielleicht Kaffee trinken. Doch die Welt schwimmt hier über sie hinweg. Irgendwas hatte sie erwartet. Nicht das.

Am nächsten Tag steht Anne in einer riesigen Halle namens Antique Mall, 2500 North Palm Canyon Drive, ein Secondhandladen, in dem es komisch riecht. Der Mann ist aufgedreht, steht vor einem Krawattenständer und reißt mit ruppigen Bewegungen eine Krawatte nach der anderen aus dem Halter. »Ich brauche die natürlich überhaupt nicht, aber ich muss sie haben«, sagt er und präsentiert stolz eine rote mit weißen Dalmatinern von Yves Saint Laurent, eine türkisgrüne mit grauen Rauten von Dior, eine rotorangefarbene von Lacroix, für drei Dollar das Stück. Er kichert. Er hat Anne morgens zu sich bestellt, zu seinem täglichen Streifzug durch die Nachbarschaft. Freunde vorstellen, sagte er.

In einem schuhkartonähnlichen Shop aus Glas begegnet Anne Jake. Ihm gehört der Laden, der Palm Springs Consignment heißt und vollgestopft ist mit Designermöbeln aus den Fünfzigern und Sechzigern. Annes neuer Arbeitgeber bewundert einen Hund aus Beton, kniehoch, mit einem Loch im Leib – ein Blumentopfhalter. »*Ethan would love it*«, sagt Jake. »*Really?*« Der Mann quiekt vor Freude, sagt zu Anne gewandt: »Ethan ist mein Nachbar. Den Hund stell ich ihm in den Vorgarten und dann frag ich: ›Was ist das denn für ein hässlicher Hund im Vorgarten?‹« Anne kommt sich linkisch vor, versucht es mit einem »Großartig!«, mit einem ironischen »Ich verstehe, was Sie meinen«. Und setzt ein schwaches Lächeln auf. Sie fühlt sich seltsam unruhig. Vielleicht weil sie schwitzt. Sie trägt ein schwarzes Kleid aus Taft, knielang, mit roten Rosen. Der Stoff ist für den Sommer in der Wüste viel zu dick, scheuert am Hals, juckt am Bauch. Anne ist es unerträglich heiß.

Der Mann mustert sie. »Du siehst müde aus«, sagt er. »Meine Güte, du bist ja gestern erst gelandet. Wenn ich aus Deutschland rüberfliege, komm ich tagelang nicht aus dem Bett. Die Abdrücke der Kissen auf meinem Hintern sind dann das Einzige, was die Welt von mir zu sehen kriegt.« Er geht zur Kasse, lässt die zweihundert Dollar für den Betonhund anschreiben, dann deutet er auf Anne und ruft auf Englisch quer durch den Raum: »Das ist Anne, meine neue Assistentin. Sie ist so müde, dass sie heute früh mit Kissenabdrücken auf dem Hintern vor meiner Tür stand.« Jake lacht.

In dieser Nacht schläft Anne schlecht. Vielleicht ist sie auch wach. Sie denkt an Constantin, an sein Gesicht und spürt wieder dieses Ziehen im Magen. Sie hat ins Horizon eingecheckt. Auf dem Hotelgelände drängen sich weiße Betonbungalows um einen Pool. Der Pool ist dreieckig, die Bungalows sind flach, ihre Front zum Wasser hin aus Glas. Kreisrunde Betonplatten verbinden die Gebäude, dazwischen sauber geharkte Sandflächen und scharf manikürter Rasen. Das alles war so künstlich und durchdacht wie eine Minigolfanlage. Und während Anne ihre Koffer aus dem Jeep wuchtete, beschlich sie wieder das Gefühl, dass alles unscharf war. Der Himmel: hart blau. Das Licht: grell weiß. Nur die Palmen, so dachte sie, halten mich am Boden. Nur die Palmen halten mich davon ab, in diesen überdimensionalen Himmel zu stürzen.

Anne liegt auf dem Rücken und starrt durch die offene Front ihres Zimmers. Alles ist schwarz. Allein der Pool schimmert in der Dunkelheit wie ein Opal. Die Seitenwände des Raums begrenzen Annes Blickfeld auf ein überschaubares Quadrat. Ihr ist das angenehm. Sie starrt auf den Pool. Er dampft. Nachts wird es in der Wüste kalt, der Typ an der Rezeption sagte, dass sie darum nachts das Wasser heizen. Anne hatte die Glasfront aufgeschoben. Wind streift ihr Gesicht. Er trägt kühle, klare Luft zu ihr herein. Es fühlt sich an, als läge sie im Freien. Anne schläft ein, wacht wieder auf.

Der Mann plapperte auch den Rest des Tages unentwegt. Sie fuhr ihn weiter durch die Stadt. Vorbei an McCormick's Exotic Car Auctions, einem Autohändler auf dem Indian Canyon Drive, der unter einem cremefarbenen Flachdach Oldtimer verkaufte. Der Mann kommentierte durchs Fenster jeden Wagen, den Studebaker Hawk CPE von 1960, den blauen Ford Cobra, den Jaguar XKE Roadster von 1966. Er erzählte, wie er neulich mit seiner chromroten Corvette Baujahr 1984 durch die Wüste gefahren war, wie ihm Jack Nicholson entgegengekommen war, wie sie sich zugewinkt hatten. Dass er mit dem Regisseur Robert Rodriguez und dessen Freundin Silvester gefeiert hatte. Dann sagte er, er hätte nicht viele Freunde, er zählte vier auf, Nicholson und Rodriguez waren nicht dabei. Dann wollte er Lotto spielen.

Am frühen Abend setzte Anne ihn dann vor dem Haus seines Nachbarn Ethan ab. Der Mann platzierte den Hund im Vorgarten, klingelte. Ein Schwarzer öffnete die Tür, sehr jung, sehr muskulös, mit sehr breiten und langen Kotletten im Gesicht und einem schwarzen T-Shirt am Leib, auf dem der Bandname *Blondie* stand. Die beiden Männer umarmten sich, das war das Letzte, was Anne sah, bevor sie in ihrem weißen Jeep um die Ecke bog.

Das ungute Gefühl im Magen ist noch immer da. Sie hätte nicht an Constantin denken sollen. Sie denkt an den Streit vor der Hasenschaukel-Bar. »Bleib stehen!«, hatte Constantin geschrien und sie geschüttelt. Sie sah die Not in seinem Gesicht, sah das Relief aus Augen, Nase, Leberfleck auf der rechten Wange, das für sie immer so eine beruhigende Ordnung gehabt hat. Oft hatte sie ihr Gesicht an seins gepresst und jedes Mal war sie dann enttäuscht, dass sich dabei nichts verband. Sie hatte ihm das mal gesagt, und er hatte gelacht. Sie schrie auch in dieser Nacht – wusste sie noch was? Ja, sie wusste es – und sie hatte gehofft, ihn damit abzuschütteln. Sie wollte nicht reden, wollte Ruhe, schlafen, am besten sofort einschlafen. Auf dem Haus neben der Bar sah sie Graffiti an der Wand, wirre Schnörkel in Schwarz, sie sah zwei Typen, die glotzten. Sie riss sich von ihm los und ging. Die Reeperbahn war stark befahren. Blaulicht. Er brüllte ihr noch irgendetwas hinterher, klang wie ein angestochenes Vieh. Sie hatte sich nicht mehr umgeschaut, worauf sie damals einige Sekunden lang lächerlich stolz gewesen war.

Und dann sieht sie die Katze. Anne durchzuckt es wie ein Schlag, weil sie plötzlich in der Schwärze etwas Dunkles sich bewegen sieht, sofort hat sie einen metallischen Geschmack im Mund. Die Katze trottet langsam durch die offene Glasfront in den Raum. Ihre Farbe verschwimmt mit der Nacht, als sie näher kommt, sieht Anne, dass sie grau getigert ist. Sie läuft bis zum Kopfende des Bettes, springt lahm zu Anne hoch, knickt ein, bleibt auf der Seite liegen. Anne streicht mit der Hand über das Tier. Es fühlt sich knochig an, klein und erschreckend heiß. Die Katze lässt es geschehen, ohne den Kopf zu heben. Ihr Fell ist fettig. Anne nimmt sie auf den Arm, geht zur Tür, setzt sie wieder ins Freie, ohne richtig hinzuschauen, schiebt schnell die Glasfront zu und auch die Vorhänge. Sie will die Katze da nicht kauern sehen, hat keine Lust auf Viren.

Am nächsten Morgen ist die Unruhe noch immer da. Anne spürt sie in der Brust und im Magen. Eine Unruhe, die nichts mit Constantin zu tun hat und auch nicht mit dem Jetlag. Der Mann meldet sich den ganzen Tag lang nicht. Er scheint Anne nicht zu brauchen.

Am Abend darauf will er essen gehen. Sie sitzen im Zin, und Anne ist beschwipst, der Mann wohl auch. Wie immer plappert er. Das Thema heute: Ruhm. »Ruhm ist wie ein neues Auto«, sagt er gerade, »man fährt das Auto, putzt es, präsentiert es, und wenn ein Kratzer reinkommt, ist man sauer, aber dann kommt der zweite, dritte. Ruhm ist – ähhh – gibt es ein anderes Wort für Ruhm? Ruhm heißt, man ist berühmt!« Anne hört auf zuzuhören. Sie hört auch auf zu denken. Ihr Kopf ist leer. Sie sieht zu, wie die Lippen des Mannes sich bewegen. Das sieht schön aus. Der Mann ist ja noch immer schön. Sie sitzt, den Kopf in die linke Hand gestützt, und lächelt. Ihr ist ein bisschen übel, zu viel Wein, trotzdem ist ihr wohlig. Irgendwann sieht sie, dass der Mann auch lächelt, er stützt jetzt auch den Kopf auf. Und plötzlich küsst er sie. Anne prustet los, sie spürt, wie ihr ein bisschen Spucke aus dem Mund fliegt, sie muss noch mehr prusten. Das

Prusten klingt bescheuert. Der Mann sagt: »Es ist ja kein Geheimnis, dass ich mehr auf Männer steh, aber du bist auch süß.«

Der Mann spreizt Annes Beine auseinander und schaut geradewegs in ihre Vagina. Das Licht ist an. Anne fühlt sich extrem nackt und guckt deshalb zur Seite. Er führt ihre Hand zu seinem Schwanz, der schon hart wie Porzellan ist, warm und an der Spitze feucht. Er stöhnt, als er sich an ihr reibt. Dann führt er ihre Hand zu seinem Arschloch. Langsam drückt er ihren Zeigefinger rein, es fühlt sich an, als würde ihr Finger aufgesogen, in einen feuchten, warmen Sumpf gezogen, gleichzeitig stößt der Mann seinen Schwanz in Anne und stöhnt jetzt noch heftiger. Anne ist nicht feucht, es tut ihr trotzdem nicht weh. Sie liegt auf dem Rücken. Das Gesicht des Mannes schwebt jetzt eine Armlänge über ihrem, sie spürt seinen warmen Atmen im Gesicht, er hat die Augen geschlossen, die Hände neben ihren Kopf gestützt, pumpt seinen Schwanz schnell und heftig in Anne rein, lässt seine Hüften kreisen, arbeitet sich ab.

Anne sieht alles wie in einem Film. Das Gesicht des Mannes, den schwarzen Nachthimmel vor ihrem Bungalow, das Opalgrün des Swimmingpools, die Bungalows gegenüber, die im Licht ihres offenen Zimmers wie braune Pappschachteln wirken, die Schatten drüben hinter den Gardinen. Sie blickt auf diese Bilder wie durch eine Kamera. Sie sieht diese Bilder wie auf einer Leinwand. Sie fühlt sich unbeteiligt. Das alles: nur ein Film. Den Mann im Restaurant zu küssen, war irgendwie schön. Es schien für kurze Zeit irgendetwas zu beseitigen. Vielleicht die Unruhe, die ihr seit Tagen in der Kehle saß. Im Restaurant sehnte sie sich danach, gehalten und geküsst zu werden. Im Restaurant dachte sie, der Mann könnte das tun.

Als er fertig ist, lässt er sich neben sie auf die Matratze fallen. Anne bleibt mit gespreizten Beinen liegen. Sie ist jetzt sehr nüchtern. Der Mann wohl auch. Er plaudert noch ein bisschen über die Ausstellung einer befreundeten Künstlerin, darüber, dass er neulich mit der Exfrau des toten Heath Ledger essen war, dass er neue Türklinken für das Neutra-Haus bestellen muss. Dann ist er weg.

Als Anne am nächsten Morgen aufwacht, liegt die Katze wieder in ihrem Bett. Anne steht auf, zieht sich an, nimmt sie und läuft zur Rezeption. Das Tier fühlt sich an wie ein kleiner, schlaffer Sack mit Knochen drin. Wieder lässt es Anne einfach machen. Die Rezeption ist ein Bungalow aus Glas mit einem kastigen Designerschreibtisch an der Wand. Der Typ hinter dem Schreibtisch tippt Sachen in einen Computer, er ist jung und sieht aus wie ein Model. Als Anne durch die Tür tritt, blickt er auf und grinst. Anne findet sein Grinsen anzüglich. Dann sieht er die Katze. »Ich würde die nicht anfassen«, sagt er auf Englisch, »du könntest dir was holen.« Dann grinst er wieder und fügt hinzu: »*Nasty show last night.*« Seine Stimme klingt lockend und widerlich, als warte er auf eine Antwort. Anne reagiert nicht. Sie ist jetzt ganz ruhig, die Unruhe ist verschwunden. Sie fragt nach einem Karton. Der Typ verschwindet in einem anderen Bungalow, kommt mit einem Sack zurück, gewebt aus weißen Plastikfasern.

Anne läuft den East Palm Canyon Drive runter. Den Jeep konnte sie nicht nehmen. Sie braucht beide Hände, um den Sack zu halten. Die Katze wütet darin, zappelt wie verrückt, haut mit den Krallen durchs Gewebe, knurrt. Ihr Knurren klingt kläglich, eher wie ein Gurgeln und auch sehr hell. Annes Arme schmerzen. Der Bürgersteig ist staubig. Die Sonne gleißt vom Himmel, elf Uhr oder zwölf, Anne hat keine Ahnung, es interessiert sie auch nicht. Sie trägt wieder das schwarze Taftkleid, der Schweiß rinnt ihr den Bauch hinunter, nach wenigen Minuten ist sie völlig durchgeschwitzt. Der Schweiß unter ihren Achseln stinkt, sie hat nicht geduscht, sich die Haare nicht gewaschen. Egal, denkt sie. Egal und egal. Beim Tierarzt muss sie lange warten. Die Bluttests dauern. Im Wartezimmer sitzt sie allein. Der Arzt sagt, die Katze habe Hepatitis C, die Leber sei sicher angegriffen. Schonkost und Interferone, eine Tablette am Tag, von jetzt an lebenslänglich. Er mustert Anne mitleidig. Die Tabletten kosten einhundertzwölf Dollar die Packung. Er sagt, es gäbe auch noch eine andere Lösung. Anne lässt sich das Rezept geben.

Sie läuft mit dem Plastiksack zum ATM-Automat. Sie räumt ihr Konto leer und dann die Visa Card. Es ist ein bisschen schwierig, mit einer Hand die Tasten zu bedienen und mit der anderen die zappelnde Katze zu halten. Das Tier gibt mittlerweile keinen Mucks mehr von sich. In der Apotheke kann Anne zwei Packungen Interferone kaufen, mehr haben sie nicht. Anne läuft zurück zum Hotel. Ihre Arme schmerzen unerträglich. Die Katze hängt schwer in ihren Händen, sie bewegt sich mittlerweile gar nicht mehr. Ab und an öffnet Anne ein wenig den Sack, um frische Luft zu ihr zu lassen. Zwei brennende Augen starren sie dann an. Anne muss unentwegt blinzeln, die Sonnenbrille hat sie vergessen, auf ihren Wangen spannt ein Sonnenbrand. An der Rezeption lässt sie sich einen Briefumschlag geben, erklärt dem jungen Mann die Eingabe der Pillen, steckt das Geld in den Umschlag, schiebt es ihm hin. Der Mann sagt die ganze Zeit über gar nichts, guckt sie nur ausdruckslos an. Dann guckt er auf den dicken Brief und sagt: »*Sure.*«

Vor ihrem Bungalow lässt Anne das Tier frei. Sofort flitzt es um die Ecke und ist weg. Am Nachmittag ist Anne ebenfalls verschwunden. Sie hat die Stadt über den North Palm Canyon Drive verlassen.

Nachsatz:

Alle Personen und Ereignisse dieser Geschichte sind erfunden, Parallelen zur Wirklichkeit rein zufällig.

REGINA KRAMER

Juli im August

Matti Kirschbaum war schon unglücklich geboren.

An einem Samstagabend im November bekam seine Mutter Wehen und holte den kleinen Koffer aus dem Schrank. Sie packte ein Nachthemd, einen Morgenrock und die Bibel ein. Sie legte einen rosa Strampelanzug, ein weißes Häschen aus Plüsch und eine rosa Kuscheldecke dazu. Das Kind in ihr boxte, dann war es still. Die Mutter holte Zahnbürste, Zahnpasta und Duschgel aus dem Bad. Dann schloss sie den Koffer.

»Es ist so weit«, sagte sie zu dem Vater.

»Gut«, sagte er und schaltete den Fernseher aus.

Er fuhr das Auto aus der Garage, die Mutter verschloss die Haustür. Matti Kirschbaum wurde ins Krankenhaus gefahren.

Am Himmel hing ein fahler Mond. Nebel schlich über die Berge. Es war ungewöhnlich warm.

»Alles in Ordnung?«, fragte der Vater.

»Ich weiß nicht«, sagte die Mutter und legte beide Hände auf den gewölbten Bauch.

Das Auto fuhr über die Dorfstraße. Im Gasthaus Zum Goldenen Hirsch brannte noch Licht. Am Ende von W. bog das Auto in Richtung M. auf die Landstraße ab. Noch fünfzig Kilometer bis zum Krankenhaus.

»Sie bewegt sich nicht mehr«, sagte die Mutter.

»Sie ruht sich aus für die Geburt«, sagte der Vater.

Und Matti Kirschbaum hörte, dass er ein Mädchen werden sollte, und hielt die Luft an. Jedenfalls stellte er sich das so vor. Atmen konnte er ja noch nicht.

In der Ferne schlug eine Kirchturmuhr. Bei jedem Glockenschlag bewegte Matti Kirschbaum einen seiner kleinen Finger. Und als jeder Finger einmal gezuckt hatte, gab es noch einen Schlag.

Der Nebel hatte sich über den Mond gelegt, die Straße glitzerte feucht, der Vater fuhr langsam, die Mutter horchte in sich hinein. Aber in M., der großen Stadt, knallte das Licht der Straßenlaternen und der Reklametafeln, das Licht der vielen Autos und der vielen Wohnungen in das kleine Auto.

»Gleich«, sagte der Vater.

»Ja«, sagte die Mutter.

Nein, dachte Matti Kirschbaum.

»In welchen Abständen kommen die Wehen?«, fragte eine freundliche Schwester im Krankenhaus.

Der Vater schaute ratlos.

Die Mutter sagte: »Zu Hause kam die erste Wehe kurz vorm Abendbrot und dann wieder nach den Nachrichten und dann wieder mitten bei *Wetten dass?*, und dann habe ich den Koffer gepackt, ja, so war das.«

»Und seitdem?«, fragte die Krankenschwester.

Nichts mehr.

Vater, Mutter und Matti durften dennoch im Krankenhaus bleiben.

Und es ward Morgen und es ward Abend, und Matti

Kirschbaum liebte die siebenunddreißig Grad Wärme im Bauch seiner Mutter und hatte keine Lust auf das Licht der Welt.

Aber das Leben im Allgemeinen und das von Matti Kirschbaum im Besonderen schert sich nicht um Lust. Es will einfach mal anfangen.

Drei Tage, nachdem seine Eltern von W. nach M. gefahren waren, drei Tage, in denen der Vater nicht wusste, was er mit sich anfangen sollte, drei Tage, nachdem die Mutter die Bibel rauf- und runtergelesen hatte, war Matti Kirschbaum bereit. Die Geburt war für niemanden schön, aber unerlässlich.

Mattis erster Eindruck von der Welt war Kälte. Die Kälte war viel schlimmer als das grelle Licht und die Stimmen um ihn herum.

»Ein Sohn. Herzlichen Glückwunsch. Ach, wie niedlich. Hier, halten Sie mal«, sagten die Stimmen.

Da fing er an zu brüllen, so laut er konnte. Er wollte von der Kälte brüllen, von diesem unfassbaren Temperatursturz von siebenunddreißig Grad im Bauch der Mutter auf dreiundzwanzig Grad in diesem hässlichen Zimmer im Krankenhaus. Er wollte zurück, er zitterte vor Zorn und Heimweh, aber kein Mensch auf dieser Welt verstand ihn. Und es ward Abend und es ward Morgen, und das sollte es nun sein Leben lang werden.

Er wurde auf den Namen des Apostels Matthäus getauft. Er trug den rosa Strampelanzug, bis er aus ihm herausgewachsen war. Er wurde so hübsch und klug, dass sich die Eltern leicht damit abfinden konnten, dass sie nur einen Sohn bekommen hatten.

Neun Jahre später verliebte sich Matti Kirschbaum zum ersten Mal. In ein Huhn. Es war ein Dienstag im August, die Sonne brannte seit einer Woche vom Himmel. Die Bewohner von W. stöhnten unter der Hitze. Die Wettervorhersagen im Fernsehen waren eine einzige Drohung. Heute dreißig Grad, morgen zweiunddreißig Grad, zum Wochenende vermutlich fünfunddreißig Grad. Für die Kinder gab es hitzefrei in der Schule. Wer ins Büro fuhr, schaltete am Morgen zuerst den Ventilator und dann den Computer ein. Die Gaststätte Zum Goldenen Hirsch hatte Tische und Stühle nach draußen gestellt. Die Eisdiele am Marktplatz machte Umsätze wie nie. Und Matti Kirschbaum war glücklich, endlich.

»Wo willst du hin«, fragte die Mutter, als sie ihren Sohn in der Haustür stehen sah.

Der Junge hob die Schultern hoch.

»Na dann«, sagte die Mutter.

Und Matti lief durch den Garten, vorbei am Goldenen Hirsch, vorbei an der Schule, vorbei an der Kirche, vorbei am kleinen Bach. Dann lief er über einen holprigen Weg und dann sah er das alte Bauernhaus von Alois aus Santiago. So nannten die Leute aus W. den Mann, und Matti wusste nicht, was Santiago bedeutete, aber der Alois hatte Tiere in seinem Hof, Kühe, Pferde, zwei Hunde und Hühner. Die Hühner waren die hässlichsten von allen Tieren, sie scharrten im Sand und gackerten, und der Hahn plusterte sich auf.

Matti blieb vor dem Gartentor stehen. Alois aus Santiago saß auf einer Bank im Garten und rauchte eine Pfeife. Alois hatte graue Locken, die er zu einem Pferdeschwanz gebunden hatte. Matti hatte schwarze Locken, die er auch manchmal zu einem Pferdeschwanz band. Beim Baden zu Hause, beim Lesen im Bett. Aber nie draußen oder in der Schule.

Weil alle über seine langen Haare lachten. Matti, der Apostel, Jesusjünger mit Zopf, Mädchen. Ach, wie niedlich. Und dann hielt Matti Kirschbaum die Luft an, wenn man es nur lange genug aushält, dann ist man weg.

»Warum kommst du nicht rein?«, fragte Alois aus Santiago.

Matti hob die Schultern.

»Die Hühner möchten dich kennenlernen.«

Matti zog verlegen an seinem blauen T-Shirt und ging durch das offene Tor.

»Willst du eine Limonade trinken?«

»Ja«, sagte Matti.

Alois ging ins Haus und kam mit zwei Gläsern und einer Karaffe mit Zitronenlimonade zurück. Er goss die Limonade in die Gläser, sofort liefen kleine Hitzeperlen an den Gläsern herunter.

Matti setzte sich auf die Bank und trank. Danach stellte er sein Glas auf den Boden, Alois machte es genauso, dann schwiegen beide.

Die Hühner pickten Körner und Löwenzahn, ein Hund zottelte über den Weg vor dem Haus, ein paar Wespen summten um Mattis Glas.

»Welches Huhn gefällt dir am besten?«, fragte Alois.

Matti schaute sich um. Ein braunes Huhn jagte ein gelbes, und Matti ekelte sich ein bisschen vor dem roten Kamm auf dem Kopf und den wackelnden Lappen am Kinn. Auch die Beine waren seltsam. Schuppig und am Ende waren Füße mit drei Krallenzehen, die nach vorn gingen, und einem kleineren Zeh nach hinten. Jetzt lief ein schwarzes Huhn auf die Bank zu. Die Federn schimmerten in der Sonne fast blau. Aus dem Hühnerstall kam ein anderes Huhn, dessen Federn so lang und vermutlich so weich waren wie bei einer Katze.

»Das ist ein Seidenhuhn«, sagte Alois, »seine Vorfahren kamen aus China.«

Das Seidenhuhn schleppte seinen chinesischen Federschwanz träge durch den Hof.

»Warum sagen alle Alois aus Santiago zu Ihnen?«, fragte Matti.

»Weil ich da lange gelebt habe.«

»Wo ist das?«

»Santiago ist die Hauptstadt von Chile, und das liegt in Südamerika«, sagte Alois.

»Und warum sind Sie zurückgekommen?«

»Ich hatte Heimweh. Ich bin hier geboren.«

»War es heiß in Chile?«

»Manchmal.«

»Schön«, sagte Matti. Er nahm sein Glas vom Boden und trank einen Schluck von der Limonade. »Mögen Hühner Hitze?«

»Nein«, sagte Alois. »Sie suchen sich ein kühles Plätzchen.«

»Oh«, sagte Matti und war ein wenig enttäuscht.

»Siehst du die Hühner da hinten?«

Alois zog an seiner Pfeife. Matti roch den Duft von Äpfeln, Vanille und Tabak. Er schaute in die Richtung, in die Alois zeigte. Vier Hühner standen zwischen zwei großen Bäumen.

»Im Sommer laufen sie gern unter die Kirschbäume«, sagte Alois.

»Warum?«

»Die Kirschbäume werfen Schatten. Manchmal fällt eine

Kirsche hinunter. Dann freuen sich die Hühner, sie streiten sich, wer die Kirsche bekommt. Und das schnellste Huhn pickt die Frucht auf und frisst das Fleisch. Manchmal ist ein Wurm in der Kirsche, das ist dann der Sonntagsbraten für das Huhn.«

Matti Kirschbaum lächelte.

Auf dem Weg neben dem Bauernhof knatterte ein Motorrad vorbei. Die Hühner erschraken und liefen in alle Richtungen davon. Nur ein Huhn blieb unbeeindruckt stehen und gackerte vor sich hin.

»Das da hat keine Angst«, sagte Matti.

»Nein. Das da ist morgens das erste, das zum Kirschbaum läuft, und abends das letzte, das in den Stall geht.«

»Dann habe ich dieses Huhn am liebsten. Es ist so schön braun«, sagte Matti.

»Und es mag Kirschbäume«, sagte Alois aus Santiago.

Matti nickte verlegen.

Und viel später ging er wieder aus dem Garten und aus dem offenen Tor, vorbei am kleinen Bach, vorbei an der Kirche, vorbei an der Schule. Die Kirchturmuhr schlug sieben Mal. Im Garten vom Goldenen Hirsch saßen nur noch zwei Männer vor riesigen Biergläsern. Es war einfach zu schwül, um draußen zu sein. Die Mutter hatte Bratkartoffeln und einen frischen Salat zubereitet, mit Tomaten, Oliven, grünen Salatherzen und Eiern. Der Vater bekam ein Steak dazu, Matti ließ die Eier auf dem Teller liegen und ging nach dem Essen ins Bett und band die schwarzen Locken zu einem Pferdeschwanz, obwohl er gar nicht mehr lesen wollte. Aber nachdenken musste er. Er musste einen schönen Namen für das Huhn finden, das den Kirschbaum liebte.

Es wurde immer heißer. Tagsüber versperrten die Menschen die Fenster mit Rollläden und Jalousien, damit die Hitze nicht in die Wohnungen kam. Die Berufstätigen fuhren in Freizeitkleidung in die Büros, Verkäuferinnen standen in Badelatschen hinter dem Tresen, Bankangestellte durften die Krawatte lockern, und der Wirt vom Wirtshaus bediente seine Gäste im bunten Hawaiihemd. Die Kinder hatten weiterhin hitzefrei. Die älteren Leute gingen am frühen Morgen und gern noch einmal am späten Nachmittag in die Kirche, dort war es so schön kühl. Und in den Nächten wurden die Rollläden und Jalousien hochgezogen, und alle Fenster standen weit offen, und Matti Kirschbaum hörte von hier und dort ein Stöhnen und Seufzen und Kichern. Die Liebe der anderen kümmerte ihn nicht.

»Ich geh zum Alois aus Santiago«, sagte er jeden Morgen zur Mutter. Der Mutter war es recht. Und der Junge lief, so schnell er konnte, und jeden Morgen warteten alle auf ihn: die beiden Hunde, der Alois, die Kühe, die Pferde und die Hühner. Und jeden Morgen hatte Matti Kirschbaum ein Geschenk für das eine Huhn. Schalen von gekochten Kartoffeln, Reste vom Frühstücksbrötchen, einen Strauß Brennnesseln, ein bisschen Mais, den die Mutter vom Salat übrig hatte.

Das Huhn stand unter dem Kirschbaum, Matti streute seine Geschenke auf den Boden, das Huhn pickte sie auf. Danach hockte sich Matti neben das Huhn und durfte es streicheln.

»Ich habe mir einen Namen für das schöne Huhn überlegt«, sagte Matti, als er sich zu Alois auf die Bank setzte.

Alois zog an seiner Pfeife.

»Rosalie.«

»Gut«, sagte Alois.

Rosalie gackerte.

Und es ward Abend und es ward Morgen, und Matti liebte das Huhn wie sonst nichts auf der Welt, und der Sommer ging vorbei, und der Herbst begann. Ausgelöscht sei der Tag, der den Regen brachte.

Seit dem frühen Morgen klatschten dicke Tropfen an die Fensterscheiben. Matti Kirschbaum trödelte beim Frühstück. Sein Rucksack mit den Schulheften stand im Flur, der Vater drängte ihn, sich zu beeilen.

»Ich kann dich mit dem Auto mitnehmen«, sagte er.

»Ich geh lieber zu Fuß.«

»Na dann«, sagte der Vater und ging aus dem Haus.

Matti schälte sein Frühstücksei, legte das Ei auf seinen Teller und steckte die Schalen heimlich in die Hosentasche. Dann ging er an die Garderobe, zog sein rotes Regencape an und nahm den Rucksack.

»Tschüss, Mama«, rief er und ging. Aber er ging nicht zur Schule.

Die Straße war rutschig vom Regen und den Blättern, die von den Bäumen fielen. Der Weg zum Bauernhof war aufgeweicht, bei jedem Schritt versank Matti im Matsch. Von Weitem sah er, dass das Tor geöffnet war. Alois aus Santiago stand bei den Kühen auf der Wiese hinter dem Hof.

»Keine Schule heute?«, rief Alois, als er den Jungen sah.

»Doch, aber ich geh nicht hin.«

»Dann geh ins Haus, ich komme gleich«, rief Alois.

»Wo ist Rosalie? Ich habe ihr etwas mitgebracht.«

Weil Alois nicht antwortete, schaute Matti im Stall nach.

Ein paar Hühner saßen auf der Stange, andere scharrten im Sand auf dem Boden. Rosalie war nicht da. Matti spielte mit den Eierschalen in seiner Hosentasche, dann ging er wieder nach draußen. Rosalie stand auf dem Weg vor dem Tor, gackerte leise vor sich hin und schob den Kopf ruckartig vor und zurück.

»Warum zucken Hühner immer so komisch?«, hatte Matti Alois im Sommer gefragt.

»Weil sie nicht gut sehen können«, hatte Alois erklärt.

Und am Abend hatte Matti Kirschbaum seinen Eltern alles über Hühner erzählt. Dabei hatte er zwei Marmeladengläser genommen, hatte das rechte etwas weggeschoben, weil nämlich, wenn ein Huhn so dreißig Meter weg ist, wie das Glas hier, also dann sieht das eine Huhn das andere nur noch ganz klein, wie einen Punkt. Und wenn, und dabei hielt er ein Marmeladenglas über die Tischkante hinweg, wenn ein Huhn fünfzig Meter weit wegläuft, kann das andere Huhn, und dabei zeigte er auf das andere Marmeladenglas, es gar nicht mehr sehen.

Die Eltern schauten ihren Sohn mit den Marmeladengläsern an.

»Ja, und weil man doch etwas sehen muss, beim Laufen und so, darum ruckeln die so komisch mit dem Kopf.« Und Matti machte die Bewegung zuerst mit dem Marmeladenglas und dann mit seinem Kopf nach.

»Der Junge verträgt die Hitze nicht«, sagte sein Vater und schaute die Mutter an.

»Wird Zeit, dass die Schule wieder anfängt.«

»Hört doch mal zu«, sagte Matti. »Bei den Hühnern ist das nämlich so, dass die mit den Augen nicht alles zusammengucken können. Weil sich das nicht ordentlich überschneidet, rechts und links, oder so.«

»Wer erzählt denn so einen Quatsch?«, fragte der Vater.

»Das ist kein Quatsch, der Alois aus Santiago hat es mir genau erklärt, und die Rosalie macht es auch.«

»Der Alois hätte mal lieber in Chile bleiben sollen«, sagte die Mutter.

»Aber er hatte ja Heimweh«, sagte Matti.

»Der ist nicht ganz dicht«, sagte der Vater. »Was machst du überhaupt da und wer ist diese Rosanochwas?«

»Rosalie«, rief Matti jetzt, »kannst du mich sehen? Ich habe dir etwas mitgebracht.«

Die braune Rosalie klebte mit ihren Füßen unbeholfen im Matsch und drehte ihren Kopf zu Matti. Damit sie ihn besser erkennen konnte, lief Matti aus dem Stall zum Tor. Im gleichen Augenblick sah er, wie zwei größere Jungen auf einem gelben Motorrad über den Weg zum Hof fuhren. Weil sie im Matsch nicht gut vorankamen, gaben sie Gas. Matti hörte, wie die Räder durchdrehten. Matti hörte, wie die Jungen grölten. Matti hörte, wie Rosalie gackerte. Die Maschine knatterte und wurde schneller. Und sie rutschte, und die Jungen schrien. Und Rosalie schlug mit den kurzen Flügeln, und die Maschine kippte um, kippte auf Rosalie um. Und Matti sah Federn und Blut und Matsch und Matti hörte einen Schrei, seinen Schrei, und dann kam Alois gelaufen, Alois, der das gelbe Motorrad anhob und darunter zuckte etwas, Rosalie, und Alois bückte sich und legte eine Hand auf etwas, Rosalie, Rosalie machte einen Ton, einen ganz kleinen Ton, und dann war es still, und Matti Kirschbaum hielt die Luft an und Rosalie auch.

Alois aus Santiago stand auf und ging zu dem Jungen und nahm ihn in den Arm. Matti sah kein Motorrad mehr und kein Huhn. Aber im bleigrauen Himmel tanzte eine kleine braune Feder. Und Matti atmete immer noch nicht und gleich würde er weg sein. Aber so war es nicht, so war es nie, weil Matti wieder anfing zu atmen, Rosalie nicht. Und dann weinte Matti Kirschbaum. Und er hörte nicht mit dem Weinen auf, als Alois ihn ins Haus trug und ihm einen Kakao machte, und er hörte nicht mit dem Weinen auf, als Alois ihn in sein Bett legte und als er einschlief. Und als er aufwachte, waren keine Tränen mehr da.

Ausgelöscht sei der Tag.

In den nächsten dreißig Jahren machte Matthäus Kirschbaum Karriere. Ein Jahr lang sprach er kein einziges Wort. Ein Jahr später meldeten seine Eltern ihn auf einem Internat an, weit weg von zu Hause. Sechs Jahre danach bestand er sein Abitur mit Auszeichnung. Er absolvierte seinen Wehrdienst, bewarb sich für ein Stipendium und studierte Architektur. Er promovierte am Massachusetts Institute of Technology in Cambridge, reiste anschließend drei Jahre lang von Aserbaidschan über Bogotá, Oslo und Santiago nach Zürich. Er heiratete nie, und ob es Liebe war, was er für die Frauen empfand, mit denen er zusammen war, hätte er nicht zu beantworten gewusst. Es fragte aber auch niemand. Er gewann mehrere Ausschreibungen für die Entwürfe einer Shoppingmall in Seattle und eines Museums auf Rarotonga im Südpazifik und die Rekonstruktion einer historischen Wohnsiedlung in Gelsenkirchen.

Zwei Tage nach seinem einundvierzigsten Geburtstag eröffnete er das Architekturbüro Kirschbaum & Partner. Fünf

Tage später, es war ein Dienstag, saß er in seinem Büro und schaute aus dem Fenster. Zehn Stockwerke tiefer fuhren Frachtschiffe auf einem Fluss. Nebel verwischte die Landschaft, das Wasser war grau, die Uferwiesen schmutzig grün, eine kalte Sonne stocherte sich durch den Dunst. Er sah Leute in dunklen Mänteln gehen. Er schaute auf das Thermometer, dreiundzwanzig Grad Zimmertemperatur. Er fror. Er ging zurück zu seinem Schreibtisch und setzte sich auf seinen Stuhl. Er drückte eine Taste seines Telefons und teilte seiner Sekretärin mit, dass er in den nächsten Stunden nicht gestört werden möchte. Er legte seine Füße in den teuren Schuhen auf die kühle Glasplatte des Schreibtischs. Und dann hielt er die Luft an.

Und es ward Abend und es ward Morgen, und Matthäus Kirschbaum lag in einem weißen Hemd in einem weißen Zimmer in einer Klinik, in der die Türen nach draußen verschlossen waren.

Es war so gut. Er durfte schlafen, er durfte wach sein, er musste nichts tun. Er liebte das Wispern des Baumes vor seinem Fenster. Er freute sich über die leisen Schritte draußen auf dem Flur. Einmal hörte er in der Ferne ein Schaben und Knirschen, etwas fiel auf den Boden und zwei lachten. Er hätte aufstehen und aus dem Fenster schauen können. Aber er blieb liegen und schloss die Augen. Er dachte an nichts, er träumte von nichts, er atmete nur und kein einziges Mal, seit er hier war, hatte er die Lust gespürt, mit dem Atmen aufzuhören. Er war im Paradies angekommen.

Das Paradies hatte, wie es sich gehört, einen großen Garten. Die anderen Paradiesbewohner gingen dort spazieren.

Nach ein paar Tagen, als er genug vom Schlafen hatte, stand er auf und ging zum Fenster. Er sah eine junge Frau im weißen Kittel über einen Weg laufen. Er sah einen Mann und eine alte Frau auf einer Bank sitzen. Ein paar Meter hinter der Bank kniete eine Person auf dem Boden. Er hörte ein Schaben und ein Knirschen. Dann stand die Person auf und wickelte sich einen langen roten Schal um die Schultern. Die Person hüpfte wie ein Kind und verschwand hinter den Bäumen. Er wünschte sich, sie lachen zu hören. Er schaute in einen grauen Himmel. Er legte seine Hand auf eine kühle Fensterscheibe. Er dachte, dass er frieren müsste. Nichts war wie sonst.

Nach einer Woche verließ er sein Zimmer zum ersten Mal. Mit der Schwerfälligkeit eines Tiefseetauchers bewegte er sich durch einen langen Flur. Er fragte sich, ob er immer schon so gegangen war. Er fuhr mit dem Aufzug in den ersten Stock. Er hatte keine Ahnung, warum er das tat. Es gefiel ihm, keine Ahnung zu haben. Im ersten Stock gab es eine Cafeteria, er ging hinein, er war der einzige Gast, er setzte sich an einen Tisch in einer Ecke. Er bestellte einen Tee, normalerweise – aber was war normalerweise? – bevorzugte er Kaffee. Es war interessant, dachte er, etwas Neues zu tun, am liebsten hätte er seine Tasse genommen und sich an einen Tisch mitten in der Cafeteria gesetzt.

In diesem Augenblick kam sie in den Raum. Die Schuhe fielen ihm zuerst auf. Rote Schuhe, Mädchenschuhe, und das Mädchen machte einen Lärm damit, als wären es Polizeistiefel. Sie lief an seinem Tisch vorbei, sie trug schwarze Strümpfe mit Löchern, einen schwarzen Minirock und eine abgewetzte dunkelgrüne Lederjacke. Sie ließ sich auf einen Stuhl fallen, die Stuhlbeine quietschten auf dem Boden aus Stein. Sie legte einen Beutel auf den Tisch und zog die Lederjacke aus. Sie trug ein graues T-Shirt mit aufgedrucktem Totenkopf.

»Wie immer?«, fragte die Kellnerin, als sie an den Tisch des Mädchens ging. Sie nickte.

Die Kellnerin brachte ihr einen großen Becher mit Kakao und Sahne.

»Danke schön.«

Die Stimme passte zu dem Kakao. Um den Hals trug sie ein schweres Hundehalsband aus schwarzem Leder mit silbernen Nieten.

Er sah, wie sie in ihrem Beutel kramte und mehrere Zeitschriften auf einen Stuhl legte. Dann holte sie ein Schachspiel hervor und stellte die weißen und schwarzen Figuren auf das Brett. Sie machte den ersten Zug mit einem weißen Bauern und den zweiten mit einem schwarzen Pferd. Er hörte das Geräusch der Figuren aus Holz.

Er hatte die Bauern nach vorn gesetzt, er spielte Schwarz, dann die Läufer, die Dame war in Gefahr, er opferte den Turm, einer lachte, einer sagte Schach, es war heiß, der Schweiß lief ihm über die Stirn, er hasste es zu verlieren, ist doch nur ein Spiel, Schach, er opferte die Dame, einer spendierte ihm ein Getränk, Gin Tonic, Matti war in Nigeria mit den Jungs vom Bau, die schwüle Luft in der Kneipe verklebte ihm die Lungen, Schach und matt, und der Kumpel lehnte sich zurück, Donnerwetter, und er begriff, dass er es wieder geschafft hatte, nicht zu verlieren, ist doch bloß ein Spiel, von wegen.

Das Mädchen mit den roten Schuhen hatte mit Weiß gewonnen und mit Schwarz verloren. Einmal schaute sie kurz zu ihm hin. Sie hatte braunes, kurzes Haar. Im linken Ohr trug sie fünf Ringe. In einer Augenbraue steckte ein kleiner silberner Ring. Ihre Augen waren braun mit gelben Sprenkeln.

Da überfiel ihn ein Anflug von Glück und kurz danach eine stechende Traurigkeit, und das Mädchen packte das Spiel ein und ging aus dem Raum. Sie hüpfte wie ein Kind.

Sie hatte ihre Zeitschriften vergessen. Er ging zu ihrem Tisch und schaute die Bilder an. Er sah Brautkleider, lange Kleider, kurze Kleider, luftige Schleier, weiße Schuhe, Blumenarrangements. Auf einem Foto stand ein Brautpaar vor der Kirche. Kinder warfen Reis in die Luft, der Reis fiel auf den Schleier der Braut. Der Bräutigam schaute in den Himmel. Neben das Bild hatte jemand ein Ausrufezeichen mit einem Kugelschreiber gemalt.

Mit den Zeitschriften im Arm schlief er später in seinem Bett ein.

In den nächsten Tagen machte er sich das Paradies untertan. Er lief durch sämtliche Flügel der Anstalt, er entdeckte eine Bibliothek, er verirrte sich in die Waschküche und schaute in einen Fitnessraum. Er aß mit den anderen Bewohnern im Speisesaal, aber eigentlich suchte er nur das Mädchen mit den roten Schuhen. An einem Dienstag, er hatte gerade eine Stunde lang ein angenehmes und unerhebliches Gespräch mit einem Psychiater geführt, ging er in den Paradiesgarten. Es war immer noch kalt, aber die Sonne spielte schon Frühling. Er setzte sich auf eine Bank und malte sich aus, wo er im Sommer sein würde. Er schloss die Augen und hatte Lust auf Glück. Er hörte Schritte an seiner Bank vorbeigehen. Etwas scharrte hinter ihm. Er drehte sich um. Jemand trug einen langen roten Schal und kniete vor den Sträuchern. Jemand zupfte an den dürren Ästen. Jemand murmelte vor sich hin mit einer Stimme aus Kakao.

Er hatte vergessen, wie man jemanden anspricht. Er hatte vergessen, wie man eine Frau anspricht und wie man es macht, damit die Frau nicht geht, und wie man es macht, damit man selbst nicht geht, später, wenn man die Frau kennengelernt hat. Alles hängt vom Anfang ab, dachte er, aber wen kümmert es, wie die Liebe anfing, wenn sie weggeht. Ein jegliches hat seine Zeit, so sind die Geschichten, und er starrte das Mädchen an, die ganze Zeit schon starrte er sie an, wie machte sie das, dass ihm solche Sachen einfielen, solche Sachen vom Schachspielen gestern und von der Liebe jetzt, ganz atemlos war er vor lauter Fragen und er würde nun aufstehen und weggehen, das konnte er und das konnte er nicht, weil sie, wie lange schon, vor ihm stand und ihn anschaute. Bis sie endlich sagte: »Hallo.«

Er atmete ein und er atmete aus.

Sie setzte sich neben ihn und zündete eine Zigarette an. Sie trug ihre grüne Lederjacke und den schwarzen Minirock und gelbe Gummistiefel. Sie hatte zum Verrücktwerden schöne und dreckige Hände. Er musste etwas sagen, damit sie blieb. Alles hängt vom Anfang ab. Sie schaukelte mit ihren gelben Gummistiefeln.

»Warum sind Sie hier?«, fragte er.

»Unglückliche Kindheit und der ganze Kram, Sie wissen schon. Deshalb sind alle hier, die einen wollten sich aus dem Fenster stürzen, die anderen sind Amok gelaufen, aber die meisten müssen sich bloß mal vom Leben erholen.«

Sie schaute ihn an und lachte. Sie hatte schöne Zähne.

»Sie müssen nicht alles glauben, was man hier erzählt. Ich bin zum Arbeiten hier.«

Er nickte und glaubte ihr nicht.

»Sie haben Ihre Zeitschriften im Café vergessen«, sagte er.

Sie zuckte mit den Schultern.

»Sammeln Sie Bilder von Hochzeiten?«

»Ja.«

»Warum?«

»Damit ich weiß, wie es gewesen wäre.«

Sie warf ihre Zigarette auf den Boden, vier Kippen lagen vor ihren Füßen. Dann stand sie auf, im Weggehen drehte sie sich zu ihm um.

»Wissen Sie, wie es ist?«

»Was?«

»Das Heiraten.«

»Nein.«

»Wie heißen Sie?«

»Kirschbaum, Matthäus.«

»Wie der Apostel.«

»Vermutlich.«

Sie winkte kurz, ihrer roter Schal hüpfte, dann verschwand sie in einem Schuppen. Er hörte zwei lachen. Er wartete, dass zwei aus dem Schuppen herauskämen. Nach einer Stunde ging er in sein Zimmer. Es kam ihm vor, als sei er eifersüchtig. Und es ward Abend und dann Nacht und dann noch lange nicht Morgen, und er hatte all ihre Zeitschriften angeschaut und wusste, wie es sein könnte.

Der Tiefseetaucher hatte die Flossen abgelegt und war an Land gegangen. Er hüpfte die Treppen hinunter, er lief zu der Cafeteria, da saß sie mit einem Jungen am Tisch, zwei lachten, und er wollte gerade wieder gehen, da sah sie ihn und zeigte auf einen freien Stuhl neben sich.

»Das ist Tom und das ist Matthäus Kirschbaum«, sagte sie und schaute von einem zum anderen.

»Geiler Name«, sagte Tom. »Bis morgen.«

Der Junge ging, das war ihm recht. Er bestellte ein Glas Orangensaft, das Gelb passte zu den Sprenkeln in ihren braunen Augen. Unauffällig schaute er unter den Tisch. Sie trug ihre roten Mädchenschuhe. Er hatte das Gefühl, zu Hause zu sein.

»Und wie heißen Sie?«, fragte er.

»Juli.«

Er müsste weiterreden, über ihren Namen vielleicht, aber zu Juli fiel ihm nur August ein, Juli im August, das wäre schön, so würde er es in seinem Kalender notieren, aber dann fiel ihm ein Abend im August ein, die Mutter hatte Bratkartoffeln gemacht und Salat. Zu Salat isst man keine Marmelade, aber er sah zwei Gläser mit Marmelade in seinen Händen. Etwas stimmte nicht mit seinen Augen, er drehte den Kopf ruckartig nach rechts und nach links, und dann spürte er plötzlich einen Mund, der Mund küsste seinen Mund.

»Meine Fresse, Kirschbaum, jetzt hast du mich aber erschreckt.« Juli stand vor ihm und berührte seine Schulter. »Du hast geguckt, als wärest du …«

»Weg«, machte er den Satz fertig.

Juli nickte.

Und dann hatte Matthäus die Wahl, er spürte ein seltsames Glück und eine seltsame Traurigkeit, und weil er die seltsame Traurigkeit doch schon von Kopf bis Fuß kannte, wählte er das seltsame Glück. Zuerst lächelte er und dann fing er an zu kichern und dann kam das Lachen und nichts war ihm peinlich, und Juli lachte auch, und manchmal ist es ganz egal, ob zwei aus den gleichen Gründen lachen, wenn sie gemeinsam lachen. Und Matti schaute aus dem Fenster der Cafeteria und er hätte schwören können, dass er draußen eine kleine braune Feder im grauen Himmel tanzen sah. Und Juli starrte auf die weiße Wand in der Cafeteria und sie hätte schwören können, dass sie drinnen einen Priester sah.

»Sie dürfen die Braut jetzt küssen.«

Das sagte sie, und Matthäus fragte: »Was?«

»Sie dürfen die Braut jetzt küssen, hat der Priester gesagt, und da habe ich mich umgedreht und bin aus der Kirche gelaufen. Mit meinem weißen Brautkleid bin ich fortgerannt, die Kinder standen vor der Tür und wussten nicht, ob sie schon ihren Reis in die Luft werfen sollten, und ich bin immer weitergelaufen, bloß weg, frag mich mal, warum.«

»Warum?«, fragte er.

»Sie dürfen die Braut jetzt küssen, wozu brauchte er die Erlaubnis, jetzt, die Braut jetzt küssen, unbedingt, und wieder, worauf warten Sie noch, nun machen Sie schon. Aber mein Bräutigam stand nur da und wartete und deshalb, ach.«

Und da nahm Matti Juli in die Arme und küsste sie so lange, wie er noch keine Frau in Aserbaidschan, Bogotá, Oslo, Santiago oder Zürich geküsst hatte.

Gepriesen sei der Tag.

Drei Tage später war Juli nicht mehr da. Tom hatte ihm beim Frühstück einen Briefumschlag auf den Teller gelegt. Darin war ein Ausschnitt aus einer Zeitung. Er sah ein rotes Backsteingebäude, dahinter eine Art Glashaus, rechts davon zwei Birken. Jemand hatte neben das Foto mit Kugelschreiber ein Ausrufezeichen gemalt. Unter dem Foto stand: *Bitte suche und finde mich. Juli.*

Matti schaute Tom an. »Was ist mit ihr? Ist sie entlassen worden, ist sie wieder gesund? Warum hat sie mir nichts gesagt und was ist das für ein Gebäude?«

Tom lachte.

»Juli war nie krank oder irre, das meinen Sie doch, oder?«

»Und warum war sie dann hier?«

»Zum Arbeiten. Sie ist Gärtnerin, ich durfte ihr helfen, aber jetzt im Winter gibt es nicht viel zu tun.«

Matti dachte an das Lachen im Schuppen und das Zupfen an den dünnen Ästen und das Schaben und Knirschen, das von den Harken und Schaufeln gekommen war.

»Und wo ist sie jetzt?«

»Keine Ahnung, Juli kommt und geht, wie sie will, und sie heißt auch nicht Juli und sie ist auch älter als sie aussieht.«

Matti schaute auf das Foto. Für ihn würde sie Juli mit den roten Mädchenschuhen und dem schwarzen Hundehalsband bleiben.

Ohne Juli verwandelte sich das Paradies in eine gewöhnliche Psychiatrie mit mehr oder weniger unglücklichen Patienten. Matti lief in den gewöhnlichen Garten, an dieser Ecke hatte sie ihn angesprochen, an jener hatte sie ihm erzählt, dass sie hier im letzten Sommer Kräuter gepflanzt hatte, Thymian, Basilikum und Petersilie. Er lehnte sich an einen Baum und dachte, dass sich das gut anfühlte, das Anlehnen und die Sehnsucht. Er dachte, dass der Baum im Sommer ganz warm sein würde, fast wie ein Mensch, und er umarmte den Baum und er drückte seinen Mund auf die trockene Rinde und er fror nicht und er hielt nicht die Luft an. Es gab keinen Grund hierzubleiben.

An einem Dienstag führte er eine Stunde lang ein angenehmes und wichtiges Gespräch mit seinem Psychiater. Der Psychiater bescheinigte ihm, psychisch gesund und nicht mehr selbst oder fremd gefährlich zu sein, so nannte man das. Am Donnerstag verließ er die Klinik.

Als der Januar und der Februar vorbei waren, als der März schüchtern ein paar Sonnenstrahlen vorbeischickte und als im April die ersten Blätter knackfrisch aus den Ästen kamen, da kannte Matti jedes rote Backsteingebäude, jedes Glashaus und alle Birken in der Stadt. Aber nie fand er die richtige Kombination von rotem Haus vorn, Glashaus dahinter und zwei Birken rechts davon. Es gab Momente, in denen er sich sagte, es ist doch nur ein Spiel, hör auf damit, die Kumpels in Oslo sagten, der gibt nie auf, ein Kollege in Zürich flüsterte, du hast keine Chance, von wegen, eine Frau, die er in Santiago verlassen hatte, schlug ihn, was suchst du, was ich nicht habe, und er wusste es nicht und wusste es doch und deshalb ging er fort, immer wieder. Und nur manchmal in all den Jahren hatte er gemeint, eine Umarmung zu spüren. Ein Mann mit grauen Locken hatte ihn gehalten, damals, etwas war passiert, etwas Schreckliches. Aber vor dem Schrecken war ja auch etwas passiert, einen ganzen Kindersommer lang. Ein Glück, es hatte sich warm und weich angefühlt, ein glucksendes Glück. Er würde Juli davon erzählen, und sie würde ihm helfen beim Erinnern, beim Erinnern an den Anfang vor dem Schrecken. Auf den Anfang kommt es an, aber dann muss man auch weitermachen, ohne Angst zu haben, auch dabei würde ihm Juli helfen, so sind die Geschichten vom Glücklichsein. Dass er das vergessen hatte.

Bitte suche und finde mich.

Und Matti Kirschbaum fuhr weiter mit seinem Auto durch die Straßen.

Sie wartete an einer roten Fußgängerampel, und er konnte nicht anhalten, die anderen Autos hupten schon, und er fuhr und schaute in den Rückspiegel, um sie nicht aus den Augen zu verlieren, und gleichzeitig suchte er einen Parkplatz. Rechts blinken, rechts parken, nach hinten schauen, sie lief mit den roten Mädchenschuhen, wie ein Kind hüpfte sie, sein Herz klopfte, er stieg aus, er sah sie in dem roten Backsteingebäude verschwinden, er schloss sein Auto ab, er rannte, sie war verschwunden. Es gab einen Weg durch ein Tor, er sah zwei Birken rechts davon, so musste es sein, er rannte, sie war verschwunden, er sah ein Glashaus, er rannte und stand plötzlich vor dem Glashaus, sein Herz klopfte, er ging in das Glashaus, es war schwül und heiß. Es war ein Gewächshaus, dort waren Palmen und da Kakteen und hier stand Juli mit grünen Gummihandschuhen, mit schwarzen Strümpfen ohne Löcher, im schwarzen Minirock, in einem grauen T-Shirt mit aufgedrucktem Totenkopf und um den Hals trug sie ihr schwarzes Hundehalsband, und ihr braunes Haar war zerzaust.

»Da bist du ja«, sagte sie mit ihrer Stimme aus Kakao und Sahne.

Juli im August. So hatte er es in seinem Kalender notiert. So standen sie an einem Dienstag in der Kirche. Die Braut trug ein kurzes weißes Kleid, der Bräutigam hatte einen Smoking an. Der Priester sagte, was er sagen musste. Und als die Ringe an den Fingern steckten und der Priester vom Küssen reden wollte, da machte ihm der Bräutigam das verabredete Zeichen, und der Priester schwieg, und alles wurde, wie Juli es sich gewünscht hatte. Draußen vor der Kirche standen Kinder und warfen Reis in die Luft, der Reis blieb auf dem Schleier der Braut liegen, und der Bräutigam schaute in einen blauen Himmel, eine kleine braune Feder tanzte in der Luft und flog endlich davon.

Matti Kirschbaum arbeitete wieder mit seinen Kollegen in seinem Büro im zehnten Stock. Juli arbeitete weiter als Gärtnerin. Keiner ihrer Freunde wusste, dass sie sich im Paradies kennengelernt hatten. Jeder ihrer Freunde beneidete sie um die Zärtlichkeit in ihren Blicken. Und immer noch ward es Abend und danach Morgen, und als sich diese unvermeidliche Prozedur exakt eintausendachthundertfünfundzwanzig Mal wiederholt hatte, feierte ihr Sohn Santiago seinen dritten Geburtstag.

SILKE PFERSDORF

Japansommer

Zuerst dachte ich an einen Metallarbeiter. Jemand, der Stahlträger zersägt. Am frühen Morgen schon und dann den ganzen Tag über. Schrill und anschwellend, diese Töne. Ein immer wiederkehrendes Crescendo. Und das ausgerechnet irgendwo in der Nachbarschaft. Da holt einen in der Früh um fünf nicht nur die schnell stickig werdende Wärme des beginnenden Tages aus dem Bett, sondern auch noch dieses fürchterliche Geräusch, sagte ich mir und wuchtete mich vom Futon, auf der Suche nach der vermeintlichen Säge. Schlüpfte im Nachthemd in ein paar ausgelatschte Straßenschuhe, öffnete vorsichtig die Tür, um die Mückenschwärme in der feuchtwarmen Luft nicht in den *genkan*, den Hausflur, zu lassen, und wankte schlaftrunken nach draußen.

Der Lärm kam von überall her. Vor allem aber von oben. Ein Himmel voller Kreissägen, dachte ich, aber so hoch war das Übel gar nicht anzusetzen. Tatsächlich kam der Lärm von den Bäumen. Aus den Momiji und der Kirsche in unserem kleinen japanischen Garten.

»Ach ja, die Aburazemi«, ich hörte die Nachbarin, die bei ihrer Morgengymnastik mit den Armen herumfuchtelte, hinter der Mauer kichern. Zikaden also. Daumengroße

Tiere. Sieben Jahre darben sie als Larven im Erdboden, um anschließend für nur drei Monate zu leben. Aburazemi, die Begleiter des Tokioter Sommers. Wenn die Hitze geht, fallen sie tot von den Bäumen.

Eine Woche etwa hatten sie schon hinter sich. Genau wie wir. Keine acht Tage war es her, dass wir in Frankfurt das Flugzeug bestiegen hatten, das uns in unser neues Heimatland brachte. Japan, eine Zeit lang. Drei, vielleicht auch vier Jahre. Japan, einen Vertrag lang, den mein Mann für ein Flugzeugbauunternehmen zu erfüllen hatte. Die Kinder waren auf der Deutschen Schule in Yokohama angemeldet, und ich würde unseren Alltag organisieren und nebenbei ein paar Englischstunden geben. An den Flug in unser neues Land erinnere ich mich mit sehr gemischten Gefühlen. Das monotone Rauschen in der Flugzeugkabine hatte mich schläfrig gemacht, der Duft von gekochtem Reis, der von den Resten von meinem Tablett aufstieg, betäubte meine Nase, das Lächeln der Stewardess erschien mir wie ein eingefrorenes Fernsehbild. Als ich mich zu den Kindern umdrehte, sah ich sie schlafend. Unschuldige, erwartungsfrohe Gesichter, die Körper zusammengekauert auf den Sitzen. Ausgeliefert der Entscheidung ihrer Eltern, in ein fernes Land zu reisen und dort zu bleiben, bis ihre Freunde in Deutschland sie womöglich längst vergessen hatten. Einen Moment lang kämpfte ich mit den Tränen. Schnell wandte ich mich wieder nach vorn, drängte den Gedanken beiseite und stopfte mir noch ein kaltes Reisbällchen in den Mund.

Stunden später tauchte Japan unter uns auf, die große Insel, ein Haufen Grün. Eine weitere Stunde später fielen die Kinder ihrem Vater, der schon zwei Monate früher in

Tokio angekommen war, um den Hals. Draußen vor dem Flughafengebäude schlug uns eine Wand aus heißer Luft entgegen, eine Melange feuchter Hitze und dunstiger Abgase der Taxis und Busse. Dann fuhren wir los, ins graue Meer der großen Stadt hinein. In unser neues Leben.

Am Bahnhof Shibuya wollten wir in ein Taxi umsteigen. Es war Abend, auf dem *hachiko*, dem Bahnhofsvorplatz, lachten laut grell geschminkte Mädchen mit blondierten Haaren und braun gebrannter Haut; Angestellte in schwarzen Anzügen gruppierten sich zum gemeinsamen Kneipengang, dem abendlichen Abschluss eines Arbeitsalltags, nickten einander zu und verbeugten sich ehrerbietig vor ihren Vorgesetzten, darauf wartend, dass sich diese endlich ihrer Sakkos entledigten, als Startzeichen für die Lockerung der Krawatten, das Abnehmen der drückenden Wolltücher, die längst an den durchgeschwitzten Hemden klebten. Eine Band, brave Jungs in Jeans und mit wild bemalten Gitarren vor den dunklen Jacketts, sang schnulzige Songs eines selbst editierten Albums, das sie für zweitausend Yen, fünfzehn Euro, hier auf der Straße verkaufte – in der Hoffnung, dass unter den Hunderten von Menschen, die sich über die Kreuzung schoben, ein Produzent dabei sein möge, der stehen bliebe und dem Sänger eine *meishi*, seine Visitenkarte, zustecken würde, als Eintrittskarte sozusagen in die Welt der Großen und Berühmten, deren Videoclips über die Leuchtwand am Häuserblock gegenüber flimmerten.

Lichtblitze und fremde Zeichen, die uns auch nach Monaten des Japanischstudiums daheim meist nur als eine Ansammlung willkürlich aneinandergesetzter Striche erschienen. Lastwagen mit bunten Werbefotos und dröhnenden Lautsprechern auf dem Dach mit den neuesten Songs der

Stars hielten an den Ampeln, während bei Grün für die Fußgänger Menschenmassen über die Kreuzung schwappten. »Die schleppen Tüten, die kaufen noch ein«, stellte Jenny hochzufrieden fest. Shoppen bis spät in den Abend, herrlich. Sie beschloss, diese Stadt zu lieben. »Mir ist heiß«, maulte Sven.

Das Taxi stand bereit. Lautlos und automatisch öffneten sich die Türen der gelben Karosse, die weißen Handschuhe des Fahrers bewegten sich nicht vom Lenkrad. Als wir losfuhren, drang kein Geräusch in die Stille des Taxis. Draußen ein wilder Stummfilm, bis die Straßen auf den letzten Kilometern leerer wurden. Der Wagen hielt vor einem cremefarbenen Häuschen in einer verlassenen Seitengasse. Ein Haus, das die Kinder und ich bislang nur von den Grundrissen her kannten, die mein Mann uns nach Deutschland gemailt hatte. Als wir ausstiegen, stießen wir gegen eine Wand aus heißwarmer Abendluft. Während der Fahrer sich mit unserem Gepäck abmühte, standen wir reglos vor unserem neuen Domizil. Heimat, sagte ich mir. Und vermochte es nicht zu fühlen.

An jenem Abend muss sie bereits am Fenster gestanden und unsere Ankunft beobachtet haben. Masako. »Ihr saht so verloren aus«, sagte sie mir Wochen später. »Als würdet ihr etwas an dem Haus suchen, was ihr einfach nicht finden konntet.« Wir suchten ein neues Zuhause, habe ich noch gedacht. Natürlich taten wir das. Das Haus war uns noch fremd in jener Nacht und es war leer. Die Umzugsfirma hatte fürs Erste einfache, hölzerne Leihbetten aufgestellt. Erschöpfung riss uns in einen unruhigen Schlaf, und als jemand am nächsten Morgen ungeduldig an der Tür klingelte, entließ uns der Jetlag nur mühsam in den Tag. Der Möbelwagen stand vor der Tür, und es sollte knapp drei Stunden dauern, die einhundertachtzig Kisten und Möbel ins Haus zu tragen.

Müde saß ich auf der Treppe, dirigierte die Packer, die bei jedem Stück, das sie anschleppten, aufs Neue aus ihren Schuhen schlüpften. In Japan betrat man den Wohnbereich hinter dem Hausflur nicht mit Straßenschuhen, wir würden uns daran gewöhnen müssen. Ich hatte die Packer gegen Mittag gerade verabschiedet, als sich einer von ihnen noch einmal umdrehte und mich leise fragte, ob ich wüsste, dass das Haus lange leer gestanden hätte. Ich wusste es nicht. »Ah, *so desuka*«, murmelte er auf Japanisch, »so ist das also.« Wir sollten vorsichtig sein, flüsterte er. Wegen der Geister. Ich lächelte nur. Machte mir vielmehr darüber Gedanken, wie wir unser neues Leben organisieren sollten. Ob wir Nutella für die Kinder kriegen würden, ob sie neue Freunde fänden, wann ich mit dem Linksverkehr zurechtkäme. Sehr irdische Dinge also. Geister hatten da keinen Platz.

Dabei, so hatte ich gelesen, waren wir just in der Woche der Geister nach Japan gekommen – jedes Jahr im August feiert das Land sein *Obon*-Fest, eine Zeit, in der man der Toten gedenkt. Vor den alten Holzhäuschen in der Tokioter Altstadt Asakusa hingen Laternen vor den Häusern, die den Verstorbenen ihre alte Wohnstätte zeigen sollten, auf kleinen Hausaltären brachte man ihnen frisches Gemüse, Reisbällchen und Nashifrüchte dar, eine Mischung aus Birne und Apfel. Überall in der Stadt gab es heitere Tänze an den Tempeln, und ein buntes Lichtermeer glitzerte über der Tokio Bay, erhellte für wunderbare Momente die nächtliche Skyline der Millionenstadt, als das berühmte Sommerfeuerwerk Tausende von Tokiotern ans Ufer von Odaiba lockte, einem Stadtteil, von dem aus man das Spektakel am schönsten beobachten konnte.

Es war der letzte Abend jener Festtage, an dem wir unzählige, mit Kerzen bestückte, wunderbar warm leuchtende Lampions auf dem Fluss in der Nähe unseres Hauses sahen – auf dem Wasser hüpfende Lichtpunkte, die dem Meer entgegentrudelten. »Die Lichter sollen den Toten den Weg zurück in die Unterwelt weisen«, erklärte uns ein alter Mann, der auf einen Stock gestützt am Flussufer stand. »Hoffen wir«, fügte er hinzu und lachte meckernd, »dass sie alle sicher zurückfinden.« Wir nickten ihm lächelnd zu.

Die erste Schulwoche verlief höchst zufriedenstellend, die Kinder hatten sich bereits nach Schulschluss mit neuen Freunden verabredet. Mein Mann war zu einer Dienstreise nach Hongkong aufgebrochen. Drinnen surrte die Klimaanlage, draußen die Mücken, und ich wollte nur rasch ein paar Blumentöpfe in den Vorgarten stellen, als plötzlich eine magere junge Frau am Gitter stand, das unseren Parkplatz vom vorbeiführenden Schotterweg trennte. »*Gomen nasai*, Entschuldigung«, sagte sie mit matter Stimme. »Ich heiße Masako.« Neugierig ging ich auf sie zu. »Ich wohne nebenan«, erklärte sie mir und zeigte auf das zweite Geschoss des Nachbarhauses. Skeptisch folgte ich ihrem Finger und schaute nach oben zu einem blinden Fenster. Tatsächlich hatte ich bisher geglaubt, das Haus stünde leer. »Es ist so schwül«, sagte Masako. Ich bat sie herein und bot ihr einen Eistee an. Während sie trank, betrachtete ich ihre knochigen Handgelenke, ihren schmalen Hals, ihre nachtschwarzen Haare, ihr bleiches Gesicht. Als sie mich anblickte, musste ich an japanische Mangas denken. Comicbilder, in denen Mädels Augen haben, groß wie Reisschüsseln und dunkel wie die japanische Tiefsee. Ihren Blick zu erwidern hieß, in unendliche Traurigkeit zu schauen. Ich fröstelte plötzlich.

In der kommenden Zeit trafen wir uns öfter. Etwas an Masako ließ mich immer wieder ihre Nähe suchen. So sehr mich ihre Gestalt, ihre Melancholie verwirrten, so aufgehoben und sicher fühlte ich mich dennoch in ihrer Gegenwart, wenn sie mir die Stadt zeigte oder wir zusammen mit den Kindern einen Ausflug machten. Oft brachte sie Jenny und Sven Kekse mit, die mit süßem Azukibohnenmus gefüllt waren. Oder sie schenkte ihnen Grünteebonbons, die von den Kindern allerdings aufgrund ihrer leichten Bitterkeit nur mit einem artigen Nicken quittiert wurden. Zusammen wanderten wir zum Tamagawa hinunter, jenem Fluss, von dem wir nur unweit entfernt wohnten, und fast immer hatte Masako eine Angel in ihrer großen Tasche dabei, die sie auswarf und mit den Kindern am Ufer bewachte, bis einer der silbrigen kleinen Fische nach dem Köder schnappte. Das Wasser lockte, zu gern hätten Jenny und Sven zur Erfrischung ein Bad genommen, doch Masako schärfte den beiden ein, niemals, niemals auch nur ein Bein in den Fluss baumeln zu lassen …

An einem der darauffolgenden Tage hatten wir uns bereits auf ein Picknick an unserem Lieblingsplatz am Tamagawa gefreut, als Masako verkündete, wir könnten heute leider nicht zum Fluss, weil sie uns bei Einkäufen in einem anderen Viertel Tokios brauchte. Es war höchst ungewöhnlich für eine Japanerin, so vehement und direkt um eine Hilfestellung zu ersuchen – vielleicht kam mir ihr Anliegen auch deshalb so außerordentlich wichtig vor. So fanden wir uns schließlich schwitzend in der überfüllten Yurikamome-Bahn durch die Tokioter City wieder. Der ganzen Stadtbevölkerung schien nichts Besseres einzufallen, als sich an einem schwülen Sommernachmittag in ein paar engen Waggons aneinanderzupressen. Stoisch spielten die Japaner an ihren Handys herum, tippten Kurznachrichten oder schauten nach oben auf einen der kleinen Bildschirme, über die kurze Werbespots für Bier, Urlaub in Europa oder Haarshampoos flimmerten. Wir fuhren und fuhren, bis uns Masako an irgendeiner Station aus dem Pulk herausdrückte.

»Wir sind da«, verkündete sie energisch und schob uns auf die Rolltreppe zu. Wenig später fanden wir uns in einem kleinen Laden wieder, der *washi*, handgeschöpftes japanisches Papier, verkaufte. »Ich möchte ein paar Geschenkbogen kaufen und brauche eure Beratung«, sagte Masako und sah mir dabei fest in die Augen. »Ich kann mich sehr schwer entscheiden, einen Beschluss zu fassen, liegt mir nicht.« Ich guckte sie ungläubig an: Masako hatte uns also bei knapp vierzig Grad Außentemperatur quer durch den Stadtverkehr ans andere Ende Tokios geschleppt, um ein paar freundlich gemeinte Ratschläge in Geschmacksfragen abzugreifen? Ich entschied mich dafür, nicht zu meckern, und gab dies auch den Kindern zu verstehen. Wir waren Gäste in diesem Land und letztlich hatten wir dank unserer Nachbarin schon eine Menge erleben dürfen.

Masako zog hier und da ein paar bunte Bögen aus den verschiedenen Holzfächern, schaute uns fragend an und wartete unser Urteil ab. Jenny deutete auf ein paar quietschgelbe Bögen, Sven fand die weißen Papiere, durch die sich braune Fäden zogen, am schönsten – und während ich noch zögernd einen roten, mit einem schwarzen Tuscheschriftzeichen bemalten Bogen begutachtete, bedeutete Masako schon der Verkäuferin, zehn Papiere einzuschlagen, und ging vor zur Kasse. »Danke«, sagte sie, als wir durch die niedrige Ladentür zurück in die Wärme traten. Tatsächlich hatte Masako meinen Favoriten gar nicht abgewartet.

Ich hätte sie gern gefragt, warum sie uns wirklich mitgenommen hatte, aber ich traute mich nicht aus Angst, sie zu beleidigen oder gar bloßzustellen. Ich ahnte nur, dass es nicht um ein paar *washi*-Papiere ging. Etwas anderes war der Grund, etwas, das ihr wichtig genug war, uns zu dieser Stunde an diesen Ort zu bringen. Oder uns zumindest von dem Ort fern zu wissen, an dem wir normalerweise an diesem Nachmittag gewesen wären – am Ufer des Tamagawa …

Es war fast schon dunkel, als wir müde und erschöpft, in schweißnassen T-Shirts wieder an unserer Bahnstation im Südwesten Tokios ankamen. Feuerwehrwagen und Polizeiautos kamen uns entgegen, sie schienen vom Fluss herzukommen. Masako warf nur einen flüchtigen Blick auf die vorüberbrausende Kolonne. Ihre dürren Hände umklammerten die Tasche mit den Papieren. »Wir sollten an der *yakitori*-Bude noch ein paar Hähnchenspieße für euch kaufen«, sagte sie zu Jenny und Sven. Ich schaute unruhig in Richtung des Flusses, wo ich heftig gestikulierende Menschen sah. »Masako, da unten ist was passiert«, rief ich. Doch Masako schien nicht zu hören. »Ein Unfall oder so«, insistierte ich. »Ja«, erwiderte Masako abwesend, »manchmal passieren Unfälle.«

Wir kauften zwei große Packungen voll Hähnchenspieße und stiegen die Straße zu unseren Häusern hinauf. Als wir am Metallgitter vor unserem Vorgarten stehen blieben, verbeugte sich Masako. Als sie wieder aufsah, schaute sie mich nachdenklich aus ihren riesigen Augen an. »*O yasumi nasai*, gute Nacht«, sagte sie. »Ich bin sehr froh, dass ihr heute bei mir wart.« Und nicht anderswo, setzte ich in Gedanken hinzu. Es war, als hätte sie genau das noch sagen wollen. Masako drehte sich um, winkte den Kindern noch einmal zu und verschwand in der Dunkelheit.

Die Mücken stachen gnadenlos zu, während wir durch den vermoosten Vorgarten ins Haus hasteten, die Aburazemi hatten sich schon in den Bäumen zusammengerottet. Die Klimaanlage würde bei diesen Temperaturen ebenfalls die ganze Nacht rauschen müssen. Ein nettes Konzert, das uns da erwartete. Schnell tupfte ich den Kindern ein paar Juckreiz lindernde Tropfen auf die neuen, bereits geröteten Mückenstiche.

Nach drei Wochen in Japan folgten wir am selben Abend einer Einladung in die österreichische Botschaft. Draußen schwelte die Hitze, und innen vergnügte man sich bei alpenländischen Schmankerln am Büfett. Durch das Fenster entdeckte ich einen für japanische Verhältnisse zweifellos weitläufigen Garten mit Swimmingpool. Als ich dem neben mir stehenden Botschaftsmitglied sagte, wie glücklich er mit diesem Luxus sein müsse, schnodderte dieser in gelangweiltem Ton: »Aber gehen'S zu, gnädige Frau, die vielen Bäume! Die müssen beschnitten werden, Sie glauben ja nicht, was wir damit immer für Arbeit haben! Und den Pool können'S nun gar nicht nutzen«, greinte er weiter. »Da fressen'S doch die Mücken auf!« Daran musste ich noch denken, als ich an diesem Abend müde ins Bett fiel, und ich fasste die Idee, am nächsten Tag wieder mit den Kindern an den Fluss zu gehen und mich im Badeanzug ans Ufer zu legen.

Das Telefonläuten weckte mich. Nachdem die Kinder zur Schule gegangen waren, hatte ich mich noch einmal hingelegt, ich fühlte mich nicht gut. Jetzt war die Mutter einer Schulkameradin von Jenny in der Leitung. »Der Unfall, mein Gott. Hast du was davon mitgekriegt? Ihr wart doch gestern am Tamagawa, oder nicht?« Ich erzählte ihr, dass wir kurzfristig unsere Pläne geändert hatten. Und dass ich keine Ahnung hätte, was eigentlich passiert sei. »Ein Uferstück ist herausgebrochen und hat ein paar Kinder mit ins sumpfige Wasser gezogen. Sie sind ertrunken. Haben um Hilfe geschrien, aber die Strömung hat sie über die Schnellen am kleinen Staudamm mitgerissen«, erzählte sie aufgeregt. »Am Staudamm? Das ist ja unser Picknickplatz!«, rief ich entsetzt. Wären wir nicht mit Masako durch die Stadt gefahren, hätten Jenny und Sven sicherlich mit den anderen Kindern am Flussufer gespielt. Wären immer näher und näher ans Wasser getreten. Und noch einen Schritt. Bis der Boden nachgegeben hätte. Ich schlug die Hände vors Gesicht.

Dann sprang ich auf und lief hinüber zu Masakos Haus. Noch nie hatte ich ihr Grundstück betreten, sie war es, die stets zu uns herüberkam. Ich fand ein verwittertes Türschild, auf dem ihr Name in japanischen Schriftzeichen eingraviert war, und klingelte. Niemand öffnete. Ich trat einen Schritt zurück, schaute nach oben. Die Scheiben von Masakos Fenster waren blind wie immer.

»Ein rettender Engel«, sagte mein Mann, als ich ihm von unserem verhinderten Picknick erzählte und dem Besuch im Papiergeschäft, der den Kindern womöglich das Leben bewahrt hatte. »Ein Engel, sagst du?«, meinte ich leise. Doch mein Mann blätterte bereits wieder in der Zeitung.

Drei Tage lang sah ich Masako nicht, jeden Tag klingelte ich erneut und wartete vergeblich an ihrer Tür. Bis sie wieder vor unserem Haus stand. »Masako!«, rief ich. »Der Unfall …« »Ja, ich habe davon gehört«, sagte sie zögernd. »Die armen, armen Kinder.« Wir sahen uns an. Ich versuchte, in ihren Augen zu lesen, was sie wirklich dachte. Aber alles, was ich sah, waren zwei dunkle Seen. Mit einem Grund aus tiefer Traurigkeit.

In den nächsten Tagen gelang es mir, den Gedanken an das Unglück am Fluss zu verdrängen. Japans Sommer bot überraschende Einblicke in die fremde Kultur: Ich hatte mich bereits an die mit Ventilatoren versehenen Buggys gewöhnt, mit denen man dortzulande seine geliebten Vierbeiner durch die Straßen schob; auch an lebende Fische auf dem Teller – frischer geht's wahrscheinlich wirklich nicht. Nur mit einem vermochte sich mein Ego einfach nicht abzufinden: Rein statistisch mochten die Japaner ja in aller Ruhe bis an die hundert Jahre alt werden, schließlich lebten auf der Südinsel Okinawa die ältesten Menschen der Welt. Aber ihre Frauen schienen einfach nicht sichtbar zu altern. Zumindest kriegten sie kaum Falten.

»Falten?«, fragte Yukie, die Mutter von Svens bestem Freund Henri, verständnislos, als wir nach einem Elternabend noch gemeinsam durch Shibuya bummelten. Auch den anderen japanischen Müttern schien nicht sonderlich viel zu dem Thema einzufallen. »Dafür habe ich Flecken auf der Haut«, meinte eine andere und zeigte auf ein paar blasse, bräunliche Pigmentfärbungen auf ihrer rechten Wange. »Lasse ich mir nächste Woche weglasern.« Glückliches Japan – Sommersprossen als einziges Beautyproblem. Kein Wunder, dass Nippons Damenwelt ihre Haut gemeinhin vor der Sonne in Sicherheit brachte: Mit zierlichen Schirmen und armlangen weißen Handschuhen, die in Deutschland allenfalls von herausgeputzten Damen bei Opernpremieren getragen wurden.

Gegen die Sonne wappneten sich Japanerinnen außerdem mit *Whitener*, sogenannten Weißmachern, und wahnwitzigen Lichtschutzfaktoren. Als Antwort auf meine Frage, warum Frauen hier völlig faltenlos durch die Gegend laufen, taugte der *Whitener* dennoch nicht. Als ich am Abend mit der U-Bahn zurück in mein verschlafenes Wohnviertel fuhr, hatte ich sie dicht vor mir, die Tokioter Gesichter, glatt und unaufgeregt, ungezeichnet von jeglicher Gemütsregung. Faltenlos, halt. Alle? Nein, nicht alle. Zwei Damen hatten Fältchen an den Augen und um den Mund, vergleichbar durchaus mit den Spuren der Reife in meinem Gesicht. Nur waren die beiden an die siebzig. Es war zum Verzweifeln.

Ich beschloss, Masako nach dem Geheimnis ewiger Jugend zu fragen. Bis ich sie jedoch wiedersah, hatte ich mich bereits einige Abende lang durch die Fernsehprogramme gezappt. Hatte kichernde Frauen mit Pippi-Langstrumpf-Zöpfen gesehen; Frauen, die aufgeregt in die Hände klatschten und auf der Stelle hüpften; Frauen, die mit Piepsstimmchen und als Comicfiguren verkleidet alberne Liedchen trällerten. All das war mir selbst schon auf den Straßen begegnet: erwachsene Frauen, die wie kleine Mädchen mit nach innen gerichteten Zehen über den Asphalt trippelten; Schulgirlies, die noch im hohen Collegealter Kniestrümpfe zu ihren Minifaltenröcken trugen; Businessfrauen, die mit den Hello-Kitty-Anhängern an ihren Handys spielten und beim Telefonieren ihre Stimmen in die Tonhöhen von Vorschulkindern trieben.

»Warum dieser absichtliche Entengang, warum diese Kinderstimmen?«, fragte ich Masako schließlich, während wir beide nach einem Museumsbesuch in einem Café saßen, im Milchschaum unserer Cappuccinos rührten und die Leute auf die Straße beobachteten. »Weil es niedlich ist«, antwortete sie ernst. »Und Männer mögen es niedlich.« *Kodomo-no-rashisa*, die Kindlichkeit, gelte nun mal immer noch als eine der begehrtesten Tugenden bei Frauen. Kein Wunder, dass überall Maidcafés aufmachten, in denen Frauen als Serviermädchen mit Kniestrümpfen, dicksohligen Plateauschuhen an den Füßen und Häubchen auf dem Kopf vorzugsweise männliche Gäste bedienten. Und dass ausgewachsene Studentinnen und reife Damen schon mal in Schulmädchenuniformen schlüpften, die man praktischerweise sogar in jedem Discounter kaufen konnte, und in Shibuya, der Trendmeile Tokios, auf Männerfang gingen.

»Bei uns in Europa würden die Männer nicht darauf stehen. Und du bist doch auch nicht so, oder?«, meinte ich und sah Masako fragend an. »Nein«, flüsterte sie ernst. »Ich bin nicht so.« »Und warum machen eure Gesichter von Natur den Kindlichkeitszauber mit?«, fragte ich. »Warum sind die Frauen hier weitgehend faltenlos?« Sie zuckte mit den Schultern, und ihre Augen schienen ins Unendliche zu schauen. Dann sagte sie leise: »Vielleicht lieben die Frauen heute das Leben so sehr, dass sie möglichst lange das Sichtbarwerden des Lebensendes hinauszögern möchten. Vielleicht wollen sie Kinder bleiben in aller Unschuld, nichts wissen von Alter und Tod. Faltenlos, unbeschwert und süß.« Aber du liebst das Leben doch auch und machst nicht auf zwölf, wollte ich erwidern. Stattdessen schwieg ich. Ich war mir nicht sicher, ob Masako das Leben wirklich liebte. Aber danach wollte ich sie nicht fragen.

Auf dem Rückweg vom Café begleitete ich Masako noch in den wunderbar klimatisierten Supermarkt. Fisch,

Reis, Sojamilch, dachte ich versunken. Vielleicht lag das Geheimnis der Jugend im Input? Eine uralte Japanerin stapelte flache, quadratische Styroporschachteln in ihren Einkaufswagen. »Was ist das?« fragte ich Masako. »*Natto*«, erklärte sie beiläufig, nachdem sie einen kurzen Blick in den Wagen der Alten geworfen hatte. »Fermentierte Sojabohnen. Unheimlich gesund.« Entschieden griff ich nach den Schachteln und klemmte mir vier davon unter den Arm. *Natto*. Vielleicht barg dieses unscheinbare Päckchen die Antwort auf meine Frage nach dem Geheimnis ewiger Jugend.

Masako winkte mir zum Abschied vor der Haustür zu und verschwand wie immer in der Dunkelheit. In der Küche öffnete ich eine der Schachteln. Es roch furchtbar. Auch Senf und Essig, die ich nach Yukies telefonisch durchgegebener Anweisung darunterrührte, verbesserten die Lage nicht wirklich. Hellbraun und Fäden ziehend klebte die Masse am Löffel. Tapfer begann ich zu futtern. Iss es mit Avocados, riet Nao, ein Bekannter mir, als ich Tage später meinen zweiten Versuch wagte. Nimm Tomaten, versuchte es Yukie erneut. Beim vierten Versuch hielt ich mir die Nase zu – und schmiss das fermentierte Grauen nach ein paar Bissen in den Müll. Wer schön und gesund sein will, muss leiden, nun gut. Aber was zu viel ist, ist zu viel. Egal. Schuluniformen standen mir eh nicht, die Piepsstimme noch weniger. Würde ich halt aussehen wie muntere siebzig im Heer der faltenlosen, blassgesichtigen Schönheiten. Im Alter gilt man immerhin als weise und vernünftig. Vernünftig genug, nicht auf jede Frage eine Antwort zu suchen. Für weitergehende Recherchen auf der freien Wildbahn des Großstadtdschungels waren die Temperaturen ohnehin nicht angetan.

Tiefschürfende Problemstellungen waren eindeutig in den Herbst oder Winter zu verlegen.

Den Fluss mieden die Kinder und ich seit jenem Tage, als wir im Papiergeschäft gewesen waren, aber wir hatten längst andere Möglichkeiten entdeckt, der Hitze Tokios zu entfliehen. Mittlerweile nannten wir eine riesige Familienkutsche unser Eigen, der Linksverkehr stellte keine Herausforderung mehr da, und auf dem Weg zum Schwimmbad gab uns das Navigationssystem freundliche Hilfestellung. Die Massen an der Kasse ließen vermuten, dass im Freibad die Rolling Stones oder – das Publikum waren vor allem Kindern und Teenager – mindestens ein hübscher J-Popboy auftraten. Aber offensichtlich ging es den brav in der Schlange verharrenden Youngsters wirklich nur um etwas Abkühlung.

In Deutschland hätten wir gleich nach Ankunft mehrere große Decken ausgebreitet – in Tokio dagegen hätten wir damit mindestens zwei Cliquen auf dem künstlichen Strand den Platz weggenommen. So drängelten wir uns zu dritt auf einem kleinen Handtuch und versuchten zwischendurch, uns einen Weg ins Wasser zu bahnen. Ans Schwimmen war nicht zu denken, nicht mal ein Entenküken hätte sich im proppevollen Becken fortbewegen können. Immerhin, es war nass. Auf dem Gelände schrien Kinder auf dem Arm ihrer Mütter, Schwimmringe wurden ausgepackt, eisgekühlte Grüntees unter Freunden weitergereicht. Ein paar Frauen, die offensichtlich nur ihren Kindern zuliebe diesen Ort aufgesucht hatten, versteckten ihre Gesichter unter Hüten und riesigen Sonnenbrillen – weiße Haut galt in Japan auch im Sommer noch immer als erstrebenswert. Selbst Sonnenschutzmittel warben nie mit makellos gebräunten Körpern, sondern stets mit hellhäutigen Schönheiten, die sich dank der Creme offensichtlich erfolgreich gegen jeden UV-Strahl zur Wehr setzten.

Ehrlich gesagt war ich froh darüber, dass die Kinder fast immer lange Schultage hatten, die es unmöglich machten, das Schwimmbad noch vor Kassenschluss zu erreichen. Masako allerdings begleitete uns nie auf diesen Ausflügen. »Man muss dem Sommer entfliehen«, sagte sie einmal. »Zu viel Leben auf den Straßen. Da gehöre ich nicht hin.« Und dann fügte sie noch etwas anderes, sehr Seltsames hinzu: Dass man überhaupt vielen Dingen im Leben entfliehen müsse. Ich hatte sie fragend angesehen, aber sie hatte keine Miene verzogen, war ernst geblieben. Sie war, wenn ich mich recht erinnere, ohnehin immer ernst. Nie lachte sie. Und nur ein einziges Mal sah ich sie lächeln: Als ich ihr vier grüne Teedosen geschenkt hatte. »Damit würdest du die meisten Japaner ziemlich verärgern«, erklärte sie mir. »Die vier gilt nämlich als Zahl des Todes, weil *vier* und *Tod* auf Japanisch das gleiche Wort sind.« Ich erschrak, errötete leicht und entschuldigte mich. Aber Masako, das weiß ich genau, lächelte.

Eines Nachts weckten mich ausnahmsweise keine Aburazemi, sondern ich hatte das Gefühl, bei Sturm im Campingwagen zu liegen. Unser erstes Erdbeben. Es war stockduster draußen, wir lagen in unseren Betten, als plötzlich die Fensterscheiben klirrten und der Boden unter uns zu vibrieren begann. Sich unter den Tisch, unter den Türrahmen retten, dachte ich sofort. So stand es jedenfalls im Lehrbuch. Und wenn wir nicht so müde gewesen wären, hätten wir vielleicht auch brav zum Hechtsprung angesetzt. Es hört gleich auf, bestimmt, so hoffte ich und verharrte im Bett. Doch ich fühlte das Rütteln anschwellen, hörte ängstlich den Wänden beim Ächzen zu. Bis es nach wenigen Sekunden tatsächlich weniger wurde und alles wieder still war. Wie Wehen, dachte ich noch und drehte mich um. Als ich gerade wieder am Einschlafen war, klingelte das Telefon.

»*Moshimoshi?*«, brummte ich als Japanisch korrektes »Hallo« in den Hörer. »Hier ist Bernd!«, begrüßte mich mein alter Freund aus Berlin. »Weißt du eigentlich«, fragte ich säuerlich, »wie spät es hier ist?« »Klar, viertel nach vier!«, sagte Bernd triumphierend. »Und ihr hattet gerade ein Erdbeben von der Stärke 5,3!« Bernd hatte gerade Nachtdienst in seiner Nachrichtenredaktion und seinen Blick immer auf die neuesten Nachrichten geheftet. Jetzt hoffte er auf einen Lifebericht aus dem Zentrum des Grauens. Ich guckte durchs Fenster und sagte: »Tokio steht noch, wenn du das wissen willst. Das heißt, eigentlich liegen alle. Die Stadt schläft nämlich tief und fest. Und das, mein Lieber, würde ich jetzt auch wieder gern tun. Gute Nacht!« Aber eigentlich war ich jetzt hellwach.

Unser erstes Erdbeben. Nicht nur eine Meldung in der Zeitung, eine Warnung im Reiseführer. Aufregend, wirklich. Schaukeln im Schlaf. Das fast angenehm sein könnte, wenn man wüsste, dass es bei einer Art verhaltenem Aufstoßen von Mutter Erde bliebe. Aber Tokio wartete seit einigen Jahren schon auf ein neues großes Beben. The big one. Nach der Statistik war es längst überfällig für die Kanto-Region, in der die Hauptstadt liegt. Als ich wieder im Bett lag, dachte ich über meine Sorglosigkeit nach. Und darüber, dass wir zukünftig Vorsorge treffen sollten. Diesmal waren die Kinder nicht einmal aufgewacht – aber was wäre, wenn sie beim nächsten Beben, das vielleicht noch stärker sein würde, in Panik gerieten?

Der nächste Tag war ein Sonntag. Um zehn Uhr klingelte es an der Tür – Masako stand davor. »Ich möchte euch etwas zeigen«, sagte sie. »Falls ihr Zeit habt, natürlich«, setzte sie abwartend hinzu. Keine zwei Stunden später erlebten die Kinder und ich ein Beben der Stärke sieben. Erst wackelten nur die Bücher, dann kippten sie uns in den Nacken, und schließlich stürzte das Regal zusammen. Und wir purzelten übereinander. Chaos nach wenigen Sekunden. So war Kobe vor zwölf Jahren zusammengebrochen. Unvermutet, in nur zwanzig Sekunden. Fünftausendfünfhundert Menschen starben, knapp siebenunddreißigtausend wurden verletzt. Die Kinder und ich überlebten, logisch. Weil keiner stirbt unter Schaumstoffbüchern und Regalen aus Polstern, die im Fallen von Haltebändern gestoppt werden. Unsere Katastrophe war ja auch nur ein Test – im Yokohama City Municipal Disaster Prevention Center.

Rappelvoll war das Zentrum, in das Masako uns an diesem Tag geführt hatte. Aufs Höchste gespannt hatten wir in dem kleinen Erdbebensimulator-Zimmer auf das Rütteln gewartet, das Kobe einst den Tod brachte. Dieses Wissen im Kopf und mit der plötzlichen Furcht im Bauch stolperten wir anschließend aus dem kleinen Raum. So war es also mit der sieben. Aber wie war es, mit seinem Leben dagegenzuhalten? Bei einer anderen Katastrophenvortäuschung brannte es lichterloh in einer gläsernen Zelle; das Bild des Feuers stammte aus dem Projektor. Wir griffen nach dem Feuerlöscher, zum ersten Mal überhaupt. Ein Hebel, kein Knopf, aha. Der Strahl traf, die Flammen erstarben. Einen anderen Raum mussten wir auf allen vieren durchqueren. Krochen durch Qualm, der in der Nase biss. Anschließend spielten wir eine Flucht nach. Unser Startpunkt war die Wohnung.

Der Weg schien zunehmend voller plötzlich auftretender Gefahren – einstürzende Strommasten, brennende Türen, klaffende Spalten im Boden. Doch unsere Beine spürten festen Boden, nur einen Cursor müssen wir auf dem Bildschirm durch das Katastrophenszenario bewegen. Schnell reagieren, es war ein Spiel. Die Kinder lachten, wenn die Masten hinter uns zusammenfielen. Der Gedanke an den Ernstfall war weit. Die sieben – in diesem Moment nur ein Wort. Bei Erdbeben sofort das Gas ausstellen, hatte der Makler damals bei der Hausbesichtigung meinem Mann gesagt. Und immer einen Rucksack mit dem Allernötigsten bereithalten. Als wir nach dem Tag voller simulierter Erdstöße wieder daheim ankamen, packte ich tatsächlich sofort einen Rucksack für den Ernstfall. Mit Passkopien, Wasser, Konserven, Keksen und Trockensuppen. Ich wuchtete mir den Sack probehalber auf den Rücken. Nicht mal mein Mann würde ihn im Ernstfall schnellen Schrittes runter zur Evakuierungszone am Fluss schleppen können …

Es war mittlerweile September geworden, doch die Hitze schien die Stadt nicht aus ihrem Griff zu lassen. »Ins Freibad, Mama, bitte!«, bettelten die Kinder, aber in Japan, so erfuhr ich, hatte alles seine Ordnung – auch der Sommer. Behördlich festgelegte Freibadsaison war nur im Juli und August. Danach fehlte dem Sommer sozusagen der Verlängerungsstempel. Wenn wir schwimmen wollten, mussten wir ins Hallenbad, und dazu mochte sich bei diesen Temperaturen keiner von uns wirklich durchringen. Für das kommende Wochenende planten wir stattdessen einen Ausflug in einen verwunschenen kleinen Ort in der Gegend von Nagano. Wir hatten ein hübsches *Ryokan*, ein traditionelles Hotel in japanischem Stil, gebucht und hofften, der Hitze

Tokios in der gebirgigen Gegend ein wenig entfliehen zu können.

Am Tag vor der Abreise kam Masako zu mir auf eine Tasse Tee vorbei, und ich erzählte ihr freudig von unserem Vorhaben. Doch irgendetwas, so spürte ich, schien ihr nicht zu behagen. Vielleicht, dachte ich, war sie ja auch betrübt, dass wir sie nicht gebeten hatten, uns zu begleiten. In der Tat runzelte Masako besorgt die Stirn. »Sollte ich«, fragte sie leise, »vielleicht nicht doch noch einmal die Reservierung überprüfen? Dein Japanisch ist nicht so sicher, am Ende ist etwas schiefgelaufen und sie haben ein anderes Datum notiert.« Ich nickte irritiert und reichte ihr das Telefon. Masako drehte sich von mir weg, sodass es mir unmöglich war, sie beim Sprechen zu beobachten. Von ihren hastig hervorgestoßenen Worten konnte ich nur wenige verstehen. Es schien, so viel war sicher, ein Problem zu geben.

Als Masako auflegte, ahnte ich, dass wir nicht nach Nagano fahren würden. »Sie hatten euch tatsächlich für das übernächste Wochenende gebucht«, teilte sie mir bedauernd mit. »Und«, fragte ich, »hast du den Irrtum richtiggestellt?« »Ich habe es versucht«, antwortete Masako. »Aber sie sind völlig ausgebucht. Es scheint ein Fest in der Stadt zu sein – deshalb wirst du wohl auch in anderen Hotels an diesem Wochenende nichts bekommen.« Ich sank entmutigt aufs Sofa, stützte den Kopf in die Hände. Die Kinder würden so traurig sein. Und mein Mann, der extra früher aus dem Büro kommen wollte, sicherlich auch. Ich war wütend. Wütend über mich und die falsche Reservierung. Und auch, jawohl, auf Masako. Dass sie jetzt sah, wie mir aus Enttäuschung die Tränen kamen. Dass sie nichts tat, um mich zu trösten. Ihre großen, dunklen Augen starrten mich nur regungslos an. Ich hielt ihren Blick nicht mehr aus, gab vor, dringend für ein paar Einkäufe aus dem Haus zu müssen. Masako verbeugte sich und ging.

Ich sollte sie nie wiedersehen. Und am Sonntag brachte es jeder Radiosender: In Nagano hatte es ein Erdbeben gegeben, Stärke sieben. Unzählige Häuser waren zerstört, viele Menschen wurden unter den Trümmern begraben. Wir saßen gerade beim Frühstück, als wir es hörten. Es waren nur wenige Touristen im Ort, hieß es in den Nachrichten. Und von einem Fest war keine Rede. Wahrscheinlich gab es auch keine überfüllten Hotels, sondern nur eines, das vergeblich auf uns gewartet hatte. Und es gab den Tod, der in der Nacht durch die Landschaft gezogen war. Für Hunderte von Menschen, die keiner vorgewarnt hatte. Weil niemand wissen konnte, wann die Erde sich erbrechen würde. Niemand. Niemand?

Ich lief in den Hausflur, schlüpfte in meine Straßenschuhe, rannte zum Nachbarhaus. Ein einziges Mal klingelte ich höflich, zurückhaltend, aber dann konnte ich mich nicht mehr beherrschen. Wild läutete ich Sturm, drückte ununterbrochen den kleinen rostigen Knopf und schrie dabei Masakos Namen. »Da wohnt doch keiner mehr, junge Frau«, sagte auf einmal eine Stimme hinter mir. Ich drehte mich um, sah die alte Dame von gegenüber. Nie hatte ich mehr als einen freundlichen Gruß von ihr gehört, wenn sie zum Fegen vor die Haustür geschlurft war und wir uns zufällig begegneten. »Das Haus steht leer, seit eine junge Frau dort durch die Hand ihres Vaters starb.« Ich starrte die Alte an. »Ist bestimmt schon fünfzehn Jahre her«, fügte sie leise hinzu. »Ich erinnere mich noch daran, als sie die Tote raustrugen. Die arme Masako.« In den blinden Fensterscheiben spiegelte sich die Sonne, Tränen stiegen mir in die Augen.

Es war September. Es gab keine Aburazemi mehr und keine Masako. Vielleicht, dachte ich, hatte sie den Weg zurück in die Totenwelt doch noch gefunden. Zur nächsten *Obon*, nahm ich mir vor, würde ich eine Laterne schwimmen lassen. Mit einem Licht für Masako.

Abwesende Freunde

Später dachte Anne-Ev ein einziges Mal an die Fahrt vom Flughafen zu ihrer Wohnung. Was hatte sie erwartet? Hatte sie überhaupt etwas erwartet? Ihre Wohnung unberührt vorzufinden? Kaum. Karo und Franz hatten eine Woche lang dort gewohnt. Gelebt. Und natürlich Spuren hinterlassen.

Der Urlaub allein auf Mallorca: eine schlechte Idee, im Nachhinein. Der zehn Jahre ältere Amerikaner, allein mit seiner Mutter: eine weitere schlechte Idee, von Anfang an. Sie merkte, dass sie ihn vermisste wie etwas, das einem nie gehört hat. Zwei schlechte Ideen, daraus eine Einsamkeit, die ganz an der Oberfläche war wie eine leichte Übelkeit. Als sie im Taxi nach Hause saß, freute sie sich darauf, die Spuren ihrer Freunde in ihrer Wohnung zu finden.

Sie schleppte die Reisetasche hinauf in den vierten Stock, schloss ihre Tür auf, machte das Licht im Flur an und rief in die Stille: »Hallo Wohnung, ich bin wieder zu Hause!«

Ein Blick auf den Dielenboden zeigte ihr, dass Karo noch mal durchgewischt hatte. Nein, fürs Saubermachen war Franz zuständig. Diejenigen ihrer Lieblingsschuhe, die sie nicht mit nach Mallorca genommen hatte, standen ordentlicher unter der Garderobe aufgereiht als vor ihrer Abreise. Sie schob ihre Reisetasche mit dem Fuß an die Wand, strich mit einer Hand an den Jacken und Mänteln an der Garderobe entlang und machte mit der anderen das Licht in der Küche an. Mülleimer geleert. Eine frische Packung Kaffee im Regal, nicht ihre Marke, aber egal. Auf dem Küchentisch ein Stapel ihrer Tageszeitung. Auf dem Fensterbrett ein paar frische gelbe Gerbera in einer weißen Glasvase, die sie nicht kannte. Ein Geschenk. Anne-Ev strich mit den Fingern über das eckige Gefäß und freute sich. Dann zog sie die Jacke aus, legte sie über einen Stuhl und hielt inne. In der Küche roch es wie immer. Der Ausguss. Und etwas Ungesundes, aber Vertrautes von der Gastherme. Sie ging in den Flur und blieb stehen. Es roch nach Zigaretten, Schlafzimmerteppich und Holzdielen. Sie mochte etwas, wonach Franz roch, aber davon war nichts zu spüren.

Anne-Ev nahm ihre Reisetasche und trug sie ins Schlafzimmer, ohne ins Bad oder Wohnzimmer zu schauen. Karo und Franz hatten das Bettzeug abgezogen und zusammengelegt, neben den Decken und Kissen auf der Matratze. Sie nahm den Stapel benutzten Bettzeugs mit der Absicht, ihn gleich im Bad in die Waschmaschine zu stopfen, aber in derselben Bewegung hob sie ihn an ihr Gesicht, um daran zu riechen. Zwei Menschen, die ihr nicht unappetitlich waren. Karo, die sie seit fünfzehn Jahren kannte. Franz, der ihr auf eine angenehm gefährliche, tatsächlich also: völlig ungefährliche Art näher war als alle von Karos Freunden zuvor. Sie legte den Stapel zurück aufs Bett und betrachtete ihre Matratze, die Bücher, die sie vor ihrer Abreise sorgfältig auf dem Nachttisch hinterlassen hatte: die amerikanische Taschenbuchausgabe eines Buches, das gerade in deutscher

Übersetzung sehr erfolgreich war, einen japanischen Krimi, das Spätwerk einer DDR-Schriftstellerin. Sie fragte sich, wie oft die beiden in ihrem Bett Sex gehabt hatten. Sie waren zwei Jahre zusammen, also vielleicht dreimal? Womöglich also nicht so oft wie sie auf Mallorca, und sie fand, dass das ein Erfolg wäre.

Anne-Ev öffnete die Reisetasche, änderte ihren Plan und streifte die Schuhe ab, um ihren neuen Teppich unter den Füßen zu spüren. Kurzflorig, angenehm hart und in einem Chartreuse-Gelbgrün, auf das sie ihr ganzes Leben gewartet hatte. Sie bückte sich, um ihre orangefarbenen Filzpantoffeln unter dem Bett vorzuholen, sah dort aber nur ein zusammengeknülltes Taschentuch. Es lag so weit vom Rand des Bettes entfernt, dass Anne-Ev sich auf den neuen Teppich legen und ein ganzes Stück unter das Bett kriechen musste, um es zu erreichen. Sie lag auf dem Fußboden in einem schummerigen, noch ganz leicht chartreusen Licht und prüfte mit den Fingern die Konsistenz des Papiertaschentuchs. Es war verkrustet und bestimmt nicht von ihr, denn sie hatte niemals Papiertaschentücher im Haus, wenn sie nicht erkältet war. Und ihre letzte Erkältung war länger her als das Auslegen des Teppichs.

Während sie gerade anfangen wollte, über die Geschichte des Taschentuches nachzudenken, wurde Anne-Ev bewusst, dass sie bis zu den Kniekehlen unter dem Bett lag, ihre nackten Füße und Unterschenkel in Richtung Tür, in Richtung Flur, in Richtung einer Wohnung, in der sie nach ihrer Rückkehr noch nicht einmal alle Zimmer abgegangen war. Sie zerdrückte das starre Taschentuch in der Hand, hob ihren Kopf, so weit es eben ging, und stellte fest, dass sie bis eben keine Angst gehabt hatte. Zum ersten Mal, seit sie hier wohnte, hatte sie nicht zuerst in allen Zimmern das Licht angemacht und hinter jede Tür gesehen, bevor sie ganz zu Hause war. So, als hätte die vorübergehende Anwesenheit ihrer Freunde die Wohnung von etwas gereinigt, das sie zuvor jedes Mal durch ein Ritual hatte in Schach halten müssen. Vielleicht war es auch der zehn Jahre ältere Amerikaner, allein mit seiner Mutter. Oder einfach eine Woche ohne Pläne. Dann verflog das ihr unvertraute Gefühl von Sicherheit.

Sie konnte nicht schnell genug wieder hervorkriechen unter dem Bett. Sie stieß sich den Kopf an der Holzkante und drehte sich noch auf dem Fußboden, die Knie angezogen, mit den Händen unbequem abgestützt, in Richtung Flur und dunkles Wohnzimmer und Bad um. Es war still bis auf den abendlichen Verkehr auf der Greifswalder Straße, ein paar Ecken weiter. Anne-Ev strich über die Gänsehaut auf ihren Unterarmen und beschloss, Musik anzumachen und sich vor dem Schlafengehen einzucremen.

Sie schaltete das Licht im Bad an und sah kurz in den kleinen, fensterlosen Raum. Sogar der Toilettendeckel war heruntergeklappt, das Waschbecken sauber gewischt. Sie sah in den kleinen Mülleimer, plötzlich ängstlich auf der Suche nach einem weiteren Zeichen von Karo und Franz, aber der Eimer war sorgfältig ausgeleert.

Als sie das Licht im Wohnzimmer einschaltete, den albernen kleinen Kronleuchter, der in der Mitte des Raumes von der Decke hing, wollte sie sich gerade eingestehen, dass sie auf dem besten Weg war, ihr Alleinsein traurig zu finden.

Auf dem weißen Plastikcouchtisch stand eine Flasche Wein, daneben ein Glas, ihr Korkenzieher, und unter der Flasche ein zusammengefalteter Zettel. Sie ging zurück ins

Schlafzimmer, nahm ihre Hochsommer-Flip-Flops aus der Reisetasche, zog sie an, wusch sich in der Küche die Hände, suchte im Wohnzimmer eine CD aus – eine Sammlung von elektronischem Jazz mit dem Titel »Business Chill Out Vol. IV« –, legte sie in den CD-Spieler und setzte sich aufs Sofa. Sie legte ihre Füße auf den Couchtisch und betrachtete das kleine Ensemble, das Karo und Franz ihr hinterlassen hatten. Dahinter ihr Bücherregal, ein Ausstellungsplakat und das Poster einer Zeitschriftenreklame von 1970. Das musste weg. Etwas hatte sich in ihr verändert.

Nach einem Moment der Leere und Zufriedenheit holte sie die Vase aus der Küche und stellte sie neben die Weinflasche. Ein Spanier, nicht aus dem Supermarkt, sechs bis acht Euro. Sie öffnete die Flasche zwischen den nackten Knien und goss sich ein halbes Glas ein. Sie nahm einen Schluck, griff nach dem Zettel und fläzte sich aufs Sofa. Die Nachricht war in Karos Handschrift geschrieben.

Liebe Ev!
War's schön auf Mallorca? Ruhe, Wandern, Lesen, Baden, ein Mann/Männer? Wenn Du's auch nur halb so gut hattest wie wir hier, dann war's ein toller Urlaub. Hättest Du verdient nach dem ganzen Scheiß! Wir haben uns hier eine Woche pudelwohl gefühlt, Summer in the City, alles, was uns gefehlt hat, warst Du! So, jetzt trink erst mal einen, wir denken an Dich. Melde Dich, wenn Du wieder da bist!
Franz & Karo
P.S.: Die Vase ist original von 1973! Die Blumen aber nicht!

»Pudelwohl« war typisch Karo, die Ausrufezeichen auch, die konnte man sogar hören, wenn sie sprach. 1973. Die Vase war schön, aber Anne-Ev hatte den Eindruck, seit Jahren nichts anderes mehr als Siebzigerjahrereliquien von ihren Freunden bekommen zu haben. Wenn sie nicht aufpasste, würde es ihr gehen wie ihrer Kollegin Anja, die seit Jahren Schildkröten geschenkt bekam, weil sie eine kleine aus Plüsch auf ihrem Rechner liegen hatte. Der Unterschied zwischen Schildkrötensammeln und sich mit Artefakten aus den Siebzigerjahren einzurichten war nicht so groß, wie sie lange geglaubt hatte. Mein letztes Stück Vergangenheit, dachte Anne-Ev und schob die Glasvase auf dem Tisch zurecht. Ab jetzt mal ein bisschen mehr Gegenwart und Zukunft, okay?

Anne-Ev saß auf dem Sofa, hörte Musik, trank den Wein, den ihre Freunde ihr hinterlassen hatten, und bekam das Gefühl, dass sie etwas zu einem Abschluss gebracht hatte. Sie fing an, etwas zu tun, was sie sich noch im Flugzeug ausdrücklich verboten hatte, sie dachte: Jetzt ein Anruf aus Cincinnati. Es war nicht ausgeschlossen. Der einsame Amerikaner kannte ihren Namen, und es gab nur eine A.-E. Spindler im Berliner Telefonbuch (per Internet von jedem Ort der Welt leicht herauszufinden).

Eigentlich blickte sie ins Leere, aber in Richtung des kleinen Kronleuchters, den sie vergangenen Winter auf dem Flohmarkt gekauft hatte. Eine Imitation, aber deswegen auch mit funktionierender und leicht anschließbarer Elektrik. Vier längliche Birnen, vier Steckplätze für Lüsterkerzen, dazwischen echtes Kristall, und zwar viel.

An einem der Kristalle hing etwas, gegen das Licht nur schlecht zu erkennen. Sie stand auf, und weil der Leuchter tief hing, musste sie sich nicht strecken, um einen kleinen gelben Post-it-Zettel vom Kristall zu lösen. Darauf stand, nicht in Karos Handschrift, sondern weniger verspielt, eine merkwürdige, aber charmante Mischung aus stabilen Druckbuchstaben und nach links geneigter Schreibschrift:

Ich bin so ironisch, aber auch romantisch.

Die Handschrift von Franz. Anne-Ev lächelte, weil sie sich ertappt und geneckt fühlte, auf eine liebenswürdige Art. Es passte zu Franz, dass er ihr noch einen kleinen, persönlichen, geheimnisvollen Gruß hinterließ. Anne-Ev spürte, wie ihr Herz eine Spur heftiger zu schlagen begann. Konnte es sein, dass Karo gar nichts von diesem kleinen gelben Zettel wusste? Ich bin so ironisch, aber auch romantisch. Wenn sie einen präzisen, ehrlichen Satz gedacht hätte, als sie den Kronleuchter kaufte, dann wäre es etwas in dieser Art gewesen. Es war nicht fies, dass Franz das geschrieben hatte. Es war vertraut, fast schüchtern, und es kam ihr vor wie ein kleiner, zeitverzögerter Flirt. Anne-Ev klebte sich den Post-it-Zettel an die Kuppe ihres linken Zeigefingers und beschloss, ihn als Lesezeichen zu verwenden.

Dann packte sie lustlos ihre Tasche aus, warf eine Waschmaschine an und beschloss, den Anrufbeantworter erst morgen abzuhören. Nein, das war Quatsch. Schließlich stellte sie fest, dass sie keine Nachrichten erhalten hatte. So war das, wenn man in Europa mit Handy verreiste: jeden Tag ein paar belanglose SMS und keine Stimmen auf dem Anrufbeantworter, keine Post, wenn man nach Hause kam.

Sie stieg aus der Dusche und war gerade dabei, sich das Handtuch um den Kopf zu wickeln, als sie feststellte, dass sie auf einen kleinen gelben Post-it-Zettel getreten war, der jetzt an ihrer Ferse klebte. Etwas hielt sie davon ab, den Zettel sofort zu lesen. Sie zog ihren Bademantel an, trocknete sich an einem kleinen Tuch noch einmal die Hände ab und zog dann den feuchten Zettel von ihrer Ferse. Offenbar war er auf den Boden gefallen.

Ich finde mich schön, aber ich weiß genau, dass meine Augen zu nah beieinanderstehen.

Sie blickte auf und sah im Spiegel, wie sie die Hand sinken ließ. In ihrem leicht gebräunten Gesicht ein müder Zug, eine Abwesenheit von Zuversicht. Ihr dunkler, feuchter Haaransatz unter dem weißen Frotteetuch. Eine gerade, lange, ein wenig zu kostbare Nase. Dann ein Gedanke, der dem entsprach, was auf dem kleinen gelben Post-it stand. Wobei sie unmöglich feststellen konnte, ob es sich bei diesem Gedanken um einen Reflex auf ihr Spiegelbild handelte oder um ein Zitat dessen, was sie eben gelesen hatte. Sie klebte den Zettel an den Rand des Spiegels und betrachtete ihn. Sie hatte das dringende Bedürfnis, sich anzuziehen.

Im Schlafzimmer wählte Anne-Ev eine schmale Kakihose ohne Bundfalten, ein weißes T-Shirt, einen blauen Baumwollpullover mit V-Ausschnitt, dann ihre Sportschuhe. Befriedigt stellte sie fest, dass sie dabei war, etwas nicht an sich heranzulassen. Sie stand im Flur und hatte sich leer gemacht. Unantastbar, für den Augenblick. Aber das, was sie von sich fernhielt, war da. Sie war verletzbar. Empfindlich. Wörter, die ihr jetzt im Flur einfielen, die im Moment aber noch nichts bedeuteten. Ich bin zu empfindlich, dachte sie, als würde sie sich den Satz leise vorsagen. Dieses unbekannte Gebiet zwischen Empfindlichkeit und Verletzung, unbekannt in Ausdehnung und Beschaffenheit, zwar nicht grenzenlos, aber unbegrenzt.

»Was soll der Scheiß?«, sagte Anne-Ev und erschrak darüber, wie voll und kräftig ihre Stimme in der leeren Wohnung klang. Sie ging ins Wohnzimmer, wo sich auch ihr kleiner Schreibtisch befand, darauf ein Stapel Post, ein paar Unterlagen, ordentlich, Schreibpapier, eine Pralinenschachtel voller Stifte, ein zugeklappter Laptop, Kleinkram. Es war dieser Kleinkram, den sie jetzt durchsuchen musste. Ein Fluch, dass sie sich immer ganz genau merken konnte, wo sie etwas hingelegt und in welchem Zustand es sich befunden hatte, als sie sich zuletzt damit beschäftigt hatte. Zum Beispiel der kleine Block mit gelben Post-it-Zetteln. Sie hatte ihn vor einigen Monaten aus dem Büro mit nach Hause gebracht, aber nur selten benutzt. Er lag zwischen einem Locher und einer kleinen italienischen Aperitifflasche, in der eine getrocknete Rose steckte, eine Erinnerung an einen Sommerabend zu zweit im vorvergangenen Jahr. Der Post-it-Block war auf etwa ein Drittel dessen geschrumpft, woran Anne-Ev sich zu erinnern meinte.

Sie nahm ihn in die Hand, eigentlich war er nur noch ein kleiner Rest.

Das Telefon klingelte. Ohne zu überlegen bückte Anne-Ev sich unter den kleinen Schreibtisch, schob den Papierkorb zur Seite und zog das Telefonkabel aus der ISDN-Box. Das Klingeln brach ab. Der Papierkorb war leer.

Die nächsten zwanzig Minuten verbrachte Anne-Ev damit, ihre Wohnung zu durchsuchen. Sobald sie irgendwo innehielt, meinte sie, aus dem Augenwinkel, am Rande ihres Gesichtsfeldes, einen kleinen gelben Zettel aufblitzen zu sehen.

Es gibt immer drei, dachte sie einmal, um sich gleich darauf zu korrigieren: Dem Grad des Blockverschleißes nach musste es Dutzende geben. Aber ein einziger weiterer hätte ihr genügt, um die ganze Angelegenheit abzuhaken. Ein einziger weiterer Zettel, der den Ausschlag geben würde in Richtung Scherz oder Kränkung.

Auch der Mülleimer in der Küche war sorgfältig geleert, darin eine neue, noch nicht ganz aufgefaltete Mülltüte, sonst nichts. Anne-Ev nahm ihren Schlüssel, der an einem langen Band hing, auf dem mehrfach hintereinander die Worte »Party Girl« standen. Sie ließ die Tür hinter sich ins Schloss fallen und lief die Treppe hinab in den Hof. Es tat gut, als sie plötzlich den freien, dunkelblauen Himmel über sich hatte, die erschöpfte Restwärme eines heißen Tages. Vielleicht musste sie einfach raus, jemanden anrufen, irgendwo was trinken gehen.

Stattdessen nahm sie ein paar Schritte Anlauf, stieß sich vom gepflasterten Boden des Hinterhofes ab und stützte sich auf dem Rand des offenen grünen Müllcontainers ab. Ohne zu zögern, setzte sie ihren linken Fuß auf die Kante und stieg in den Container, der etwa zu zwei Dritteln gefüllt war. Im schwachen Licht der Hofbeleuchtung konnte sie unausgeleerte Müllbeutel und verschiedene andere Abfälle erkennen, die sie nicht näher begutachtete. Sie bevorzugte eine bestimmte Marke von Müllbeuteln, von denen sie eine fast frische Rolle in der Küche hatte, Beutel mit aufgedrucktem Logo und der Größenangabe 20 l, beides in Blau. Sie pflegte ihre Beutel zuzuknoten, bevor sie sie zum Container trug, aber das passte nicht zu Karo und Franz. Also suchte sie einen oder zwei offene Müllbeutel von Swirl, die gestern hier eingeworfen worden waren. Die losen Abfälle konnte sie immer noch untersuchen, falls sich ihr erster Plan als vergeblich erweisen sollte.

Anne-Ev war etwa einen halben Meter tief eingesunken, was ihr eine relativ bequeme Suchposition erlaubte.

»Wie war dein Urlaub?«

Sie drehte sich um. Klaus, der direkt unter ihr wohnte, stand mit zwei großen gelben Netto-Tüten vor dem Container und musterte sie mit jener irritierenden Mischung aus Sarkasmus und Schüchternheit, die Anne-Ev regelmäßig daran hinderte, sich mit ihm anzufreunden. Abgesehen davon, dass er Anfang zwanzig war, Verfahrenstechnik studierte, eine Art Vollbart hatte und seinen Müll offenbar nur einmal alle zwei bis drei Wochen runterbrachte.

»Schön, sehr schön«, sagte Anne-Ev und lehnte sich von innen an die Kante des Müllcontainers, als blicke sie über einen niedrigen Gartenzaun. »Mallorca halt. Wirklich wahnsinnig schön, aber eben auch die perfekte Ferienmaschine. Das muss man mögen. Zwanzig Minuten nach der Landung rollst du in einer langen Schlange von kleinen silbernen Seats vom Flughafen und weißt: Alle fahren irgendwohin, wo es richtig schön ist.« Sie hatte sich auf dem Rückflug einen etwas längeren, tatsächlich auch kohärenten Vortrag überlegt, jetzt aber bereits den roten Faden verloren und schob daher nur noch ein aufgeräumtes, aber schlecht angebundenes »Genau richtig für eine Woche« hinterher.

Klaus nickte, offenbar unschlüssig, was er nun mit seinen beiden Plastiktüten anfangen sollte. Anne-Ev überlegte, dass es offenbar so etwas wie eine Mülleimeretikette gab, die besagte, dass man nichts einwarf, solange jemand im Container stand. Der Gedanke amüsierte sie, erfüllte sie aber auch mit Zuversicht: Es war also möglich, auch eine eher ungewöhnliche Situation wie die, in der Klaus und sie sich gerade befanden, mithilfe eines grundsätzlichen menschlichen Einverständnisses zu regeln.

»Was machst du da?«, fragte Klaus.

»Ich suche etwas«, antwortete sie.

»Kann ich dir helfen? Schlüssel?«

»Nein. Danke.«

Klaus nickte und hob seine beiden Mülltüten. »Ich stell die mal hier unten ab, bis du fertig bist. Ich werf sie dann später ein.«

Anne-Ev winkte ab. »Das mach ich dann schon.«

»Okay«, sagte Klaus skeptisch. »Hey, danke.«

Sie sah ihm hinterher, wie er zurück in Richtung Treppenhaus ging. Dann bückte sie sich und fing an, Müllbeutel beiseitezuräumen, die nicht von der Firma Swirl waren. Nach einer kurzen Weile hatte sie sich auf diese Art und Weise einen vollständigen Überblick über die Supermarkt- und Discounterketten in der Umgebung verschafft. Für einen Augenblick wurde sie mutlos, doch diese Empfindung wurde niedergewalzt von der breiten, mächtigen Überzeugung, keinerlei Alternative zu haben. Außerdem war sie eine gute Sucherin mit deutlicher Intuition; sie wusste, ob eine Suche vergeblich war oder nur eine Frage der Zeit. In der hinteren Region des Müllcontainers, eingekeilt zwischen dunkelblauer Fliesenauslegware, fand sie den ersten Müllbeutel, auf den ihr Suchprofil passte. Sie zog ihn zwischen den Teppichfliesen hervor, die stark verunreinigt waren. Erst wollte sie den Beutel im Müllcontainer ausleeren, aber das hätte bedeutet, inmitten von losem Müll weiteren zu durchwühlen. Sie nahm den offenen Müllbeutel und ließ ihn vorsichtig auf den Hof fallen, neben die Tüten von Klaus. Um nicht mehrmals in den Container steigen zu müssen, beschloss sie, noch ein wenig weiterzusuchen. Sie erwartete insgesamt zwei Beutel, gab aber schließlich auf und sagte sich, dass Karo und Franz wahrscheinlich nur wenig Zeit in der

Wohnung verbracht hatten: Frühstück gegen elf, beide traditionell mit Kaffee und süßen »Teilchen« (Karo) vom Bäcker, nichts, was man selbst fertigstellen musste; dann in die Stadt, mittags einen Wrap, ein Chicken Tikka, eine Pizza; abends schön in einem guten Restaurant, draußen sitzen, Karo hatte sich zwei oder drei von ihr empfehlen lassen; dann in eine Bar, einen Club, an der Theke Drinks und Cocktails, Karo und Franz waren im Gegensatz zu Anne-Ev keine Tänzer.

Eine Woche in Berlin, eine Wohnung in Prenzlauer Berg, was Besonderes für zwei ehemalige Reinickendorfer, die jetzt in Köln lebten, wegen der Arbeit, es gab ja hier keine. Eine Woche, große Erwartungen. Die sich relativ leicht hatten erfüllen lassen, davon ging Anne-Ev aus; leicht, weil Karo und Franz in der Lage waren, ihre Erwartungen stufenlos dem anzupassen, was sie vorfanden. Große Erwartungen, wenig Müll.

Sie stieg ungelenk aus dem Container, es war einfacher gewesen, elegant hineinzukommen, und dann warf sie die Tüten von Klaus mit einer Hand, mit einem einzigen Schwung dort hinein, wo sie eben noch gestanden hatte, streckte sich nach dem Containerdeckel und zog ihn zu.

Anne-Ev hockte sich auf den kühlen Boden des Hinterhofs, sodass das Licht von der Lampe über dem Eingang zum Treppenhaus auf den Inhalt des Müllbeutels fiel, als sie ihn vor sich ausleerte.

Obwohl sie zunächst keine weiteren kleinen gelben Zettel sah, spürte sie Triumph angesichts dessen, was sie hier vor sich hatte. Fünf benutzte Kaffeefilter, schlapp und braun und nass bis feucht, also waren sie zweimal auswärts frühstücken gewesen, vermutlich am ersten und am letzten Tag. Sie fühlte sich mächtig, während sie mit bloßen Händen eine Woche im Leben ihrer Freunde auseinandernahm oder zusammensetzte. Zwei benutzte Kondome. Dies amüsierte sie. Das Ende von einem hing aus einem zusammengeknüllten Papiertaschentuch, das andere war am äußeren Papier einer Milka Noisette festgetrocknet (sie kannte niemanden unter siebzig außer Karo, der Noisette-Schokolade aß). Korken, aber keine leeren Flaschen, die hatten Karo und Franz sicherlich in den Flaschencontainer geworfen, sorgfältig. Ein ganzes Nest von Badezimmerabfällen aus dem Treteimer: Wattepads, auf denen Karos Zeige- und Mittelfinger in grauen Umrissen zu erkennen waren. Karo hatte keine gute Haut. Anne-Ev schob einige benutzte Wattestäbchen zur Seite, einige an den Enden gelber als andere. Sie nahm an, dass Franz der zwanghafte Ohrenreiniger war. Dieses ebenso überflüssige wie lustbetonte, dabei unvernünftige und nachgerade gefährliche Ritual passte zu ihm. Eine leere Keksschachtel, das Ausgeleerte aus drei, vier Aschenbechern, Aschespuren auf einer zerknüllten Handvoll gelber Post-it-Zettel und auf einer Arzneischachtel.

Anne-Ev lächelte fein und schob die zusammengeklebten gelben Zettel beiseite. Dann betrachtete sie die Schachtel. Ein Schwangerschaftstest, mit Inhalt. Der Beipackzettel sah aus, als wäre er gelesen und ungeduldig wieder zusammengefaltet worden. Das Plastikröhrchen, der eigentliche Testapparat, war offensichtlich aus einer weiteren Verpackung gezogen und dann in alles wieder reingestopft worden. Anne-Ev nahm das Röhrchen und betrachtete es genauer, wissend, dass sie etwas in der Hand hielt, auf das Karo gepinkelt hatte. Sie brauchte den Beipackzettel nicht zu lesen, um zu wissen, wie dieses Fabrikat funktionierte.

Im Moment sah sie nur die Rückseite, dann sagte sie leise »Ta-ta!«, bevor sie das Röhrchen umdrehte. Ein deutlicher blauer Punkt und das dazu passende Resultat daneben im Kontrollfeld. Herzlichen Glückwunsch. Wenigstens war das Kind nicht in ihrer Wohnung gezeugt worden, das kam zeitlich nicht hin. Und wie passten die Kondome zum Schwangerschaftstest? Erst die Kondome, dann die Gewissheit? Oder war der Test Karos Geheimnis? Angesichts großer Ereignisse im Leben ihrer Freunde spürte sie normalerweise ein Desinteresse, das es niederzuringen galt. Heute konnte sie es genießen.

Der Rest aus dem Müllbeutel beschäftigte sie nicht mehr im Detail, sie ging sicher, dass keine weiteren Post-it-Zettel darunter waren, und schob dann alles, den Schwangerschaftstest inklusive, mit den Händen zusammen, packte es wieder in den Beutel und warf ihn zurück, wohin er gehörte. Das zusammengeklebte Paket gelber Zettel behielt sie in der Hand, ohne es auf dem Weg zurück in die Wohnung einmal anzuschauen.

Sie kochte einen Kaffee, zündete sich eine Zigarette an, warf die sorgsam auf Kante gestapelten Zeitungen vom Tisch auf den Küchenboden und setzte sich an den Tisch, wo sie anfing, die Zettel ordentlich nebeneinander aufzukleben. Es waren siebenundzwanzig Stück, und befriedigt stellte Anne-Ev fest, dass sie, ohne die Zettel vorher gezählt zu haben, ein hohes Rechteck gelegt hatte, das ganz genau aufging: neun Reihen mit jeweils drei Zetteln. Sie hatte sich nur aufs Glattstreichen und Anordnen konzentriert, ohne viel gelesen zu haben, was einfach war, weil auf den meisten Zetteln so viel stand, dass die Schrift klein wurde.

Willkommen in meiner Welt, dachte Anne-Ev, präsentiert von Karo und Franz. Gleich die ersten beiden Zettel machten ganz klar, um welche Art von Veranstaltung es sich hier handelte.

Ich bin sehr froh, den gefunden zu haben, denn 80A ist nicht leicht zu kriegen.

Das war Karos Handschrift. Das hätte Franz auch nicht gewusst.

Keine Ahnung, wann die zum letzten Mal hochgeklappt wurde, weil hier einer im Stehen gepinkelt hat.

Das war auch Karos Handschrift. Sie hatte etwas mehr geschrieben als Franz, Verhältnis etwa drei zu zwei. Es war eine umgekehrte Schnitzeljagd. Sie musste nicht den kleinen Hinweisen folgen, um am Ende etwas zu finden. Das Ende stand bereits fest: Es ging um sie, Anne-Ev Spindler. Sie musste sich nur überlegen, welcher Zettel an welchem Ort oder an welchem Gegenstand in ihrer Wohnung geklebt hatte, um so Stück für Stück das Bild zusammenzusetzen, das ihre Freunde von ihr hatten.

Sie betrachtete das Tableau aus siebenundzwanzig Zetteln für einen Moment im Ganzen, ohne einzelne Wörter oder Sätze zu lesen, und suchte dann einen ganz kurzen heraus, in der Handschrift von Franz.

Meine besten Freunde, aus Köln.

Einfach. Sie nahm den Zettel und klebte ihn im Flur an das Foto von Karo und Franz, das sie zusammen mit anderen Schnappschüssen in den Rand des Ganzkörperspiegels geklemmt hatte. Sie klebte es schräg auf das Foto, wie einen beiläufigen Kommentar. Einen Moment lang wollte sie darüber nachdenken, was auf dem Zettel stand, sie fragte sich, ob es gestimmt hatte, als Franz es niederschrieb, und ob ihr ein anderes Beispiel einfiel für eine Nachricht, deren Inhalt seine Wahrheit verlor, sobald sie niedergeschrieben wurde – doch bevor sie zu einem Ergebnis kam, spürte sie, dass in ihr eine unwiderstehliche Mischung aus Spieltrieb und Masochismus die Oberhand gewann, stärker als alle anderen Gefühle, die sie sich sonst in einer vergleichbaren Situation gegönnt hätte.

»80A« und »hochgeklappt« waren ebenfalls einfach: den einen klebte Anne-Ev an den BH, der ganz oben in der Schublade mit ihrer Unterwäsche lag – die Schublade ließ sie offen, um den Zettel beim Herumgehen in der Wohnung sehen zu können; den anderen klebte sie außen auf den Rand der Klosettbrille. Es war einerseits erstaunlich, sprach andererseits aber für die Qualität eines Markenproduktes, dass die Zettel nach dem ersten Aufkleben und Abziehen, der Zeit im Müllbeutel und dem Glattstreichen, nach dem zweitem Aufkleben auf dem Küchentisch und nach zweitem Abziehen noch immer über ausreichend Adhäsionskraft verfügten.

Die habe ich schon 1985 gern gehört, sind aber immer noch gut.

Anne-Ev stand vor ihrer CD-Sammlung und stellte fest, dass der Zettel auf etwa zwei Drittel der dort aufgereihten Alben passte. Nein, es musste etwas Offensichtliches sein. Neben dem CD-Spieler lag ein ganzer Stapel, obenauf die neue CD von New Order aus dem vergangenen Jahr. Voilà. Franz' Handschrift. Männer hatten immer eine Meinung über Musik.

Ich lese regelmäßig, aber ohne echte Begeisterung.

Dieselbe Handschrift. Franz war offenbar für die Kultur zuständig. Aber das sah schon ein bisschen lustlos aus, hingeschmiert, als hätte Karo sich das Spiel ausgedacht, und jetzt wäre es dann auch mal langsam gut gewesen. Unmöglich, das alles auch noch in chronologische Reihenfolge zu bringen. Die Bücher auf ihrem Nachttisch. Mittlerweile hatte sie immer drei, vier Zettel an den Fingerspitzen der linken Hand kleben, um nicht jedes Mal zurück in die Küche laufen zu müssen, und so gelang ihr im Schlafzimmer ein Zufallstreffer:

Die gab's im Doppelpack. Nee, nicht wirklich.

Option auf die Zukunft.

Dies galt dem zweiten, eher sinnlosen Nachttisch rechts neben ihrem Doppelbett. Wenn sie nicht im Urlaub war, stand dort eine Vase mit Blumen. Es gefiel ihr gut, wie das weiß lasierte Kiefernholz durch den kleinen gelben Zettel etwas Lässiges bekam. Dies war fast eine Dekoidee. Karos Handschrift, kein Wunder, Karo hatte sich offenbar am Thema »Anne-Ev und die Männer« abgearbeitet. Anne-Ev betrachtete die verbleibenden drei Zettel an ihrer Hand:

Ich mag's gern mal im Stehen. (Karos Handschrift)

Das will ich alles gar nicht wissen. (Franz)

Ich trinke nie allein zu Hause. Außer nach Feierabend. (Karo)

Eigentlich hatte sie dies relativ schnell erledigen und sich dann mit der Gesamtsituation beschäftigen wollen, aber der erste Zettel zwang sie zum Innehalten. Sie hatte sich hin und wieder gefragt, wie viel von dem, was Anne-Ev bei sich »Frauengespräche« nannte, Karo an Franz weitererzählte. Diese Frage ließ sich aufgrund der Beweislage nicht schlüssig beantworten. Es war und blieb unklar, ob es hier zu einer Entgrenzung gekommen war, Karo also bei ihren Kommentaren auf Sachen zurückgegriffen hatte, die sie Franz bisher nicht erzählt hatte; oder ob die beiden zusammen auf das gemeinsame Wissen zurückgegriffen hatten. Da Karo den Zettel geschrieben hatte, ging Anne-Ev vom Ersten aus.

Sie konnte sich deutlich daran erinnern, wie ihr der bewusste Satz über die Lippen gekommen war. An den Abend, die Bar, an alles, was ihm an Bekenntnissen von Karos Seite vorangegangen war. Alkohol. Es war fast egal, wohin sie den Zettel klebte; Wände gab es überall. Aber sie erinnerte sich an eine bestimmte Situation, außerdem stand sie immer noch im Schlafzimmer – also. Da. So.

Ich mag's gerne mal im Stehen.

Anne-Ev stand vor der Wand ihres Schlafzimmers, neben der Tür, vor ihrem eigenen Schatten, das Licht der Nachttischlampe kam von hinten. Im Stehen. Von hinten. Sie atmete lange und planmäßig aus und spürte, wie die Fäuste links und rechts neben ihrem Körper sich entspannten und entballten. Sie zwang sich, die Augen weiter aufzumachen, noch einmal rieb sie ihre oberen gegen die unteren Backenzähne. Sie strich mit den Handflächen über ihre Oberschenkel, den glatten Stoff der Hose, und für einen Moment fürchtete sie, nie wieder damit aufhören zu können. Der winzige Zettel sah grotesk aus mitten auf der großen Wand, direkt in Augenhöhe. Sie beugte sich nach vorn, stützte ihre Hände an der Wand ab und legte ihre Stirn auf den Zettel. Sie schloss die Augen und dachte: Von euch lasse ich mich nicht fertigmachen.

Das will ich alles gar nicht wissen.

Oh ja, kein Problem. Da waren jemandem langsam die Ideen ausgegangen. Sie ging in die Küche, kniete sich auf den Fußboden und klebte den Zettel auf den Stapel alter Tageszeitungen. Ganz genau. Den ganzen Scheiß wollte sie gar nicht wissen. Regt euch allein auf über die Kriege anderer Leute, über Pleiten, Streiks und das Verschwinden von Kindern mit rührenden Vornamen. Lest eure Restaurantkritiken, merkt euch, welchen Film ihr auf keinen Fall verpassen wollt, tut so, als hättet ihr das Buch gelesen, über das die meisten gerade reden. Macht, was ihr wollt, und hört ganz genau hin, wenn ich euch sage: Ich will den ganzen Scheiß gar nicht wissen. Ich wollte nur die Ministereoanlage und jeden Tag was zum Wegschmeißen.

Anne-Ev stellte befriedigt fest, dass sie nicht einmal aufstehen musste, um den nächsten Zettel anzubringen. Ihre Weinflaschen, der Gin, der Fernet und der Amaretto zum Nachtischmachen standen in Fußbodenhöhe im untersten Fach des Küchenregals. Ich trinke nie allein zu Hause. Anne-Ev setzte sich auf den Hosenboden, im Schneidersitz, und angelte die Ginflasche aus dem Regal. Wenn ihre Erinnerung sie nicht trog, ging das gut und schmerzlos runter. Sie schraubte die Flasche wieder zu und nickte. Ja, das traf zu. Sie schraubte die Flasche noch einmal auf und hob sie noch einmal an die Lippen. – Außer nach Feierabend. Jawohl.

Wo waren ihre Zigaretten? Sinnlos, in der Wohnung nicht rauchen zu wollen. Eine angebrochene Schachtel in der Jackentasche, eine in der Küchenschublade, eine in der aktuellen Handtasche und eine, auf die sie besonders wenig stolz war, in der Nachttischschublade. Dabei jeweils ein durchsichtiges Plastikfeuerzeug, lila, gelb, orange, blau. Anne-Ev stellte mit Genugtuung fest, dass sie eine verdammt gut organisierte Gelegenheitsraucherin war.

Sie holte die Schachtel Marlboro Lights aus der Schublade des Küchentischs und steckte sich eine an. Das Schöne am zwanghaften Gelegenheitsrauchen war, dass man immer wieder vergaß, wie unangreifbar einen die erste Zigarette machte. Nur die erste zwar, doch das war egal, solange sie brannte. Und das erinnerte Anne-Ev an etwas, das sie vorhin auf dem Küchentisch mitgelesen hatte.

Meine Mutter weiß nichts davon.

Fast zärtlich klebte sie den Zettel auf die Zigarettenschachtel. Sie aschte auf den Fußboden und fuhr fort, die Post-its zu studieren, die Karo und Franz hinterlassen hatten. Ein Seitenblick auf den Zettel an der Marlboro Lights: Karo. Ihre beste Freundin aus Köln hieß wie eine Ost-Zigarette. Und sie hatte eine Handschrift wie jemand, der sich nicht entscheiden konnte, ein für alle Mal darauf zu verzichten, neben allem anderen auch noch als niedlich zu gelten; man wusste ja nie, ob das nicht mal für irgendwas gut war.

Die fickt und fickt und fickt.

Das war von Franz. Anne-Ev kniff die Augen zusammen. Wie bei einem mittelschweren Kreuzworträtsel; die ersten zehn, zwölf Dinger erledigen sich praktisch wie von selbst, und dann merkt man, wie naiv man war anzunehmen, es wäre wirklich so einfach. Dieser Zettel war ziemlich grob, man könnte sagen: versaut. Vielleicht hätte sie die Vorstellung, wie Franz das Wort »ficken« schrieb, vor diesem Abend mal interessant oder sogar anregend gefunden, im Moment jedoch machte es sie lediglich ratlos. Wer war »die«? Sonst hieß es doch immer »ich«. Das war doch das Prinzip, zwei Menschen, die so taten, als könnten sie in Anne-Ev hineinkriechen. Nein, sie war auf dem falschen … Ach so!

Die tickt und tickt und tickt.

Franz hatte ein Problem mit den Unterlängen bei seinen kleinen »t«s. Das war jetzt sehr billig. Sie musste sich auf die Zehenspitzen stellen, um an die Uhr über der Küchentür zu kommen, aber Franz war ja auch zehn, fünfzehn Zentimeter größer als sie. Na toll. Die Uhr tickt. Und tickt. Was war das hier? Die Sesamstraße? Der Doppelsinn war so peinlich offensichtlich und direkt, dass Anne-Ev geradezu körperlich zu spüren meinte, wie er an ihr abperlte.

In Wahrheit wurde ihr schwarz vor Augen. Die Zigarette, der Gin, die ungewohnte Bewegung: sich nach der eigenen Demütigung auszustrecken. Sie schloss die Augen und atmete langsam aus. Noch sechzehn Zettel. Und dann würde sie die Musik aufdrehen, lauter, als sie es je um diese Uhrzeit getan hatte; sie würde sich noch eine anstecken und mit der Ginflasche durch die Wohnung laufen und das Zettelgewitter auf sich niedergehen lassen.

Es schellte an der Tür.

Unmöglich, da jetzt aufzumachen.

Am Ende Karo und Franz, die etwas vergessen hatten. Zum Beispiel zwei kleine gelbe Post-it-Zettel. Das letzte Autobahnkreuz vor Köln: Sag mal, hast du den Zettel im Bad … Nein, hast du den am Kronleuchter …?

Nein.

Es schellte noch einmal.

Anne-Ev drückte ihre Zigarette in der Spüle aus und öffnete die Tür.

Klaus stand im Treppenhaus, bemüht gerade.

»Hey, danke, dass du vorhin meinen Müll weggeschmissen hast.« Mit dem vorletzten Wort ging das Licht im Treppenhaus aus.

»Keine Ursache«, sagte Anne-Ev ins Trübe. Klaus drückte auf den rot erleuchteten Lichtschalter und räusperte sich.

»Ich wollte noch mal los, Richtung Kollwitzplatz.«

»Okay.«

»Ich wollte fragen, ob du Lust hast mitzukommen. Ein Glas trinken.«

»Du, ich glaub eher nicht. Ich bin total müde. Aber danke.«

»Na gut.«

»Okay.«

Es entstand eine kurze Pause, die Anne-Ev ermöglichte, sich ein halbes Dutzend Gründe einfallen zu lassen, die für ihre Entscheidung sprachen.

Klaus schien die Hand zu einer Art Abschiedsgruß heben zu wollen, hatte dann aber offensichtlich eine Eingebung.

»Kann ich irgend etwas für dich tun?«, fragte er würdevoll.

»Ja«, sagte Anne-Ev kurz. »Komm rein.«

Klaus folgte ihr in die Wohnung und blieb auf Höhe der Küche stehen.

»Magst du was trinken?«, fragte Anne-Ev. Klaus, offenbar nicht flexibel genug, von einem einmal gefassten Plan abzuweichen, antwortete: »Nein, ich … wollte ja gleich los.«

Sie ging ins Wohnzimmer zu ihrem kleinen Schreibtisch. Klaus blieb diskret im Flur stehen. Wie viele gelbe Post-it-Zettel konnte er sehen von dort? Aus dem fast frischen Fünfzigerpäckchen nahm sie einen einfachen DIN-lang-Umschlag ohne Fenster. Aus der kleinen Glasdose mit dem Messingdeckel, der in einem Jugendstilmuster graviert war, eine Fünfundfünfzig-Cent-Briefmarke. Sie klebte sie auf und schrieb die Adresse auswendig und im Stehen. Einen Stift hatte sie überall in der Wohnung griffbereit, falls sie einmal etwas notieren musste.

Klaus beobachtete sie, wie sie im Flur das Foto von Karo und Franz vom Spiegel löste. Der kleine gelbe Zettel ragte ein Stück über den Rand, sie justierte ihn, damit Foto und Zettel glatt in den Umschlag passten. Während sie die

Umschlaglasche mit der Zunge befeuchtete, vorsichtig, um sich nicht zu schneiden, sah sie Klaus in die Augen.

»Kommst du an der Post vorbei?«, fragte sie und reichte ihm den Brief.

»Nein. Doch, ja klar, kann ich machen. Ich geh zur Marienburger Straße. Die haben einen Nachtbriefkasten.«

Anne-Ev nickte. »Nachtbriefkasten. Das ist sehr gut. Danke.«

MARTINA RELLIN

Venus

Er trägt eine knappe, weinrote Badehose. Seine Haare sind für ihren Geschmack zu kurz, aber immerhin dunkel, dunkelbraun, leicht gewellt wie bei einer antiken Statue. Er liegt auf einem Handtuch, das eigentlich viel zu klein ist für den Strand. Es reicht gerade für den Bauch, den Oberkörper und die Ellenbogen, die er seitlich aufgestützt hat, um in einem Buch zu lesen. Was das für ein Buch ist, kann sie nicht erkennen. Er trägt eine Sonnenbrille. Vor einer Viertelstunde lag er noch nicht da, das weiß sie genau. Sie muss eingeschlafen sein. Er hat sich drei Meter neben ihr auf den schmalen Sandstreifen gelegt, den sie in der kleinen Felsenbucht entdeckt hat, weit entfernt von den Touristen am Hauptstrand. Eine halbe Stunde lang war sie über Geröllwege, Steine und Felsen gelaufen, weil sie allein sein wollte, weit weg von ihrem Exfreund Michael und dessen Freund Tobias. Sie hatte nach ihrem Italienischkurs in Rom beschlossen, den beiden in die Provence hinterherzureisen, getrieben von der vagen Hoffnung, mit Michael wiederzubeleben, was schon zu Hause in Berlin nicht wiederzubeleben war.

Nur ein englisches Ehepaar hatte sich noch vor ihr über die Felsen gehangelt, ein mühsamer Weg, kleine gischtige

Wellen machen die Schritte über die Steine an vielen Stellen unsicher, besonders für die, die nicht so gut sehen. Der englische Ehemann sah offenbar noch gut und seine Frau auch – das Paar ist weg, verschwunden, nachdem die junge Frau das Oberteil ihres Bikinis abgestreift und sich im warmen Sand auf dem Rücken ausgestreckt hatte.

Und nun liegt da dieser Mann neben ihr. Er trägt die elegante Bräune der Menschen des Südens, diese sanfte, nach und nach angenommene tiefe Farbe der Haut, die keinen Sonnenbrand kennt, seine Tönung hat etwas Schimmerndes, etwas Warmes wie geöltes Olivenholz.

Die junge Frau, eigentlich noch ein Mädchen, blinzelt. Sie streicht sich mit den Fingern der rechten Hand leicht über das rechte Auge – ist da eine Schwellung? Es fühlt sich so an, sie kann das Auge gar nicht richtig öffnen. Heute Morgen, als sie unter freiem Himmel auf dem Zeltplatz erwachte, war sie sicher: Ein Skorpion muss zugestochen haben in der Nacht. Eher ein kleiner, wohl kaum giftig, sie konnte die Schwellung zwar fühlen, aber im Spiegel war sie nicht zu sehen.

Sicherheitshalber legt sie jetzt die Hand über das Auge, sie möchte schön sein. Der Mann auf dem Handtuch schaut von seinem Buch auf und mustert sie, sie kann seine Augen hinter der Sonnenbrille nicht ausmachen, aber sie spürt seinen Blick. Sein Mund lächelt: »*On va dans l'eau?*« Ihr Mund lächelt zurück: »*Oui, bien sûr.*« Ja, sie geht mit ihm ins Wasser, warum *bien sûr*, also *natürlich*, weiß sie nicht. »*Je m'appelle Antoine.*« Sie sagt: »*Catherine.*« Die beiden »a«s in ihrem Namen macht Katharina kurzerhand zweimal zu »e«. Als Catherine steht sie auf, das Bikinioberteil, das sie sich um die Haare geschlungen hat, weil sie auch Nacken und Stirn bräunen wollte, rutscht ihr vom Kopf und gleitet über ihre Schultern zu Boden. Er ist vorausgelaufen, steht schon bis zu den Hüften im Wasser, sie sucht tastend Halt auf den glatten, großen Steinen, das Wasser hat sie rund geschliffen, die kleinen Wellen lassen die hellgrünen Algen zwischen den Steinen schlingern, sie pendeln in dem sie umspülenden Wasser und machen es schwer, die richtigen Stellen für die Füße zu erkennen. Er ruft: »*Elle est chaude*« – gewiss, das Wasser ist warm, es sind die letzten Augusttage, das Meer hatte wochenlang Zeit, Sonne zu speichern. Er sieht sie schwanken, kommt mit sicheren Schritten zurück und reicht ihr die Hand.

Sie schwimmen wortlos. Auf der Wasseroberfläche tanzen die Sonnenstrahlen wie viele kleine Blitze. Er dreht den Kopf auf seinem glatten, schön geschwungenen Hals zu ihr. Wenn er sie weiter so anstrahlt, werden die Lachfalten um seine Augen noch tiefer.

»*Tu fais la planche?*« Wie, was, *planche*. Bügelbrett? Ob sie das Bügelbrett macht? Wohl kaum. »*Attends.*« Er schwimmt auf den großen Felsen zu, klettert an Land, verschwindet kurz hinter der Steinwand, um dann wieder hervorzukommen und ein Surfbrett ins Wasser zu werfen, Brett, Segel. Ah. *Planche à voile*, das hätte sie wissen können, sie hat im Wannsee schon mal auf so einem Ding gestanden, sie ist auch gefahren, so richtig mit Wind im Segel.

Er hält das Brett, sie klettert gelenkig darauf, richtet sich auf und zieht recht geschickt den Mast an einem Band aus dem Wasser. Gut, dass nur ein kleiner Wind weht. Physik, Physik, das ist alles nur Physik, denkt sie, wie war das, wie muss der Wind auf das Segel treffen, damit ich fahre. »*Tourne, tourne encore*«, sagt er neben ihr schwimmend und er zeigt mit den Händen, wie sie mit ihren Füßen das Brett drehen soll. Er lacht, als sie ins Wasser fällt. Er hält das Brett, sie erklimmt es, fährt mit schwach geblähtem Segel. Sie fällt, er lacht. Nach einer halben Stunde ist sie zu erschöpft, um auch nur ein einziges weiteres Mal zu versuchen, sich aus dem tiefen Wasser auf dieses Surfbrett zu ziehen. So unauffällig sie kann, nähert sie sich den Felsen. Hier ist es seichter, hier könnte sie stehen und leichter aufs Brett steigen. Die Füße finden Grund, tastend. Da, ein Stich. Am rechten Ballen. »Au.« Er ist sofort neben ihr, stützt sie, hilft ihr an Land. »*Un oursin.*« Logisch, hier gibt es Seeigel.

Sie sitzt auf seinem Handtuch, zurückgelehnt, die Hände hinter sich aufgestützt, er hält ihren rechten Fuß in seinen Händen. Zart streicht er darüber, sucht sanft nach Einstichen. Nun blickt er sie an. Sie sieht ihr Bein, ihren Fuß, seine Hände um ihren Spann, darüber sein Gesicht, breit lächelt er mit einem perfekten Mund, die Unterlippe nicht zu dünn, nicht zu dick, die Oberlippe mit einem verlockenden Bogen. Was sie auf den Rücken fallen lässt, sind seine Augen: bernsteinfarben mit tiefgrünen Einsprengseln. Er drückt ihre Füße, er lacht: »*Rien*«, genauer *ri-ängg*, er spricht den Klang der Provence, und trotzdem heißt auch dieses *rien* eindeutig: *nichts*. Nichts sei an ihrem Fuß. Es hat gestochen, ganz gewiss, aber er lacht nur, kommt ihrem Fuß mit seinem Mund immer näher. Er presst seine Lippen auf ihr Sprunggelenk. Sie schließt die Augen. Sein Atem auf ihrer nassen Haut ist warm, warm wie die flirrende Luft der Mittagshitze. Er kniet zwischen ihren Füßen, seine Finger streichen über ihre Knöchel. Als sie die Augen öffnet, lächelt er, das ist so vertraut, als gäbe es auf der Welt nichts Selbstverständlicheres, als einen Mann Ende dreißig, der im Sand kniet und einer halb so alten Frau die Zehen küsst.

Sie setzt sich auf, fasst ihm mit der rechten Hand in den Nacken, der ist kühl, sein Haar ist noch nass, und aus den Haarzipfeln laufen ihr Wassertropfen über den Handrücken. Sie drückt ihm die Finger in die kleine Kuhle unter dem Haaransatz am Hinterkopf, langsam, ganz langsam streichen ihre Finger über seinen Nacken, sie spürt seine Halswirbel, legt Daumen und Zeigefinger fest an die untere Partie seines Schädels. Erst küssen sich nur ihre Blicke, dann schmeckt sie das Salz auf seinen Lippen, er das Salz auf ihren.

»Änri Boll«, sagt er und legt das Buch, in dem er vorhin gelesen hat, neben sie in den Sand. *»Heinrich Böll«,* sagt sie, er lächelt und wiederholt: *»Änrisch Böll.«* Als sie sich langsam nach hinten fallen lässt, folgt er ihrer Bewegung geschmeidig wie ein Tangotänzer, der seine Tänzerin hält, wenn sie den Rücken biegt, seine Lippen verlieren den Kontakt zu ihren Lippen dabei nicht. Er bedeckt ihr Gesicht, ihren Hals mit Küssen, seine Augen sind geschlossen, sie lässt die Augen geöffnet, als er mit seinem Mund ihre Brüste erkundet. Sie sieht nun nichts außer dem strahlenden Blau des Himmels, sie sieht dieses unglaublich dichte Azur, das einer ganzen Küste in Frankreich den Namen gibt, Côte d'Azur. Catherine schließt die Augen, und das Sonnenlicht leuchtet weiter in hellem Orange hinter ihren Lidern. Sie spürt, wie Antoine ihr langsam aber sicher alle Gedanken aus dem Kopf in den Bauch küsst.

Antoine und Catherine schlafen im Sand im Schatten der kleinen Pinie, die es irgendwie geschafft hat, am Rand des Felsens Wurzeln zu schlagen. Das Schwimmen im Meer und das Küssen hat die beiden ermüdet. Er liegt auf dem Rücken, das Handtuch im Nacken, sie liegt auf der Seite, ihren Kopf auf seiner rechten Schulter, ihr Arm ruht auf seiner Brust. Sie erwacht als Erste. Der Schatten der Pinie ist gewandert und länger geworden, die Sonne steht flacher, ihre Strahlen glitzern auf dem Wasser wie Milliarden kleiner Spiegelscherben. Sie denkt an Michael und Tobias – die Hitze hat nachgelassen, wahrscheinlich spielen die Jungs jetzt Beachvolleyball, so wie gestern Nachmittag. Die beiden dürften sie nicht vermissen, sie hechten dem Ball hinterher, werfen sich in den Sand, versuchen, anwesenden Bikinischönheiten zu imponieren, um die Chance zu erhöhen, eine von ihnen abends ins Zelt abzuschleppen.

Catherines Finger fangen an zu zupfen. Brusthaar. Antoine hat nicht zu viel und nicht zu wenig. »Brusthaare gehen gar nicht«, findet ihre eine Freundin, Svenja, deren Freund seine drei Härchen wahrscheinlich mit einer Pinzette im Zaum halten kann. Ihre Freundin Mara meint: »Rasieren – das ist so was von unmännlich«, Maras Freund wachsen die Haare sogar aus dem geschlossenen Hemdkragen. Katharina erinnert sich genau an das Gespräch mit den Freundinnen, es ist nicht lange her, sie saßen auf der Wiese im Garten ihrer Eltern, sie selbst meinte: »Brusthaare? Kommt drauf an.« Sie wusste ja nicht, was sie bei ihrem nächsten Freund vorfinden würde, nachdem mit Michael Schluss war.

Vorsichtig zieht sie an kleinen Büschelchen Haaren auf Antoines Brust und murmelt: »Kommt drauf an, kommt drauf an.« Er schlägt die Augen auf und sagt: »*Qu'est-ce que t'as dit?*« – »*Rien, je n'ai rien dit, ri-äng*«, sie lächelt, nichts habe sie gesagt. »*Je vais te chercher ce soir, tu me dis où.*« Er werde sie abholen heute Abend, und sie solle ihm sagen, wo. »*Le Camping de la Forêt, à l'entrée.*« Er umarmt sie, legt sich das Handtuch über die Schultern, zieht Segel und Surfbrett unter einen Felsvorsprung und verschwindet mit dem Böll in der Hand in die entgegengesetzte Richtung als die, aus der sie gekommen ist. Mit angezogenen Beinen blickt sie aufs Wasser, fast am Horizont erkennt sie ein Segelboot. Sie streift sich ihr T-Shirt über und geht den Weg zurück, der sie vormittags hergeführt hat, das Wasser ist jetzt eine einzige blaugrüne Fläche. Meeresalpen, denkt sie, das sind die Meeresalpen unter meinen Füßen.

Der Concierge am Eingang des Campingplatzes sitzt tief eingesunken in seinem Korbsessel, die Augen scheinbar geschlossen, Katharina passiert ihn, und er grüßt mit einem angedeuteten Nicken. Sie läuft vorbei am *supermarché* des Campingplatzes, in dem Urlauberfamilien und junge Leute letzte Zutaten fürs Abendessen besorgen. Die Ersten haben sich bereits mit Getränken an die Campingtische vor den Wagen gesetzt, Männer stehen an Grills und zünden die Feuer für Fleisch und Würste an. Michael sitzt vor seinem Zelt, mit dem Rücken an einen Baum gelehnt, in der Hand ein Bier. »Hallo«, sagt er, »Tobias ist Spaghetti holen, er müsste gleich wieder da sein, kannst mitessen, das Wasser kocht schon.« – »Danke«, sagt sie, »ist lieb, aber ich geh aus.« – »Man geht aus … Aha, viel Spaß, wie heißt er denn?« Michael ist anzusehen, dass er ihr nicht glaubt. Wahrscheinlich denkt er, sie habe ihre Verabredung erfunden, nur um sich interessant zu machen, und wahrscheinlich weiß er, dass sie keine Lust hat auf einen Abend wie gestern.

Gestern Nachmittag erst war sie mit ihrem schweren Rucksack das kurze Stück von der Bushaltestelle hierhergelaufen, hatte sich gefreut auf das Wiedersehen mit Micha nach mehr als fünf Wochen. Michaels Freund Tobias sah sie auf ihr Zelt zusteuern und sagte: »Micha, da kommt deine

Lustmatratze.« Tobias schüttete sich aus vor Lachen: »Gut, dass du ihr deine Adresse hier gegeben hast, der Lustmatratze. Ist das witzig, mein Gott, ist das witzig, ich kann nicht mehr vor Lachen.« Micha zog sie an sich und küsste sie auf den Mund: »Mach dir nichts draus, du kennst ihn ja.«

Sie trank ein großes Glas Wasser, verstaute ihren Rucksack in Michas grauem Zweimannzelt, dann gingen sie zu dritt an den Strand. Die beiden Jungs spielten Beachvolleyball mit anderen jungen Urlaubern, viele Deutsche, Engländer, Belgier. Katharina lag einfach nur da, genoss die Wärme der Sonne und versuchte, das Rauschen des Meeres lauter zu hören als das Lachen und Johlen der Volleyballer. Konnte es wirklich sein, dass sie diesen Urlaub eigentlich zusammen mit Michael geplant hatte? Noch Weihnachten erschien ihr alles ganz sicher, in ihrem Jugendzimmer hockten Micha und sie gemeinsam über den Landkarten, sie wollten im Sommer nach Katharinas Abi mit Michas Auto an die Algarve, über Paris, Lyon, an der französischen und spanischen Küste entlang bis Portugal.

Silvester feierten sie eine große Party mit vielen anderen von ihrer alten Schule, mitgebrachten Freunden. Michael setzte Katharina morgens um fünf mit dem Taxi bei ihren Eltern ab, hundemüde fühle er sich, sagte er, hundemüde. Diese Müdigkeit musste in dem Moment verflogen sein, als Katharina ins Haus ging und Michael wieder ins Taxi stieg – das brachte ihn direkt zu Mona, der rotblonden Walküre, die bis vor zwei Jahren ihre Schulsprecherin gewesen war, jetzt Philosophie in Marburg studierte, und die sich bei der Silvesterparty als ersten Mann des Jahres für ihr Bett ausgerechnet Michael ausgesucht hatte. Schon bei der Party hatte Tobias rumgestichelt: »Mona und Micha – läuft da was?«, aber Katharina hatte das ignoriert. Ein paar Tage später entdeckte sie an Michas Hals Knutschflecke, die sie ihm dort nicht hingeküsst hatte. Wenn Micha alles zugegeben hätte, wäre Katharina vielleicht damit klargekommen, aber er machte überhaupt keinen Versuch, die Sache runterzuspielen: »Ich fand Mona schon immer gut.« – »Das war's dann wohl«, sagte Katharina, ihr Lächeln misslang, sie wollte nicht weinen. Plötzlich erschien ihr das, was als große Liebe vor drei Jahren angefangen hatte, ganz, ganz klein. »Wir können doch Freunde bleiben«, meinte Michael leise, bevor er die Tür zu Katharinas Zimmer hinter sich zuzog. Katharina versuchte in den folgenden Wochen, Micha aus dem Weg zu gehen, aber bald trafen sie sich wieder, schliefen auch hin und wieder miteinander, wenn sie beide nichts Besseres vorhatten. Katharina meldete sich für die Sommerferien zum Sprachkurs in Rom an, und weil Michael ihr dorthin Postkarten schrieb, wusste sie, sie würde ihn mit Tobias auf diesem Zeltplatz finden.

Nun war sie also tatsächlich angekommen, lag im warmen Sand unter französischer Sonne, und fragte sich: Was, Katharina, machst du hier eigentlich? Weil ihr keine Antwort einfiel, stand sie auf, lief ins Wasser und schwamm so weit hinaus, wie sie es sich gerade noch zutraute. Als sie umkehrte, sah sie den Rettungsschwimmer am Strand wild in ihre Richtung winken.

Am Abend kochte Tobias für die ganze Zeltplatzclique seine legendären *Spaghetti Tom-Tom* mit Unmengen scharfer Tomatensoße, er versuchte einzulenken: »Kannst im Zelt schlafen, wenn du willst, ich penn draußen.« Katharina sah zu Micha, der schaute durchaus interessiert zurück, aber sie sagte: »Danke, ist mir zu heiß, ich schlaf lieber draußen.« Micha verschwand später mit einer Französin in deren Campingwagen, Tobias hatte das Zweimannzelt ganz für sich.

Nach Mitternacht schalteten sich die Lampen auf dem Zeltplatz aus, nur kleine Notlichter markierten die Wege. Als Katharina gegen drei kurz erwachte, sah sie die Sterne so klar, wie das in Berlin nie möglich war. Am Morgen frühstückte sie Croissants und Milchkaffee mit den anderen, sie saßen an einem der großen Holztische, die extra für die jungen Zelturlauber aufgestellt worden waren. »Ich komm heut nicht mit an den Strand«, sagte sie, als Michael und Tobias ihre Badehosen in Handtücher einrollten. Die beiden gingen los, gegen die gleißende Sonne wirkten Michas Beine, die in weißen Jeans steckten, als wenn sie an den Knien mit einem unsichtbaren Band zusammengehalten würden, auch schlenkerte er recht merkwürdig beim Gehen, warum war ihr das früher nie aufgefallen, und überhaupt, er trug auch bei dieser Hitze tatsächlich Socken in seinen Sandalen. Sie zog sich ihren Bikini an, ein T-Shirt, und sie beschloss, überall hinzugehen – nur nicht an den großen Strand, den beiden hinterher. Ein junger Araber im Kiosk verkaufte ihr zwei Literflaschen Wasser und riet: »Geh die Straße rauf, bis die Felsen kommen, dann lauf am Meer entlang zurück über die Felsen, da bist du allein.« Bis auf die Engländer, bis auf den Mann auf dem Handtuch.

Um acht will er sie abholen, hat Antoine gesagt, ihr bleibt noch mehr als genug Zeit. In Michas Zelt liegt der Rucksack mit ihrer Kulturtasche. Sie greift sich die Shampooflasche, Duschgel hat sie nicht dabei, die Devise der Rucksacktouristen heißt Ballast sparen. Das Pfirsichshampoo wäscht das Salz aus ihrem Haar, heiß strömt das Wasser der Dusche über ihre Haut. Aus der Nachbarkabine des Waschhauses dringt Gesang, der Stimme nach singt eine alte Frau: »Das sind zwei linke Schuh, der andere und du, da da da da da da da daha …« Katharina massiert mit dem Schaum ihres Pfirsichshampoos den ganzen Körper, stellt dann die Dusche auf lauwarm und lässt sich das Wasser über den Kopf laufen, bis das Schaumhäubchen über dem silbernen Sieb im Abfluss zu ihren Füßen ausbleibt. Ihr Handtuch ist schon fast getrocknet, als sie zum Zelt zurückkommt, es ist immer noch warm, sehr warm, der Boden scheint die Hitze des Tages zurückzuwerfen, die Sonne wird bald untergehen, die Grillen zirpen mehr und lauter. Tief unten im Rucksack findet sie das einzig ungetragene Kleid ihrer Reise, es hat ein altmodisches Muster aus winzigen Blumen, Millefleurs in Rottönen aus hundert Prozent Kunststoff, dafür federleicht und knitterfrei, sie bindet die dünnen Träger mit ihrem Bikinioberteil im Nacken zusammen. »*N'oublie pas ton maillot*«, hatte Antoine noch gerufen, den Badeanzug nicht vergessen.

Er wartet schon auf sie um acht, lehnt an einem weißen Renault mit offenem Faltdach, die vorderen Türen stehen auf, »*la chaleur*«, die Hitze. Zur Begrüßung küsst er sie zweimal knapp neben jeden Mundwinkel, seine Wangen sind weich, er ist frisch rasiert, seine Haut verströmt den Duft von Zitronen und Lavendel und Erde und wilden Tieren. »*Salut – t'es belle.*« Er sagt: *bell-le*, du bist schön-e. Ihr geht kurz durch den Kopf, ob sie Micha hätte bitten müssen, sich am Zeltplatz Antoines Autonummer zu notieren. Sie lacht und steigt ein.

Schweigend fahren sie auf der Straße am Meer entlang, am Strand liegen immer noch Menschen, meist sind es Pärchen, die der Sonne beim Untergehen zusehen wollen. Sie erreichen die große Stadt. Antoine steuert seinen Wagen durch die engen Gassen der Altstadt, kurz vor dem Hafen biegt er rechts in eine Durchfahrt zwischen zwei Häusern, rangiert sich ein zwischen einem klapprigen Lieferwagen und einem silberfarbenen Zweisitzer. »*Ici, c'est chez mon copain Nicolas*«, sagt er und zeigt auf das Restaurant seines Freundes Nicolas. Das Lokal scheint voll bis auf den letzten Platz, meist sitzen vier oder sechs Frauen und Männer zusammen an einem Tisch, es duftet köstlich nach Knoblauchküche, aber nur genau so stark, dass auch die Abendluft und die Parfüms der Frauen noch wirken. Im offenen Hof sind ebenfalls alle Stühle besetzt, bis auf einen Tisch für zwei, mit einer Seite steht er an der Mauer zum Nachbargarten, grünes Blattwerk mit pinkfarbenen Blüten überzieht die alten Steine, die kaum noch zu sehen sind. Antoine sagt »*bougainvillée*«, als sie sich setzen.

Hinter dem Tresen winkt ein Mann herüber, er trägt keine Kellnerschürze, Nicolas, der *maître*. Er geht auf den Tisch zu, in der Linken eine Flasche und ein Champagnerglas, das den beiden Gläsern auf dem Tisch gleicht. Küsschen links, Küsschen rechts für die junge Deutsche, Umarmung für Antoine. Nicolas öffnet die Champagnerflasche und schenkt ein, »*santé*«, sie stoßen an, Nicolas und Catherine, Nicolas und Antoine, Antoine und Cathérine. Die Austern, sagt Antoine, die seien von Korsika, Nicolas habe sie heute Morgen persönlich mitgebracht. Es handele sich um eine Austernzucht, die schon Napoléon liebte. Und nach den Austern werde Nicolas dann alles bringen, was das Meer heute hergegeben habe: »*Il faut goûter de tout*«, sie müsse von allem probieren. Catherine ist schon beschwipst, als Nicolas das runde Silbertablett mit den Austern auf den Tisch stellt, drei, vier winzige Schlückchen aus dem Glas haben genügt nach diesem wirklich heißen Tag, an dem sie außer dem Frühstückscroissant und einer Handvoll Mirabellen nicht wirklich etwas gegessen hat.

»*Tu les aimes, les huîtres?*« – »*Je ne sais pas* …« Sie weiß nicht, ob sie Austern mag. »*Alors* …« Antoine greift nach einer Schale, der Tisch ist schmal, er kann Catherine die Schale problemlos an die Lippen führen, sie öffnet den Mund und spürt, wie die Auster nach einem Stupps mit dem Finger in ihren Mund gleitet, sie saugt die Flüssigkeit aus der Schale dazu ein. »*Un petit peu remacher*«, ein wenig kauen, dann schlucken. Antoine strahlt, »*c'est bien*«, *bjäng*, ja, sie sind gut. Die nächsten Austern schlürft Catherine allein, taucht die Finger in die kleine Tonschüssel mit Zitronenwasser, die Nicolas gebracht hat. »*Encore*«, mehr Champagner, von allem mehr, Nicolas bringt kleine Teller mit Fischportiönchen auf Gemüsesorten, die sie nie zuvor gesehen hat, er nennt die Namen der Fische, die sie nachspricht, aber nicht übersetzen kann. Sie müssten eine Bouillabaisse kochen morgen, sagt Antoine. »*On achète des poissons du bateau*«, sie würden die Fische direkt vom Schiff kaufen. *Rascasse* heißt der Fisch, dessen Name ihr am besten gefällt.

Sie kann schon lange nicht mehr sagen, wie viel Champagner sie getrunken hat, ein paar Schluck, ein Glas, zwei Gläser. Als Nicolas die Förmchen mit *Crème brûlée* präsentiert, hebt sie die Arme zur Kapitulation, »*un tout petit peu*«, so ein kleines bisschen werde sie doch wohl …, meint Antoine, und Nicolas findet, zu der Crème brauche es unbedingt einen Champagner *plus doux*, einen süßeren, den er sofort in die Gläser perlen lässt. Das deutsche Paar vom

Nachbartisch, sie knapp unter vierzig, er reichlich darüber, hatte anfangs noch sichtbar die Ohren Richtung Antoine und Catherine gespitzt, sich dann aber ganz in seinem eigenen Gespräch über Aktienanlagen, Abschreibungsmodelle und Gartengestaltung verloren. Jetzt streicht der Mann sich über seinen exakten Seitenscheitel im hellbraunen Haar und kramt bestes Schulfranzösisch heraus: »*Pardon, il est quelle heure?*« Quälend langsam kommen die Worte aus seinem Mund, Katharina grinst bei ihren ersten deutschen Worten dieses Abends: »Siehst du bei mir oder ihm eine Uhr?« Die Augen der Frau verengen sich zu Schlitzen, der Mann zieht hörbar scharf die Luft durch die Nase. Antoine guckt ein Fragezeichen in die Luft, sie weiß mittlerweile, dass er am Strand Heinrich Böll auf Französisch gelesen hat, weil er nicht Deutsch spricht, sie weiß einiges von ihm, jetzt nach diesem gemeinsamen Essen, er ist neununddreißig, also doppelt so alt wie sie, er schreibt Werbetexte, seit er nicht mehr in Paris lebt, wo er versucht hat, ein Schriftsteller zu sein, er liebt das Meer, und dass sie heute da an *seinem* Strand lag – so etwas sei ihm noch nie passiert. Antoine greift über dem Tisch nach ihrer Hand, »*viens*«, lass uns aufbrechen.

Die Durchfahrt mit den parkenden Autos ist in das freundliche gelbe Licht einer Hängelampe zwischen den Häusern getaucht, »*on prend le Spider*«, Antoine schüttelt einen Ring mit dem Schlüssel für Nicolas' silbernes Auto, das Verdeck ist offen, die Türen sind niedrig. Catherine sieht ihn an, als erwarte sie, er würde jeden Moment mit einem Satz über die Tür hinweg auf den Fahrersitz springen, so wie man es aus Filmen kennt. Aber er kommt auf ihre Seite, öffnet ihr die Tür. »*Je vais t'emmener à un endroit où tu n'as jamais mis les pieds*«, er werde sie an einen Ort bringen, an den sie noch nie die Füße gesetzt hat. »*On verra, Antoine*«, wir werden sehen.

Die Nacht verströmt schwüle Wärme, in den Straßencafés und Restaurants am Hafen sitzen noch immer Männer in T-Shirts und Frauen in dünnen Kleidern, Antoine steuert den Wagen langsam über die gepflasterte Straße, der Fahrtwind ist lau. Sie lassen die Gassen hinter sich, die große Straße führt entlang am Meer, das es auch in der Dunkelheit schafft, viele weiße Schaumkrönchen tanzen zu lassen. Sie schaut Antoine gern beim Fahren zu, seine Hände liegen entspannt ums Lenkrad, er merkt, dass sie ihn beobachtet, kräuselt die Nase und sagt: »*On arrive bientôt*«, sie seien bald da.

Die schmale Straße führt durch ein Pinienwäldchen. Ein kleiner Hafen schmiegt sich in eine Bucht mit nur wenigen Häusern, hier liegen nicht die großen Motorjachten wie in der Stadt, Segelboote sind dicht an dicht an den hölzernen Stegen vertäut, ihre Masten heben sich hell vor dem schwarzblauen Nachthimmel ab. Antoine fädelt den Wagen in eine Lücke zwischen mehreren anderen Autos, die fast unsichtbar unter drei alten Platanen geparkt sind.

Bei jedem Schritt geben die Holzbretter über dem Wasser in der Mitte ein wenig nach, Antoine legt den Arm um Catherine, am vorletzten Boot der Reihe bleibt er stehen. »*Bienvenue sur la Venus.*« Er setzt seinen Fuß auf das Tau, mit dem die *Venus* festgemacht ist, das Boot rutscht träge näher an den Steg, und er springt an Bord. Er reicht ihr die Hand, auch sie springt entschlossen. Ein Ort, an den sie nie zuvor ihre Füße gesetzt hat – die Planken der *Venus*, eines alten, eleganten Holzsegelbootes. Er konnte sich seiner Sache sicher sein. Drei Stufen führen in den Rumpf des Schiffes.

»*Laquelle veux-tu?*« Welche der beiden Kabinen mit Doppelbetten sie wolle, lacht er, Bug oder Heck, die vorn oder die hinten. Die hinten, die mit dem Bullauge, durch das man im Liegen auf die Lichter am anderen Ende der Bucht blicken kann. Die nächsten Stunden wird sie die Lichter nicht sehen – er löst die Bänder in ihrem Nacken, öffnet den Reißverschluss im Kleiderrücken und nestelt dabei auch die zweite Schleife des Bikinioberteils auf. Eine einzige, fließende Ausziehbewegung, sie hat es immer gehasst, wenn Micha oder ein anderer Junge nach einigem ungeschickten Gefummel fragte: »Kannst du mir mal sagen, wie man diesen BH aufkriegt?«, im Zweifelsfall zog sie sich das Teil dann lieber selbst aus.

Sie genießt Antoines Berührungen, seine Bewegungen, die zu ihren passen, wie von einem unsichtbaren Choreografen gesteuert. Das Leinenlaken auf dem Bett ist kühl bei der ersten Berührung. Er zieht sich beim Hinlegen sein weißes T-Shirt über den Kopf, lässt es auf den Boden fallen. Seine Haut ist warm und fühlt sich an wie die Schale ihrer Lieblingsapfelsorte, leicht gewachst, wie mit einem feinen Ölfilm überzogen. Die Küsse sind so gut wie am Nachmittag – warum eigentlich sind sie am Strand über der Knutscherei eingeschlafen? Ein Lämpchen in der Kabinenwand schickt mildes Licht in die Koje und lässt seine Augen in hellem Bernsteinton leuchten, sie weiß, dass ihre Augen ihn genauso anstrahlen wie seine die ihren.

Sie trägt noch immer ihr Bikinihöschen. Mit nur einer Hand öffnet sie problemlos den Gürtel seiner Jeans, Knöpfe, mehrere Knöpfe, er trägt offensichtlich nichts als diese Jeans. Auch die streift er mit unglaublicher Leichtigkeit ab, er weiß, wo die Bändchen an ihren Hüften aufgehen. Dass sie die Pille nimmt, hatten sie bei Nicolas irgendwie geschickt im Gespräch untergebracht. Sie liebt es, mit beiden Händen über seine Oberarme zu streichen, wenn er auf ihr liegt, seine Muskeln sind herrlich gespannt, er liegt auf ihr und scheint doch zu schweben, sein Gewicht ist genau richtig verteilt und lässt ihr Bewegungsfreiheit. Mit der Sicherheit jahrelanger Übung kommt er endlich ganz in sie.

Sie schlafen aneinandergeschmiegt, ihr Rücken an seinem Bauch, klassisches Löffelchen. Wieder wacht sie zuerst auf, durchs Bullauge sieht sie blassblaue Schleier in der Ferne übers Wasser ziehen. Sie drückt sich an ihn, und diesmal brauchen sie nur fünf Minuten für das, was beim ersten Mal Stunden dauerte. Er bringt ihr Milchkaffee und Kekse ans Bett. *»Demain«*, *demäng*, sagt er, morgen, morgen gäbe es frisches Gebäck zum Frühstück, aber nun müssten sie fahren, abends werde er sie wieder abholen, ihren Rucksack könne sie dann im Wohnraum des Bootes in den Schrank stellen.

Er verschließt die Klappe zum Schiffsrumpf, sie fahren zum großen Hafen, tauschen Nicolas' offenen Wagen gegen den weißen Renault, Antoine setzt sie am Zeltplatz ab. Micha und Tobias löffeln gerade ihre Frühstücksmüslis, als sie am Zelt ankommt. »Ich nehme meinen Rucksack mit«, sagt sie. »Und wo gehst du hin?«, fragt Michael. »Ich wohne bei einem Freund.« – »Einem Freund«, echot Tobias. Sie sagt: »Du hast da einen hässlichen Pickel auf der Stirn, den würd ich mir mal im Spiegel ankucken.«

Die Reißverschlusstür zum Zelt ist offen, trotzdem hält sie den Atem an, als sie den Arm nach dem Rucksack in der Ecke ausstreckt, sie will den Geruch nach tagelangem Jungsschlaf nicht in der Nase. Sie schwingt sich den Rucksack über die Schulter: »Tschüss.« Micha läuft hinter ihr her: »Warte doch, komm, ich trag dir das.« Sie lässt sich den Rucksack ins Eingangshäuschen des Zeltplatzes bringen, der hagere Platzmeister wird ihn bis zum Abend aufbewahren. »Es ist alles in Ordnung Micha, wirklich.« – »Wenn du meinst, bist ja alt genug.« Sie küsst ihn flüchtig auf die Wange, nimmt sich aus dem Rucksack Buch und Handtuch und Wasserflasche, die sie ganz obenauf gelegt hatte.

Am Nachmittag tummeln sich die Camperfamilien am Meer, nur einige ältere Frauen und Männer, denen der Weg dorthin zu weit oder zu anstrengend ist, dösen unter Sonnenschirmen in Liegestühlen am Pool. Katharina rückt sich ihre Liege so, dass sie nichts im Blick hat außer Himmel und Pinien und nach einem leichten Heben des Kopfes auch einen schmalen Streifen Meer. Um zu lesen, ist es zu heiß, sie wendet den Kopf zum Schwimmbecken und sieht einem der Alten zu, der ausdauernd seine Bahnen durchs Becken zieht, den Kopf immer unter Wasser, er hat eine Kindertaucherbrille mit passendem Schnorchel aufgesetzt. Als er über die Leiter aus dem Wasser steigt, sieht Katharina, dass der Mann seine Füße in kleine grüne Taucherflossen gezwängt hat, die mit gelben Fröschen bedruckt sind. Sie schaut wieder in den blauen Himmel, und plötzlich ist sie da, diese Gewissheit, die sie nie mehr verlassen wird: Es ist dein Leben, und du kannst damit tun und lassen, was du willst.

Um acht steigt sie zu Antoine ins Auto. Er hat einen kleinen Tisch aufs Deck der *Venus* gestellt, darauf Rotwein, Käse, Baguette. »*La bouillabaisse, c'est pour demain.*« Morgen die Bouillabaisse, das wird Antoine jetzt jeden Abend sagen, wenn sie essen.

Tagsüber steuern sie mit der *Venus* die schönsten Buchten an, die er kennt. Das türkisfarbene Wasser ist klar bis zum Grund, sie schwimmen, sie laufen über die kleinen Inseln, sie sprechen nicht über das Wie-lange-noch, sie sprechen darüber, wie es war, als er Student war, wie es sein wird, wenn sie Studentin ist.

Nachts machen sie in dem kleinen Hafen des ersten Abends fest, morgens springt sie von Bord, läuft zu dem *tabac* in einem der Häuser und kauft bei der rotbäckigen Jacqueline den *Provençal*, die Tageszeitung. Einmal scheint ihr die Zeitung dabei fast aus dem metallenen Drehständer entgegenzuleuchten – die Schlagzeile, sie scheint unfassbar: *Où est passée Katharina*? Wo die junge Deutsche geblieben sei … Am Abend ihrer Ankunft auf dem Zeltplatz hatte sie bei ihren Eltern in Berlin angerufen, sie hatte es versprochen, die Eltern wollten hören, dass es ihr gut geht. Ja, der Sand am Strand sei weiß und weich, die Sonne scheine, und das Meer sei großartig. Die Mutter fragte nach Micha, und Katharina sagte, er spiele jeden Nachmittag Volleyball.

Micha und Tobias haben doch nicht …? Sind sie zur Polizei gegangen, haben sie als vermisst gemeldet, obwohl sie doch klar gesagt hatte, sie gehe zu einem Freund? Von der deutschen Touristin fehle jede Spur, liest sie. Plötzlich fühlt Katharina sich ernsthaft verschwunden, sie greift die Zeitung, betritt den *tabac* und zählt Jacqueline ein paar Münzen in die Jakobsmuschel, in die alle das Geld für Zeitungen legen.

Noch auf dem hölzernen Pier blättert Katharina zur Fortsetzung der Geschichte im Lokalteil, zuletzt gesehen worden sei die Frau vor drei Monaten, wer Hinweise geben könne, möglicherweise habe man sie mit einem Schiff über das Meer nach Marokko gebracht, vielleicht sei sie auch schon tot – das Foto zeigt klar eine Frau mit langem blondem Haar, schmalem Gesicht und hellen, knopfartigen Augen. Katharina streicht sich ihr braunes Haar aus dem Gesicht. Sie legt Antoine die Zeitung mit der Schlagzeile auf den Schoß, er lacht und sagt: »*Mais tu es Catherine.*« Ja, sie ist Catherine. Er küsst sie, so wie er sie oft geküsst hat, wenn er sie lieben will. Seine Zunge dringt gerade so weit in ihren Mund, genau auf dieses zauberische Maß, das nicht wirklich zufrieden macht, das nach Mehr verlangt, wenn er die Zunge wieder zurückzieht. Er beißt ihr zart in die Unterlippe, sie hat das Gefühl: Wenn er sich jetzt dreht, hafte ich an seinen Lippen und drehe mich mit. Er dreht sich nicht, er zieht sie unter Deck in die Kajüte im Heck.

Manchmal sitzt sie einfach nur da, schaut scheinbar tief versunken aufs Meer oder hoch in den Mast des Bootes, wenn sich das Segel bläht. Oder sie starrt auf die Küste, minutenlang. Sie reist mit leichtem Gepäck, außer dem Duschgel hatte sie auch den Fotoapparat als unnützen Ballast vor der Reise aussortiert. Also versucht sie, Bilder, die sie mit nach Hause nehmen will, in ihr Gedächtnis zu brennen. Sätze, die diese Bilder begleiten sollen, schreibt sie in ein schwarz-rotes Notizbuch. Antoine liefert ihr viele dieser Sätze, einmal streichelt er nach der Liebe sanft ihren Bauch, sie liegen am Strand einer der kleinen Felseninseln, er streicht sanft über ihren festen, flachen Bauch und sagt: »*T'as un petit ventre, il faut que tu fasses attention*«, sie habe ein kleines Bäuchlein und müsse aufpassen. Sie wirft ihm eine Hand Sand auf die Brust und rennt ins Wasser. Sie weiß mittlerweile, dass er sie auch im Wasser nehmen kann, manchmal kippen sie dabei gemeinsam in die Wellen, manchmal nicht.

Jeden Tag sammelt sie mindestens einen seiner Sätze für ihr kleines Buch, im Liegestuhl an Deck der *Venus* schreibt sie die Sätze auf, und Antoine neckt sie: »*Ah, mon petit écrivain*«, mein kleiner Schriftsteller. Irgendwann spricht er seinen schönsten Satz: »*Avec toi, je ne me sens pas comme avec une étrangère.*« Mit ihr fühle er sich nicht wie mit einer Fremden, aber sie ist sich nicht ganz sicher, ob *étrangère* hier vielleicht doch Ausländerin bedeutet.

Nach zwei Wochen mit Antoine wacht sie nachts auf und weiß: Gerade eben hat sie das erste Mal auf Französisch geträumt. Beim Frühstück sagt sie Antoine: »*J'irai, demain*«, morgen werde sie fahren. Das Meer ist türkis wie jeden Tag, der Himmel wolkenlos und tiefblau wie gewöhnlich. Im Hafen von Marseille kaufen sie die Fische für die Bouillabaisse des letzten Abends.

Am Morgen setzt Antoine Catherine in den Zug. »*Salut, ma belle*«, sagt er. Sie sagt: »Leb wohl.« Sie sieht ihn auf dem Bahnsteig zurückbleiben, sieht ihn winken und immer kleiner werden. Am nächsten Tag mittags erreicht ihr Zug Berlin, der Weg zu ihren Eltern ist nicht weit, sie nimmt sich ein Taxi. Die Bäume im Garten zeigen erste gelbe Blätter, Altweibersommer nennt der Kalender diese Zeit. Das Haus ist leer, die Ferien sind vorbei, die Eltern arbeiten wieder, sie ist froh, keine neugierigen Fragen beantworten zu müssen. Katharina ist müde. Das Telefon stellt sie sich neben das Bett. Er ruft an, als sie gerade eingeschlafen ist: Ob sie gut angekommen sei, und überhaupt, er habe ihr einen Brief geschrieben.

Im Oktober zieht sie bei ihren Eltern aus, sie hat beschlossen, den Journalistik-Studienplatz in Hamburg anzunehmen, obwohl sie noch im Frühjahr nichts in der Welt weggebracht hätte aus Berlin, weg aus ihrem Abiturientinnenleben, weg von Micha. Sie zieht oft um in den nächsten Jahren, nun immer mit Jon, der in ihrer ersten Vorlesung über die Grundlagen des Presserechts neben ihr saß, obwohl er eigentlich in einem viel höheren Semester war. Irgendwann ziehen sie aus einer Dachgeschosswohnung in ein großes Haus mit Garten, ein üppiger Altbau mit eigenen Zimmern für die zwei Söhne, mit einem Arbeitszimmer für Jon, einem Arbeitszimmer für sie. Sie kauft sich ein gläsernes Regal für die Notizbücher, die sie im Lauf der Jahre Seite um Seite gefüllt hat. Immer zum Jahreswechsel stellt sie das Buch des alten Jahres ins Regal. Das macht sie auch in diesem Jahr, es ist der Nachmittag des Silvestertages, die Kinder werden abends zu Partys gehen, Jon und sie haben den Tisch im Wintergarten schon für zwölf Personen gedeckt, sie erwarten Freunde, auch Micha und seine Frau.

Katharina fährt mit dem Daumen der linken Hand über die Buchrücken, sie mag es, wenn die Bücher gerade mit der Kante des Regals abschließen. Ziemlich weit links steht das Buch, aus dem oben ein Zeitungsausschnitt und ein Brief herausragen. So wie jedes Silvester in den vergangenen fünfundzwanzig Jahren nimmt sie das Buch, öffnet den Umschlag und liest Antoines Brief, der aussieht, als sei er gerade heute mit der Post gekommen: *Chère Catherine, c'est la fin de l'été, le vent est arrivé …*, der Wind sei jetzt da und der Sommer gehe also zu Ende, *sur le bateau je peux encore ressentir ta présence,* auf dem Schiff könne er ihre Anwesenheit immer noch fühlen. »*Ne m'écris pas à Sanary*«, sie solle ihm nicht zurückschreiben, auf dem Umschlag hatte er in schöner Schrift seinen Absender vermerkt. Sie hat ihm nie geschrieben. Ihr Mann Jon hat sie oft am Silvestertag mit diesem Tagebuch und dem Brief sitzen sehen, einmal fragte er: »Du siehst glücklich aus, was liest du da?« Sie lächelte und sagte: »Ach, nichts, aber ohne diesen Sommer damals, im Jahr, als wir uns kennengelernt haben, wäre ich vielleicht nie nach Hamburg gekommen.«

ANNETTE RÜBESAMEN

Kein Sex mit dem Ex

Sie wollte Weiß tragen, das stand ihr im Sommer am besten. Den ausgestellten Baumwollrock, der beim Gehen um die Knie schwang, darüber das Top mit den Spaghettiträgern, leicht tailliert, aber nicht zu eng anliegend. Solche Tricks hatte sie nicht nötig. Dazu den hellblauen Strickpulli mit dem Zopfmuster; wenn sie ihn sich um die Hüften wickelte, kaschierte er ein wenig, und außerdem hätte sie etwas zum Überziehen, falls es später wurde, weil er doch erst das Abendschiff zurück aufs Festland nehmen wollte. Leichtfüßig und unbeschwert würde sie zum Hafen laufen, den flatternden Rock um ihre braun gebrannten Beine, Sommersprossen im Gesicht und ein paar verwehte Strähnen ihres sonnengebleichten Haars. Lässige, selbstbewusste Heiterkeit, die strahlte sie jetzt aus. Sinnlichkeit und intellektuelle Reife. Nicht mehr das Mäuschen von früher. Eine Frau, die das Leben in seinen Höhen und Tiefen erfahren hatte, die anderen und erst recht sich selbst nichts mehr vormachte. Sie war Mitte dreißig, verheiratet und hatte einen interessanten Beruf. Immerhin arbeitete sie in einem Verlag.

»Ich hole dich vom Schiff ab«, hatte sie ihm geschrieben und wusste auch schon genau, wie. Sie würde rechtzeitig vorher am Fähranleger sein und dann einfach nur dastehen, mit leicht überkreuzten Beinen seitlich an ein Geländer oder etwas Ähnliches gelehnt. Ruhig abwartend, dass er an Land ging und zu ihr hinüberkam. Sie würde sich nicht bewegen. Doch dann war ein Blick fällig, ein ganz spezieller Blick, der von unter ihren Ponyfransen hervor schräg nach oben zu seinem Gesicht gleiten müsste, offen und unverkrampft, ein Blick, in dem all ihre ehrliche, unverstellte Neugier auf einen Exfreund lag, den sie seit ihrer Trennung vor fünfzehn Jahren nicht mehr gesehen hatte. Und dann nur ein einziges Wort. »Kai?«, würde sie fragen und dazu kurz auflachen, wie es jetzt typisch für sie war. Rau, ein bisschen kratzig und mit diesem leicht amüsierten Unterton. Sexy, hatte ihr Friseur mal behauptet.

Sie stand im Schlafzimmer und zog an der Schiebetür des Spiegelschranks. Die Tür öffnete sich einen Spalt weit und blieb dann stecken. Sie rüttelte fester. Nichts. Der Schrank war ein billiges Monster aus mit Folie beklebten Spanplatten, pflegeleicht und abwaschbar, wie auch das andere Mobiliar im Ferienhaus. Nach fünf Tagen hatte sie sich immer noch nicht daran gewöhnt, dass es im Inneren eines friesischen Reetdachhauses aussehen konnte wie in einem Baumarkt. Helle Laminatböden, auf denen man jede Staubflocke sah, Türfüllungen aus gelblichem Milchglas und Hängelampen mit eingeschraubten Energiesparbirnen, deren kaltes, flaches Licht in den Augen schmerzte. Sie riss noch einmal an der Tür. Aus ihren nassen, frisch gewaschenen Haaren lösten sich winzige Wassertropfen und flogen gegen die Verspiegelung. Der Schrank erbebte, die Schiebetür blieb zu. Barfuß ging sie am Doppelbett vorbei zum offenen Fenster. Sie steckte den Kopf hinaus in die Mittagshitze und rief in den Garten. »Bernie? Kannst du mal raufkommen?«

Das mit der Nordseeinsel war seine Idee gewesen. Sie war in den Ferien eher der Typ fürs Mittelmeer. Italien oder Griechenland, wo das Nichtstun am Strand und in Liegestühlen zu den Landessitten gehörte und niemand zu erwarten schien, dass man seine Urlaubstage mit sinnvollen Aktivitäten zuplante. Auf der Insel dagegen begegneten ihr schon morgens um neun, wenn sie sich gerade erst zum Bäcker aufmachte, fünfköpfige Familien auf Fahrrädern, mit aufgeschnalltem Tagesproviant und dem verbissenen Gesichtsausdruck von Triathleten. Dazu passte der Wind, der ständig um die Ecken fegte und einem vorwurfsvoll Sand oder die eigenen Haare ins Gesicht blies, sobald man sich doch einmal irgendwo mit einem Buch in der Hand ausstreckte. Bernie mochte Wind. Er hatte allerdings auch so gut wie keine Haare mehr und las keine Bücher. Und noch war es keiner Böe gelungen, sein Siebzehn-Zoll-Notebook mit CineBass-Subwoofer und integriertem Bluetooth 2.0 umzuwehen, das er nach dem Frühstück immer auf dem Terrassentisch aufbaute.

Bernie kniete vor dem Spanplattenmonster und fixierte mit zusammengekniffenen Augen den Spalt zwischen Spiegeltür und Seitenwand. Sein T-Shirt war aus der kurzen, blauen Sporthose gerutscht und entblößte einen Streifen Haut, der ihr unferienhaft blass vorkam. Dann streckte er seine rechte Hand aus. »Schraubenzieher«, sagte er. Sie mochte es, mit einem Ingenieur verheiratet zu sein. Es gab ihr das Gefühl, in einer dieser orangefarbenen Sicherheitsinseln zu sitzen, die sich von allein aufblasen, wenn ein Schiff in Seenot gerät: Während draußen der Sturm tobte, hatte sie es drinnen warm und gemütlich. Bernie nahm an der Welt vor allem ihre technischen Schwachstellen und Konstruktionsfehler wahr. Und er bekämpfte sie mit der Unermüdlichkeit eines Pitbulls. Es war seine Lebensaufgabe. Er reparierte Waschmaschinen, die nicht mehr abpumpten, und warf sich einsatzfreudig auf DVD-Player, die seltsame Pochgeräusche erzeugten. Nie wurde es ihm langweilig und nie bekam er Depressionen, was angesichts der nicht abbrechenden Flut aus Kurzschlüssen, überhitzten Toastern und defekten Klimaanlagen, die in ihr gemeinsames Leben spülte, verwunderlich war. Und nie fuhren sie ohne Werkzeugkasten in Urlaub.

Jetzt stand ihr Mann gebückt zwischen Doppelbett und Schrank. Er hatte den Schraubenzieher unter der herausgesprungenen Tür angesetzt und hebelte sie schwer atmend in die Schiebeleiste zurück. »Sodele«, konstatierte er erfreut (er stammte vom Bodensee), ließ die Tür probeweise vor- und zurücklaufen und richtete sich dann auf. Sie saß auf dem Bett und hatte die Hände in den Schoß gelegt. Das Badelaken, das sie sich nach dem Duschen umgebunden hatte, löste sich und rutschte über ihren Busen herunter. Er sah sie an.

»Du gehst dann?«, fragte er.

»Ja«, sagte sie. »Ich zieh mir nur noch was an.«

Bernie nickte. Er hatte immer noch den Schraubenzieher in der Hand.

»Klar. Außerdem, wie gesagt, bring ihn doch einfach mit«, meinte er. »Wie gesagt. Ihr könnt genauso gut hier im Garten sitzen und euch unterhalten. Ist doch vielleicht ganz nett. Wir können auch grillen, später. Ich hab den Blasebalg repariert.«

»Ich weiß nicht«, sagte sie und fühlte sich auf einmal unangemessen nackt, als säße Kai schon mit im Zimmer. Sie zog das Handtuch wieder nach oben. »Er kann nicht so lange bleiben, glaube ich.«

Bernie legte nie auch nur einen Hauch von Eifersucht an den Tag. Es war nicht Arglosigkeit allein; er besaß einfach keine Fantasie. Dass sie in ihren gemeinsamen Ferien einen Exfreund zum Treffen bat, nur weil der seit Neuestem in nächster Nähe wohnte, war in Bernies Augen kein Grund zu Verdächtigungen. Er sah darin nur eine logische Folgerichtigkeit. Doch sein Vorschlag war absurd. Auf keinen Fall würde sie mit Kai zum Grillen kommen. Kai war nicht der Typ, der grillte. Außerdem wollte sie nicht, dass er das Ferienhaus zu Gesicht bekam. Allein schon die Feuerstelle war von ungeheurer Scheußlichkeit. Ein Grillkamin aus grob verputztem Beton, der mit seinem hochgezogenen Spitzdach im Garten saß wie ein überdimensionierter Gartenzwerg. Natürlich passte er perfekt zur Klinkereinfahrt, zu den glatt geschorenen Rasenflächen (der Dünger stand in einem Plastiksack in der Doppelgarage) und zu den Zwergkoniferen, die wie Sahnetupfer in gleichmäßigen Abständen entlang des Gartenzauns gepflanzt worden waren. »Reetdachromantik mit großem Garten« hatten die Besitzer in ihrem Inserat geschrieben, und darauf war sie reingefallen, naiv wie Zonen-Gaby beim Ratenkauf, weil sie nie auf die Idee gekommen wäre, dass Reetdächer nicht nur auf süßen, alten Kapitänshäuschen saßen, sondern problemlos auch Katalogfertighäusern mit Rigipswänden und Glasbausteinen übergestülpt werden konnten. Nicht einmal Sprossenfenster gab es. Dafür fiel der Blick aus dem Panoramafenster im Wohnzimmer auf das Nachbargrundstück, wo sich tatsächlich ein altes, graues Reetdach über Backstein und weiß lackierten Fensterchen in einen Bauerngarten aus Rittersporn und Levkojen duckte. Wer dort wohnte, wusste sie nicht. »Die haben bestimmt kein WLAN«, vermutete Bernie.

Kai hatte damals selbst Vorhänge schon als spießig abgelehnt. Wenn sie ihn in seinem hell erleuchteten Loft besuchte, fühlte sie sich den Blicken der Nachbarn ausgesetzt, als säße sie nackt bei Kaufhof im Schaufenster, was dazu führte, dass sie sich noch hölzerner benahm, als sie das in seiner Gegenwart ohnehin schon tat. Wie er jetzt lebte und mit wem, wusste sie nicht. Doch sein Rückzug aus der Großstadt in das schleswig-holsteinische Marschland ließ vermuten, dass eine gewisse Bürgerlichkeit in sein Dasein eingekehrt war. Familie wahrscheinlich, eine Villa oder eher ein perfekt renoviertes, altes Bauernhaus. Reetdach und eigener Weinkeller. Selbst Heimtextilien waren nicht mehr auszuschließen. Trotzdem wollte sie sich lieber nicht vorstellen, was er zu den elektrischen Rollladenhebern in ihrem friesischen Ferienhaus-Albtraum sagen würde.

Dafür war zum Glück auch keine Zeit. In etwas über einer Stunde würde das Schiff im Hafen anlegen. Sie stand im Badezimmer und musterte ihr Gesicht im Spiegelschrank über dem Waschbecken. Ganz wenig Make-up wollte sie benutzen, eine Andeutung nur, nicht mehr. Er sollte sie sehen, wie sie war. Und sie war eine, die es nicht mehr nötig hatte, sich hinter einer Maske zu verstecken. Ihre Hand zitterte leicht, als sie die Wimpern mit schwarzer Mascara tuschte. Fahrig angelte sie in ihrem Schminktäschchen nach dem dicken Pinsel und stäubte einen Hauch vom neuen Bronzepuder auf die Wangenknochen auf. Frisch und gebräunt wirkte sie jetzt, aber nicht angemalt. Mit der linken Hand formte sie ihre Haare am Hinterkopf probeweise zu einem dünnen, blonden Schwänzchen. Nein, lieber nicht. In ihrem Mund zog sich säuerlich etwas zusammen. Sie kannte das Gefühl von den Vertreterkonferenzen im Verlag, wenn sie an der Reihe war, ans Vortragspult zu treten und den Außendienstmitarbeitern, die schief in den Stühlen hingen und voll demonstrativer Langeweile an ihren Stiften kauten, die neuen Titel aus dem Kochbuchprogramm vorzustellen. Sie wusste ein Mittel dagegen; man musste die Hand auf den Unterbauch legen und fest dagegenatmen. Während sie alle Luft aus sich herauspresste, lächelte sie sich im Spiegel an.

Es gab keinen Grund, nervös zu sein. Fünfzehn Jahre waren vergangen, seit er sie erst auf einem S-Bahnhof sitzen lassen und danach nie wieder angerufen hatte. Es war deprimierend gewesen, auf dem zugigen Bahnsteig zu stehen und auf jemanden zu warten, der nicht mehr kommen würde. Deprimierend, aber es kam nicht überraschend. Überraschend war, dass sie überhaupt ein paar Monate lang ein Paar gebildet hatten. Sie waren sich auf dem Studentenfasching der Kunstgeschichtler begegnet, zu dem er einen Dozentenfreund begleitet hatte. Er besaß eine Galerie im Zentrum, sie studierte im zweiten Semester Deutsch auf Lehramt. Er war nicht maskiert, sie ging als Micky Maus. Er war ihr auf den Schwanz getreten; so hatten sie sich kennengelernt. In der ersten Zeit war sie nur aufgeregt gewesen, später aufgeregt *und* verliebt. Doch das Gefühl, das alle anderen überdeckte, war das der Unzulänglichkeit gewesen. Sie hatte nie verstanden, was der angesehene Galerist, der bereits zwei Exfrauen mit Alimenten versorgte und alle paar Monate nach New York flog, von einer unerfahrenen, kurzbeinigen Lehramtsstudentin wollte, die meist rot wurde, wenn man sie ansprach. Und er hatte es ihr nie erklärt.

Doch all das spielte keine Rolle mehr. Sie war jetzt eine erwachsene Frau. Sie sah gut aus. Sie konnte charmant plaudern. Und sie hatte einen Mann. Bernie war auf der Terrasse. Er saß auf einem der nackten, weißen Plastikstühle am Gartentisch und blinzelte im grellen Mittagslicht auf den Monitor seines Notebooks. Auf dem Kopf trug er die gelbe Baseballkappe mit dem Sparkassenlogo, doch die Sonne knallte senkrecht auf seinen Nacken, der sich schon leicht gerötet hatte. Die Terrasse hatte keine Markise; vielleicht passte die in den Augen der Besitzer nicht zum typisch friesischen Charme des Hauses. Vielleicht waren hier auf der Insel sonst aber auch die Sommer anders. Kühl und grau und nicht so tiefblau und geradezu schon penetrant sonnig wie in diesem Juli. An der offenen Wohnzimmertür schlüpfte sie in ihre goldfarbenen Flip-Flops.

»Ich geh dann mal«, sagte sie auf die Terrasse hinaus.

Bernie hob den Kopf und sah mit zusammengekniffenen Augen zu ihr.

»Alles im grünen Bereich?«, fragte er.

Sie nickte. »Ich melde mich von unterwegs«, sagte sie.

Bernie spitzte die Lippen. »Küsschen«, sagte er und fixierte bereits wieder seinen Monitor.

»Crem' dich ein!«, rief sie schon im Umdrehen und griff nach ihrer Handtasche. Dann verschwand sie durch die Haustür auf die Straße.

Das Dorf lag in der Mittagshitze wie ein verendendes Tier. Selbst der Wind, der den ganzen Vormittag mit entnervender Aufdringlichkeit um die Hausecken gepfiffen hatte, besaß keine Kraft mehr. Als sie an Johansens Frischemarkt vorbeiging, rollte die Kassiererin gerade die fahrbare Gemüseauslage ins dunkle Ladeninnere zurück. Der rothaarige Junge mit dem japanischen Motorroller, der seine Ferien auf dem Vorplatz vor Johansens Geschäft zu verbringen schien, wo er rauchte und ihr aus sicherer Entfernung nachpfiff, wenn sie den Laden mit gefülltem Einkaufskorb verließ, war verschwunden. Wahrscheinlich saß auch er in irgendeiner schattigen Küche vor einem Teller mit Matjesfilets. Oder Krabben. Was die Einheimischen eben so aßen. Aber aßen sie das tatsächlich? Das Fischzeug kostete heute doch ein Vermögen. Sie kaufte nur sehr selten mal eine Zuchtdorade im Supermarkt, und was Bernie betraf, so hätte sie sich im Prinzip selbst diesen Akt der Feinschmeckerei schenken können, denn Bernie mochte Steaks, und der einzige Fisch, bei dem er wirklich zulangte, war Dosenthunfisch.

Kai hatte ihr Austern serviert. Sie erreichte jetzt die Kreuzung mit der Landstraße, doch statt sich nach links zu wenden und den Fußweg einzuschlagen, der zwischen Straße und Sonnenblumenfeld in Richtung Hafen führte, blieb sie stehen und stöhnte unwillkürlich auf. Die Erinnerung ließ ihr heiße, rote Scham ins Gesicht kriechen. Ihre ersten Austern. Es war in Kais Loft gewesen, an dem langen Refektoriumstisch, an dem zweiundzwanzig Gäste sitzen konnten. Hier lud Kai nach Vernissagen in seiner Galerie gern Künstler, Kritiker, Fotografen und so weiter zum Essen ein. Wenigstens behauptete er das. Doch an jenem Abend waren sie nur zu dritt gewesen. Sie, Kai und dieser Freund von ihm, ein kahl geschorener Musiker, dessen Namen sie vergessen hatte und der ständig in Kais Wohnung herumhing, an der teuren Stereoanlage spielte, Bier trank und sie mit beharrlicher Arroganz ignorierte.

Das Loft war riesig, eine ehemalige Fabriketage mit über zweihundertfünfzig Quadratmetern. An den weiß gekalkten Wänden lehnten großformatige Bilder, ungerahmt und bunt. Die Bilder wechselten häufig. Der Esstisch bestand aus rissigen alten Eichenbohlen und war so lang, dass Kai eine Hälfte davon als Büro benutzte. Dort legte er Ausstellungskataloge neben Bildbänden und Kunstbüchern ab; es gab das Telefon, mit dem Kai Anrufe aus Miami und Prag entgegennahm, seinen Montblanc-Füller, zerknüllte Zigarettenpäckchen, eine Schildkröte aus poliertem schwarzem Stein, seinen in weiches ägyptisches Leder gebundenen Kalender und mittendrin die Schneekugel. Die Schneekugel zeigte ein Plastikmodell der Oper von Sydney. Während er telefonierte, nahm Kai die Kugel gern in die Hand, schüttelte sie, hielt sie dicht vor seine Augen und verfolgte das Niedersinken der kleinen weißen Körnchen mit gerunzelter Stirn aus nächster Nähe. Nicht die Bilder an den Wänden, sondern die Schneekugel war es, die sie in Kais Wohnung am meisten bewunderte. In ihrem Neubauzimmer in der Studenten-WG hätte sie ebenso kleinbürgerlich gewirkt wie eine Flamenco-Puppe. Doch auf Kais Refektoriumstisch verkörperte sie jenes ironische Spiel mit Kitsch und Volkskultur, das nur den in ihrer Stilsicherheit unfehlbaren, wahren Kreativen gestattet war. Und zu denen würde sie nie gehören.

Sie saßen am anderen Ende der Tafel. Kai hatte Gläser, Baguette und eine Flasche Weißwein direkt auf dem nackten Holz abgestellt. Als er mit der Platte geöffneter Austern hinter der Küchentheke hervorkam, musste sie zweimal hinsehen. Sie hatte sich die Muscheln klein und elegant vorgestellt. Doch es waren gewaltige graue Schalen, die wirkten, als wären sie mit brutaler Gewalt aus den Felsen herausgestemmt worden. In ihnen zitterte weißlicher Glibber, der sich mit unsichtbaren Saugarmen an der glatten Innenseite festklammerte. Ein fischiger Geruch nach Hafenwasser stieg auf, aber vielleicht bildete sie sich das auch nur ein. Die Austernplatte sah aus, als hätten ein paar Riesen auf einer Meeresklippe um die Wette gerotzt und das Ganze dann mit Zitronenvierteln garniert.

»Belons?«, fragte Kais Freund mit dem Mund voller Brot.

Kai schüttelte den Kopf. »Pazifische«, erwiderte er. Dann sah er sie unter seinem dichten, schwarzen Haarschopf heraus an: »Möchtest du sie mit Tabasco? Steht im Küchenschrank.«

Sie wollte sie weder mit noch ohne Tabasco. Sie wollte überhaupt keine schleimigen Weichtiere essen. Doch Kneifen kam nicht infrage; hier musste sie durch. Es war schlimm genug, dass sie sich an Kais Seite nie wie seine Freundin fühlte, sondern immer nur wie die Cousine vom Land – schüchtern, banal und grundsätzlich unangemessen. Da wollte sie nicht auch noch den Eindruck erwecken, nichts von Meeresfrüchten zu verstehen. Vielleicht konnte sie sogar Boden gewinnen, wenn sie das hier einigermaßen souverän durchzog und Kai überrascht feststellte, dass sie sich sehr wohl zu bewegen wusste auf gesellschaftlichem Parkett.

Sie griff nach einem der Apparate und hielt ihn zögernd zwischen zwei Fingern. Sie konnte es machen wie Kais Freund, der aus den Dingern erst etwas Flüssigkeit abgoss, dann Zitronensaft hineinpresste und sie direkt aus der Schale schlürfte. Der Musiker goss sich Chablis nach. »Hau rinne«, sagte er zu Kai. »Dann freut sich deine kleine Freundin.«

Sie erschrak. Hatte er sie durchschaut? »Nein, nein«, flüsterte sie und versuchte zu lächeln, wobei ihre Oberlippe an den Schneidezähnen kleben blieb. »Ich esse sie gern selbst. Ich mag Austern. Total.«

Der Freund hörte schon gar nicht mehr zu. Doch Kai lächelte. »Er meint«, sagte er und zerpflückte mit seinen schönen, langen Fingern ein Stück Weißbrot, »dass Austern ein Aphrodisiakum sind. Das wusstest du doch, oder? Man braucht sie ja nur anzusehen.«

Den Glibber nur anzusehen? Ihr wurde unwohl. Sex war ein Sujet, das sie am liebsten weiträumig umschiffte, vor allem bei Licht und in männlicher Gesellschaft. Doch wenn sie die Unterhaltung jetzt panisch auf ein anderes Thema lenkte, würde sie einen noch prüderen Eindruck machen, als sie das bereits unter normalen Umständen tat. Es war besser, erst rasch noch etwas Lockeres zum Sachverhalt beizusteuern.

»Aphrodisiakum?«, krächzte sie. »Ach, ich weiß nicht. Das wird doch alles ziemlich überbewertet, finde ich.«

Jetzt blickten beide Männer sie an. Es war ganz still. In Kais dunklen Augen stand Aufmerksamkeit und etwas anderes, Alarmierendes, das sie dort schon bei anderen Gelegenheiten wahrgenommen hatte und gar nicht mochte. Es war der Blick eines Labormitarbeiters, dessen bevorzugtes Versuchskaninchen sich die Pfote in der Käfigtür eingezwickt hatte. Wissenschaftliches Interesse, gemischt mit Mitleid und einer Prise Sadismus.

»Ich meine«, sagte Kai langsam und ohne die Augen von ihr abzuwenden, »dass Austern eine gewisse Ähnlichkeit mit dem weiblichen Geschlechtsorgan besitzen.«

Das war zu viel. Das Blut schoss ihr mit Gewalt zu Kopf.

Ihre Gesichtshaut stand in Flammen. Das Rauschen in ihrem Kopf schwoll so stark an, dass sie nicht mehr klar denken konnte. Meinte er ihr … Geschlechtsorgan? Fand er es abstoßend? Wahrscheinlich stimmte etwas nicht mit ihr, und ihm, dem fünfzehn Jahre älteren, erfahrenen Liebhaber war es natürlich gleich aufgefallen. Jetzt wusste es auch sein schrecklicher Freund. Sie war bloßgestellt, erniedrigt, entehrt und – schlimmer noch – durch ihr Erröten als spröde Klemmzicke gebrandmarkt. Als das Brausen in ihrem Kopf nachließ, unterhielten sich die beiden Männer, als säßen sie allein am Tisch. Es ging um Musik. In ihrer zitternden Hand hielt sie die Auster.

Mit glühendem Kopf stand sie an der Straßenkreuzung. Fünfzehn Jahre waren vergangen; wie war es möglich, dass ihr die Erinnerung immer noch die Schamesröte ins Gesicht trieb? Sie war damals erst zwanzig gewesen und schrecklich schüchtern; da war eine solche Reaktion doch normal. Und wuchs man denn nicht auch an solchen Pannen, reifte zu einer erwachsenen Persönlichkeit heran und lachte irgendwann herzhaft über das Vorgefallene, idealerweise vor Freunden, die einem anschließend zu Witz und Selbstironie gratulierten? Mit den Austern war es anders gelaufen. Diese Geschichte hatte sie nicht nur niemandem erzählt; auch Kai war nie wieder darauf zu sprechen gekommen. Und dann hatte sie sie irgendwann vollständig und so tief wie möglich in ihrem Unterbewusstsein versenkt. Jahrelang hatte sie nicht mehr daran gedacht. Jetzt dümpelte sie auf einmal wieder an der Oberfläche, ein unverdauter und ekliger Klumpen, der alles vergiften konnte. Ihr Herz klopfte heftig.

Kleine Schweißperlen rannen über ihre Stirn, und einen kurzen Moment lang empfand sie eine irre Erleichterung. Es war ja gar nicht die Beschämung! Es war die Mittagssonne, die ihr Gesicht brennen ließ! Ungeheuer, wie die heute herunterknallte. Und nirgendwo war Schatten. Wenn sie wie geplant an der baumlosen Hauptstraße entlang zum Hafen marschierte, war sie der Mörderhitze gnadenlos ausgeliefert. Am Fährleger würde sie verschwitzt und rotgesichtig eintreffen, mit Haaren, die an ihren feuchten Schläfen klebten. Ihre neue, souveräne Sinnlichkeit wäre nicht mehr auf den ersten Blick zu erkennen, und Kai konnte den Eindruck gewinnen, sie habe sich gar nicht verändert. Das durfte sie nicht riskieren. Sie sah sich um. Auf der anderen Straßenseite gab es eine Wiese, die an ihrem entgegengesetzten Ende vom Deich begrenzt wurde. Dort oben führte ein Spazierweg entlang, auf dem sie vor ein paar Tagen mit dem Rad unterwegs gewesen waren. Es ging da immer ein Lüftchen, und der Blick auf die Frische des Meeres würde zusätzlich für Kühlung sorgen. Sicher konnte sie auch das Schiff sehen, mit dem Kai herüberkam – und er vielleicht sogar sie.

Die Wiese war eine echte Sommerwiese. Das Gras stand kniehoch, Wiesenschaumkraut und roter Klee blühten. Kleine geflügelte Insekten summten friedlich zwischen den Gräsern. Sie zog die Flip-Flops aus. Barfuß wollte sie durch das duftende Grün hüpfen, wie Heidi auf der Alm, wie die Kinder von Bullerbü, wie die jungen Mädchen in den Weichzeichnerfotos von David Hamilton, die ihr in ihrer Jugend stets als überirdische Schönheiten erschienen waren. Das Leben spüren, darum ging es im Sommer: lebendige Erde unter den nackten Füßen, Sonnenwärme auf der Haut und Salzwind in den Haaren. Natürliche Feminität, das war's. Betont munter sprang sie in die Wiese hinein, genoss das sommerliche Kratzen von Rispen und Blättern an ihren nackten Waden, bremste jedoch nach wenigen Schritten abrupt ab. Nicht nur Klee und Wiesenschaumkraut gediehen hier, auch Brennnesseln reckten ihre aggressiv gezackten Blätter der Sonne entgegen. Sie musste aufpassen, wo sie hintrat. Mit gerunzelter Stirn sah sie sich um. Tief unten im grünen Wiesengrund leuchteten zwei ebenmäßige, weiße Sterne. Disteln. Verstimmt zog sie ihre Flip-Flops wieder an. Es war immer das Gleiche. Die Natur selbst vermieste einem die Natur. Nie durfte man sich ungestraft an ihr erfreuen. Wer sich zu einem bukolischen Nickerchen unter einen Baum legte, wurde von Ameisen überrannt, von Schmeißfliegen umschwärmt, von herabfallenden Blättern am Einschlafen gehindert. Wer barfuß durch eine Wiese springen wollte, blieb in Kuhfladen und Disteln stecken.

Missmutig stakte sie weiter durch das hohe Gras. Es gab auch Brombeerranken. Mit der rechten Hand hob sie den Saum ihres Rockes über das Knie, damit der feine Baumwollstoff nirgends hängen blieb. Der Deich war nur noch wenige Schritte entfernt, als plötzlich der Boden unter ihren Füßen nachgab. Sie spürte Nässe zwischen den Zehen und sah nach unten, wo es zwischen den Pflanzen silbrig glitzerte. Wasser. Warum war hier Wasser? So hatten sie nicht gewettet! Ein Bach schien es nicht zu sein, denn die Oberfläche war glatt und bewegungslos, und außerdem wuchsen jede Menge Gräser daraus hervor. Handelte es sich womöglich um ein Priel oder Siel oder Fleet? Sie wusste, es gab eine ganze Reihe friesischer Spezialbegriffe für alles, was mit Gezeiten, Deichen und Nordsee ganz allgemein zu tun hatte, aber sie hatte sich nie genauer damit beschäftigt. Außerdem war es albern, ein Hindernis benennen zu wollen, wenn es doch nur darauf ankam, es zu überwinden. Und genau das würde sie jetzt tun. Sie dachte nach. Wahrscheinlich handelte es sich um eine Art Sumpf, der nicht allzu tief sein würde. Und auch nicht übermäßig breit, denn keine drei Meter vor ihr wuchs bereits die steile, grasbewachsene Deichböschung nach oben. Eine solide Konstruktion aus Menschenhand, die festen Boden signalisierte. Springen kam nicht infrage, aber wenn sie einen Fuß wie einen Brückenpfeiler mitten in den Schlamm stellte, sollte sie bequem hinüberkommen.

Als Erstes hängte sie sich die Handtasche um den Hals. Dann entknotete sie den Strickpullover, den sie um ihre Hüften gewickelt hatte, und band ihn über den Schultern neu zusammen. Schließlich packte sie den Rocksaum und stopfte ihn in die hautfarbene Unterhose, die sie heute Vormittag gewählt hatte, weil sie sich unter dem dünnen weißen Rock nicht abzeichnete. Die Schuhe behielt sie an. Man wusste nie, was auf dem Grund eines Sumpfes alles herumlag – Glasscherben, Frösche und Schlimmeres. Mit ihrem linken Fuß tapste sie im Gras herum, bis sie eine feste, sichere Standposition gefunden hatte. Sie breitete beide Arme aus wie zum Flug. Das rechte Bein streckte sie zum Schwungholen weit nach hinten. Dann atmete sie tief ein, ließ das Bein so weit es ging nach vorn schnellen, vollführte im gleichen Moment eine Neunziggradwende mit dem Oberkörper und senkte dann den gestreckten Fuß mit der Spitze voran in das dunkle Wasser. Kühl und köstlich fühlte sich das Wasser auf ihrer erhitzten Haut an, doch der Fuß sackte ins Bodenlose. Da war kein Grund. Kein Grund! Als der Fuß endlich auf schlammigem Boden aufsetzte, reichte ihr das Brackwasser schon bis übers Knie. Zitternd und mit herausgedrücktem Hintern stand sie da wie ein Sumoringer. Um ihre Zehen spürte sie zähen Schlamm herumquellen. Erleichtert atmete sie aus.

Sie stand einigermaßen sicher; der Rest war ein Kinderspiel. Sie verlagerte ihr Gewicht auf das Sumpfbein und machte mit dem anderen einen großen Ausfallschritt in Richtung Deich. Wie erwartet, landete sie auf festem Boden. Jetzt musste sie nur noch den Fuß aus dem Sumpf ziehen. Vorsichtig hob sie ihn an. Doch etwas anderes, Stärkeres hielt den Fuß von unten gepackt. Sie zog energischer. Wieder dieser Widerstand. Der Schlick umklammerte bereits ihren Knöchel. Sie spürte es genau. Das war nicht eingebildet. Immer tiefer versank ihr Fuß im grundlosen Morast. Wenn das Treibsand war? Sie kicherte hysterisch. Kai würde vergebens auf sie warten, die nächste Fähre zurücknehmen und alles andere aus der Zeitung erfahren. »Verlagsangestellte in Priel ertrunken«, stünde morgen im Lokalblatt. Nach der Lektüre würde er die Zeitung zusammenfalten, aufstehen und zum Fenster gehen. Unter seinen dunklen, buschigen Brauen würde er nachdenklich aufs Meer hinausblicken. »Schade«, hörte sie ihn murmeln, bevor er sich achselzuckend zu seiner Frau umdrehte.

»Mach'n Sie'n hier?«, riss eine Stimme sie aus ihren Gedanken.

Sie hob den Kopf. Da war jemand oben auf dem Deich, doch die Sonne blendete, und sie konnte nur die Silhouette erkennen. Die Person schien auf einer Art Fahrrad zu sitzen.

»Probleme?«, schrie es jetzt.

Die Stimme klang kratzig und nach zu vielen Zigaretten. Sie wusste jetzt, wer sie beobachtete. Es war der Rothaarige mit dem Roller. Ihr pickliger Verehrer vom Supermarkt. Sie hätte nie erwartet, dass pubertierende Vierzehnjährige ungefragt den Mund aufmachten. Doch in diesem Moment war sie einfach nur dankbar dafür.

»Nein, nein«, rief sie reflexhaft nach oben. Es war das von Kindheit an einstudierte Gebot, keine Umstände zu machen. »Das heißt, doch. Ich stecke hier irgendwie fest.«

Da war er bereits auf dem Weg zu ihr. Mit schlackernden Beinen sprang er den Deich hinab.

»Hand geben«, sagte er und hielt ihr seine Rechte hin. Als sie zugriff, legte er seine linke Hand darüber und schloss sie fest zusammen. Dann ging er mit beiden Beinen in einen Ausfallschritt. Im Mundwinkel hing eine glimmende Zigarette. Er schien es gewöhnt zu sein, so zu sprechen. »Auf drei.«

Sie zählten gemeinsam. Bei drei begannen beide zu ziehen. Er an ihrem Arm, sie an ihrem Bein. Der Junge war kräftiger, als er aussah. Ihr Oberkörper dehnte sich ihm entgegen, die Handtasche schwang enthemmt um ihren Hals, und auch an ihrem Sumpfbein geschahen Dinge. Immer noch saugte der Morast gierig an ihrem Flip-Flop, doch der Schlamm über ihrem Fuß schien leichter zu werden, auf beiden Seiten zurückzugleiten, bis völlig unerwartet, nach einem tiefen, gurgelnden Schlürfgeräusch, ihr Bein aus dem Wasser gerissen wurde und sie raketenartig nach vorn schnellte. Die Handtasche flog ihr um die Ohren, und sie knallte mit der Brust voran ins Gras. Der Junge hatte ihren Arm nicht rechtzeitig losgelassen. Es war ihr egal. Sie war in Sicherheit.

Erst als sie beide den Deich hochgeklettert waren, sah sie an sich herunter und bemerkte, dass ihr rechter Flip-Flop im Sumpf stecken geblieben war und sie ihrem minderjährigen Lebensretter im fleischfarbenen Schlüpfer gegenüberstand. Hastig zerrte sie den Rock aus der Unterhose und versuchte ihn so beiläufig wie möglich über ihren Schenkeln zu verteilen.

Der Rothaarige hatte sich wieder auf seinen Roller gesetzt und den Motor angelassen. Er trug abgeschnittene Jeans und ein verwaschenes schwarzes T-Shirt mit dem Logo des FC St. Pauli. In seinem linken Ohr steckte ein dünner silberner Ohrring. Wahrscheinlich war er schon fünfzehn.

»Also, großartig, du«, sagte sie und versuchte all ihre Dankbarkeit in ein Lächeln zu legen. »Wirklich. Ich weiß gar nicht, was ich ohne dich gemacht hätte. Was für ein Glück, dass du vorbeigekommen bist!«

»Hatte Bock auf Autoskooter«, erklärte er und reckte sein sommersprossiges Kinn in Richtung Hafen vor. Auf dem freien Platz vor dem Fähranleger konnte sie ein Kettenkarussell, Buden und ein paar Fahrgeschäfte erkennen. Vor zwei Tagen war dort noch alles leer gewesen.

»Und selbst? Im Urlaub hier?«, fragte er, sah dabei aber zum Festland hinüber. Eine dreistöckige, offene Autofähre mit gelbem Kamin pflügte zielstrebig auf die Insel zu. Ihr Herz tat einen routinierten, kleinen Hüpfer. Auf diesem Schiff war Kai. Doch dann erzählte sie dem Jungen vom gemieteten Friesenhaus. »Bernies Idee«, schloss sie achselzuckend.

»Also verheiratet?«, fragte der Junge und ließ den Motor aufjaulen. Sein Blick schlaglichterte über ihren Körper.

»Ja, Bernie ist mein Mann«, sagte sie, legte den Kopf ein wenig schief und lächelte ihn an.

Der Junge sah wieder aufs Meer hinaus. Dann gab er kräftig Gas, riss den Lenker in die Höhe und staubte auf dem Hinterreifen und unter auffrisiertem Geröhre in Richtung Jahrmarkt davon. Er hatte sich nicht verabschiedet. Sie blickte ihm nach. Es war bestimmt nicht erlaubt, mit Mopeds hier oben herumzudüsen.

Auf dem Deich war es keinen Deut frischer als unten in der Wiese. Sie fühlte sich ausgetrocknet und benommen. Erschöpft wankte sie auf eine grün lackierte Bank zu, die der Tourismusverein für Deichwanderer aufgestellt hatte, die ausruhen und den Blick übers Meer schweifen lassen wollten. Die Fähre war näher gekommen; auf dem offenen Deck konnte sie bereits die einzelnen Autos unterscheiden. Rasch sah sie auf ihre Armbanduhr. Viel Zeit blieb ihr nicht mehr. Und ihr Zustand ließ zu wünschen übrig. Sie besaß nur noch einen Schuh. Der Rücken ihres weißen T-Shirts, ihre Oberschenkel und der Strickpullover waren mit dunklen Schlammspritzern übersäht. Auf ihrem Busen prangte ein streifiger Grasfleck. Und nur sehr wohlwollende Personen hätten erkannt, dass es sich bei dem feuchten und zerdrückten Lappen, der um ihre Beine baumelte, um den hübschen, weißen Baumwollrock handelte, den sie heute Morgen so sorgfältig ausgewählt hatte. Sie beugte sich nach vorn und fing an, mit den Fingernägeln den angetrockneten Morast von der rechten Wade zu kratzen. Der zugehörige Fuß war noch schwärzer. Ohne Wurzelbürste würde sie das nie halbwegs sauber kriegen. Es war sinnlos, sich hier etwas vorzumachen.

Sie richtete sich wieder auf und sah zur Fähre, die das Tempo gedrosselt hatte und langsam auf die Hafeneinfahrt zusteuerte. Auf den Bänken im Freien saßen Leute. Sie kniff die Augen zusammen und konzentrierte sich auf die einzelnen Köpfe, doch sie konnte nicht erkennen, ob Kai unter ihnen war. Plötzlich blinkte es an Bord auf. Einmal, zweimal. Jemand benutzte ein Fernglas. Das war erstaunlich, denn auf dieser Seite der Insel gab es keine Sandbänke, auf denen man Seehunde hätte beobachten können. Plötzlich durchfuhr sie heiß ein Verdacht. Wenn es nun Kai war, der mit seinem Fernglas nach ihr spähte? Der sich von einem sicheren Beobachtungsposten aus ein erstes Bild von ihr machen wollte?

Mit offenem Mund starrte sie zum Schiff hinüber. Es war nicht nur ein Verdacht. Sie war sich ihrer Sache fast hundertprozentig sicher. Kai war ein zu neugieriger Mann, als dass er sich entgehen lassen würde, wie sich sein schüchternes Häschen von damals auch heute nervös am Fähranleger herumdrückte. Denn davon würde er ausgehen. Neugierig war er auch früher schon gewesen. Neugierig auf eine unehrliche und indirekte Art, die er geschickt als objektives, wissenschaftliches Interesse tarnte. So wie er in kalter Teilnahmslosigkeit in seine Schneekugel gestarrt hatte, so sah er sich auch die Menschen an. Wenn sie jetzt mit ihm im *Hafenkrug* Platz nahm und plauderte, würde er sie unter seinem unsichtbaren Mikroskop hin- und herschieben und alles offenlegen: Bernie und seinen Werkzeugkasten, das gemietete Fertig-Friesenhaus, ihren Verlagsjob und den Gartengrill. Voller Anteilnahme würde er sie anlächeln und sich später einen runterholen.

Sie stand auf und schleuderte den Flip-Flop an ihrem Fuß in hohem Bogen in die Wiese hinunter. Dann marschierte sie los. Das Gras unter ihren Fußsohlen fühlte sich frisch und weich an. Die Benommenheit in ihrem Kopf war wie weggeblasen. Sie ging aufrecht und schnell. Es war viel zu spät, um sich noch lasziv räkelnd an irgendein Geländer zu schmiegen, aber das spielte jetzt keine Rolle mehr. Sie lief leichtfüßig wie nie. Als sie den Jahrmarktsplatz erreichte, sah sie das schon fest vertäute Schiff in hundert Metern Entfernung liegen. Mit lautem Krachen senkte sich die Landungsklappe auf die Betonmauer des Fähranlegers herab. Im schmalen Schatten einer geschlossenen Frittenbude blieb sie stehen. Die ersten Autos fuhren unter blechernem Geschepper an Land. Links und rechts davon quetschten sich die Fußgänger vorbei. Sie erkannte ihn sofort. Er war groß, schlank und dunkelhaarig geblieben. Er trug ein weißes Hemd und hatte eine zusammengerollte Zeitung in der Hand. Das Fernglas war nicht zu erkennen. Er sah gut aus, und sie konnte nicht verhindern, dass ihr Herz laut zu pochen begann.

Doch dann holte sie Luft. »Hey!«, rief sie so laut sie konnte. Der Junge, der neben dem Autoskooter auf seinem Roller hockte, drehte sich sofort um. Es war, als habe er auf sie gewartet. Er startete den Motor und fuhr in großem Bogen zu ihr herüber.

»Hab'n noch zu«, murmelte er entschuldigend und sah schräg an ihr vorbei.

Sie deutete auf ihre nackten Füße. »Fährst du mich nach Hause?«

Der Junge antwortete nicht. Aber er rutschte auf der Sitzbank nach vorn und ließ den Motor aufheulen. Sie stieg hinter ihm auf, stellte ihre Füße auf das Trittbrett und legte beide Hände an seine schmalen Hüften. Der Junge gab Gas und preschte los. Er fuhr eine enge Kurve um den Autoskooter, ließ Kieselsteine wegspritzen und hielt dann auf den Fähranleger zu. Ihr Rock bauschte sich im Fahrtwind. Sie spürte die Sonne auf der Haut und die Salzbrise im Haar. Als er abbremste, um den Roller zwischen den ausgestiegenen Schiffspassagieren durchzulavieren, legte sie ihre Hände vor seinem Bauch zusammen und presste ihr Gesicht seitlich an seinen Rücken. Er roch metallisch, nach etwas Wildem und längst Vergessenem.

Kurz bevor sie die Augen schloss, sah sie eine Figur aus ihrem Gesichtsfeld gleiten, eine Figur in Weiß und Schwarz, verwischt und ohne Konturen. Als der Junge auf der Landstraße beschleunigte, richtete sie sich wieder etwas auf. »Willst du nicht heute Abend zum Grillen zu uns kommen?«, schrie sie ihm ins Ohr. Aber sie war nicht sicher, ob er sie verstanden hatte.

Die einsame Geliebte

Sie hasste die Reise von der ersten Sekunde an, die sich bereits dem Takt der Zeit versagte und sie über eine Stunde in lähmendem Stillstand hielt. So lange standen sie schon in einer riesigen Menschentraube vor der Passkontrolle am Flughafen Domodedovo in Moskau, ohne dass jemand den leeren Schalter in Betrieb genommen hätte. Sie empfand fast Erleichterung, als sie sich im Geist zu diesem etwas zu großen Wort durchgerungen hatte: Mit *Hass* ließ es sich leben. Leichter als mit der Unsicherheit, die sie überfiel, als sie Robert in der Menge der Passagiere entdeckte. Aufgekratzt war er in die Schalterhalle, den verabredeten Treffpunkt, gewedelt, hatte theatralisch die Reisetasche neben sich fallen lassen und sie in seine erbarmungslos durchtrainierten Arme gezogen. Sein Begrüßungskuss rutschte ungeschickt an ihr ab, was ihr eine kurze, wenn auch triste Befriedigung verschaffte. Nur um ein paar Grad hatte sie ihren Kopf zur Seite drehen müssen, genug jedoch, um eine winzige Irritation bei ihm auszulösen. Eine Betriebsstörung im System von Mann und Frau, nichts Wesentliches, meldete ihm sein Geschäftsmännerhirn. Lässig steckte er seine Hände in die Hosentaschen und sagte mit der Stimme, die immer noch irgendetwas in ihrer Körpermitte schlagartig sacken ließ: »Wahnsinn.«

Es war Roberts Idee gewesen, sich in Moskau zu treffen, um dann zusammen nach Indien zu fliegen. So reiste sie aus Hamburg an, wo sie beide wohnten, und er aus Stuttgart, wo er etwas zu verhandeln gehabt hatte. Robert, der Fitnesscenter baute und seinen schwelenden Groll darüber, nicht höher hinausgekommen zu sein, hinter großer Menschenfreundlichkeit versteckte. Nur Frauen erlaubte er, ihn in seiner unausgesprochenen Enttäuschung zu trösten und seinen fast schon körperlichen Ehrgeiz, die Geschäfte voranzutreiben, zu bewundern. Marina war da ideal, flexibel, alleinstehend, nicht gerade unsportlich, kurz: für alles zu haben.

Robert dagegen war anspruchsvoll. Seit jeher fühlte er sich angespornt, leicht ausgefallene Orte für ihre Begegnungen zu finden – Antwerpen, Linz, Marseille, Liverpool –, als wäre damit die Besonderheit ihrer Liebe bewiesen. In Paris könne jeder ficken, hatte er sich einmal auf einer verregneten Reise nach Belfast zu einem imperialen Witz aufgeschwungen.

Den Verdacht, dass er sich mit ihr sonst langweilte, hatte sie in der Vergangenheit immer mühelos beiseitegeschoben. Seine Begeisterung war echt, wenn sie sich, so war es ihm am liebsten, an quietschenden Gepäckbändern um den Hals fielen. Und da er sonst eher sparsam in seinen romantischen Anflügen war, spielte sie bereitwillig mit.

Auch jetzt in Moskau schien ihm die Warterei nichts auszumachen. Er war bester Laune und begann, wild auf seinem Handy herumzutippen.

Abwesend schaute sie auf eine Ansammlung kaukasischer Bauern, die mit großen Suppentöpfen und verschnürten Plastiktüten reisten. Aus irgendeinem Grund waren die

Frauen in langen Mänteln und bunten Kopftüchern aufgebracht und eine Menge Hände flogen in die Luft.

Robert sagte, ohne dass sie danach gefragt hätte: »Komisch, ich krieg keinen Empfang.«

»*Ich* bin doch dein Empfang«, hätte Marina früher gesagt, und er hätte es süß gefunden. Jeden Mist hatte sie sagen können, und er fand es süß. Doch jetzt zuckte sie nur mit den Schultern und studierte weiterhin die Bauern mit fadenscheinigem Interesse.

Vor einigen Wochen hatte sie eine hässliche, alte Nachricht auf Roberts Handy gefunden, die er außer an sie noch an eine weitere Nummer geschickt hatte (»Hey, du, noch nicht zu Hause? Noch mal küssen?«), abgeschickt kurz vor Mitternacht im Abstand von Minuten. Ein reiner Zufallsfund im Holiday Inn in Krakau, während er unter der Dusche gestanden war. Vergnügt hatte sie, eigentlich um ihm mit dieser Geste der eifersüchtigen Geliebten später aufzuziehen, so dachte sie sich das jedenfalls, sein Handy gecheckt. *Noch mal küssen*? Schnell legte sie das Handy zurück, sagte nichts, fällte aber die Entscheidung, nichts mehr dem Zufall zu überlassen. Ihre Einsilbigkeit auf dem Rückflug hatte sie mit Kopfschmerzen erklärt.

Unsicherheit ist für die Liebe der Anfang vom Ende. Jeder noch so winzige Verdacht wächst zügig in diesem Klima und vergiftet nach und nach das Vertrauen. Und ist das Vertrauen erst mal hinüber, ist die Liebe nicht mehr zu retten. Oder doch? Ob er deshalb die Reise vorgeschlagen hatte?

Die Bauern setzten sich auf den Boden.

»Das fängt ja gut an«, sagte Marina unlustig. Sie nahm den kleinen Rucksack von ihren schmalen Schultern und rieb ihre Hände.

»Kalt?«, fragte Robert überflüssigerweise, denn in der Halle herrschte eine so miefige Wärme, dass selbst die Bauern ihre Wolldecken von die Schultern genommen hatten.

»Nein«, sagte sie und steckte ihre Hände in die Taschen ihrer engen Jeans, die am Bauch leicht zwickte.

Sie schwiegen und sahen immer wieder zum leeren Schalter hinüber wie alle übrigen Reisenden. Robert stellte weiterhin seine gewohnte Unbekümmertheit zur Schau, doch sie hätte wetten können, dass er sich fragte, was mit ihr los sei. Mit Genugtuung stellte sie fest, dass er sie, um diesem Zustand ein Ende zu bereiten, gern umarmt hätte. Zumindest berührte sie seine Hand wieder und wieder leicht an der Schulter. Und zuckte dann zurück. Bildete sie sich das nur ein oder was hatte es zu bedeuten, dass er sich nicht traute?

Auf einmal kam Bewegung in die Schlange. Eine junge Frau erschien in der Kabine, aber nur, um sie gleich darauf wieder zu verlassen und auf hohen Stilettos an der Menge vorbeizuklappern. Robert sah den Beinen der Frau nach und sagte amüsiert zu Marina, als sei sie seine Komplizin und nicht seine Geliebte: »Irgendwie überzeugend, diese Schuhe, oder? Supersache!« Dann kamen die Beine in den Schuhen zurück, der Schalter wurde geöffnet, und sie schafften es noch rechtzeitig zur Abendmaschine nach Delhi.

Als er eine Stunde nach Abflug der Aeroflot-Maschine das Tablett mit dem Geflügelsandwich von der stark geschminkten Stewardess entgegennahm, steckte sie schnell eine Schlaftablette in den Mund.

Sie sah Robert zu, wie er sorgsam das Geflügel zerschnitt und das Brot zur Seite legte, zu viele Kohlenhydrate. Bitte, lass alles wieder so sein wie früher, war ihr letzter Gedanke, bevor sie, den Kopf ans Fenster gelehnt, unter sich das Uralgebirge, in einen sechsstündigen Schlaf zu sinken gedachte. Doch die Tablette wirkte nicht. Nach einer halben Stunde war sie wieder wach und sah mit leiser Verzweiflung Robert in aller Ruhe neben sich schnarchen, das Kinn unschön auf die Brust geklappt. Wie sollte sie seinen zuverlässig eintretenden Schlaf nicht persönlich nehmen, wo sie doch alles in letzter Zeit persönlich nahm, nehmen musste?

Als sie in Delhi ankamen, war es weit nach Mitternacht. Die Luft war warm, neblig und schien zu vibrieren, so laut war das Hupen der Autos, die sich Millimeter um Millimeter auf der kleinen Ausfahrtsstraße Richtung Stadt bewegten. Immer wieder lösten sich aus dem Dunkel hinter dem Taxistand, wo sie am Flughafen warteten, Gestalten. Männer schlenderten in kleinen Gruppen die Straße auf und ab. Worauf warteten sie? Baufahrzeuge standen verlassen am Rand des Vorplatzes. Ein elegantes Paar folgte teilnahmslos einem Packer, der mit seinem Gepäck kämpfte. Langsam schob sich ein Landrover mit kreischend lauter Hip-Hop-Musik an ihnen vorbei.

Marina war hellwach. Die Ankunft auf dem fremden Kontinent war eine Chance, um ihre kleinlichen Ängste hinter sich zu lassen. Sie sah sich das Ganze bereits als Anekdote ihren Freundinnen in Deutschland erzählen. Das Leben war, Gott sei Dank, größer als ihr alberner Verdacht.

Bei der Ankunft im Hotel, einem gesichtslosen Komplex neben der Autobahn, verflog ihre gute Laune so schnell, wie sie gekommen war.

Zu ihrer Überraschung machte Robert, als sie im vierten Stock ausstieg, keine Anstalten, ihr zu folgen, und fragte stattdessen: »Sehen wir uns morgen?« Ohne ihre Antwort abzuwarten, setzte er voll schleimiger Höflichkeit hinzu: »Ich lass dich mal, oder?«

»Ja, ich glaub auch«, sagte Marina schnell und zog mit letzter Kraft den Mund zu einem Lächeln auseinander, bevor die Fahrstuhltür zuschnurrte.

Aus Rücksicht auf seine Frau reservierte Robert immer Einzelzimmer, jedenfalls, solange Marina offiziell mit von der Partie war. Wie bei diesem Trip, auf dem sie seine Marketingstrategin spielte. Morgen früh fand tatsächlich ein Treffen statt mit irgendeiner Baufirma. Danach sollte sie angeblich wieder nach Hause fahren, während er vorgab, seine lang geplante Geschäftsreise durch Asien fortzusetzen, die sie beide jedoch in Wirklichkeit in ein Hotel an der Südspitze Indiens führen würde.

Irgendetwas stimmte nicht, sagte sich Marina, als sie allein im Bett lag und den Lastwagen zuhörte, die, das hatte Robert gesagt, Kohle, Kerosin und Süßigkeiten in die entlegenen Dörfer brachten.

»Frauen sollten ihren Liebhaber nicht so ernst nehmen«, hatte ihre Mutter, eine strenge Grundschullehrerin, die ehrenamtlich im Tierheim aushalf, einmal gesagt. Weil sie nie so einen hatte wie ich, dachte Marina und versuchte vergeblich, Schlaf zu finden.

Am nächsten Morgen erschien sie pünktlich um neun im Frühstückssaal. Schon vom Weitem sah sie Robert mit zwei Herren in knapp geschnittenen Anzügen zusammensitzen. Robert hatte ein Glas heißes Wasser vor sich und eine Paprika. Er war neuerdings sehr besorgt um sein Gewicht. Bereits ein bedenkenlos verzehrtes Croissant konnte ihm den Tag versauen.

Besitzergreifend legte er den Arm um ihre Hüften, als sie

sich weltläufig auf Englisch seinen beiden Gesprächspartnern vorstellte. Die jungen Inder lächelten unbeeindruckt. Ob sie Robert für einen Idioten hielten und lieber mit ihr Geschäfte machen würden? Doch seit er einen Englischkurs bei einem Privatlehrer gemacht hatte, war er nicht zu bremsen.

»Sag Bescheid, wenn du mich brauchst«, sagte sie charmant zu Robert und fühlte die alte Loyalität warm in sich hochsteigen. Während sie einen Tisch am Fenster ansteuerte, hörte sie, wie er die Unterhaltung vorantrieb und vom Allgemeinen, so professionell er konnte, auf Fakten und Details zu sprechen kam: *»Let's get concrete!«*

Vor dem Abflug nach Bombay schliefen sie dann doch noch miteinander. Der erste Geschäftstermin, das Empfinden, etwas in Gang gebracht zu haben, im Ausland seinen Mann gestanden zu haben, mussten Robert so beflügelt haben, dass Marina kurz das Gefühl hatte, den alten Liebhaber im Arm zu halten. Sie fühlte ihre Halsschlagader heftig pulsieren und hörte sich hinterher erleichtert lachen. Alles ganz normal, sagte sie sich, kein Grund mehr, eingeschnappt zu sein. Bis zur Ankunft in Bombay, wo sie umsteigen mussten, behielt sie auch ohne große Mühe den spöttischen Ton bei, der in der Vergangenheit ihre Unterhaltungen geprägt hatte.

Der heiße Wind, der sie beim Aussteigen aus dem Flugzeug anwehte, nahm ihr fast die Luft. Sie fragte sich, ob es schlau gewesen war, nur eine Jeans einzupacken. In der klimatisierten Abflughalle, deren schillerndes Parkett alle paar Minuten erneut poliert wurde, hatte Marina, frisch geschminkt, nach zwei Cola Zero schließlich doch das Gefühl, dass es nun losgehen würde, das große Reiseabenteuer. Durch die großen Fenster schaute sie nach draußen auf das sandige Gestrüpp am Rand des Rollfeldes und freute sich auf das Meer und die Sonne und ihren neuen Bikini.

In Deutschland war Winter. Zum ersten Mal hatte sie ihrer Sehnsucht nach Wärme nachgegeben und Roberts Idee, eine Ayurveda-Kur in Kerala zu machen, zugestimmt. Sie fand sein Streben, noch gesünder zu werden, und die Vorstellung, in Bademänteln von einer glitschigen Massage zur nächsten zu schlappen, zwar etwas mühsam, aber zwischendurch würden sie lange Strandspaziergänge machen, in denen er sie in ihrem Bikini in den Dünen heftig küssen würde. Warum sah Kerala in ihrem Kopf wie Sylt aus? Gab es da unten am Ozean überhaupt Dünen?

Beschwingt blätterte sie durch die *Indian Times* und sah Robert hinterher, der einen Platz suchen wollte, um zu rauchen.

Nach knapp einer Stunde kam er auf sie zugeschlendert, die Hände wieder in die Hosentaschen vergraben, als ginge er über den Schulhof, und sofort war sie wieder da, die mickrige, gemeine Sorge. Warum war er so lange weggewesen?

»Die machen mich wahnsinnig«, sagte er gut gelaunt, setzte sich neben sie und begann einen längeren Monolog über seine Partner in Stuttgart. »Diese Affen haben den Vertrag mit der Genossenschaft versenkt. Jetzt kann ich mir überlegen, ob ich in Berufung gehe, wobei eine gerichtliche Einigung …« Erleichtert hörte sie ihn aus seiner Welt in einer Sprache berichten, die nur aus Substantiven zu bestehen schien.

»Du solltest bedenken, wie viel Zeit und Kraft dich so eine Aktion kostet«, warf sie ein, um Interesse zu zeigen. »Dieser Schreibkram, ständig Termine am Gericht. Vergiss nicht, du bist allein, und die sind viele.« Hätte ihr da nicht schon auffallen müssen, dass sie so mit sich und ihrer bohrenden Angst beschäftigt war, dass es ihr in Wahrheit völlig egal war, wen er warum verklagte? War sie überhaupt noch in der Lage, echten Anteil an seinem Befinden zu nehmen?

»Das ist ja der Spaß«, antwortete er und sagte auf eine kokette Weise, die ihr auf einmal albern vorkam: »Ich kann sehr hartnäckig sein.« Noch so ein Satz, der ein seltsames Echo in ihr auslöste. Denn das hatte er in der Vergangenheit immer wieder im Zusammenhang mit ihr gesagt. »Hartnäckig« war ihr gemeinsames Codewort gewesen dafür, wie lange es gedauert hatte, bis er sie auf seine Seite gezogen hatte. Damals, vor drei Jahren, als er sie als Dolmetscherin engagiert hatte für ein Geschäftsessen, das sich als kompletter Reinfall herausstellte. Die Schotten waren bereits betrunken angereist, und Robert hatte seine Präsentation praktisch nur für sie gemacht.

Wäre es nicht ihr erster Job bei der Übersetzungsagentur gewesen, hätte sie seinem Drängen vielleicht sofort nachgegeben. So dauerte es fast einen Monat, mit dem Ergebnis, dass das erste Mal viel zu schnell, fast hektisch hinter dem Tresen einer Tankstelle vor sich ging, die sich noch im Rohbau befand.

»Hartnäckig« blieb er auch, als er schwor, sie nicht aufzugeben, nur weil seine Frau, damals noch Freundin, ein Kind von ihm erwartete. »Ich liebe sie nicht. Ich werde sie unterstützen, natürlich. Aber bitte verlass mich nicht. Das Schlimmste für mich wäre, dich zu verlieren. Du weißt, ich kann sehr hartnäckig …« In einem seltenen Moment von Klarheit erkannte Marina, dass ein Gefühl von Minderwertigkeit dahinterstecken musste, sich permanent der eigenen Ausdauer zu versichern.

Er war klug, das musste sie ihm lassen, und sein Erfolg gründete sich auf eine Mischung aus Gelassenheit und Schlamperei, die sie verführerisch fand, genau wie die Geschwindigkeit, mit der er dicke Bündel Geldscheine zwischen Daumen und Mittelfinger schnalzend zählen konnte.

Wenn man in Gefahr ist, das Wichtigste, was man besitzt, zu verlieren, geht die Objektivität als Erstes über Bord. Warum traute sie ihm auf einmal nicht mehr? Immer wieder sah sie hinüber zu Robert, der sich mittlerweile, Beweis seiner Arglosigkeit, an einem Kiosk die gefüllten Teigtaschen ansah.

Es gelang ihr nicht, seinen etwas verbeulten Kopf wahrzunehmen, die leicht nach vorn hängenden Schultern, die ganze lächerlich Boxerhaltung, als habe er jemals im Ring gestanden. Sie sah nur den Mann, den sie mit einer Verzweiflung liebte, die mit Liebe kaum noch etwas zu tun hatte.

Marina machte sich nichts aus exotischen Reisen, aber wenn es Elefanten brauchte, um aus Robert wieder den Alten zu machen, warum nicht. Da kam er auf sie zu, zwei Samosas in der einen Hand und eine Flasche Wasser in der anderen, und sagte munter: »Einmal Hühnchen, einmal Gemüse!« Früher hätte er sie zudem geküsst und sich beschwert: »Nie gibt es etwas zu essen mit dir!« Jetzt antwortete Marina strahlend und etwas steif: »Her damit. Wie du weißt, probiere ich immer gern alles aus.« Doch die Zweideutigkeit verpuffte, als im selben Moment die Durchsage kam, dass ihr Flug ausfallen würde. Nicht etwa verschoben, sondern ganz und gar gestrichen. Robert sprang auf, bot an, sich zu erkundigen, und überließ sie, ohne ihre Reaktion abzuwarten, mitsamt dem Gepäck wieder ihren quälenden Gedanken, die jede Bewegung, jedes Wort von ihm auf die Waage legten, unfähig, das Resultat zu analysieren.

Sie warf die unangebissene Teigtasche weg und versuchte, sich auf die Zeitungskommentare der indischen Journalisten zu konzentrieren, die Pakistans kriegstreiberischen Ton attackierten. Immerhin waren bereits Truppen an der Grenze zu Indien aufmarschiert, doch Robert hatte ihr, während sie nur auf seine tiefe Stimme gehört und sich vor Augen gerufen hatte, wie er sie in Antwerpen geliebt hatte, mit der Souveränität eines *Handelsblatt*-Abonnenten erklärt, dass keine unmittelbare Gefahr bestünde. Um alle pakistanischen Truppen aus Afghanistan quer durchs Land zur indischen Grenze zu bringen, würde es Tage, wenn nicht Wochen dauern. Diese versorgungstechnische Perspektive hatte in ihrer Schlichtheit etwas Beruhigendes.

Marina fiel auf, dass sie, die Robert früher in allem widersprochen hatte, ihm nur mehr zustimmte, als ob Übereinstimmung zwischen zwei Liebenden jemals ein Kriterium für Leidenschaft gewesen wäre.

Sie sah den indischen Frauen in ihren Saris zu, wie sie stolz ihre schönen Kinder im Kinderwagen vor sich herschoben, und verspürte Traurigkeit. Wenn sie wenigstens ein Kind hätte, das sie hübsch anziehen konnte! Doch den vergeblichen Wunsch nach einem Kind, so zwingend er in ihrem Alter auch sein mochte, hatte sie längst in seiner tristen Wahrheit durchschaut: Sie wollte ein Kind von ihm. Und er hatte bereits vier.

Eine junge Frau, der die Überlegenheit der Rucksacktouristen ins Gesicht geschrieben war, setzte sich neben sie, kreuzte die Beine und klappte ihren Laptop auf. Sie hatte sicherlich überall auf der Welt Freunde, reiste mit großer Selbstverständlichkeit allein und hatte inspirierende Bekanntschaften mit Männern, die ebenso lässig im Schneidersitz im *Lonely Planet India* blätterten und ihre E-Mails checkten. Marina sprach sie an. Wie es sei, allein als Frau in Indien zu reisen? *Great*, sagte sie, kein Problem. Sie empfahl Marina den Reiseführer und erzählte munter von ihren letzten Stationen.

Vielleicht ist es noch nicht zu spät, dachte sich Marina und richtete sich auf. Sie wählte Roberts Nummer, um ihm ein Treffen im Wickelraum vorzuschlagen, ein Klassiker in ihrem Repertoire, zu dem es aus Bequemlichkeit schon lange nicht mehr gekommen war. Besetzt. Sie bat die Frau, kurz auf Roberts kleinen Rollkoffer aufzupassen. »*Sure*«, sagte die Engländerin, und Marina fragte sich, ob sie ihr die Verunsicherung anmerkte.

Marina sah Robert sofort. Angeregt schwatzte er am äußersten Ende der Halle in sein Handy, auf den Fußballen balancierend, die Augen wachsam auf die bunte Menge gerichtet. Schnell versteckte sie sich hinter einer Anzeigetafel. Sie beobachtete, wie er sich mit der Hand über den Kopf fuhr. Warum sah sie in jeder Handbewegung eine Intimität, die sie ausschloss? Ohne lang nachzudenken, ging sie mit klopfendem Herzen durch die Halle auf ihn zu und fühlte sich auf einmal wieder wie das Mädchen, das als Letzte in die Handballmannschaft gewählt wurde. Gelassen klappte er das Handy zu, als er sie entdeckte. Das überlegene Lächeln auf seinem Gesicht erschöpfte sich plötzlich.

»Hey«, sagte sie einfallslos.

»Tja, die haben uns umgebucht auf einen anderen Flieger«, meinte er, was jedoch wie eine Entschuldigung klang. »Für wann?«, fragte sie hölzern. »Heute Abend«, sagte er. Sie bat ihn um sein Handy. Ihres habe keinen Empfang. »Klar«, erwiderte er und hielt es ihr hin. Wie eine Irre fing sie an zu tippen, schüttelte dann langsam den Kopf und legte die Stirn in Falten, als spiele sie in einer Laienspielgruppe mit, denn da, plötzlich, stand sie vor leuchtend blauem Hintergrund, die letzte Nachricht, die er abgeschickt hatte, nicht mal eine Viertelstunde alt: »Los, Süße, ruf mich noch mal an. Küsse dich überall und wild. Mein Liebling. Vermisse dich brutal.«

Schnell gab sie ihm das Handy zurück und sagte mit schmalem Lächeln: »Ich bin einfach zu dämlich zum Tippen. Ich versuch's später noch mal.«

Er sah sie scharf an, aber nur für einen Moment, dann schlug er vor, wie ein TUI-Reisebegleiter, mit dem Taxi zum Taj Mahal Palace Hotel zu fahren. Eines der teuersten Hotels der Welt und seit den Bombenanschlägen pakistanischer Terroristen eine Adresse, die jeder kannte. Eine Sehenswürdigkeit – wann hatten sie so etwas jemals gebraucht?

Als sie zurück zu der Bank gingen, sah Marina bereits von Weitem, dass die Engländerin verschwunden war. Sie durchzuckte fast so etwas wie Euphorie. »Das gibt's doch gar nicht«, rief sie aufgeregt. Nicht weil sie ihren Koffer aufgegeben und seinen einfach einer fremden Person überlassen hatte. Sondern weil sie plötzlich die wilde Hoffnung hatte, ein Vorfall wie dieser könnte sie wieder zusammenbringen.

Robert blieb stehen, durchforschte die gesamte Halle gewissenhaft mit den Augen und sagte schließlich mit einem leisen Lachen: »Supersache. Alles weg.«

Er machte ihr keine Vorwürfe, auch später nicht im Taxi, das sich zwei Stunden durch die brütend heiße Stadt quälte. Wieder hasste sie ihn dafür, dass ihn nichts aus der Fassung brachte. Da saß er neben ihr, tippte in sein Handy, während sie aus dem Fenster auf den explodierenden Verkehr starrte. Kleine Kinder hielten den Bestseller *The White Tiger* und Bücher von Coelho ans Fenster.

Die Alarmanlage schnurrte, die Fenster blieben zu. Lange fuhren sie an Slums vorbei, deren aneinandergeklebte Wellblechdächer zwischen Hochhäusern und Flussufern in der gleißenden Mittagssonne wie ein endloses Ersatzteillager wirkten. Man könne eine aufschlussreiche Tour machen durch die Slums, empfahl der *Lonely Planet*, den sie sich auf dem Flughafen noch gekauft hatte. »Was ist denn das für ein Touristenquatsch«, sagte Robert abwertend, ohne sich dafür zu interessieren, dass der Ertrag den Bewohnern zugutekam. Wie viele Menschen lebten hier? Zehn Millionen? Die Hälfte davon in Slums? Marina fühlte sich abgeschlagen und reizbar. Dieses Land konnte sie kennenlernen, der Mann neben ihr dagegen wurde ihr immer fremder.

Sie dachte kurz an die Rucksacktouristin, die jetzt sicher enttäuscht war, weil sie außer den Werbe-T-Shirts, die Robert gewöhnlich trug, in seinem Koffer nur Kondome und zwei leichte Hanteln gefunden hatte. Und ihr Geschenk, falls er nicht vergessen hatte, dass sie in zwei Tagen Geburtstag hatte.

Endlich waren sie da. Eine üble Mischung aus Autoabgasen empfing sie, als sie ausstiegen. In stickiger Sonne standen etwa zweihundert indische Schaulustige, durch einen Bretterzaun auf Abstand gehalten, und versuchten einen Blick auf die Balkone zu werfen, von denen sich während des Terroranschlags Gäste in den Tod gestürzt hatten, aus Angst davor, erschossen zu werden. Langsam machten sich Marina und Robert daran, sich einen Weg durch die Menge zum Hotel zu bahnen, dessen Fassade gerade renoviert wurde.

Mehr als hundert Menschen waren in der Stadt umgekommen damals am 26/11, wie das Datum in den Zeitungen abgekürzt wurde. Marina sah Robert an und fragte sich, ob ihn das kratzte. Die Antwort war nein. Oder doch? Die Wahrheit war, sie wusste nicht, was er dachte. Sie wusste nicht mal, was sie selbst denken sollte. Die Wahrheit war auch, direkt vor ihren Augen eine Kriegskulisse zu sehen. Und doch, zumindest musste Marina sich das eingestehen, war ihr eigener Kummer zu schwer, um eine andere Gefühlsregung zuzulassen.

Anstandslos ließ das Wachpersonal vor dem Hotel Marina und Robert passieren, und schon standen sie in der Lobby eines der angeblich schönsten und teuersten Hotels der Welt. Doch wo waren die Gäste?

Obwohl es erst halb vier war, bestellte sich Marina einen Gin Tonic, ohne auf Roberts hochgezogene Augenbrauen zu achten. »Auf den besten Reisegefährten der Welt«, sagte sie zärtlich, als er mit seinem alkoholfreien Bier distanziert mit ihr anstieß, als seien sie auf einem Betriebsausflug. Bis auf ein junges Paar, dem die Familie wohl den Honeymoon spendiert hatte und das sich still an den Händen hielt, waren sie allein im kühlen Grillroom des Hotels. Das Schweigen zwischen ihnen wurde schließlich so laut, dass Marina es nicht mehr aushielt.

»Warum sagst du mir nicht, was los ist?«, fragte sie ruppig.

»Wieso? Was meinst du?«, erwiderte er ausweichend.

»Was ist los? Ist es Frieda? Du kannst mir sagen, wenn sie wieder bei dir eingezogen ist! Das ist schon gut. Ich habe dir immer gesagt, dass ich das verstehe. Ihr habt ein Kind. Ihr seid eine Familie. Das verstehe ich«, wiederholte Marina und wünschte sich auf einmal, dass es nur um Frieda ginge. Alles wollte sie verstehen, wie gern hätte sie ihren verletzten Stolz begraben, solange es nur um Frieda ginge. Ihr verständnisvoller Ton war nicht geheuchelt, nur ungewohnt. Ihr Glas war leer, und sie schwenkte es Richtung Barkeeper und bat ihn: *»No ice, please!«*

»Ich versteh das«, sagte Marina noch einmal voller Angst.

»Es hat nichts mit Frieda zu tun«, meinte Robert schließlich und sah an ihr vorbei. Marina fühlte heftige Sympathie mit der guten Frieda in sich aufsteigen, die sie bis dahin für eine fade Gans gehalten hatte, so klaglos zog sie Roberts kleine Tochter auf, im selben Haus, einen Stock tiefer, umgeben von ihren Querflöten und schlichten Topfpflanzen. Eine Frau, die tatsächlich glaubte, dass Marina Robert nur beim Übersetzen half. Ob Frieda wusste, dass sie Roberts sozialem Aufstiegswillen zum Opfer gefallen war? Unterstützt von ihren Professoreneltern aus Bremen Peterswerder, lebte sie das bekümmerte Leben einer jungen Witwe, nur dass ihr Mann eine Etage über ihr die Fotos seiner Kinder im Kleiderschrank versteckte, wenn er Damenbesuch hatte. Das musst du nicht, hatte Marina zu ihm gesagt, die ihn dabei erwischte, als sie das erste Mal in seiner Wohnung übernachtet hatte.

Also nicht Frieda. Marina leerte den zweiten Gin Tonic. Sie bestand darauf, dass er auch einen bestellte, was er brav tat. Sofort fing sie an, ihn für seine Nachgiebigkeit zu verachten, und sah nichts als ein uneingestandenes Schuldbekenntnis darin.

»Mit wem hat es dann etwas zu tun?«, fragte sie. So weit war es gekommen, dass sie, die stolze Geliebte, die nie Forderungen gestellt hatte, nie um etwas gebeten und auf diese

Weise immer alles bekommen hatte, die Rolle der betrogenen Ehefrau, des Vernehmungsoffiziers einnehmen musste.

»Es hat nichts mit dir zu tun«, meinte er geistlos. Er spreizte seinen kleinen Finger ab, als er das Glas hob. Die Geste hatte den Charme des Aufsteigers verloren. Das und die Tatsache, dass er ständig sein Gewicht im Auge behielt, machte ihn klein, und für einen Moment war sie frei von ihm.

»Mit wem hat es dann etwas zu tun? Was fällt dir eigentlich ein, mich anzulügen? Ich habe mein Leben lang für dich gelogen, und jetzt hast du nicht mal den Mut, mir die Wahrheit zu sagen?« Sie wusste, dass das ziehen würde, und tatsächlich, er sah sich noch als Ehrenmann.

»Ich habe jemanden kennengelernt. Eine Studentin. Keine Ahnung, was daraus wird. Aber ja, es stimmt, sie ist toll. Sie ist interessant. Wir verstehen uns wahnsinnig gut.« Seine Kühle hatte etwas Endgültiges, die es ihr schwer machte zu schlucken.

»Keine Sorge«, log sie in die Stille hinein, »ich bin nicht eifersüchtig.«

»Ich auch nicht«, sagte er und lachte erleichtert auf. »Hab ich von dir gelernt.«

Eine Studentin war also die Antwort. Marina, der die Wahrheit auf einmal gestohlen bleiben konnte, solange sie und Robert für immer ein Liebespaar sein würden, fand sein Geständnis auf einmal übermächtig in seiner Schlichtheit. Ihr panisches Kichern erstarb, als eine Platte mit Guacamole und Chips kam, vom Küchenchef persönlich überreicht. Wartend blieb er neben ihnen stehen, die Dramatik des Augenblicks gründlich missverstehend, bis Robert probierte und tatsächlich mit aufrichtigem Genuss gratulierte.

Marina konnte es nicht glauben. In einem plötzlichen Anfall von Wut fegte sie den Teller vom Tresen. Robert blieb ungerührt und sah auf seine ruhig nebeneinanderliegenden Hände, als könnten sie irgendetwas bezeugen.

»Seit wann bist du so ein verdammter Lügner?«, fragte sie jetzt deutlich lauter.

»Seit wann verlierst du in einer Tour die Nerven?«, fragte er zurück.

»Ich habe schon immer gern die Nerven verloren. Nur früher hast du das aufregend gefunden!«

Beide schwiegen, während der Küchenchef still einen Kellner herbeiwinkte, um die Scherben aufzuwischen.

»Warum hast du mir das nicht vorher gesagt?«, fragte sie schließlich bittend.

»Weil es wirklich nichts mit dir zu tun hat«, sagte er sachlich. »Ich muss einfach Ordnung in mein Leben bringen. Ich bin jetzt vierundvierzig. Ich habe eine Frau und ein Kind, die von mir abhängig sind, eine Exfrau und drei Kinder, die mich nicht mal sehen wollen, ich habe dich, und du bist auch nicht glücklich.«

»Lügner!«, sagte Marina und lachte böse.

»Nein, Marina. Ich habe dich wirklich geliebt, auf meine eigene …«

»… schäbige …«, ergänzte sie ruhig.

»… meine eigene Weise. Ich will dir keine Vorwürfe machen, aber du hast mir keine Ruhe gelassen. Du bist eine großartige Frau, die …«

Zitternd stand Marina auf und ging in einen kleinen, schattigen Innenhof, wo sie sich eine Zigarette anzündete, beobachtet von einer Handvoll Kellner, die sprungbereit die wenigen Gäste belauerten.

Er hatte also längst einen anderen Körper, der ihn sehnsüchtig erwartete, ihn tröstete und ihm die Sicherheit gab, ein besonderer Mann zu sein. Sie sehnte sich danach, ihn wieder so glücklich zu machen wie in der Vergangenheit. Warum gelang es ihr nicht?

Nach kurzer Zeit kam Robert und setzte sich neben sie. Hier draußen war es so heiß, dass nicht mal der Schatten von den Marmorwänden, die den Hof einrahmten, die Luft abkühlen konnte.

Robert spielte mit den Zigaretten. Seit wann rauchte er eigentlich nicht mehr? Noch eine Angewohnheit, die er aufgegeben hatte? Schließlich sagte er: »Ich glaube, ich fliege zurück. So ist das irgendwie … zu anstrengend.«

Marina musste auf einmal lachen. »Erst wenn alles scheißegal ist, macht das Leben wieder Spaß«, zitierte sie eine Zeile ihrer Lieblingsband.

Robert schaute sie verständnislos an.

»Element of Crime«, erklärte sie ihm und dachte, es spielt eben doch eine Rolle, ob einer einen guten Musikgeschmack hat oder nicht.

Bevor sie zum Flughafen zurückfuhren, machten sie noch einen Spaziergang durch die Stadt. Mehrmals wäre sie im chaotischen Feierabendverkehr fast überfahren worden, weil sie es nicht über sich brachte, seinen fürsorglich ausgestreckten Arm zu ergreifen. Um ihm wehzutun, hätte sie sich gern verletzen lassen. Nach kurzer Zeit gaben sie ihre trostlose und oberflächliche Unterhaltung auf und gingen schweigend durch die schmalen Straßen, in denen selbstvergessen die Hitze des Tages stand.

Männer saßen in den Teestuben und blickten ihnen nach. An einem Kiosk hing das Bild eines weiß geschminkten, nackten Mannes mit aufgeblähtem Bauch. »Wahrscheinlich ein Nabelbruch!«, sagte Robert. »Unmöglich. Das sieht anders aus. Das hatte ich als Kind auch. Das wäre dir doch aufgefallen!«, meinte sie.

»Jetzt hör auf, ständig beleidigt zu sein«, sagte er auf einmal gereizt.

»Bin ich doch gar nicht«, stammelte sie und fuhr nach einer Pause so ruhig sie konnte fort: »Es ist in Ordnung, dass du fährst. Es ist die richtige Entscheidung. Mach dir keine Sorgen um mich! Ich komme schon zurecht.«

Sie zeigte auf eine Frau, die Silberschmuck am Straßenrand verkaufte. »Warum bringst du deiner neuen Freundin nicht ein Geschenk mit?«, fragte sie, mit aller Kraft um jene mühelose Gleichgültigkeit ringend, mit der sie die verbleibenden Stunden durchstehen wollte. »Diese Kette ist doch schön!«

»Ja, vielleicht …«, sagte er und, worauf Marina auch immer gehofft hatte, er zerstörte es, als er fortfuhr: »Aber wenn, dann nur Ohrringe!«

»Ohrringe?«, wiederholte sie und versuchte, ihrer Stimme die Enttäuschung nicht anmerken zu lassen. Obwohl die Sonne gerade hinter den mittelalterlich aussehenden Bauten unterging, wurde ihr abwechselnd heiß und kalt, und sie bekam nur mühsam Luft.

Hass kommt in Wellen wie körperliches Begehren. So sehr sie ihn auf einmal hasste, hatte sie ihn doch nie so begehrt wie gerade jetzt.

Am Flughafen stand beim Check-in von Kingfisher Airlines sein Koffer. Jemand hatte ihn abgegeben. Robert kniete sich hin, öffnete die Tasche und tauchte schließlich mit einem Päckchen wieder auf. Die junge Frau vom Bodenpersonal sah interessiert zu, wie er es Marina in die Hand drückte.

»Dein Geschenk!« Es klang wie eine Beleidigung. Er fragte, ob sie noch ein Bier mit ihm trinken wolle. Sein Hamburger Reisebüro hatte ihm einen Flug gebucht, der erst in drei Stunden ging.

»Lieber nicht«, sagte sie. Mit Vergnügen hörte sie, dass er über Dubai fliegen und mehr als zwölf Stunden unterwegs sein würde.

»Also, alles Gute!«, sagte sie schnell und küsste ihn widerwillig auf die Backe. Wenn sich zwei Menschen geliebt haben, können sie sich über den Mangel an Leidenschaft in einem Kuss nichts vormachen.

»Dir auch«, sagte er erleichtert und legte die Handflächen über der Brust zusammen wie ein Bußprediger – im sogenannten Namaste-Gruß, den der *Lonely Planet* zur Begrüßung von Einheimischen als Schutz vor Ansteckung empfahl. Scheinheilig senkte er den Blick. Als er den Kopf hob, war Marina weg.

Ob er ihr nachsah? Sie traute sich nicht, sich umzudrehen, und ging, froh ihre Niederlage nicht noch verlängert zu haben, zügig zu ihrem Flug nach Varanasi. Der Stadt, aus der die Rucksacktouristin gerade gekommen war und für die sie sich kurz entschlossen ein Ticket gekauft hatte.

Erst in der kleinen, wackligen Propellermaschine, die sie statt ins Luxushotel am Indischen Ozean in eine Stadt bringen würde, in der sich alles um den Tod drehte, verschwammen die Lichter von Bombay vor ihren Augen, und ihr Gesicht wurde nass. Sie fragte sich, ob er, der Menschenfreund, Rettungssanitäter und Tierliebhaber, der sich sogar vor einem Moskito schützend in Stellung warf, wohl ahnte, dass er ihr gerade das Herz gebrochen hatte.

Zwei Tage später an ihrem Geburtstag stand sie am Ufer des Ganges, das Gesicht glänzend von der Sonne, die Haare ölig, und beobachtete die Geschäftigkeit der Holzverkäufer, Priester und Angehörigen und die Umtriebigkeit der Hunde an einer Leichenverbrennungsstätte.

Nach Varanasi kamen die Leute, um zu sterben, auf der Suche nach Erlösung. Tausende von Pilgern wuschen sich jeden Morgen im Ganges, in dessen graubraunem Wasser angeblich ab und zu Leichen schwammen. Das sei der Fall, wenn die Familie kein Geld habe für die Verbrennung, erklärte ihr ein hübscher Junge, der ihr nicht von der Seite wich, bis sie ihm hundert Rupien zusteckte.

Plötzlich fiel ihr das Geschenk wieder ein. Sie holte es aus ihrer Tasche und überlegte, mitten in diesem beklemmenden Ritual, es einfach auch ins Feuer zu werfen. Doch da näherte sich die nächste Prozession kahl geschorener Männer, die auf einer Bahre aus Bambus eine in safrangelbe Seide gehüllte Leiche zum Fluss trugen. Es roch nach Jasmin, Masala-Tee, Kot, Abgasen und Rauch. Das Bild, als der starre Körper unsanft auf dem Boden abgesetzt wurde, verschwamm gnädig hinter den in der Abendsonne zitternden, schwarzen Rauchwolken, die schon seit Stunden von den drei benachbarten Scheiterhaufen hochstiegen.

Sie drehte sich um und ging auf den breiten, jahrhundertealten Steinstufen am Flussufer entlang. Kleine Jungen sprangen barfuß die Stufen auf und ab. Sie ließen selbst gebastelte Drachen steigen und versuchten, die Schnüre der Konkurrenz mit den mit Glassplittern versetzten eigenen Schnüren zu kappen. Schlagartig war es dunkel geworden, und entlang des Ufers gingen auf wackligen Masten befestigte Laternen an, die ein gelbes Krankenhauslicht auf den dunklen Stein warfen.

Erst jetzt, als die Sonne weg war, spürte Marina die Hitze auf ihrer Haut und hatte auf einmal unsäglichen Durst. Sie ließ sich von einer alten Frau eine Kokosnuss aufschlagen. Langsam packte sie das Geschenk aus. Sie musste lachen, als sie ein Nachthemd von Palmers in mediterranen Farben in Händen hielt. Wie das kitschige Poster von Griechenland, das in seinem Flur hing. Sie schenkte es der Frau mit den Kokosnüssen, die es mit wackelndem Kopf entgegennahm.

Dann fiel der Strom aus, die Laternen erloschen, und auf den zerstörten Stufen eines Tempels küsste sich ein Liebespaar.

Als sie zurück ins Hotel kam, das in einer der winzigen Gassen der Altstadt lag, waren alle Tische im Restaurant besetzt. Einer der nepalesischen Kellner setzte sie zu einer Norwegerin, die sie durch eine große Zahnlücke anlächelte und sich höflich vorstellte. Marina bestellte Suppe und Reis und erzählte etwas verkrampft von ihrer bisherigen Reise.

»Du reist wohl nicht oft allein?«, fragte Torunn direkt und steckte ihre speckigen Locken zusammen. Marina mochte sie sofort.

»Das sieht man mir also an? Wie tröstlich«, sagte sie. Marina war verblüfft über Torunns Auftreten. Diese Frau, zwar so alt wie sie, jedoch groß mit großem Busen, schrieb über Kunst und fand nichts dabei, nachts allein durch die Straßen der Stadt zu laufen. Das zweite Bier, das beide sich bestellten, ließ Marina erröten und schneller sprechen.

»Das ist die allerschlimmste Lüge«, sagte Torunn ruhig,

als Marina fertig war mit ihrem Bericht über Robert und Bombay und die elenden Gin Tonics.

»Ich wette, er hat nicht mal Frieda die Wahrheit gesagt über mich. Wenn ich mir vorstelle, ich hätte Kinder mit ihm …« sagte Marina und fühlte, wie der nahende Trost ihrer neuen Bekannten sie gleich wie eine Wärmflasche besänftigen würde, als Torunn sie unterbrach.

»Nein, das meine ich doch gar nicht. Du hast dich selbst belogen. Entschuldigung, aber was für eine hirnlose Schlampe nimmt sich denn so einen Mann und erwartet auch noch Liebe?«

Marina schwieg überrascht. Woher nahm diese Frau nur ihre Selbstsicherheit?

»Es geht mich ja nichts an«, sagte Torunn freundlich, »aber es sieht so aus, als ob die ganze Konstruktion so lange in Ordnung war, bis auf einmal *du* betrogen wurdest. Habe ich recht?«

Marina sah auf ihre kalt gewordene Hühnersuppe und stammelte etwas von großer Liebe, voller Angst, den falschen Ton anzuschlagen.

Torunn schien absichtlich lange zu warten, bis sie Marina erlöste und freimütig sagte: »Das nennst du die große Liebe? Das hast du dir wohl so gewünscht. Tut mir leid, ich klinge wie ein grässlicher Wichtigtuer, aber das Ganze hat wohl eher mit dir und der Sehnsucht nach Aufmerksamkeit zu tun als mit diesem Typen.« Sie fing an, in ihrer Handtasche zu kramen, und zog einen Stift heraus. Wollte sie damit sagen, Marina hatte einen Minderwertigkeitskomplex? So einfach war es nicht.

»Ich würde es dir gern erklären, aber ich kann es mir nicht mal selbst erklären«, sagte Marina auf einmal bestimmt und schob den Teller von sich weg. »Wenn ich versuche, mich an das, was schön war, zu erinnern, wird mir schwindelig.« Sie lachte verlegen, doch es stimmte. Wann immer sie sich Robert vorzustellen versuchte, zu Hause in Hamburg oder in einem Hotel im Ausland, verschwammen seine Konturen, und sie tappte im Dunkeln in finsterer Antipathie gegen einen Mann, mit dem sie ihr Leben hatte verbringen wollen. Sosehr sie sich bemühte, sie sah nur die ewig gleichen kleinen Pralinen auf den Kopfkissen, die verwischten Schwarz-Weiß-Bilder an den Wänden, die bodenlangen Spiegel in den Hotelschränken vor sich. Ratlos blickte sie sich um und beobachtete ein dickes kleines Mädchen in einem rosa Trainingsanzug, das glucksend in die Arme seines stolzen Vaters lief. Ernüchtert stellte sie fest, dass sie absolut nichts spürte. Ob das bereits ein Fortschritt war?

»Ich habe nur eine Jeans dabei«, sagte sie plötzlich zu Torunn. Wenn das nicht entwaffnend war, dachte sie und fügte hinzu, »aber ich kann mir ja noch eine kaufen.«

»Ja, man bekommt hier alles«, antwortete Torunn mit leichtem Spott. Spielte sie auf die berühmte reinigende Kraft Indiens an? Marina bildete sich ein, Spuren jugendlicher Traurigkeit in Torunns Augen zu entdecken. Schwer zu glauben, dass diese Frau ebenfalls wegen Liebeskummer nachts wach gelegen und sich ihre Gefühle hatte diktieren lassen.

Als hätte sie Marinas Gedanken gelesen, lächelte Torunn geistesabwesend, bevor sie erklärte: »Unfähigkeit zu Gefühlen kann man uns jedenfalls nicht vorwerfen, höchstens, dass wir alles so persönlich nehmen.«

Am Ende des Abends reichte sie Marina einen Zettel mit einer Telefonnummer. »Ruf meinen Freund an, wenn du in Kerala bist, er kann dir die Gegend zeigen.« Torunn musste gespürt haben, wie kläglich sich Marina fühlte, als sie den Zettel nahm und ihn in ihre Hosentasche stopfte. Als sie beide aufstanden, umarmte sie Marina fest. »Du wirst schon darüber hinwegkommen. Es ist schön da unten, am Indischen Ozean!« Dann winkte sie dem Kellner, doch Marina war schneller und zahlte für beide die Rechnung. Wie gern wäre ich ihre Freundin, dachte sie.

Nur widerwillig trennte sie sich von dieser Frau, in deren Gegenwart sie die vergangenen Tage auf einmal knallhart als armselige Tragödie wahrzunehmen imstande war. Ein Lächeln huschte über ihr müdes Gesicht. Und was für eine Tragödie! Diese unschöne, überreizte Hauptrolle, an der sie sich so leidenschaftlich festgeklammert hatte, wollte sie schleunigst loswerden. Sie steckte sich vor dem Hotel eine Zigarette zwischen die Lippen und beobachtete die mageren Hunde, die zwischen den schlafenden Kühen am Straßenrand im Dreck scharrten. Wenn es stimmte, was Torunn gesagt hatte, dass sie Liebe nur als Erpressung kannte, dann würde irgendwann etwas von dem Glück der befreiten Geisel auch auf sie zurückfallen.

Auf einmal begann Marina, sich aufs Meer zu freuen, und war erleichtert, die Reise nach Kerala nicht abgesagt zu haben. In das Hotel, das Robert ausgesucht hatte, würden sie jedoch keine zehn Pferde bringen. Um dort allein mit eingeölten Beinen zwischen all den anderen tapferen Alleinstehenden beim Cocktail zu verkümmern, war es entschieden zu früh. Und nicht nur das: Wenn ihr schon so brutal die Wahrheit eingeschenkt wurde, dann wollte sie auch die Fremdheit dieses Land mit aller Kraft spüren. Wozu lagen ihre Nerven so schön blank? Im bläulichen Licht, das aus dem Hotelflur nach draußen fiel, wirkte ihr Anspruch auf eine perfekte Affäre so albern, dass Marina vor Widerwillen ihren Rücken straffte und den Hunden aufmunternd »Gute Nacht« zurief.

Später in ihrem schmalen Bett mit dem fadenscheinigen Laken stellte sie dennoch mit Erleichterung das Denken wieder ein und erlaubte sich trotzig, noch einmal die letzten Szenen mit Robert in ihrer Erinnerung durchzuleiden. Ab morgen wollte sie sich das verbieten. So bekam die Vorstellung vom Ozean mehr und mehr etwas Zwingendes, als sei erst am Strand der Ort erreicht, von dem aus sie sich in Ruhe mit ihrer neuen Einsamkeit anfreunden konnte. Von der plötzlichen Hoffnung gepackt, dieser Reise doch noch einen irgendwie magischen Zauber zu verleihen, baute sie darauf, dass viele lange Strandspaziergänge eine respektvolle, in ihrer Anmut einnehmende Gestalt aus ihr machen würden.

Was soll's, dachte sich Marina am nächsten Tag nach ihrer Ankunft in Kerala, als der Taxifahrer das Doppelte der vereinbarten Summe von ihr verlangte, nachdem er sie in Kovalam inmitten einer lärmenden Reisegruppe vor ihrem Hotel abgesetzt hatte. Sie gab ihm einen viel zu großen Schein. Überhaupt hatte sie in den letzten Tagen großzügige Trinkgelder verteilt. Was sicher an ihrer Sehnsucht gelegen hatte, so viel Selbsterkenntnis brachte sie gerade noch zustande, ein dankbares Lächeln einzukassieren.

Ihr Hotel war eine schmuddelige Touristenfalle, ein paar Zellen, die sich zu einem Hof hin öffneten, in dem sich um einen ausgetrockneten Springbrunnen ein Teppich aus Plastikrasen wellte. Marina wischte sich den Schweiß von der Stirn. Obwohl es bereits später Nachmittag war, schien die Hitze des Tages hier hilflos eingesperrt zu sein. Ein englisches

Paar stritt sich unterdrückt an der Rezeption, die aus einem wackligen Tisch bestand und einem fetten Mann, der dösig vor sich hinstarrte. Hinter ihm warf im Fernsehen eine perfekt geschminkte Inderin mit aufgetürmten Haaren einen tränenverschleierten Blick auf eine männliche Silhouette, die am Horizont einer Naturkulisse verschwand. Das Paar zog sich zurück, nicht ohne dass Marina noch einen kühlen Blick auf die mürrische Miene des Mannes geworfen hatte. Das Elend verheirateter Paare. Das wenigstens blieb ihr erspart.

Sie zeigte dem Dicken ihren Pass und bekam den Schlüssel ausgehändigt. Ihr Zimmer war erstaunlich sauber und hatte nach hinten hinaus einen hübschen Blick auf einen Palmenhain. Zügig packte sie aus, leerte in dem winzigen Badezimmer mit Schwung einen Eimer kaltes Wasser über ihrem Kopf aus und zog sich ihr schönstes Sommerkleid an. Wenn sie es nur schaffte, den Tag in einzelne winzige Aktivitäten zu zerteilen, die sie dann aneinanderknüpfte, würde daraus ein festes Netz und sie könnte nicht mehr fallen. Sie zwang sich, nicht weiterzudenken als bis zum nächsten Schritt. Das funktionierte etwa zwei Minuten. Warum, zum Teufel, musste sie sich zum Beispiel jetzt gerade daran erinnern, wie Robert mit einem Gettoblaster und ihren Lieblingskassetten unterm Arm in den OP-Raum der Eppendorfer Uniklinik gerannt kam, gerade noch rechtzeitig, um sie zu umarmen, bevor sie in Vollnarkose sank. Es waren zwar nur die Mandeln, aber er blieb, bis sie wieder zu Bewusstsein kam. Und weil sie vor Schmerzen nur weinen konnte und an eine Unterhaltung nicht zu denken war, hatte er ihr aus der Zeitung vorgelesen. Etwas übereifrig war ihr das damals vorgekommen, aber so lieb!

Eine Stunde später stand sie mit vor Erhitzung leicht geröteten Wangen vor einer Bäckerei in einer kleinen Nebenstraße und sah sich um. Sie solle einfach vorbeikommen, hatte Turinns Freund Ranjan in seiner SMS geschrieben. *Anytime*. Ratlos betrachtete sie den staubigen Neubau, in dem es keine Tür zu geben schien. Auf einmal winkte ein Mann von einem Balkon aus dem dritten Stock und rief ihr zu: »Durch die Bäckerei durch und dann ganz nach oben!«

Der Mann, der in der Tür lehnte, war nicht besonders groß und hatte einen kleinen Buckel. » Möchtest du Tee?«, fragte er und sah sie mit seinen schwarzen Augen auf eine seltsame Weise an, so als sei sie …, es dauerte eine Weile, bis sie darauf kam, … eine Frau.

Es war angenehm kühl in Ranjans Atelier, das bis auf seine Bilder, die an der Wand lehnten, und ein paar Stühle leer war. Die unverputzten Betonwände ließen alles noch kühler wirken, und der Blick hinunter in das bunte, staubige Straßenleben erschien ihr irreal.

»Wie war denn die Reise bisher so?«, fragte Ranjan. Sie tranken Masala-Tee, den einer der Bäckerjungen nach oben gebracht hatte.

»Gute Frage«, sagte Marina und dachte darüber nach, was Torunn ihm wohl von ihr erzählt hatte. »Ich meine vielmehr, keine Ahnung«, korrigierte sie sich hastig. Sie dachte zurück an die Bilder, die sie auf ihren Fahrten gesehen hatte, Männer, die auf Fahrrädern an Feldern vorbeieierten, Ochsen, die schwere Pflüge aus rissigem Holz durch die Erde trieben, Mädchen in dunkelblauen Schuluniformen mit weißen Krägen und schmalen Bücherpaketen, die mit einem Riemen zusammengebunden waren. Alte Inder, in ausgeblichenen Kleidern, mit Falten im Gesicht so kantig wie die Steine, auf denen sie am Straßenrand saßen. Die Leichen in Varanasi. Die Kinder an der Straßenkreuzung in Bombay, die in den Lumpen wühlten, die sie wie einen Schatz zwischen sich aufgebahrt hatten, und eine Bettlerin, die im Schein einer Feuerstelle auflachte. Dabei besaß sie nichts.

Warum konnte sie sich nicht an mehr erinnern? Was ihr wohl alles entgangen war? Wenn sie sich jetzt zu erinnern versuchte, war alles von der panischen Angst, Robert zu verlieren, eingefärbt.

»Reden wir besser nicht von mir«, sagte sie energisch und straffte ihren Rücken. Ohne besonderes Feingefühl rutschte ihr die Bitte heraus: »Zeig mir lieber deine Bilder!«

Er klappte einen Laptop auf und begann, ihr konzentriert und seltsam uneitel seine Arbeiten der letzten Jahre zu erklären. Was für schöne, lange Wimpern er hatte. Der leichte Buckel, den ihm eine Rückgratverkrümmung trotz rechtzeitig erkannter Kinderlähmung eingetragen hatte, wie er ihr später erzählte, verlieh ihm etwas Stählernes, das sein gedrungener Oberkörper noch unterstützte. Sie tranken mehr Tee, und als sie das nächste Mal aus dem Fenster schaute, war es bereits dunkel. Sie mochte Ranjuns Bilder, große Tableaus, auf denen Farmer, Tiere, Könige, Berge und Handwerksbetriebe zu sehen waren. Auf einem Gemälde waren an die hundert Tische zu sehen, mit Nähmaschinen, in denen verschiedene Flaggen eingespannt waren. Die Frage sei, wer wessen Flagge nähe, sagte er. Auf einem anderen Bild brachte sich ein Bauer um.

»Du siehst gar nicht aus wie ein Kommunist«, sagte Marina und kam sich sogleich etwas albern vor. »Aber das ist okay, ich mag keine langen Haare bei Männern.« Wie froh sie war, für einen Moment an etwas anderes als an Robert denken zu dürfen!

Ranjun sprach erstklassiges Englisch. Er sah aus, als pflegte er lakonische Verhältnisse mit unkonventionellen Frauen. Marina fasste sich ein Herz und fragte ihn: »Warum malst du nicht mich?« Da ging mit einem lauten Knacken der Strom aus, und aus dem Dunkel antwortete seine Stimme: »Ja, warum nicht?«

Auf dem Nachhauseweg auf dem Rücksitz einer Rikscha umfing sie ein warmer Wind. Junge Ausländer standen in Scharen vor Teehäusern und Straßenrestaurants und lachten. In ihrem Zimmer empfing sie eine muffige Wärme. Sie öffnete die Fenster weit und legte sich nackt aufs Bett. Als sie sich dabei erwischte, wie sie überlegte, ob es wohl wirklich gefährlich sei, wegen Einbrechern die Fenster offen zu lassen, wie es an der Rezeption geschrieben stand, musste sie über sich selbst schmunzeln. Die Vorstellung, ausgeraubt zu werden, hatte in ihrer Situation fast etwas Erlösendes. Zur Sicherheit legte sie Roberts Kreditkarte auf den kleinen Tisch vor dem Fenster. Die hatte er ihr noch in Bombay in die Tasche gesteckt. Erst seine Sprachlosigkeit und dann das. Wie schal und trübselig ihr diese Geste rückblickend vorkam. Ganz klar, er wollte nur noch weg. Nach ein paar Minuten stand sie wieder auf, zerschnitt die Karte, zog sich ihr Kleid über und warf die beiden Hälften im Hof in einen verbeulten Mülleimer. Auch nicht gerade unkonventionell, dachte sie, fühlte sich aber trotzdem erleichtert, als sie sich wieder hinlegte.

Ein paar Hunde bellten, ab und zu riefen Stimmen, doch schließlich war nur noch die mächtige Brandung des Indischen Ozeans zu hören. Das Bild eines kilometerlangen

Strandes und die Sehnsucht danach, dass sich ihre Aufgewühltheit beim Anblick der Wellen legen würde, halfen ihr beim Einschlafen. Und, wenn auch ganz entfernt am Horizont, die Aussicht darauf, frei zu sein. Wenn sie sich dafür ausziehen musste, war es auch egal. Sie wusste nur so viel: Auf das, was sie auf sie zukommen würde, war sie absolut nicht vorbereitet. Das Bild, so hatte Ranjan ihr versprochen, dürfte sie auf jeden Fall mit nach Hause nehmen.

VERA SANDBERG

Freundin für einen Sommer

Zuerst kam sie daher wie Aschenputtel. Zu spät, auf einem klapperigen Fahrrad. Es war ein lauer Sommerabend, einer der längsten Tage im Jahr, es wurde fast nicht dunkel. Ich liebe diese Tage. Und noch mehr liebe ich diese Tage, wenn ich mit Marianne auf ihrer Terrasse sitze, klöne, kühlen Rosé trinke und Salat schnipple.

Aschenputtel, die sich später als Prinzessin entpuppte, hatte eine ausgeleierte schwarze Hose und einen XXL-Pulli an: Susanne.

Meine Freundin Marianne hatte sie für diesen Abend angekündigt. Wir aßen gewohnheitsmäßig öfter zusammen. Marianne kocht großartig. Sie ist geschieden, ich war kurz nach ihr getrennt von meinem Lebensgefährten. Zwei Frauen, die wissen, wie es ist. Sich selbst genug sein, sich selbst seine Höhepunkte verschaffen. In jeder Hinsicht. Haha. Blöder Witz, aber wir waren eben wieder in guter Verfassung, nachdem wir unsere jeweiligen Trennungstäler durchwandert hatten. Wir ließen es uns gut gehen, priesen die neue Freiheit, die Unabhängigkeit und die Stille im eigenen Haus. Marianne war genauso viel Freundin, wie ich es brauchte. Über alles reden können, spontan vorbeikommen dürfen, aber nicht erwartet oder gar gebraucht werden.

Und diesmal, sagte sie, habe sie eine neue Bekannte eingeladen. Die Mutter eines Klassenkameraden ihrer Tochter. Wir hatten Salat gewaschen, Möhren geschabt und Lamm gebraten, und wer nicht kam, war die Dritte im Bunde. Kurz bevor wir alles aufgegessen hatten, kam sie dann doch. Entschuldigte sich nicht. Blickte uns gehetzt an, ließ sich auf einen Stuhl fallen und stöhnte: »Ich kann nicht mehr. Der Arsch, der. Er ist so gemein.« Marianne hatte mich vorgewarnt, aber dass es so frisch war, erschreckte mich nun doch.

Scheidungskrieg. Ganz klassisch. Er, der Täter, durchgebrannt mit einer jungen Kollegin. Sie, das Opfer. Hatte ihn schon lange gehasst, geliebt nie. Das wussten wir alles nach drei Minuten. Offensichtlich verwechselte sie diese Einladung zum Abendessen mit einer Selbsthilfegruppe. Und wir ließen uns darauf ein. Schwelgten in dem Gefühl des Ratgebenden. Ich weiß nicht, ob es Marianne auch so ging, ich jedenfalls bekam das Gefühl, etwas bewältigt zu haben, was diese arme Seele noch vor sich hatte. Und so sagte ich gönnerhaft: »Susanne, du bist eine schöne Frau (ich meinte, sie könnte eine schöne Frau sein, wenn sie sich pflegen und anständig anziehen würde). Lass ihn ziehen und beginne ein neues Leben. Es kann nur besser sein als das alte. Sieh mich an.«

Und dann erzählte ich begeistert von mir selbst, was mir seit einigen Monaten ohnehin das Liebste war: Wie ich es schaffte, das Leben *nach* der Ehe. Ich ging zum Sport, sorgte für eine gute Figur und gute Laune, ich gönnte mir teure Kosmetik und surfte im Internet, um geeignete Dates an Land zu ziehen. Und ich hatte mir nach dem Auszug aus dem großen Haus eine kleine Dachwohnung hergerichtet, ganz nach meinen Bedürfnissen, puristisch, nur mit auserlesenen Gegenständen – Dinge, die ich wirklich brauchte, die mir wirklich gefielen. Ich las viel, ging oft ins Kino. Und ich kochte regelmäßig mit Marianne. Ich war das lebende Beispiel, dass es einem nach der Trennung besser gehen kann als vor der Trennung. Schon weil man das hinter sich hatte, wovor man ewig so wahnsinnige Angst gehabt hatte. Und während ich Reklame machte für meinen beneidenswerten Zustand, ging es mir noch mal so gut. Denn vor mir saß ein Häufchen Unglück, dem ich das alles voraushatte.

Ich habe kein Helfersyndrom, wirklich nicht. Aber seit einiger Zeit fühlte ich mich bemüßigt, mir und anderen Gutes zu tun. Und Susanne zu belehren, das gehörte eindeutig dazu. Meine zurückliegenden Schrecken bekamen einen Sinn. Ich konnte helfen.

Als Erstes schrieb ich ihr die Adresse meiner Kosmetikerin auf, dann gab ich ihr einen Flyer von meinem Fitnessstudio. Anschließend wechselte ich zur Typberatung: engere Hosen, man trägt auch nicht mehr diese Großraumpullover. Bisschen Make-up. Und die langhaarige, langbeinige Susanne wäre ein Männermagnet. Doch wollte sie das überhaupt? Ich weiß es nicht mehr. Zu dem Zeitpunkt gingen wir noch davon aus, dass Aufmerksamkeit von Männern allgemein die Laune von Frauen hebt.

Heute würde ich anders beraten. Nein, ich würde gar nicht beraten. Damals aber, da fuhr ich mit dem armen Trennungsopfer auch noch an die Ostsee. Damit sie mal auf andere Gedanken kommt, damit sie mal sieht, wie schön das Leben ist, zumal im Sommer. Und damit ich nicht ganz allein fahren musste. Ich lud sie ein, obwohl sie meine Kosmetikerin schon gegen mich aufgebracht hatte, weil Susanne ihre Termine dreimal verschoben hatte, und zwar jedes Mal zwei Stunden, nachdem sie den jeweiligen Termin vergessen hatte. Obwohl sie in meinem Fitnessstudio Rabatz gemacht hatte, weil ihre Goldkette, ein wertvolles Erbstück, nicht wiedergefunden wurde, nachdem sie sie selbst achtlos im Trainingsraum auf dem Fensterbrett hatte liegen lassen.

Ich nahm sie also trotz aller Warnsignale mit auf Ostseetour. Es war eine ganz besondere Ostseetour: alle Mecklenburger Inseln, zehn Tage in den besten Hotels, auf Kosten einer Redaktion und auf Einladung der Touristikunternehmen. Susanne sollte lediglich ihr Frühstück und den jeweiligen Zuschlag zahlen, der fällig wird, wenn im Doppelzimmer eine zweite Person schläft. Von Marianne wusste ich, dass Susanne nicht arm war. Erstens war sie Gymnasiallehrerin für Mathe und Physik. Zweitens besaß sie eine große Eigentumswohnung in einem begehrten Stadtviertel und drittens hatte sie etliche Mietshäuser geerbt. Trotzdem war Geld immer Thema, wenn sie von dem untreuen Schuft sprach, der ihr das Herz gebrochen hatte. Ich verstand es erst, als ich verstand, dass sie alles Finanzielle immer dem Mann überlassen hatte und weder wusste, wie man mit einem Konto umgeht, noch wie man ein Auto mietet oder einen Handwerker engagiert. Später erst begriff ich: Sie wollte es nicht wissen. Dafür war ihr Sklave da, ihr Mann. Sie war die Prinzessin. Gerade war sie im Begriff, neue Sklaven beziehungsweise Sklavinnen zu rekrutieren. Aber das wusste ich damals noch nicht.

Ich fuhr also mit meinem Auto vor, um sie abzuholen. Wir wollten um elf los, damit wir nach der Fahrt noch was vom Tag hatten. Ich schleppte schon mal ihr Gepäck runter, während sie noch die Post durchsah. Sie meinte: »Ist doch egal, wann wir loskommen, wir müssen ja keinen Flieger kriegen.« Ich meinte: »Hej, Susanne, es ist der erste Tag meiner Reportagereise, ich muss heute schon ein Gefühl für die Gegend bekommen.« Und schnappte mir Reisetasche, Rucksack, Büchertüte und Koffer. Während ich die Hintersitze umklappte, damit alles Platz hatte, kam ein Polizist und wollte mich aus dem Halteverbot vertreiben. Ich bezirzte ihn erfolgreich, setzte mich ins Auto und hupte. Susanne guckte mit dem Telefon am Ohr vom Balkon und machte mit der Hand hektische Bewegungen, die ich nur so deuten konnte, dass ich sie in Ruhe weitertelefonieren lassen sollte. Ich parkte ein paar Seitenstraßen weiter, ging wieder nach oben. Susanne wusste nicht, was sie anziehen sollte.

Als wir schließlich starten konnten, war in Hamburg Rushhour. Und es dämmerte, als wir in Kühlungsborn ankamen. Das Hotel stand in der ersten Reihe. Meerblick, Wellenrauschen. Alles da für den perfekten Ostseesommer. Ich überhörte Susannes Kommentar: »Die könnten auch mal wieder renovieren«, als sie ihre Zahnbürste ins Bad stellte; viel mehr Pflegeprodukte hatte sie nicht dabei, wie sich später rausstellte. An der Rezeption hatte man uns freundlicherweise gesagt, man würde auf den Aufpreis verzichten und die Dame wäre selbstverständlich auch Gast des Hauses. Ich bedankte mich artig, während Susanne stumm darauf wartete, dass irgendjemand ihr Gepäck hochtrug. Da keiner Anstalten machte, schlurfte sie hinter mir her, schwer beladen, missmutig.

Gleich ans Meer! Vor dem Auspacken, vor irgendwelchen kulinarischen Aktivitäten. Der Sand, die Gischt, das Möwenkreischen, der Salzgeruch. Zweiundzwanzig Grad am Abend! Seit meiner Kindheit ist *Sommer* gleich *Ostsee* für mich. Ozeanisches Glück.

Susanne war beeindruckt von meiner Ost-Ostsee. Sie war als gebürtige Hamburgerin noch nie im Osten gewesen. Und jetzt warf sie sich bäuchlings in den noch lauwarmen Sand und sagte: »Kannst du mir mal sagen, warum ich immer an die Costa Brava gefahren bin, wenn ich das hier vor der Haustür habe?« Das konnte ich ihr nicht sagen. Sie war auch höchstens in Gedanken an die Costa Brava gefahren, denn sie hatte nach eigenem Bekunden seit zehn Jahren keine Ferienreise gemacht. Aber ich hörte es gern. Das war es, warum ich sie mitgenommen hatte. Ich wollte ein bisschen angeben. Nicht nur mit meiner gelungenen Trennung. Auch mit meiner Ostsee. Wir holten uns ein paar Stücke Pizza, eine Flasche Rotwein, setzten uns wieder in den Sand und starrten auf das mittlerweile schwarze Meer. Erst als eine gewisse Feuchtigkeit in uns hochzukrabbeln begann, machten wir uns auf in unser Doppelzimmer.

Die Nacht war furchtbar. Susanne schnarchte, ich bin es nicht mehr gewöhnt, das Bett zu teilen, und als ich gerade irgendwie weggedämmert war, hörte ich Schritte im Zimmer. Als ich aufsah, saß sie nackt und malerisch auf dem Fensterbrett und schaute den Mond an. Ich glaube, sie fand sich schön, so nackt im Mondlicht. War sie auch, aber was hatte ich davon? Ich wollte schlafen, damit ich am nächsten Tag frisch war.

Am Morgen gingen wir vor dem Frühstück joggen. Ich joggte seit einem halben Jahr und hatte schon ganz gute Erfolge. Dreißig bis vierzig Minuten, fast täglich, mein Hintern hatte eine festere Konsistenz zurückgewonnen. Und das hatte ich Susanne erzählt. Also wollte sie mit. Ihre Turnschuhe waren ungeeignet, ausgetretene Reeboks ohne Luftpolster, aber das war jetzt nicht zu ändern. Wir rannten los, ganz locker, direkt ab der Seebrücke rechts, immer neben dem Strand entlang. Auf weichem Sand läuft es sich schwerer als auf federndem Waldboden. Ich lief langsam, gleichmäßig atmend, wie ich es geübt hatte. Susanne überholte mich und rief, das wäre ihr zu langsam. Nach fünf Minuten blieb sie ein Stück vor mir stehen, japste nach Luft und sagte, sie ginge zurück, es wäre ihr zu heiß. Und überhaupt wäre Laufen langweilig.

Ich lief gleichmäßig weiter, meine dreißig Minuten, am Ende stürzte ich mich in die Fluten. Es fühlte sich an, als würde man einen erhitzten Tauchsieder in Kaltwasser stecken. Es war herrlich, nach dem Joggen zu schwimmen. Genauso hatte ich es mir vorgestellt. Und dann frühstücken wie Gott in Frankreich. Mit Eiern und krossem Speck und warmen Körnerbrötchen. Und ganz viel Kaffee. Unser Frühstückstisch war von einem blau-goldenen Sommertag umgeben. Die Seeluft milderte die siebenundzwanzig Grad, auf die der Tag es bringen würde. Meine gute Laune war kaum steigerbar. Die qualvolle Nacht war vergessen, und auch Susannes Bemerkungen über den Mundgeruch des Frühstückskellners schob ich beiseite.

Sommer an der See. Seit Jahr und Tag meine Sehnsucht, wenn es in der Stadt heiß wird. Kindheitsgefühle kommen wie auf Bestellung. Wir fallen aus dem Auto, rennen auf die Ahlbecker Seebrücke, die Eltern schaffen das Gepäck ins Quartier, keine hundert Meter vom Strand. Ich bin geblendet, eine Sonnenbrille besitze ich noch nicht. Ich bin drei Jahre alt und mache meine Sommer-Sonnen-Urerfahrung … Meine große, alte Ostsee-Liebe sollte meinen Artikel durchziehen. Schließlich gab es viele Ostmuffel wie Susanne, die noch nie hier gewesen sind und die nicht wussten, was ihnen entging. Und Kühlungsborn war ein bescheidener Anfang, wenn man die Route von Westen her begann.

Unsere nächste Station war der Darß. Das Ostsee-Highlight. Vorn ist die See wild, rau, im Rücken der Halbinsel ist der Bodden mild, warm. An manchen Stellen kann man beide Gewässer sehen. Zumindest fühlen und riechen. Ich liebe den Darß. Viele Hamburger lieben ihn inzwischen auch. Deswegen war es hier besonders teuer. Unser Hotel, ein reetgedecktes Landhaus mit Außen- und Innenpool, lag verborgen im ruhigen Hinterland. Nein, ein weiteres Zimmer außer dem bestellten war nicht frei, es gab ja nur acht. Also wieder eine Nacht mit Susanne. Wir nahmen Fahrräder und radelten auf dem Deich entlang. Der Wind. Das Licht. Die Endlosigkeit. Abends würde ich keine Schwierigkeiten haben, mein Heft vollzuschreiben mit allerbesten Meereseindrücken.

Auch Susanne war entzückt vom Darß. Nicht so von der Gastronomie. Ich hatte ein sehr gutes Fischrestaurant in Ahrenshoop in Erinnerung. Es hatte als Erstes eröffnet, seit man hier D-Mark einnehmen konnte. Und es schien immer noch sehr gut zu sein. Alle Tische waren nämlich besetzt. Warten wollte Susanne aber nicht. Ich bin auch kein guter Ansteher, aber wir hatten Hunger, und der Kellner hatte uns den nächsten freien Tisch unter der Kastanie versprochen. Ich überzeugte meine Mitreisende, die mir langsam als Spaßbremse und Klotz am Bein erschien, noch ein wenig Geduld zu haben. Denn ich wusste, dass es hier schmeckte. Wir hätten auch zum nächsten Lokal weiterziehen können, dort hätte auch alles besetzt und das Essen hätte schlechter sein können. Was wäre gewonnen gewesen? Außerdem hatte ich einen Job hier und ich wollte genau dieses Lokal in meinem Artikel erwähnen.

Endlich saßen wir, die Karte kam. Susanne studierte die Preise. Die entsprachen ungefähr denen in besseren Hamburger Szenekneipen. Waren also völlig okay. Schließlich: frischer Ostseefang, Urlaub und gute Laune. »Ja, schon«, gab Susanne zu, »aber das muss man doch nicht mit bezahlen.« »Doch«, sagte ich, »das ist sogar unbezahlbar. Außerdem reist du hier völlig umsonst, du wirst dir doch ein anständiges Essen leisten können!« Sie bestellte Salat, ich Boddenzander mit Bratkartoffeln. Mein Essen duftete goldbraun, ihres war kalt grün. Sie stocherte, schaute entsetzt. Eisbergsalat!!! Wusste denn hier keiner, dass das der allerletzte, geschmackloseste Salat war, den sie niemals essen würde? Der Salat ging zurück. Kam wieder, ohne Eisberg, dafür mehr Lollo Rosso und Rucola. Auf der Karte hatte gestanden: frische Salate der Saison, ihre Eisberg-Phobie hätte sie ansagen müssen. Mein Zander war großartig. Der Weißburgunder auch. Susanne trank Wasser. Ich verlangte die Rechnung.

Langsam fiel mir meine Tätigkeit als Zofe auf. Ich suchte den Tisch, ich redete mit dem Kellner, ich ließ die Rechnung kommen, ich besänftigte die Dame. Und als die Rechnung da war, hatte Susanne ihr Portemonnaie vergessen. Ich zahlte. Kämpfte mit Unmut. Ich hatte auch die Fahrradmiete ausgelegt, obwohl ich selbstverständlich nur den Preis für eines abrechnen konnte. Sie hatte nicht mal gefragt, was ich von ihr bekäme. Im Geist addierte ich. Salat und Fahrrad. Ich bin sonst nicht so, aber wenn es ans Ausnutzen geht …

also ich bekam siebenunddreißig Euro und ein paar Cents von ihr.

Den Darß verließ ich nur ungern, doch es ging weiter nach Rügen und Hiddensee. Das Auto ließen wir in Stralsund stehen, bestiegen die Fähre nach Hiddensee. Fuhren eine Stunde zusammen mit ein paar anderen Romantikern. Denn Hiddensee, das ist die Romantikerinsel. Autofrei und lieblich. Hier wird jeder still, hier ist Andacht angesagt, Verneigung vor der Natur. Ein Inselchen, für Sommerferien gemacht. Wir liefen vom Fährhafen aus zehn Minuten, der Schlüssel zu unserem Apartment steckte, wie es telefonisch vereinbart war. Eine Flasche Rotkäppchen trocken stand im Kühler auf dem Tischchen. »Wie aufmerksam«, fand ich. »Normal«, meinte Susanne, »die wollen doch, dass du gut über sie berichtest.« Sie begriff nicht, dass ich mich freuen wollte. Musste. Ich brauchte gute Stimmung – wenn ich mies über den Ostseetourismus schreiben wollte, musste ich für ein anderes Medium schreiben. Hier ging es um zur Nachahmung Empfohlenes. Andere wollten von mir wissen, wie ist es da? Soll ich da auch hinfahren? Und um das zu sagen, brauchte ich nicht bestochen zu werden. Es war schön hier. Punkt.

Draußen war der Himmel dramatisch anthrazitfarben geworden. Unwetter zog auf. Ich liebe Unwetter an der See. Weil ich sowieso jedes Wetter liebe, wenn es an der See stattfindet. Wir schnappten uns den Sekt, die Gläser, Nüsse und zwei Wolldecken und liefen zehn Meter zum Strand, direkt hinterm Haus. Lehnten uns an einen Strandkorb, die Beine weit weggestreckt, die Wolldecken um die Schultern. Ich öffnete den Sekt, weil Susanne noch mehr Angst vor knallenden Korken hatte als ich. Und wir prosteten dem

Himmel zu. Wahnsinn, wo wir saßen, war es noch warm, der Horizont draußen schon düster. Ein Maler möchte man sein in solchen Momenten, ich fotografierte mit den Augen. Draußen wurde das Meer schon zu hohen Bergen gepeitscht, hier am Ufer wurde es erst langsam unruhig, der Wind kühlte den Sand, wir zogen die Knie bis unter die Decken, wollten ausharren, bis der Regen über uns war. Die ersten Blitze zuckten, das Meeresbrausen wurde dröhnender. Donner hörten wir nicht, weil die Wellen donnerten. Ein bisschen gruselten wir uns. Ein schönes, kuscheliges Gruseln, denn hinter uns lag das Apartmenthaus. Ein Luxusunwetter. Die ersten Tropfen fielen müde und schwer, ganz vereinzelt. Na, fragten wir uns, wie lange würden wir aushalten? Auf einmal eine peitschende Böe, wir rafften die Decken, rannten los, ich die Flasche in der einen, die Gläser in der anderen Hand. Ich war glücklich. Was für ein Abend!

Susanne schlug einen Krimi auf, störte fast gar nicht, ich schrieb und schwelgte. Am nächsten Tag wanderten wir den Dornbusch hinauf. Links immer den Blick auf das glänzende Meer, das sich heute Morgen ganz friedlich zeigte, rechts Büsche, Bäume, Vogelzwitschern. Einer der schönsten Spaziergänge, die man an der Ostsee überhaupt machen kann. Naturschutzgebiet, menschenleer, der Wanderer fühlt sich umarmt von Sonne, Wind und Wildrosenduft. Susanne schnaufte, denn es ging bergan und bergab. Also hügelan und hügelab und Susanne war Raucherin. Wir suchten etwas zum Einkehren. Fanden auf dem Rückweg weiter unten ein Schmuckstück von einem Gartenlokal. Holztische unter riesigen Eichen mit alten, grün lackierten Klappstühlen, die fast weltweit von diesen elenden, weißen Plastikstühlen verdrängt worden sind. Hier gab es sie noch. Und Sonnenschirme ohne Cola-Reklame. Ich war entzückt. Susanne studierte die Karte im Stehen. Ich saß bereits und bestellte mir Himbeerlimonade. Irgendetwas Nettes zu essen gab es sicherlich auch an diesem hübschen Platz.

»Auch nicht gerade preiswert«, platzte Susanne in meine Begeisterung für den Ort hinein. Mir fielen meine siebenunddreißig Euro ein. Sagte aber nichts. Bloß das schöne Gefühl festhalten: das liebliche Hiddensee. Der wunderbare Spaziergang. Das Gartenlokalidyll. Ich erklärte Susanne zum zweiten Mal, dass ich hier arbeite. Und dass meine Arbeit nur funktioniere, wenn ich mich wohlfühle, verdammt noch mal. »Ach, und da willst du lieber lügen, manipulieren, als kritisch hinzuschauen?« In dem Moment hätte ich alle ach so gesellschaftskritischen Altachtundsechziger, von denen Susanne nach eigener Einschätzung eine war, durch den Wolf drehen können. Verdammte, gequirlte Scheiße!!! Kritisch hinschauen! Ich war doch kein Restauranttester! Ich wollte eine Ostseereise in einem Jahrhundertsommer beschreiben. Und das war einfach nur toll!

Ich versenkte mich und meine Wut in die Karte, fand einen Salat nach Art des Hauses. Den wollte Susanne auch. Aber nicht ohne das hübsche Mädchen, das uns bediente, von der Seite anzuzischen: »Ohne Eisbergsalat bitte!« »Natürlich«, erwiderte das Mädchen. »Die kennen ja hier nur Eisberg«, sagte Susanne halblaut, ohne jeglichen inhaltlichen Bezug.

Der Salat war wunderbar, das Dressing einwandfrei, das Brot warm und weich. Die Weißweinschorle gut. Susanne hatte ihr Portemonnaie immer noch nicht wiedergefunden. Ich machte mir Sorgen. Sollten wir nicht ihre Kreditkarten sperren lassen? Ihre Bank anrufen? »Ich habe gar keine Kreditkarte«, sagte Susanne. Ach ja, der Mann war ja der Finanzminister gewesen.

Wir waren jetzt fünf Tage unterwegs. Waren leicht gebräunt, hatten inzwischen auch Rügen erkundet, das protzige Binz, das mir nicht so liegt, und das urige Inselinnere, das umso malerischer ist. Susanne hatte sich bisher noch kein einziges Mal bedankt, dass sie dabei sein durfte. Sie hatte bei keiner Rezeption nach einem eigenen Zimmer gefragt, sie hatte meine Nächte gestört, im Zimmer geraucht – zwar zum Fenster raus, aber dennoch. Und ich verfluchte den Einfall, sie auf meine Ostseereise mitzunehmen. Ich hatte nicht gesehen, wie tief ihre Verbitterung war. Ich hatte nicht geahnt, dass der Kerl sich mit gutem Grund vom Acker gemacht hatte.

Nachdem ich mich zum x-ten Mal für uns nach Eis angestellt, mehrmals ihre Taschen getragen, immer den Kellner gerufen, immer das Auto gefahren, ein paar Mal ihre Zeche bezahlt hatte, hatte ich es satt. Ich sagte: »Susanne, ich bin nicht dein Mann. Wir sind zwei gleichberechtigte Frauen. Du bist nicht die hilflose Prinzessin und ich nicht die Reiseleiterin.« Oder deine Zofe – das sagte ich nicht, es war mir zu doof. »Du lässt dich bedienen, du meckerst und nörgelst, du bist undankbar. Du kannst überhaupt nicht genießen, du suchst ewig das Haar in der Suppe. Ich kann so nicht arbeiten.« Da weinte sie schon. Ich war überrascht. Sie war so hart, so stur, so selbstgerecht. Und jetzt weinte sie bei der geringsten Kritik? Das weckte einen Hauch Sadismus in mir. Ich setzte einen drauf: »Wenn sich das nicht ändert, bringe ich dich zum nächsten Bahnhof und reise allein weiter.« Da weinte sie noch mehr. Ich verspürte Genugtuung, sogar Rachegelüste. »Aber ich genieße es doch«, sagte Susanne. »Ich bin so froh, dass du mich mitgenommen hast, es ist so schön hier. Ich kann mich an keine Reise erinnern, die mir so gutgetan hat.« Ich dachte wieder an den Mann. Jetzt tat er mir fast leid. Wenn das ihre Art zu genießen war …

Wir kamen nach Usedom. »Ich würde ja auch mal fahren«, sagte sie, »aber mein Handgelenk tut mir seit gestern so weh, ich glaube, ich kriege eine Sehnenscheidenentzündung.« Besser so, dachte ich, sie hatte das Auto aus der Tiefgarage vom letzten Hotel gefahren, weil ich die Ausfahrt zu eng und zu steil fand und jemanden holen wollte, der es für uns macht. Ich hatte ihr vertraut, als sie lässig sagte: »Ich mach das, kein Problem.« Und sie fuhr mit Vollgas und angezogener Handbremse, das Autor röhrte, und es stank nach verbranntem Gummi. Ich sagte nichts. Ich hätte es wissen müssen.

Und jetzt Usedom. Insel meiner Kindheit. Wir im ersten Haus am Platz. Ja, ein Zimmer für die zweite Dame wäre auch noch frei. Klar, bei den Preisen. Susanne meinte, es würde schon gehen, das Doppelzimmer wäre ja groß genug. Sie sah mich nicht an dabei. Ich kochte. Jetzt endlich hätte ich mal wieder allein einschlafen können, ohne ihre nächtlichen Toilettengänge, ohne ihr Gurgeln, wenn sie nach Mitternacht noch eine Schlaftablette einwarf, ohne ihr zerzaustes Gesicht am Morgen in den Kissen. Erst jetzt, als die Möglichkeit greifbar nahe gewesen war, wurde mir klar, wie sehr ich schon von einer Susanne-Allergie befallen war. Ihr Geruch, ihr Gang, ihre Stimme, ihre im Zimmer verstreuten Klamotten, ihre Frechheit, meine Augencreme jeden Abend wieder neu zu probieren – ohne zu fragen natürlich –, es war unerträglich. Die körperliche Nähe zweier Menschen miteinander braucht viel gegenseitige Nachsicht. Susanne hatte meine Nachsicht längst verspielt. Und ich kämpfte einen unsichtbaren Kampf um eine ausbalancierte Haltung. Ich wollte diese herrliche Sommerreise, wenn sie schon durch die Anwesenheit einer unglücklichen Prinzessin überschattet war, nicht in die Katastrophe kippen lassen. Streit, Aggression und Tränen gehörten wirklich nicht an diese Traumstrände. Auch kein Aufrechnen von Eiskugelpreisen und Abrechnen von Schulden vergangener Tage. Aber ich hatte ja die Starke spielen müssen, hatte ja Susanne aus ihrer Not herausreißen wollen, und ich beabsichtigte insgeheim dadurch noch mehr Sonne auf mich scheinen zu lassen, als der Himmel bieten konnte. Meine Eitelkeit – meine Strafe.

Usedom hielt, was es in Prospekten verspricht: Es ist die sonnenreichste Insel Deutschlands. Spätabends verabschiedet sich die Sonne im Sommer, nicht ohne vorher noch mit glutroter Romantik zu grüßen. Ich kannte eine Panoramabar mit sanfter Musik und Blick auf die Schiffe, die vor der Küste auf Reede lagen. Aber Susanne hatte nichts anzuziehen. Ich gab ihr, schicksalsergeben, mein Zweitkleid. Nun musste ich damit leben, dass sie es mit Asche oder Glut versauen würde, dass es auf jeden Fall gleich in die Reinigung müsste, sobald ich zu Hause den Koffer ausgepackt hätte. Susanne sah gut aus in meinem Kleid, sie hatte die langen Haare zu einem Knoten gedreht und festgesteckt, hatte etwas von meinem Puder und meinem Lippenstift aufgetragen. Sie konnte eine schöne Frau sein, da hatte ich mich am ersten Abend, als ich sie bei Marianne kennengelernt hatte, nicht geirrt. Aber ab zwanzig oder dreißig ist Aussehen auch eine Frage des Charakters. Und wenn man den kannte, sah man es. Ein enges Herz macht trübe Augen und schmale Lippen.

Ich habe es trotzdem genossen. Und auch einen anständigen Artikel über die Reise abgeliefert. Susanne kam nicht darin vor. Aber jede Menge Farben, Geräusche, Gerüche, gutes Essen, nette Wirte, faire Preise.

Als ich fertiggeschrieben hatte, holte ich das Kleid aus der Reinigung. Marianne hatte zum Essen eingeladen, ich sollte erzählen ... Da klingelte das Telefon. Susanne. Sie wollte sich für morgen mein Auto leihen, um zu Ikea zu fahren. Und vermutlich hatte sie einen Turnschuh im Kofferraum vergessen, ob ich den gleich mal vorbeibringen könnte. Da begriff ich: Das Prinzessinnenspiel ging weiter, wenn ich meinen unfreiwilligen Job als Zofe nicht ausdrücklich kündigte. Also sagte ich: »Nein, morgen brauche ich mein Auto. Und ich verborge es auch nicht gern.« Und: »Ja, den Turnschuh habe ich gefunden, er liegt bei mir im Schuhregal. Du kannst ihn abholen, ich bin noch eine halbe Stunde da, dann muss ich weg.« Sie jammerte: »Wie soll ich denn in einer halben Stunde bei dir sein?« »Mit dem Fahrrad«, schlug ich vor. Sie hatte mir oft und ausführlich erklärt, dass man in der Stadt kein Auto brauche. Man könne alles mit dem Fahrrad erledigen. Jetzt verlegte sie sich aufs Betteln: »Kannst du den Schuh nicht doch bringen? Ich will gleich ins Fitnessstudio.« »Kauf dir neue«, sagte ich. »Deine sind sowieso schon zwanzig Jahre alt und mindestens fünfmal beim Renovieren getragen. Und ich kriege noch Geld von dir. Falls du dein Portemonnaie wiedergefunden hast. Aber du kannst es auch behalten, ich will nichts mehr von dir hören.« Ich schwieg, schluckte, staunte über meine Härte. Aber anders kam ich da nicht raus. Prinzessinnen wach zu küssen, ist nicht so mein Ding. Ich konnte nur andeuten, wo es lang ging. Richtung Erwachsenwerden zum Beispiel. »Aber du kannst mich doch nicht einfach abschaffen«, jammerte Susanne. »Ich brauche dich doch, ich liebe dich doch.« »Doch, ich kann«, erwiderte ich. »Liebe und Freundschaft sind bei mir etwas anderes.«

Und als ich das gesagt hatte, hatte ich etwas sehr Wertvolles gelernt. Über mich. Für mich. Über Liebe. Über Freundschaft. Danke, Susanne, das war es wert. Das musste ich gleich Marianne erzählen!

KATHRIN TSAINIS

Das Beste. Vielleicht auch nur das Vernünftigste

Diese verfluchte Hochzeit! Pippa starrte aus dem Fenster hinaus, sah die Kühe, die drüben hinter dem Elektrozaun dösend auf der Weide lagen, als posierten sie für eine Kitschpostkarte, und das Pärchen, das der Glutofenhitze zum Trotz einen Federball hin- und herdrosch. Das Mädchen schmetterte, der Junge hechtete nach links.

Den erwischt du nicht, dachte Pippa, und genauso kam es auch. Das Mädchen machte die »Beckerfaust«, der Junge wischte sich mit dem Saum seines T-Shirts den Schweiß von der Stirn und ließ dabei seinen drahtigen, völlig haarlosen Bauch blitzen.

Wenn sie doch nur nicht zu dieser verfluchten Hochzeit müsste! Heulende Mütter, gerührte Väter, der Bräutigam, dieser Langweiler, und die Braut, die geschmückt wie ein Pfingstochse durch die Kapelle schreiten und tränenumflort in die Gemeinde lächeln würde. Natürlich würde Pippa zurücklächeln, so strahlend, wie es ihr möglich war. So gehörte es sich nun einmal. Bei Hochzeiten musste man strahlen – koste es, was es wolle.

Gottesdienst, Champagnerempfang mit Häppchen, dann Kaffee und Kuchen, Dinner, Mitternachtsbüfett, Brunch am

Sonntag. Mindestens vierundzwanzig Stunden würden sie in diesem bescheuerten Schloss festsitzen, das Gregor und Annette als Rahmen für ihr »ganz persönliches Sommermärchen« ausgewählt hatten. »Unser ganz persönliches Sommermärchen«: Genau das waren Gregors und Annettes Worte gewesen.

»Schloss? Dinner? Smoking für die Herren, Abendkleidung für die Damen? Ach, du guter Gott, jetzt ist er endgültig größenwahnsinnig geworden«, hatte Pippa gesagt und die Einladungskarte aus feinstem Büttenpapier auf den Esszimmertisch geworfen.

»Sei nicht so negativ«, meinte Christian. »Gregor lässt sich eben nicht lumpen. Die sollen da einen fabelhaften Koch und Wahnsinnsweine haben. Hey, es wird bestimmt nett.«

»Für dich vielleicht. Ich werd mich zu Tode langweilen. Das ist keine Hochzeit, das ist Freiheitsberaubung mit besserer Verpflegung.«

Christian stöhnte nur. Wie immer, wenn ihm nichts mehr einfiel.

Ausgerechnet Gregor und Annette! Als ob es nicht so schon schlimm genug gewesen wäre. Pippa sah in Gregor das menschliche Äquivalent zu einem Magen-Darm-Virus: lästig, anstrengend, völlig überflüssig und extrem widerstandsfähig. Hatte er einen erst einmal am Wickel, blieb einem nichts anderes übrig, als ihn auszuhalten. Schließlich waren Christian und Gregor schon gemeinsam zur Schule gegangen, hatten gemeinsam Abitur gemacht, studiert. Christian ließ auf Gregor nichts kommen, und Pippa hatte nie wirklich verstanden, was ihr Mann an ihm fand. Sie hasste es, dass Gregor ihn wie seinen kleinen, dummen Bruder behandelte – und Christian das nicht auffallen und schon gar nicht stören wollte.

Gregor stank vor Geld, aber im Grunde war er ziemlich primitiv. Am liebsten hätte er auf alles, was er besaß, Preisschilder geklebt, damit auch jeder sehen könnte, dass man es bei ihm mit einem echten Erfolgstyp zu tun hatte: Chef eines alteingesessenen Trachtenmodengeschäfts mit Porsche Cayenne und Segelboot, mit Designeranzügen, handgenähten Schuhen und einer Zukünftigen, die eine Parfümerie auf der Maximilianstraße führte, Größe vierunddreißig trug, extrem viel redete, ohne jemals etwas Substanzielles zu sagen, und sich wahrscheinlich jeden Morgen gleich nach dem Aufstehen zu dem tollen Fang gratulierte, den sie mit Gregor gemacht hatte.

Die Hochzeit würde, daran bestand für Pippa kein Zweifel, wie die anderen Feste von Gregor und seinen jeweiligen Auserwählten sein, zu denen Christian sie im Lauf der vergangenen sechs Jahre mitgeschleift hatte: Die Männer würden Zigarren rauchen, Gregor, den Leitwolf, bewundern und übers Geschäft, die Politik und die Steuern reden, während die Frauen zusammenhockten und sich um die Kinder kümmerten.

»Sie sind eben konservativ«, hatte Christian gesagt, als Pippa wieder einmal eine ihrer Attacken ritt.

Anfangs hatte sich Pippa noch zu den Männern gesellt, schließlich wusste sie zu Politik und Steuern deutlich mehr beizutragen als zu Innendekoration, dem neuesten Münchner Klatsch oder Dammschnitten. Doch sie hatte sich wie ein Eindringling gefühlt.

Sie rechnete fest damit, dass die anderen Frauen sie wieder fragen würden, wann es denn bei ihnen so weit sei, mit

Kindern und so. Wie lang seien sie und Christian nun schon verheiratet? Vier Jahre? Und Pippa würde freundlich lächeln, wie sie es immer tat, und sagen, dass sie keine Kinder wollten, würde die zweifelnden, mitleidigen Blicke ertragen, auch die voller Befremden, als sei Pippa ein ganz besonders seltsames Insekt. Sie würde das Nachbohren über sich ergehen lassen, das »Aber warum denn nicht?« und das »Hast du keine Angst, dass du es irgendwann bereust? Kinder sind ein solches Geschenk««, mit dem die ganz Hartleibigen Pippa zu missionieren versuchten.

Pippa hätte sich lieber die Zunge abgebissen, als diesen Klapperschlangen die Wahrheit zu offenbaren.

»Es tut mir leid, Herr Baumgarten«, hatte der Arzt gesagt, den sie aufgesucht hatten, um endlich Klarheit zu bekommen, »aber Sie sind zeugungsunfähig.«

An diesem Tag sah Pippa Christian zum ersten Mal weinen.

Sie gingen die Möglichkeiten durch, von denen es für sie ohnehin nicht viele gab, wogen Für und Wider ab und kamen schließlich zu dem Schluss, dass ihnen wohl nichts anderes übrig bleiben würde, als sich mit einem Leben zu zweit zu bescheiden.

Es war das Vernünftigste, und keine Kinder zu haben, sich nicht einzuschränken, sich nicht sorgen zu müssen um so ein hilfloses Wesen, hatte, wenn man es genau bedachte, doch auch Vorteile. Sie konnten freibleiben, unabhängig, es gab noch so viel anderes zu tun und zu entdecken.

Sie übernahmen zwei Patenschaften, für einen Jungen aus Bolivien und ein Mädchen aus Burma, ließen die Fotos rahmen und stellten sie aufs Klavier, und Pippa hoffte, dass irgendwann einmal auch ihre Gefühle vernünftig werden würden. Wie sehr sie sich ein Kind, ein eigenes Kind, gewünscht hatte, war ihr erst bewusst geworden, als die Tatsache in ihr Leben brach, dass sie mit Christian nie eines haben würde.

Pippa sah auf ihre Armbanduhr. Seit über einer Stunde standen sie nun schon im Stau. Aber auch das würde sie nicht retten. Christian hatte darauf gedrängt, schon einen Tag vor der Trauung loszufahren, »dann wird es nicht so stressig«.

Das Pärchen mit den Federballschlägern küsste sich auf dem Standstreifen und ging eng umschlungen davon. Die Hand des Jungen lag auf dem Hintern des Mädchens.

Pippa fühlte sich auf einmal schrecklich einsam.

»Nichts geht mehr auf der A 8 München in Richtung Salzburg«, meldete der Sprecher im Radio. »Derzeit zehn Kilometer Rückstau nach einem Unfall auf der Höhe Irschenberg.«

»Wie wär's«, sagte Pippa, »wenn wir hier jemals wieder rauskommen, büxen wir einfach aus. Du rufst Gregor an und sagst, ich sei krank, und wir machen uns ein nettes Wochenende am Gardasee. Ich könnte ja zum Beispiel eine Fischvergiftung haben, so was richtig Fieses, und du, mein ergebener Ehemann, musst mich pflegen.« Sie streichelte Christians nacktes Knie.

»Pippa«, sagte er, nur: »Pippa.«

»Komm schon, bitte, bitte, bitte, ich will da nicht hin.«

»Du weißt genau, dass das nicht geht. Gregor ist einer meiner ältesten Freunde, und du würdest mir wirklich einen großen Gefallen tun, wenn du endlich mal bereit wärst, auch nur einen Millimeter über deinen Schatten zu springen. Aber du *willst* alles, was mit ihm zu tun hat, scheiße finden, und wunderst dich dann, dass es scheiße ist. Himmel, Herrgott, wir fahren zu einer Hochzeit, nicht zur Schlachtbank!«

»Bitte, nur dieses eine Mal. In Zukunft reiße ich mich auch zusammen, versprochen. Und wenn du willst, ruf ich an. Du bist sowieso ein miserabler Lügner.«

Im Gegensatz zu mir … Pippa verscheuchte den Gedanken wie eine aufdringliche Fliege.

»Nein, Pippa. Wir gehen da hin und werden uns amüsieren. Ende der Debatte.«

»Behandle mich nicht wie ein kleines Kind!«

»Dann benimm dich nicht wie eines!«

Christian nahm die Zeitung vom Armaturenbrett, fummelte den Sportteil heraus und legte den Rest, nachdem Pippa ihn kopfschüttelnd abgelehnt hatte, auf die Rückbank. Pippa an seiner Stelle hätte die Zeitung nach hinten geschmissen.

Sie wusste genau, dass er wütend war. Sie kannte ihn, konnte jede Regung in seinem Gesicht lesen, und diese steilen Falten gruben sich immer dann neben seinen Mundwinkeln ein, wenn er die Lippen besonders fest zusammenbiss, um Worte zurückzuhalten, von denen er fürchtete, sie bedauern zu müssen, würde er sie aussprechen.

Früher hatte Pippa in solchen Momenten ihren Kopf auf seine Schulter gelegt, hatte etwas Liebes gesagt oder einen Scherz gemacht, irgendetwas getan, das die Falten wieder verschwinden ließ. Früher hatte sie es nicht ertragen, wenn Christian wütend auf sie war. Aber das war früher gewesen, und Pippa brachte nicht die Kraft auf, sich durch das Dickicht, das sie in den vergangenen zwei Monaten zwischen ihnen aufgetürmt hatte, nach dorthin zurückzukämpfen.

Sie hatte es verdient, dass Christian wütend auf sie war. Mehr als er ahnen konnte.

»Ich vertrete mir ein bisschen die Füße«, sagte Pippa.

»Aber bleib in der Nähe. Das löst sich hier bestimmt bald wieder auf.«

Mir könnte gar nichts Besseres passieren, als verloren zu gehen, dachte Pippa und schlug die Autotür hinter sich zu.

Sie lief nach vorn, vorbei an den anderen zum Stillstand Verdammten, die ihre Beine aus Wagenfenstern baumeln ließen oder an Kühlerhauben lehnend in die Ferne starrten, vorbei an einer Gruppe schwitzender, rotgesichtiger Familienväter in kurzen Hosen und Freizeithemden, die auf Straßenkarten nach dem nächstmöglichen Fluchtweg suchten, und dem Fernfahrer, von dem sich Pippa Feuer geben ließ. Christian konnte es nicht leiden, wenn sie im Auto rauchte.

Sie hörte Rufus Becks unverwechselbare Stimme *Harry Potter* lesen, »No Doubt About It« von Hot Chocolate und Fetzen eines klassischen Musikstücks, dessen Name Pippa auf der Zunge lag, sich aber nicht weiter hervorwagen wollte. Sie hätte alles für ein bisschen Wind gegeben. Oder eine Valium. Schlucken, in wattiger, gnädiger Ruhe versinken und am nächsten Morgen, kurz vor der Trauung, noch einmal nachlegen.

Bestimmt würde man sie für angetrunken halten. Und wenn schon. Lieber das, als schutzlos in der Kirche zu sitzen, Christians Hand in ihrer zu spüren und genau zu wissen, dass er, wie sie selbst ja auch, daran denken würde, wie schön es bei ihnen beiden damals gewesen war. Es würde sich so unerträglich falsch anfühlen. So abgrundtief und unentschuldbar verlogen.

Je näher diese verfluchte Hochzeit rückte, desto mehr fürchtete sich Pippa davor. Aber wie sollte sie Christian das erklären, ohne ihm das Herz zu brechen?

Am 2. Juni war sie Toni Berger zum ersten Mal begegnet. Der Vorstand des Munich-Business-Clubs hatte ihn als Gastredner eingeladen, und hätte Pippa in der Ankündigung nicht gelesen, dass es sich bei Toni Berger, vierunddreißig, um den Sales-Leiter der AMM Baumaschinen GmbH handelte, sie hätte bei dem strohblonden, braun gebrannten Schlacks, der gerade lächelnd ans Pult federte, eher auf einen Profisurfer getippt.

Sein Vortrag war brillant – perfekt strukturiert, intelligent und witzig, jede Geste, jeder Blick, jede Pointe saß. Toni Berger redete ohne Skript und Mikrofon, eine Hand in der Hosentasche, über die großen und kleinen Hindernisse, die das Unternehmen bei seinem Weg auf den chinesischen Markt zu überwinden gehabt hatte: über die hohe Kunst, sich angemessen zu verbeugen und auch das Ungesagte richtig zu deuten, über Gastgeschenke und endlose Gelage mit Funktionären und potenziellen Kunden. Die anschließenden Fragen parierte er charmant und schlagfertig und den Applaus am Ende nahm er mit der abgebrühten Lässigkeit eines Hollywood-Haudegens entgegen.

Als es zum Abendessen ging, setzte sich Toni Berger neben Pippa.

»Toni Berger.«

»Pippa Baumgarten.«

»Pippa«, sagte er, »interessanter Name. Passt gut zu Ihnen.«

»Ja, ich habe meinen Eltern inzwischen verziehen«, erwiderte sie trocken.

»Was gibt's da zu verzeihen?«

»Von Pippa geht's leider schnell zu Pippi und Pipsi, und Kinder können ziemlich grausam sein, wenn Sie wissen, was ich meine.«

»Verstehe«, sagte er grinsend. »Also, Pippa Baumgarten, was machen Sie so im Leben?«

»Marketingchefin bei All Natural-Food. Fantastischer Vortrag übrigens, Kompliment.«

Er senkte leicht den Kopf und zwinkerte sie an. »Mein täglich Brot, nicht der Rede wert.«

Meine Güte, ist der glatt, dachte Pippa, und seltsamerweise störte es sie gar nicht.

Von Nahem sah er älter aus als vierunddreißig – und noch attraktiver: hohe Stirn, grüne Augen, markante Nase, sein Gesicht erinnerte Pippa an einen Adler. Er hatte auffallend schöne Hände, nicht groß, aber kräftig. Am kleinen Finger trug er einen dünnen Silberring.

Toni Berger kümmerte sich um Pippa, als bekäme er es bezahlt, schenkte ihr Wein und Wasser nach, reichte ihr das Salz, ohne dass sie darum bitten musste, und als sie Anstalten machte, zur Toilette zu gehen, stand er auf und zog ihr den Stuhl zurück.

Im Lauf des Abends erfuhr Pippa, dass er vor drei Monaten erst aus Peking zurückgekommen war, wo er die letzten vier Jahre gearbeitet hatte.

»Mir haben die Berge gefehlt, die Seen – und das bayerische Essen. Es geht nichts über ein ordentliches Weißwurstfrühstück. Außerdem ist Peking kein Platz zum Leben«, sagte er, »zu laut, zu dreckig, zu viel Smog. Mir liegt eher das Beschauliche.«

»Beschaulich, so, so«, sagte Pippa schmunzelnd, faltete

ihre Serviette zusammen, lehnte sich zurück und sah Toni Berger an. »Ich hätte Sie eher für den abenteuerlustigen Typ gehalten.«

Er warf den Kopf in den Nacken und lachte. »Ich sehe schon, Ihnen kann man nichts vormachen.«

»Es hat mich ganz besonders gefreut, Pippa Baumgarten«, sagte Toni Berger zum Abschied und drückte dabei ihre Hand genau dieses bisschen länger, als es nötig gewesen wäre.

Zwei Tage später rief er Pippa im Büro an und lud sie zum Abendessen ein.

»Sie mögen italienisches Essen, und ich habe einen neuen kleinen Italiener entdeckt. Von außen sieht er nach Kaschemme aus, aber die Dorade, die der Chef da vom Grill zaubert … Das glauben Sie nicht, und in die Desserts möchte man sich reinlegen. Na, was meinen Sie?«

Pippa zögerte keine Sekunde.

»Was machst du da nur?«, sagte sie leise zu sich selbst, nachdem sie den Hörer aufgelegt hatte. Dann lächelte sie.

Sie zog das schmale, schwarze Kleid an, vom dem sie wusste, dass sie darin umwerfend aussah. Schlüpfte in die neuen hochhackigen Sandaletten mit den Fesselriemchen, schminkte sich die Lippen rot und steckte ihr Haar hoch. Sie dachte nicht darüber nach, sie tat es einfach.

Christian war wieder in Berlin bei seinem Kunden und würde erst am Wochenende zurückkommen.

Sie hinterließ ihm eine Nachricht auf der Mailbox. Sagte, sie werde heute Abend essen gehen. »Mit Melanie. Kann spät werden.«

Es war so einfach.

Sie bestellten Bellinis und dann einen Chianti, von dem der Wirt sagte, dass er noch nie einen besseren getrunken habe, aßen und redeten, und Toni Berger sah Pippa an, als wäre sie die einzige Frau im Restaurant. Er berührte ihre Hand. Wie zufällig. Pippa wusste genau, dass es kein Zufall war. Nichts war hier mehr zufällig. Das hier war Vorspiel. Und Pippa spielte mit.

Die Stimme in ihrem Kopf, die sie daran zu erinnern versuchte, wer sie war und wohin sie gehörte, betäubte sie mit Alkohol, den Blicken aus Toni Bergers grünen Augen und dem Gefühl, das beides in ihr auslöste und von dem sie nicht mehr hätte sagen können, wann sie es das letzte Mal gefühlt hatte.

Der Wirt gab ihnen Grappa aus und ließ nicht locker, bis Pippa, »die bella signora«, eine Platte aus seiner Sammlung aussuchte.

Sie entschied sich für »Azzurro« von Adriano Celentano.

»Das habe ich als Kind geliebt«, sagte sie.

Als Pippa schließlich ihre Brieftasche hervorholte, nahm Toni Berger sie ihr aus der Hand und setzte sich drauf.

»Kommt ja überhaupt nicht infrage, dass du mir hier dazwischenfunkst. Das ist Männersache.«

Pippa lachte.

Sie spazierten an der Isar entlang, und Toni Berger sagte, wie sehr er den Geruch des Flusses vermisst habe. Es war nach Mitternacht, doch noch immer atmeten Gebäude und Straßen die Wärme des Tages aus. Am Wochenende war der »Super-Sommer«, den die Meteorologen für Bayern angekündigt hatten, viel zu früh und mit solcher Wucht über die Stadt gekommen, dass die Menschen schon jetzt unter der Hitze ächzten.

Toni Berger legte seinen Arm um Pippas Schultern. Sein Mund schmeckte nach Panna cotta und Grappa.

Sie schliefen noch in dieser Nacht miteinander. Er drückte sie gegen die Tür seiner Wohnung. Sie hörte seinen Atem an ihrem Ohr, spürte seine Hände auf ihren Brüsten, an ihrem Hintern, überall. Pippa schloss die Augen und fiel.

Um vier Uhr morgens fuhr sie nach Hause. Ging unter die Dusche. Seifte sich ein, wusch sich die Haare, spülte alles von sich ab: den Geruch, Toni Bergers Berührungen, die Worte, die sie gesagt hatte, die Frau, die sie in den letzten Stunden gewesen war.

Sie legte sich hin, stand wieder auf, holte sich eine Flasche Wasser aus dem Kühlschrank, nahm zwei Aspirin, steckte sich eine Zigarette an und sah zu, wie die Sonne vor dem Balkon aufging.

Ich hätte nicht so viel trinken dürfen, dachte sie. Warum habe ich nicht sofort nach dem Essen ein Taxi gerufen? Nachts spazieren gehen! Mit einem fremden Mann! Meine Güte, wie blöd kann man sein? Das alles hätte nicht passieren dürfen. Scheiße! Scheiße! Scheiße!

Vielleicht habe ich's einfach noch mal wissen wollen, sagte sie sich. Ist doch kein Wunder. Der ganze Stress im Job, die Sache mit dem Baby und Christian so oft weg. Ich bin irgendwie aus der Spur.

Es bedeutet nichts. Er bedeutet mir nichts. Nein, er wird sich nie wieder melden, das ist ein Jäger, ein Aufreißer, morgen hat der doch bestimmt schon die Nächste im Visier. Toni – »nur meine Eltern nennen mich Anton« – Berger. Pah! Und ich werde den Teufel tun und … Warum auch? Es war nur Sex. Verrückter, verbotener, heißer Sex. Ein Ausrutscher.

Es wird nie mehr vorkommen. Eine einzige Nacht. Ich bin neununddreißig und habe mir einen verbotenen One-Night-Stand erlaubt.

Buch es als Erfahrung ab, sagte sie sich. Schwamm drüber. Hat denn nicht jeder das Recht auf ein kleines Geheimnis?

Pippa wiederholte all das wieder und wieder, so oft, bis sie beinahe selbst daran glaubte.

Und trotzdem zuckte sie jedes Mal zusammen, wenn ihr Telefon klingelte. Jedes Mal wieder versetzte es ihr einen Stich, wenn sie am anderen Ende der Leitung wieder nicht Toni Bergers raue, tiefe Stimme hörte, und sie fühlte sich unsäglich lächerlich dabei.

Nimm dich zusammen, Pippa! Nimm dich verdammt noch mal zusammen!

Toni Berger ließ sich genau eine Woche Zeit, und schon bei seinem Begrüßungskuss, züchtig links, rechts auf die Wange, man weiß ja nie so genau, jagte Pippa die guten Vorsätze, mit denen sie sich gegen ihn und sich selbst gewappnet geglaubt hatte, zum Teufel. Es war einfach zu gut gewesen.

Von da an trafen sie sich, wann immer es bei ihnen beiden gerade irgendwie passte: in der Mittagspause, abends, wenn Christian nicht zu Hause war oder Pippa vorgab, im Fitnessstudio zu trainieren, und einmal ging sie erst mit Toni Berger und später dann mit Christian ins Bett.

Es stimmt also wirklich, was in den Zeitschriften steht, dachte Pippa, Fremdgehen wirkt wie ein Aphrodisiakum. Man nimmt niemandem etwas weg. Im Gegenteil.

Christian merkte nichts, zumindest nahm Pippa nichts wahr, was darauf hingedeutet hätte. Er lächelte nur, als er im

Schrank die beiden neuen Kleider entdeckte, und auch die Unterwäsche, die sie gekauft hatte, bordeauxrot mit schwarzer Spitze, gefiel ihm.

»Du siehst ganz schön scharf aus«, sagte er. »Komm her, du tolle Frau.«

Pippa kam sich vor, als wäre sie als Hauptfigur in einem Erica-Jong-Roman gelandet.

Toni stellte sowieso keine Fragen.

»Du musst wissen, was du tust«, hatte er gesagt. »Du bist verheiratet, nicht ich. Jeder von uns kann jederzeit die Bremse ziehen, keine Verpflichtungen. Okay?«

»Okay.«

»Ich will auch nichts Festes. Nur Spaß. Und Spaß haben wir doch …« Er strich mit der Fingerspitze um Pippas Bauchnabel und dann weiter nach unten, weiter und weiter. »Verdammt viel Spaß«, flüsterte er ihr ins Ohr.

Er sprach auch nicht von Liebe. Genau genommen, sprachen sie überhaupt nicht viel, wenn sie zusammen waren. Sie gingen auch nicht mehr aus, um niemandem über den Weg zu laufen, dem man etwas hätte erklären müssen. Sie fielen übereinander her, in Toni Bergers Haidhauser Altbauwohnung mit Blick aufs Müllersche Volksbad, die bis auf ein großes Bett und einen riesigen Flat-Screen-Fernseher nahezu leer war, in Pippas Auto, im Englischen Garten.

»Wäre doch schade, das schöne Wetter nicht auszunutzen«, sagte Pippa und schob seine Hand unter ihren Rock.

Es war der beste Sex ihres Lebens, und obwohl sich Pippa hinterher schäbig fühlte, denn hinterher, wenn sich ihr Verstand zurückmeldete, fühlte sie sich schäbig, ließ sie sich immer wieder darauf ein. Sie genoss es, so lange es dauerte, und danach, wenn sich ihr Kater endlich gelegt hatte, wollte sie es so schnell wie möglich wieder haben.

»Eine Affäre? Nicht dein Ernst! Mit wem?«

Pippa war erleichtert, dass Melanie ihr keine Vorwürfe machte. Melanie war nur enttäuscht, dass Pippa beinahe fünf Wochen und sieben heimliche Treffen mit Toni Berger gebraucht hatte, um ihre beste Freundin einzuweihen.

»Warum kommst du nicht gleich zu mir? Hast du so wenig Vertrauen?«

»Nein. Vielleicht habe ich gedacht, dass ich es kleiner machen könnte, wenn ich nicht darüber rede. Dass es gar nicht da wäre. Verstehst du?«

»Bist du verliebt in ihn?«

»Nein, verdammt, keine Ahnung, der ist doch viel zu jung für mich, ein Kindskopf, der will sich amüsieren. Er nennt es …«, Pippa malte Gänsefüßchen in die Luft, »ein Arrangement«.

»Aua. Klingt nicht sehr romantisch.«

Pippa zuckte die Achseln. »Alles andere wäre wohl auch etwas kompliziert, oder?«

»Und wie ist er so? Im Bett, meine ich.«

»Das ist es ja«, sagte Pippa, »wenn er mich anfasst, mich bloß anschaut, dann fliegen alle Sicherungen raus, ich komme nicht dagegen an … Oh Gott, ich klinge wie ein Junkie.« Pippa legte den Kopf auf Melanies Küchentisch. »In was bin ich da bloß hineingeraten?«

»Und Christian?«

»Christian …«

»Sagst du's ihm?«

»Nein, niemals, warum auch? Wie heißt es immer: Solche Dinge soll man diskret behandeln, dann tut man niemandem weh.«

»Diskret?« Melanie zog die Augenbrauen hoch. »Und es hat nichts mit der Beziehung zu tun, genau. Pippa, das ist Bullshit.«

»Es hat nichts mit Christian zu tun, nur mit mir.«

Es stimmte. Christian hatte sich nicht verändert. Christian war, wie er immer gewesen war: zuverlässig, lieb, ehrlich und verständnisvoll, witzig – auf seine eigene, ruhige Art. Ja, er musste viel reisen, aber das hatte sie gewusst. So ist das nun einmal bei Unternehmensberatern. Und wenn er dann zu Hause war, hatte er es eben gern gemütlich, bei einem schönen Essen, einem schönem Glas Wein und einem guten Krimi. Christian liebte Krimis und er liebte Pippa. Das sagte er nicht oft, aber sie spürte es. Sie spürte es genau. Christian war einer von den Guten, ein Mann ohne Abgründe, berechenbar, ungefährlich, erwachsen. Einer, mit dem man leben konnte.

Er war ganz anders als Toni Berger und anders als die anderen, die Pippa vor Christian gekannt hatte, und seit Toni Berger aufgetaucht war und alles durcheinandergewirbelt hatte, fragte sich Pippa manchmal, ob es vielleicht genau dieses Anderssein gewesen war, das sie und Christian letztendlich zusammengebracht hatte.

Er hatte ihr sein Herz zu Füßen gelegt, und nach einer Weile hatte Pippa das Geschenk angenommen und ihn zurückgeliebt. Sie war angekommen.

Und es lief doch auch gut zwischen ihnen beiden, es stimmte, sie war glücklich mit Christian. Im Großen und

Ganzen. Aber was ist schon perfekt? Im Leben bekommt doch niemand hundert Prozent.

Aber wenn sie wirklich glücklich war, warum hatte sie dann Toni Berger erlaubt, über einen Ausrutscher hinaus- und so weit in ihr Leben hineinzukommen?

So sehr Pippa auch versuchte, sich vor dieser Frage zu verstecken, sie fand Pippa immer wieder.

»Und wie soll das jetzt weitergehen?«

»Ich weiß es doch auch nicht«, sagte Pippa. »Vielleicht hört es einfach wieder auf. Das tun Affären doch üblicherweise, oder?«

»Das glaubst du ja selbst nicht. Sei vorsichtig, Pippa, sei um Himmels willen vorsichtig. Mal ehrlich, du steckst doch bis zum Hals in etwas drin, was du gar nicht bist. Und irgendwann fliegt es auf. Es fliegt immer auf.«

»Mach dir keine Sorgen. Ich bin vorsichtig, ich kriege das schon hin.«

Auch das war gelogen, dachte sie. Ich kriege es nicht hin.

Pippa sah hinüber zu den Kühen auf der Weide hinter dem Elektrozaun. Am liebsten hätte sie sich zwischen ihren großen, braun-weiß gefleckten Leibern versteckt. Das Kleid klebte an Pippas Rücken, an ihren Schultern, ihrem Bauch, an ihren Schenkeln, und obwohl es dünn und leicht war, nur ein kurzes Fähnchen, kam es Pippa vor, als steckte sie in einem Panzer, der ihr die Luft zum Atmen nahm, und einen Augenblick lang dachte sie, dass es sich ungefähr so anfühlen könnte, wenn man drauf und dran ist durchzudrehen.

Was hatte die Frau, die sich *littlemisssunshine48* nannte, in dem Internetforum geschrieben, das Pippa auf der Suche nach Antworten besucht hatte? »Es gibt nicht nur Schwarz und Weiß. Die Welt ist voller Zwischentöne, man muss nur den Mut haben, sie zu sehen und sich an ihnen zu freuen.«

Aber *littlemisssunshine48* war seit fünfundzwanzig Jahren verheiratet und hatte vor ihrem Seitensprung fast zwei Jahre lang keinen Sex mehr gehabt. Eine Entschuldigung, die Pippa nicht vorweisen konnte. Ihr Sexleben war in Ordnung. So in Ordnung, wie es nur sein konnte zwischen zwei Menschen, die sechzig bis siebzig Stunden in der Woche arbeiten und sich in- und auswendig kennen. Außerdem hatte ihr Sex noch nie so furchtbar viel bedeutet. Obsession war für Pippa nicht mehr als ein Wort mit neun Buchstaben gewesen. Bis sie Toni Berger traf.

Und ging es beim Fremdgehen tatsächlich um Mut, wie *littlemisssunshine48* behauptete? Oder war der Mut zum Zwischenton nur eine freundlichere Umschreibung für »Ich treibe es ohne Rücksicht auf Verluste mal hier, mal dort und lüge, dass sich die Balken biegen, weil ich zu feige bin, die Konsequenzen zu ziehen«?

Pippa inhalierte den Rauch ihrer Zigarette. Melanie hat völlig recht, dachte sie, ich kann das nicht. Wahrscheinlich bin ich zu katholisch oder mir fehlt einfach das Talent für ein Doppelleben.

Christian, Toni Berger, die Arbeit, die Schuldgefühle: Langsam drohte Pippa alles über den Kopf zu wachsen. War sie nicht fahrig und zerstreut? Im einen Moment so aufgedreht, dass sie kaum wusste, wohin vor lauter Energie, im nächsten tieftraurig und dann wieder gereizt wie eine unausgeschlafene Katze?

Vor ein paar Tagen erst hatte sie Christian wegen eines

Päckchens Zigaretten angebrüllt. Wegen eines Päckchens Zigaretten, das er vergessen hatte, vom Einkaufen mitzubringen.

»Was ist eigentlich los? Du bist so …«

Pippa brach in Tränen aus.

»Pippa, Kleines, bitte.«

»Es ist nichts. Sorry. Der Job und überhaupt, ich bin urlaubsreif. Lass uns wegfahren. Nach Apulien, wie letztes Jahr. Ich brauch nur mal eine Pause.«

Sie rang sich ein schiefes Lächeln ab, und Christian nahm sie in die Arme.

»Ja«, sagte er, »wir brauchen beide ein bisschen Luftveränderung, es war ein hartes Jahr. Im Oktober bin ich mit Berlin durch, dann fahren wir. Wir machen es uns richtig schön.«

Sie gingen noch einmal zusammen los, kauften Pippas Zigaretten und aßen Eis, und Pippa schwor sich, dass sie Toni Berger nicht mehr, niemals wiedertreffen, dass sie die Bremse ziehen würde.

Besser sie als er. Über kurz oder lang, wenn sie für ihn so aufregend wie ein Paar gut eingelaufener Schuhe sein würde, und dieser Moment würde kommen, weil er doch immer irgendwann kam, dann würde ihr Toni Berger ohnehin den Laufpass geben, und dieser Demütigung wollte sich Pippa um nichts in der Welt aussetzen.

Sie musste es für sich tun. Und für Christian. Weil es anfing, all das kaputt zu machen, von dem Pippa glaubte, dass sie es nicht aufgeben durfte.

Aber statt am Telefon Schluss zu machen, was das Einfachste gewesen wäre, war sie zu Toni Berger gegangen – und mit ihm unter der Dusche gelandet.

Vielleicht sollte ich wirklich einfach verschwinden, überlegte Pippa. Abhauen, zum nächsten Rastplatz, jemanden bitten, mich mitzunehmen. Irgendwohin. Mir ein Handy leihen und Christian eine SMS schicken: »Verzeih mir, ich brauche Zeit, melde mich …«

Christian würde ausflippen. Und später, wenn er sich wieder beruhigt hätte, würde er Fragen stellen, und Pippa war sich nicht sicher, ob sie ihn weiter anlügen könnte. Vielleicht wäre es sogar gut, alles oder zumindest das Wesentliche zuzugeben. Dann wäre es nicht mehr allein ihre Entscheidung. Christian würde ihr ein Ultimatum stellen und ihr damit die Fäden in die Hand geben, an denen Pippa nur zu ziehen brauchte, um das Chaos aufzulösen, in das sie sich hineinmanövriert hatte.

Und dann? Dann müssten sie beide damit leben, dass es in ihrer Ehe einmal einen Toni Berger gegeben hatte.

Pippa wusste, dass es nicht ging. Es hätte sie zu viel gekostet.

Sie drehte sich um. Christian war ausgestiegen und winkte ihr zu. Jetzt komm schon wieder her, las sie in diesem Winken. Du musst nicht mehr weglaufen. Alles ist in Ordnung.

Vielleicht, dachte Pippa, vielleicht hast du ja recht, und tief in ihr flüsterte es: Hoffentlich …

Sie hob den Arm, winkte ihrem Mann zu, lächelte – alles gut, mach dir keine Gedanken …

Sie lief zurück zum Wagen. Vorbei an den anderen zum Stillstand Verdammten und dem Fernfahrer, der Pippa mit seiner Kaffeetasse zuprostete.

Sie würde es in Ordnung bringen. Ein für alle Mal. Sie würde Christian umarmen und ihren Kopf an seine Schulter legen, sich am nächsten Morgen in die Kirche setzen und es aushalten, dass sich die Treueschwüre wie Faustschläge in ihren Magen rammen, dabei Christians warme Hand in ihrer drücken und wissen, dass er, wie sie selbst ja auch, daran dachte, wie schön es bei ihnen beiden damals gewesen war.

Sie würde Gregor und Annette gratulieren, so herzlich, wie es ihr möglich wäre, die Worte sagen, die man in einem solchen Moment sagt, über ihren Schatten springen, Hochzeit feiern und abends im Ballsaal des Schlosses mit Christian tanzen. Sie hatten schon so lange nicht mehr zusammen getanzt.

Sie würde sich ihr altes Leben wiederholen. Oder es neu beginnen, weil doch niemand aufbrechen und als derselbe Mensch zurückkehren kann. Pippa nahm es sich fest vor. Es war das Beste. Vielleicht auch nur das Vernünftigste. Sie würde es herausfinden.

TINA UEBEL

Sommerfrische kurz vorm Ende der Welt

Ich befinde mich, ganz deutlich, in einem Gespräch über Mode. Unter Frauen halt üblich. Mir kommt dabei, denke ich, eine ähnliche Rolle zu wie die einer Pariserin in der Provinz, deren gewagtes Outfit von den dortigen Damen eingehend gemustert wird. Jedenfalls vermeine ich, die mich umgebenden skeptisch-interessierten bis bewundernd-faszinierten Mienen so deuten zu können. Der Aufreger der Saison lautet in diesem Fall natürlich: Asymmetrie. Von anfänglicher Scheu konnte nicht eigentlich die Rede sein, jedenfalls nicht besonders lange, mittlerweile drehen und wenden viele raue Frauenhände meine Arme, streichen über meine Narben, dazu vielstimmiges Murmeln, Zwitschern und Rhabarbern. Kennermienen, wissendes Nicken, zweifelndes Kopfschütteln. Asymmetrie. Meine Narben, Zeugnisse meiner zeitweilig etwas robusten Lebensführung, sind asymmetrisch. Meine Ohrringe sind das übrigens auch, drei kleine Silberringe rechts, ein Silberring und ein Diamantsteckerchen links, Letzterer ein Geschenk meiner Mutter, die sich zeitweilig Sorgen macht, meiner robusten Lebensführung wegen, der Mikrobrilli sieht nach nix aus, soll mir aber im Problemfall weltweit eine Übernachtung und einen Anruf verschaffen. Nicht, dass sich hier im Umkreis von wahrscheinlich mehreren Hundert oder Tausend Quadratkilometern notwendigerweise das Konzept »Brillant« vermitteln ließe. Oder das Konzept »Telefon«. Sanfte Fingerchen auch an meinen Ohrläppchen. In meinem Ausschnitt, in dem zwei Kettenanhänger baumeln, die ich aus Prinzip nie ablege. Nur an meine Haare traut man sich noch nicht recht ran.

Dabei hat sie so angefangen, unsere kleine Party, mit meinen Haaren, frühmorgens. Als meine beiden Reisegenossen ein drängendes menschliches Bedürfnis verspürten, oder, um es mit der schmerzfreien Robustheit zu sagen, die man sich unter solchen Umständen notgedrungen angewöhnt, sie mussten, mit Verlaub, mal kacken. Sind Baumhäuser in der Nähe und sind die Bewohner schon wach, was sie eigentlich immer sind, kackt man entweder vor konzentriertem mehrdutzendköpfigem Publikum, das sich in einem geordneten Kreis mit einem knappen Meter Abstand um das unerhörte Geschehen gruppiert, oder einer von uns beginnt bei den Zelten irgendeine große Show. Zur Ablenkung. Wir bevorzugen letztere Variante. So also setzte ich mich auf einen Baumstamm und kämmte mir die Haare, sehr lange, sehr blonde Haare, ein echter Blockbuster. Die Rezensionen handeln hoffentlich nicht davon, wie dekorativ sich diese meine Haare an meinem Schrumpfkopf auf dem Kaminsims machen würden.

Meine neuen Freundinnen halten ihre dünnen braunen Arme neben die meinen und fordern von mir einen bewundernden Kommentar ein. Sehr schöne Narben, sage ich, wirklich toll, ehrlich gesagt, viel schöner als meine. So fabelhaft symmetrisch. Und viel mehr als meine paar armseligen Kratzer. Ich sage das auf Deutsch, ist ja schnuppe, hier spricht eh keiner Indonesisch mehr, und auf Korowai kann ich bloß *Manotrowo*, Guten Tag, und *Manop*, Danke, und beides habe ich vorhin schon mehrfach gesagt.

Es ist übrigens die reine Wahrheit. Die Damen sind geziert von sehr vielen, sehr schönen und vollkommen symmetrischen Schmucknarben, auf den Armen, im Gesicht, einige tragen den ganzen Oberkörper geschmückt; Kleidung, die das verbärge, tragen sie nicht, nur so was wie winzige, kunstvoll geflochtene Miniröckchen, die knapp ihre Scham bedecken. Einige wenige tragen auch unbestimmt Zerlumptes, das in einer früheren Inkarnation ein indonesisches T-Shirt oder ein Sarong gewesen sein mag. Die Männer wickeln sich Blattknöllchen um ihre Penisse, haben sich aber, als wir vom Haarekämmen zur Fashiondebatte übergingen, absentiert. Kinder dagegen sind im Überfluss vorhanden und bestaunen mein Haar. Ist Rudi dran mit dem morgendlichen Ablenkungsmanöver, bläst er Luftballons auf für die Kinder, das gibt stets ein großes Hallo.

Nachdem wir uns gegenseitig unserer Narbenwertschätzung versichert haben, reden wir über Geschmeide. Die erwähnten Anhänger meinerseits, mein Gegenüber ziert alles Mögliche, was nicht viel ist, denn hier ist nicht viel möglich. Einige Federn, einige Hundezähne, Importware offensichtlich, denn auch Hunde scheinen rar. Eine Frau besitzt bunte Perlen und ist stolz darauf. Manche schmücken sich mit versprengtem kleinteiligem Zivilisationsmüll. Kronkorken, Plastikfledder. Die Definition von Müll ist relativ. Unsere leeren Plastikwasserflaschen sind ein kostbares Geschenk hier, wo alles vermodert, so schnell, dass man glaubt, dabei zusehen zu können. Auch meine Haare riechen nach einer

Woche Dschungel entschieden modrig, was aber ihrem Faszinationspotenzial keinen Abbruch tut. Ich habe selbst fast aufgehört, meine eigenen Gerüche von denen meiner Umgebung zu unterscheiden, verschiedenster Moder, Fäulnis und Verfall verweben sich in der ununterbrochenen Hitze zu einem satt getränkten Gewebe, das sich über alle Sinne stülpt.

Ich weiß, dass schon theoretisch nichts mehr als hundertprozentig sein kann, dass meteorologisch die Luftfeuchtigkeit noch nicht mal ansatzweise diesen Wert erreichen könnte, leider aber weiß das die Luftfeuchtigkeit nicht und beträgt dementsprechend weit mehr als hundert Prozent. Die Temperatur wage ich nicht mal zu schätzen. Hemd und Hose sind hundertprozentig nass und trocknen nie. Beim Marsch durch den Dschungel scheuert das nasse Gewebe die Haut wund. Wunde Stellen heilen nicht. Der örtliche Dresscode ergibt einerseits Sinn, andererseits stirbt man hiesig in wahrscheinlich großer Zahl erbärmlich an all den beschissenen Krankheiten, die Moskitos übertragen.

Die gottverdammten Moskitos. Sie machen mich wahnsinnig und zerstechen mich trotz langärmligem Hemd und langer, scheuernder, klitschnasser Hose. Nachts liege ich wach im Schwitzhüttenzelt und kratze mich. Ich kratze mich sowohl im Wachzustand wie im Schlaf. Die aufgekratzten Stellen heilen nicht. Übers deutsche Autan lacht die hiesige Mücke, das umständlich aufgetriebene, fünfzigprozentige DEET schlürft sie mit Strohhalm und Olive. Als Aperitif, dann bin ich dran. Ab und zu organisiert uns Jonas das, was er ein *jungle bath* nennt, Brackwasser irgendeines fragwürdigen Gewässers in einer Plastiktonne, drumrum liebevoll und sorgsam Palmwedel zu einer Duschkabine gesteckt, mit einem Plastiknäpfchen gießen wir uns das piewarme Wasser über den Leib und empfinden Wohlbehagen. Währenddessen ziehen Mikroben in meine offenen Mückenstiche ein, feiern dort muntere Partys, zu denen Betaisodona gereicht wird und an denen ich noch Monate nach meiner Rückkehr Freude haben werde. Beim Auszug schließlich werden sie große, runde Narben hinterlassen, die meinen Freundinnen hier sicherlich gefallen würden.

Wir haben unsere Outfits eingehend verglichen, die Stimmung ist heiter und gelöst. Es ist nun an der Zeit, mir eine vernünftige Sprache beizubringen. Man weist mit Eifer auf die Dinge und bringt mir die Worte bei. Ich wiederhole, bis meine Aussprache zufriedenstellend scheint. Das Wort für den toten Baum, auf dem wir sitzen. Das Wort für, wahrscheinlich, all die lebenden Bäume um uns herum, deren wucherndem Übereifer unsere kleine Lichtung abgetrotzt wurde. Das Wort für, wahrscheinlich, Himmel, dessen man nur auf den kleinen Lichtungen, inmitten derer die Baumhütten stehen, überhaupt ansichtig wird. Das Wort für, wahrscheinlich, Kind. Oder Tochter. Oder Liebe. Was weiß ich. Etwa vierzig weitere Wörter, zu deren Erläuterung man wieder und wieder auf den Dschungel zeigt. Das Wort für den Blitz, der quer über den Himmel zuckt. Man lacht sich scheckig über meine Aussprache, ich lache mit, sage dann jeweils das Wort, das mutmaßliche, auf Deutsch, gucke mit Motivationstrainergesicht, bis sich ein vorwitziger Teenie an dem fremden Laut versucht, und wir lachen uns einen zusätzlichen Ast in all den Dschungel hinein.

Was ich denn wolle in Papua, wo die Menschen doch Steinzeitmenschen seien, zwischen denen und uns unüberbrückbare Jahrtausende lägen. Sommerfrische, lautet meine

Standardantwort, und: Mal nach dem Rechten sehen. Das mit den Steinzeitmenschen steht in jeder der eher raren Papua-Reportagen und ist natürlich Quatsch. Schließlich gibt es im Gebiet der Korowai gar keine Steine.

Bereits die Anreise ein Vergnügen für den Connaisseur des Robusten. In Timika mieten wir ein kleines Boot, fahren zwei Tage weit draußen auf dem Meer an der Südküste Westpapuas entlang, zu weit draußen für ein so kleines Boot. In der ersten Nacht retten wir uns vor dem plötzlichen Sturm auf ein vorgelagertes Inselchen, schlagen unsere Zelte in windgepeitschter Dunkelheit und strömendem Regen auf. Schneider, wenig seefest, schloss schon beim Heraufziehen des Sturmes mit dem Leben ab. An Agats, dem Küstenort der Asmat vorbei, schippern wir einen Dschungelfluss hinauf, bis der in der Hitze, die tags zu viel ist und nachts nicht weniger wird, schmilzt im zusammenrückenden Ufergrün. Auf Pfählen steht hier eine Missionsstation, die verlassen scheint. Vielleicht sind sie einfach hineindiffundiert in den Dschungel, die Missionare, ins brachiale, entgrenzte, übersolide, feistschwere Tropenphantasmagorium. Ich war schon vorher im Dschungel, in einem wie diesem aber war ich noch nie. Aus dem geisterhaften Ort heuert uns Jonas Träger an. Dann gehen wir los, und der Dschungel bricht über uns zusammen wie das Rote Meer über den Ägyptern.

Nichts davon naturgemäß so einfach wie es klingt. Nicht der Sturm ist das Problem, das Meer, der Dschungel, die Mikroben, nicht einmal die Moskitos. Westpapua ist, wer weiß es, ein besetztes Territorium. Wie Tibet, nur ohne Richard Gere und den Dalai Lama. Westpapua hat ein PR-Problem. Während der mandeläugige Mönch in geschmeidigem Gewand an pittoreskem Tempel ein weltweites Liebhabbedürfnis auslöst, ist der Sympathiefaktor für kriegerische nackte Wilde mit Penisköcher und Knochen in der Nase suboptimal positioniert. Wem lässt's sich verdenken, gemahnt es doch an die Wahl zwischen Kätzchen und Staffordshire-Terrier, und schließlich ist, bei aller Liebe, unser aller Aufmerksamkeit und Mitgefühl für exotische Lebensformen begrenzt. Auch die Eskimos haben es ja bekanntlich nicht leicht.

Und so bereisen wir Papua, unlängst als Zugeständnis der Indonesier rückbenamt vom indonesischen *Irian Jaya* zu Papua und nicht zu verwechseln mit Papua-Neuguinea, dem unabhängigen Nachbarstaat, nur mit diversen *permits* fürs Ausnahmezustandgebiet sowie einem spiddligen neunundzwanzigjährigen Indonesier namens Flintstone, der für eine Abenteuerreiseagentur in Jakarta arbeitet und zum ersten Mal hier ist. Die Show allerdings schmeißt Jonas. Flintstone ist *sweet*, sehr jung, sehr aufgeregt über unsere Aventüren und so was wie unser zweibeiniger Passierschein. Er träumt von großen Taten als Bergsteiger, eines Tages, via Touristenführerticket, und denkt darüber nach, ob er seine Freundin heiraten soll. Ein verdammt netter, bescheidener Mensch voller Begeisterung ist er. Die Grenzen zwischen Gut und Böse verschwimmen, wie so oft, hier im Dschungel, wo fast alles verschwimmt, wo die Luft schwer ist wie der Sabsch unter unseren Füßen.

Das Tageslicht nahezu subtrahiert von den Tagen. Über uns Blattwerk wie Beton, wir im Zwielicht. Ein alter Herr aus dem verspukten Dorf geht voran und führt, ein paar Jungspunde bahnen den Weg mit Macheten. Bereits an Tag eins harpuniert der Greis eine kleine Schlange mit hölzernem Pfeil. Jonas übersetzt, wie er das macht, er muss wohl ein Genie sein, auch er ist nicht von hier, er ist zwar ein Papua, aber ein Lani aus dem Hochland bei Wamena, spricht außer Lani, Dani und Yali auch Indonesisch, ziemlich viel Englisch und anscheinend ein rudimentäres Korowai. Oder ist unser Greis ein Citak Mitak, ich verliere die Übersicht. In Neuguinea werden von unzähligen Clans und Stämmen um die Tausend Sprachen gesprochen. Addiere die Tatsache, dass die Clans und Stämme in immerwährenden Kriegen, Kleinkriegen und Kleinstkriegen miteinander liegen, wegen Frauen, Land und Schweinen, traditionell und seit Anbeginn der Zeiten, verwundert es nicht, welch leichtes Spiel die Indonesier haben; *divide et impera*.

Sie beißt dich, sagt der Greis, präsentiert die Schlange am Spieß, Jonas übersetzt, du bist in drei Minuten tot. Meine Pinkelpausen gestalten sich hernach unentspannter.

Wir schleppen uns durch Schlamm, wir hacken uns durch Gehölz, wir waten durch Gewässer, bisweilen balancieren wir auf schlüpfrigen Baumstämmen über fünf, sechs Meter tiefe Schlünde. Ich könnte das nicht, wenn ich's nicht müsste. Jonas, der Unermüdliche, der Gute, der feine Mensch, hält meine Hand und stabilisiert meine Psyche. Er tut dasselbe für Schneider, der nicht nur unter Seekrankheit, sondern auch unter Vertigo leidet, einer unserer Träger hält dabei Schneiders zweites Händchen. Schneider ist der freieste, wagemutigste Abenteurergeist, den ich kenne. Diese Unternehmung war seine Idee, ich sagte erst zu und schaute dann im Atlas nach. Nur see- und höhenfest ist er halt nicht. Aber wir sind ja, machen wir uns nichts vor, unter anderem hier, um unsere Grenzen zu treffen, sie auf einen Drink und ein Tänzchen einzuladen und sie dann weit zu überschreiten.

Wie wir die schwindelerregendenden Baumstämmchenbrücken überschreiten, die Sümpfe, die Bäche und Flüsse durchqueren – die Mühe, unsere Schuhe auszuziehen, machen wir uns nicht mehr, wozu, ist sowieso alles nass – und dann weiter, hinein, durch die morbide Wand, die der Dschungel uns entgegenstemmt. Wenn wir rasten, erschöpft an den Baumstämmen zusammengesunken, die genauso aussehen wie die Baumstämme gestern und vorgestern und vor fünf Minuten, teile ich meine Zigaretten mit unseren Trägern, und wir rauchen schweigend, während der Dschungel um uns die Konversation übernimmt.

Abends machen wir halt an einer Dschungelstelle, die ebenso dschungelt wie alles zuvor, innerhalb weniger Minuten aber haben unsere Träger, Helfer und Führer genug davon niedergehackt, dass wir eine große Plastikplane spannen, unter der wir kochen und essen und sitzen sowie daneben unsere drei kleinen Touristenzelte aufschlagen können. Jonas schläft unter der Plane, Flintstone gezwungenermaßen auch, er tut das zum ersten Mal und klagt darüber ausgiebig. Das Zwielicht legt den Schalter um, und es ist radikalschwarze Nacht. Alles beginnt noch aufdringlicher um uns zu leben und zu lärmen. Gottesanbeterinnen, lang wie mein Unterarm, pilgern zum Licht. Eine handgroße Stabschrecke knallt gegen meinen Kopf wie ein Tennisball, es macht *bong*, und ich fühle mich benommen. Die ganze übertriebene Fauna landet, erwischt man sie, umgehend in der Pfanne unserer Begleiter, zu denen sich drei nackige Frauen gesellt haben, aus dem Stockdunkel aufgetaucht von irgendwoher. Beim zehnten oder zwanzigsten Stabschreck hat Schneider die Faxen dicke. Ich ertrag sie nicht, die schiere Biomasse, sagt er, wedelt mit Händen in Myriaden von Mücken und sucht Zuflucht im Zelt.

Uns anderen offeriert man zu später Stunde noch Made. Made ist, ich weiß das, hier so was wie Champagner. Die Sagomade ist quasi heilig, sie wird in faulenden Baumstämmen gezüchtet für die höchsten Feste. Auch Rudi ist bereits im Bett, als unsere Gastgeber ein kleines Kontingent Made auftischen, so wie man bei uns den guten Singlemalt erst rausholt und in Kostprobe offeriert, wenn die meisten gegangen sind und nur noch die guten Freunde am Küchentisch sitzen. Die Made ist groß – mittelfingerlang, zweidaumenbreit, aus Mangel an Maßband muss ich penetrant zu Körpermaßvergleichen greifen –, wohlgegart und unfassbar eklig. Flintstone, für den dieses unser kleines Abenteuer nicht weniger frappierend ist als für uns, hält eine zwischen den Fingern und sinniert. Möchtest du?, fragt er, hält mir die Made hin. Ich möchte, aus dem Impuls meines beschrubbten Machismo, der mir, wer weiß warum, innewohnt. Ich möchte, aber ich kann nicht. Ich würde gern. Jeder aber hat, schätze ich, wohl seine Grenzen. Meine liegt gleich hier, im Wendekreis der Made. *No fuckin' way*. Es kostet mich alle aufbringbare Überwindung, an dem Unding auch nur nasennah zu riechen. Flintstone zögert, hadert, fürchtet, beißt dann ein Stückchen ab, man sieht ihm an, wie er seine Zukunft als Nobody in einem fragwürdigen Land abwägt gegen den Mountaineer und Globalhelden, der er werden könnte. Ich habe Flintstone gern. Ein halbes Jahr später werde ich mir Sorgen machen, des Tsunamis wegen, aber erfahren, dass es ihm gut geht, seiner Familie auch, dass er auf Bali war und seine Freundin geheiratet hat. Nur ob er inzwischen den Puncak Jaya, den höchsten Gipfel

Neuguineas und einer der *Seven Summits*, bestiegen hat, was er sich so sehr wünschte, weiß ich immer noch nicht. Ein größerer Madenheld als ich ist er allemal. Surreale Insekten schlagen im oder nebst unserem Feuer ein, wir liegen unter Beschuss. Mein Zelt ist später mit Mücken ausgekleidet. Ich liege wach, lausche dem Gelärme des Dschungels und kratze mich.

Am nächsten Morgen steht eine Handvoll Korowai-Krieger im Camp. Kleine, stolze Männer, einer trägt einen Pflock in der Nase, ich wohne auf der Reeperbahn, ich bin mit so was vertraut. Sie sind auf der Jagd, mit großen Bogen, Sehnen aus irgendeiner Dschungelbaumfaser, rasiermesserscharfen Pfeilen aus Bambus oder Kasuar-Knochen. Der Kasuar ist ein großer Laufvogel und eine der wenigen relevanten endemischen Kreaturen. Viel höheres Leben ist nicht. Außer den Korowai. Steinzeit, wie gesagt, findet nur bedingt statt, es gibt keine Steine hier, die Steine für die berühmten Steinäxte, wundervolle, makellos geschliffene, grün irisierende Artefakte, kommen seit Jahrhunderten durch Handel aus den Bergen weit nördlich. Der Norden ist unermesslich fern, man muss sich jeden Meter gegen den Dschungel erkämpfen. Wir aber sind vorangekommen, nach zwei oder drei oder vier Tagen, wer könnte es präzisieren unter diesen Umständen, haben wir das Territorium der Korowai erreicht.

Man begegnet uns mit gelassenem Interesse. So was wie wir ist nichts wirklich Neues, Ethnologen sind hier gewesen, *Geo*- und *National-Geographic*-Reporter, Biologen, und mit Sicherheit kommen zunehmend Beschrubbte wie wir. Erstwelttouristen auf der Suche nach einer schwer entwirrbaren Melange aus, ja, was ist es, Neugier, Fernweh, Saturiertheit, Müdigkeit, Fieber, Hunger, Abenteuerlust, Angst, Ekel und Überdruss am postheroischen Zeitalter, in dem selbst der Bürger längst durch den Konsumenten ersetzt wurde, aus Eitelkeit, Lust, Angstlust, Neugier, Freude, unbändiger Freude.

Die nächsten Tage stoßen wir immer wieder auf die Lichtungen, die Korowai-Familien sich in den Dschungel geschlagen haben. Wir wenden uns zur Sonne, gleich schwächlichen Pflanzen, die unter dem erstickenden Dschungeldach kaum lebensfähig sind. Wir scheuen die noch zehn Grad mehr nicht und versuchen vergebens, unsere durchweichten Klamotten und unsere amphibische Haut zu trocknen. Die Korowai leben in Baumhütten, zwischen entastete Stämme geflochten, in zehn, zwanzig Metern Höhe. Als Treppenhaus dient ein dünner, schwingender Stamm, oben vertäut, mit kleinen Stufenkerben darin. Die Lichtung ist Sicherheitszone, Alarmanlage, den Feind nahen zu sehen. Die Papuas haben immer schon in Kriegen gelegen. Wohnt auf einer Lichtung eine Familie, befinden sich im näheren Umkreis unweigerlich weitere Baumhäuser des unmittelbaren Kleinclans. Sehen kann man sie nicht, der Dschungel schluckt alles, aber so ist es wohl, so erklären sich die Gestalten, die aus dem Dschungel, aus dem alles verschlingenden, überwältigenden grün soliden Garnichts auftauchen, sobald wir irgendwo anstolpern, uns niederlassen, gar mal in die Büsche möchten. Ich reise viel. Ich sage »Sommerfrische«, weil sich »Erkenntnis« verstiegen anhören würde.

Es lädt uns eine Familie ein, in ihr Heim, in circa fünfzehn Metern Höhe. Nicht dass wir nicht willig wären, nur brächen wir uns vermutlich alle Knochen, versuchten wir den Stunt auf dem schwingenden Kletterstab. Jonas aber weiß das, er hat am nächsten Morgen aus Bambus so was wie eine Leiter gebastelt oder basteln lassen, auf der ich, umsichtig, ganz umsichtig, ins Korowai-Penthouse klettere. Dürrer Boden, durch die Äste sieht man nach unten. Ein, zwei Trennwände, die Schlafzimmer vom Salon abgrenzen. In Ersterem geflochtene Matten als Bett. Sonst nichts. Eine Feuerstelle im Salon. Ins Dachgestühl, zwischen Bambus und Palmwedel geklemmt, die Wertsachen wie in Vitrinen. Ein Krokodilschädel, eine uralte Flinte, ein paar Sonderbarkeiten. Weiß übrigens noch wer, dass Teile Neuguineas, dieser höchst verwirrenden zweitgrößten Insel der Welt, einst deutsche Kolonie waren? Kaiser-Wilhelms-Land im Nordosten? Der Südosten britisch, der Westen den Holländern? Bizarr, denke ich und sehe auf Krokodilskopf und Flinte. Der Osten, Papua-Neuguinea, kurz PNG, ist unabhängig. Den Westen wird wohl Indonesien verschlingen, so gut es kann. Man betreibt *Transmigrasi*, die Ansiedlung seiner Bürger von den übervölkerten Inseln. Man begeht Verbrechen, die die Welt nicht sieht. Wie sollte sie auch, legt doch der Dschungel sein undurchdringliches Zwielicht über eine ohnehin anachronistische Welt. Erkenntnis, Krokodilschädel und das Plaudern über Mode mit hängebrüstigen, halb nackten Frauen. Jonas, dunkelknollengesichtig, der so alt aussieht und uns für so viel jünger hält als sich selbst, ist zweiunddreißig. Wir sind älter. Über Politik redet er nicht, wenn Flintstone in der Nähe weilt. Mit Erkenntnis stellt sich weniger Wut oder Empörung ein als Scham. Ich reise der Erkenntnis wegen, des Adrenalins, der Angst, der unbändigen Neugier und der tiefen, demütigen Scham. Es erscheint mir auf eine verstiegene Weise gesund.

An, wahrscheinlich, Tag fünf erreichen wir unser Ziel, es ist ein ritueller Platz der Korowai. An einem Fluss stehen Hütten, Versammlungshütten, ebenerdig, die Lichtung ist groß, wir versuchen zu trocknen. Ich halte meine schwärenden Geschwüre der Sonne entgegen. Wenn wir auf den Dschungelmärschen schwächeln, verteile ich Salztabletten, es ist der schwitzbedingte Salzverlust, der einen so fertigmacht, dass man nur noch taumelt und sich das Gesichtsfeld einschränkt auf einen flimmernden Korridor. Es tut gut, auch wenn es noch heißer ist, einen Moment in der Sonne zu sitzen, den Himmel zu sehen. Alles wäre einfacher, würde ich nachts schlafen, anstatt mich zu kratzen, andererseits bin ich hier, um es nicht einfach zu haben.

Kurz vor der Dämmerung kommen die Korowai. Die Dämmerung dauert in den Tropen höchstens zehn Minuten. Die Korowai kommen ungefähr zu hundert. Sie kommen rennend, bewaffnet, geschmückt, aus den Kulissen des Dschungels. Springen über die Baumstammkadaver, die auf der Lichtung faulen. Heulen und schreien. Sie tun das, man sollte es nicht vergessen, weil es Teil der Party ist, die wir schmeißen. Ihr eigenes heiliges Sagomaden-Festival, für das dieser Ort geschaffen wurde, liegt Monate in der Zukunft. Ein Fest, auch wenn's nur wir drei Deppen sind, die wir Schlemmereien in Dosen ausgeben und Tabak zum Selbstdrehen, ist immer noch ein Fest, ist ein Fest. Und so stürmen uns hundert halb nackte, heulende Höllenhunde entgegen, und ich empfinde zum ersten Mal für Momente so was wie ein kulturelles Vertigo. Ich denke an James Cook und ob es ähnlich ausgesehen haben mag, in seinen letzten Minuten. Das Geheul, eine archaische Arie über dem Chorus des Dschungels, es schreckt mir eine Woge von Freude in Mark und Gebein. Alles Endorphin, für einen Augenblick. Dann Demut angesichts der verblüffenden Gnade, hier und dabei sein zu dürfen.

Die brandende Masse der Krieger hat sich an den Hütten gebrochen, beginnt zu speisen, zu rauchen, zu sozialisieren. Miteinander, denn wir, wir gehören ja gar nicht hierher. Sind noch im Stadium von *Shock & Awe*. Weiß-schwarz-rot geschminkte Gesichter, die drei Farben, die sich der Erde entreißen lassen, derart bemalt sind auch die Schilde und Totems der Asmat. Die Asmat sind als Künstler berühmt, die Korowai leben dort, haben immer dort gelebt, wo es nicht mal Steine gibt. Wo alles nur verrottet im überfertilen Schoß des Dschungels. Wo sich richtig und falsch und gut und böse zur Unkenntlichkeit fermentieren. Sollte man sie in Ruhe lassen? Wir sollten nicht hier sein, mutmaßlich. Die Indonesier aber werden kommen, das ist sicher. Unsere beschränkten Ökos daheim, sagt Schneider, und ihr romantisierender Quatsch. Gib den Leuten hier 'ne Motorsäge in die Hand, und sie machen sofort den Scheißdschungel platt. Wer will schon das Elend, die Krankheiten, wer will schon seine Kinder sterben sehen wie die Fliegen, das findet bloß unsereins malerisch. Ich streite mich viel mit Schneider, eigentlich über alles, aber damit hat er eine Variante von recht. Möglicherweise. Wahrscheinlich. Denke ich. Was weiß ich schon, ich weiß nicht viel, dies eine der Erkenntnisse, denen ich hinterherreise.

Ein Habichtgesichtiger stolziert einher, an mir vorbei, auf den Kopf einen toten Paradiesvogel gebunden, sodass die Schwanzfedern ihm einen punkigen Look verleihen. Man trägt zudem die geschmeidigen Bögen und Köcher voller Pfeile. Speere. Nacktheit und Stolz. Es gibt keine Statistiken über diese Stämme, wie sollte es auch, und die Indonesier hätten ohnehin wenig Interesse daran. Die Lebenserwartung muss schwindelerregend niedrig, die Kindersterblichkeit schwindelerregend hoch sein. Niemand aber will sein Kind sterben sehen. Niemand will elendiglich an Malaria verrecken. Überhaupt will niemand verrecken. Das kann wohl als gesichert gelten.

Ein oder zwei Stunden später spaziere ich an dem Paradiesvogelmann vorbei. Wir sehen uns an, unsere Augen bleiben aneinander hängen, führen einen kurzen, wortlosen Dialog. Hey, sagt sein Blick, das ist, was wir sind und mal waren, was wir nicht mehr sein werden können, bald, ganz bald, leider, aber wir zeigen es dir. Jetzt, für dich, cool, oder nicht? Cool, sage ich, danke, ich weiß, dass es nicht das ist, was war, aber es ist fabelhaft, so wie ihr seid und wart, danke, dass ich noch dabei sein durfte, und übrigens, dein Vogel sieht echt gut aus. Klar, sagt er, bisschen dicke, aber cool, oder? Yupp, sagte ich, wortlos. Wir grinsen einander an, dann stolziert er davon.

Singen werden sie nicht für uns. Singen tun sie ausschließlich zu ihrem heiligen Fest. Sie singen nur für Maden, scherzt Jonas bekümmert, nicht für Touristen.

Am nächsten Morgen fühle ich mich verkatert, ohne dass auch nur ein Tropfen Alkohol geflossen wäre. Westpapua ist selbst in seinen zivilisierteren Ecken größtenteils offiziell alkoholfrei, entweder weil sich die Papuas sonst, wie alle aussterbenden Völker, zu Tode saufen würden, oder aus disziplinatorisch-religiösem Ansatz der Indonesier oder aus einer Kombination von beidem. Eineinhalb Wochen später werde ich bei den Asmat an der Küste fünf-, zehn-, zwölfjährige indonesische Mädchen sehen, wache kleine Gören, denen man Tischdeckchen über die Köpfe gebunden hat, an denen sie ob der Hitze und ihres naturgegebenen Bewegungsdrangs unablässig zuppeln werden, und mich wieder mal mit dem Islam nicht anfreunden können.

Wir sitzen im Dschungel, die meisten der gestrigen Gäste sind im Verlauf der Nacht wieder dorthinein verschwunden wie Geister. Statt ihrer sitzt Maij bei uns. Auf einem Baumstamm, einem der vielen fauligen Baumstämme, auf denen unser Leben in letzter Zeit stattfindet. Er sitzt zwischen Jonas und einem Korowai, ich und Schneider daneben. Maij ist zufällig zu Besuch, er ist ein Korowai-Batu, ein Stein-Korowai, vom Stamm ein, zwei Tagesreisen weiter nordwärts, den Bergen entgegen, dort, wo es Steine gibt, nicht bloß Schlamm. Maij sieht mit uns zum allerersten Mal weiße Menschen. Er starrt uns nicht an, er ist ein zurückhaltender, skeptischer junger Mann. Jonas bemüht sich via dolmetschendem Korowai um Dialog, einfach ist's nicht. Maij starrt uns nicht an, wir ihn möglichst ebenfalls nicht. Sein Penisblattverpackungsstyle weist ihn deutlich als von woanders her aus. Ein, zwei Tagesmärsche, eine ganze Welt. Wer irrtümlich geglaubt hat, wir wären hier bereits am Ende der Welt, sei hiermit eines Besseren belehrt.

Auch wer glaubte, all das, die Neugier, das Fernweh, die Abenteuerlust, die fiebrige Freude an neuem Territorium, sei lediglich unsere dekadente Marotte, hat nichts verstanden. Hat nicht Jonas gesehen, der Maij zu entlocken versucht, wie man weiterreisen könnte. Ins Reich der Korowai-Batu. Schwierig. Jeder Tagesmarsch müsste zunächst mit den jeweiligen Clans verhandelt werden. Sonst würde man getötet, mit rasiermesserscharfen Pfeilen aus indifferentem Dschungel, lautlos, unsichtbar. Aber würde man verhandeln, käme man weiter. Langsam. Dahin, wo noch nie jemand gewesen ist, der dort nicht immer schon war. Ins lockende Unbekannte, Ungesehene, Unerforschte, dem Ende der Welt entgegen. Jonas, der fast nichts besitzt inklusive Chancen, den die Indonesier an Flughäfen und Checkpoints schikanieren, dessen Frau oben in Wamena mich durch ihre elende Erscheinung zutiefst schockieren wird, vibriert mit leuchtenden Augen. Und träumt davon, das zu tun. Eines Tages. Nicht für Geld. Nur um dorthin zu gelangen. Wie Flintstone vom Gipfel des Puncak Jaya träumt und vom Himalaja. Wie George Mallory, als er gefragt wurde, warum er den Everest besteigen wollte, sagte: Weil er da ist. Wie ich gern mit Jonas ginge, weiter, einfach nur weiter, einfach nur immer ein Stück weiter.

Maij ist reserviert, er ahnt, die Fremden bringen die Erosion seiner Welt. Wir wissen, so ist es. Er will sich zunächst nicht fotografieren lassen, Schneider aber hat ein Foto von sich dabei, das er Maij schenkt, als Andenken, und er ertauscht sich damit die Erlaubnis zum Gegenfoto. Bevor Maij wieder in seinen Dschungel verschwindet, dorthin, wo wir ihm nicht folgen können. Nicht jetzt. Eines Tages vielleicht. Wir schauen ihm sehnsüchtig nach. Eine Sehnsucht, gerecht und universal geteilt zwischen einem Papua, einem Indonesier, einem Holländer und zwei Deutschen. Sehnsucht, Mode, Partys, Nicht-verrecken-Wollen und Nasenpiercings, Furcht und Freude; eine stets verblüffende Erkenntnis die, wie doch der Mensch dem Menschen gleicht.

Wir werden die Rückreise antreten, werden von Timika hinauffliegen ins Hochland nach Wamena und dann weiter, rastlos dem Ende der Welt hinterher. Wir werden über Berge, Pässe, urweltliche Hochebenen und entlang schwindelsteiler Täler ziehen. Werden auf einer Passhöhe, dreitausendfünfhundert Meter über dem Meeresspiegel laut Flintstones Bergsteigeruhr und meinem GPS, erschöpft und zittrig in kalten Nebeln stehen, die um bizarre Felsformationen gespenstern, verharren und schweigen, denn es wohnen Geister in den Steinen, die man nicht wecken darf. Es sind die Geister der Yali, aber es ist Flintstone, der mich ermahnt, als ich flüstere. Die Geister sind gültig für jeden von uns. Jeder von uns ist am Ende seiner Kräfte. Jeder von uns friert. Hinter jedem Pass liegt eine neue Welt. Hinter jeder neuen Welt liegt eine weitere.

In den eisigen Nächten werden wir gemeinsam ums Feuer sitzen, wie Menschen immer schon um das Feuer gesessen haben nachts, weil es warm ist und hell, und über die Welten hinter den Welten reden. Wir werden Pläne schmieden und träumen. Von Gipfeln, Flüssen, Wüsten, Dschungeln. Es ist Jonas, der nicht aufhört von den Korowai-Batu zu reden, von dem Moment, als wir zu früh umgekehrt sind und weitergehen hätten sollen. Wir reden davon, wie wir zurückkehren werden und weitergehen. Eines Tages. Weil man es tun könnte und weil es noch keiner getan hat. Darum. Weil er da ist. Über uns scheint ein Mond, den Armstrong und Aldrin im Jahr meiner Geburt betraten. Das Dunkel beginnt am Radiusrand des Feuerscheins und ist voller Geister, am Feuer sitzen wir, reden, lachen, wärmen uns die klammen Hände.

Bis dass das Boot uns scheidet

Ich konnte noch nie gut Nein sagen. Nein, das habe ich jetzt unkorrekt wiedergegeben. Die Wahrheit ist: Ich kann *überhaupt nicht* Nein sagen. Ich bin ein gutmütiger Trottel, der für alle anderen sein letztes Hemd gibt. Auf mich kann man immer zählen: Ich helfe beim Umzug, obwohl die Außentemperatur vierzig Grad beträgt; ich verleihe mein Auto, ohne zu fragen, wann ich es wiederbekomme; ich nehme, wenn es sein muss, verhaltensgestörte Kampfhunde in Pflege; und bin auch nicht böse, wenn ich am Ende des Tages nur noch eine Hand habe. Meine Freunde wissen, dass ich für sie da bin. Immer.

Mein Mann hat das relativ schnell rausgekriegt. Nicht dass ich jetzt schlecht über ihn reden möchte, nein, aber er weiß schon ganz genau, wie man mich rumkriegen kann. So geschehen in unserem ersten gemeinsamen Urlaub.

Ich muss dazu sagen, dass es für ihn nur einen Lebensinhalt gibt, außer mir natürlich, nämlich Segeln. Das hört sich jetzt so nach Freiheit, Möwen und der großen, weiten Welt an, und bestimmt könnte man denken: Ist doch toll, so auf dem Boot, was hat sie denn? Aber wie bei allen Dingen im Leben gibt es auch Schattenseiten. Jedenfalls für mich. Natürlich ist es toll auf dem Boot, und zwar genau dann, wenn die Sonne scheint, man sicher im Hafen liegt und weder Hunger noch Durst hat und auch nicht aufs Klo muss. Aber ich greife vor.

»Wir können im Sommer vier Wochen Urlaub machen«, sagte mein Mann damals im März und schaute mich fröhlich an. »Vier Wochen lang nur du und ich. Das wird herrlich.«

»Eine gute Idee«, habe ich geantwortet. »Ich wollte ja schon immer mal nach Schottland und Irland. Diese Länder atmen Geschichte. Dafür muss man sich unbedingt Zeit nehmen.«

Er ließ die Seekarte, die er bis dahin studiert hatte, sinken und meine Worte auf sich wirken. »Schottland? Irland?«

Das klang so, als hätte ich vorgeschlagen, einen Wellnessurlaub bei Kannibalen zu verbringen, die schon seit einiger Zeit Diät halten. »Ja«, antwortete ich mit leicht zitternder Stimme und krallte mich an der Tischkante fest. Zu dieser Zeit wohnten wir noch nicht lange zusammen, und es galt, vorsichtig zu sein. Schließlich wollte ich ja keine Trennung heraufbeschwören. Dann hätte ich auch gleich in Frankfurt bleiben und mir den Umzug nach Hamburg sparen können.

Er stand schweigend auf, ging mit exakt sechs Schritten zum Fenster, blieb dort stehen und starrte gedankenverloren auf die Straße. Er sah traurig aus. Sehr traurig.

Natürlich meldete sich sofort mein schlechtes Gewissen. Und noch etwas setzte mir zu: Ich konnte dieses Schweigen nicht ertragen. Damit er wieder mit mir sprach, tat ich so, als freute ich mich auf die unbeschwerten Segelwochen. Ich muss dazu sagen, dass ich gar nicht segeln kann. Außerdem habe ich Angst davor, ins Wasser zu fallen, ich habe Angst davor, mich beim Sturz vom Boot zu verletzen, ich habe Angst davor, dass das Boot umkippen könnte, und ich habe Angst davor, seekrank zu werden. Diese letzte Angst ist total unbegründet, ich muss sie nicht haben, weil es eine *Tatsache* ist, dass ich seekrank werde. Das weiß ich seit einer Klassenfahrt, bei der man auch auf Booten herumtuckerte. Und wenn man etwas weiß, muss man ja keine Angst mehr haben. Eigentlich.

Das Boot, das uns den August über eine Heimat bieten sollte, ist auch heute noch acht Meter lang und hat keinen Tritt vorn am Bug, sondern lediglich eine ungefähr fünf Zentimeter lange Metallschiene, die bei Regen auch noch total rutschig ist. Weiterhin hat das Boot keine Dusche, dafür aber wenig Platz. Es ist ein schönes Boot, wirklich, aber mit Schottland und Irland einfach nicht zu vergleichen, schon allein deswegen, weil es seinen Heimathafen in Dänemark hat. Dänemark ist wirklich nett, aber …

»Das wird so schön«, schwärmte mein Mann. »Vier Wochen. Vier Wochen lang nichts als pure Erholung. Wir werden lange Gespräche führen und uns miteinander total wohlfühlen. Uns noch besser kennenlernen. Ich freue mich sehr darauf.«

Ich freute mich, dass er nicht mehr schwieg, und nickte mit gespielter Euphorie.

Anfang August waren wir immer noch nicht getrennt, packten unsere Sachen und fuhren nach Sønderborg, wo das Boot geduldig auf uns wartete. Als bekennende *Gala*- und *Bunte*-Leserin wusste ich, dass in Sønderborg manchmal die *Dannebrog* festmacht, die Jacht der dänischen Königsfamilie. Oft auch im Sommer, denn Königin Margrethe besucht da manchmal das Sønderborger Schloss. Und, das hatte ich auch herausgefunden, ein paar Mal waren auch schon Kronprinz Frederik und seine dünne Frau Mary, geborene Donaldson, hier gewesen. Der Stadthafen von Sønderborg hatte also seine Daseinsberechtigung. Ich schwor, ich würde keine Luft mehr bekommen, wenn ich hier beim Promenieren einfach so Kronprinzessin Mary begegnete. Vielleicht würde sie mir sogar ihre Hand reichen oder sich von mir ein Eis ausgeben lassen, weil Könige doch nie Bargeld bei sich haben.

Aber keine königliche Jacht war weit und breit in Sicht, außerdem lag unser Boot auch gar nicht am Stadthafen, sondern im sogenannten Lystbådehavn, der sich außerhalb des Ortes befand. Es regnete, der Steg war glitschig, und es war mehr als mühsam, all unsere Sachen an Bord zu hieven. Auch wegen des nicht vorhandenen Tritts. Aber ich wollte nicht gleich am ersten Tag mit dem Meckern anfangen.

Nachdem aber unser einheimischer Liegeplatznachbar Søren aus seinem Boot gekrochen kam und uns lang und breit erzählte, »dass die Wetter eine schöne Scheiße ist und ist auch morgen, übermorgen und die ganze nächste Zeit nicht besser, die Wetter«, da musste ich wieder an Schottland und Irland denken. Gut, da regnet es auch, aber da wohnt man wenigstens in einem Hotel. Da kann man jederzeit duschen und muss nicht in eine verpilzte Hafenanlage latschen, um sich unter eine Gemeinschaftsbrause zu stellen, und das genau vier Minuten lang, weil dann das Wasser ausgeht und man natürlich keine weiteren Duschmarken mehr dabeihat.

Um es auf den Punkt zu bringen, in Schottland und Irland ist das Leben mit Sicherheit einfacher. Aber dann richtete ich mich auf und dachte: Das wird bestimmt alles schön. Und ich redete auf mich ein, mich nicht so anzustellen. Ich beschloss, der Situation das Beste abzugewinnen, auch wenn mir mal schlecht werden würde. Und Regen, herrje, was war schon Regen? Wir waren ja nicht aus Zucker. Bestimmt kamen auch schöne Sonnentage.

Während ich abends Geschnetzeltes und Reis auf zwei Spiritusflammen briet und kochte, regnete es immer noch. Stärker als tagsüber. Mein Mann studierte Seekarten und hörte den Wetterbericht. Manchmal machte er »Hm, hm, hm« oder nuschelte »Mist«. Ich versuchte, das als gutes Zeichen zu werten.

»Der Wind hat gedreht«, sagte er etwas später.

»Was heißt das?«, wollte ich wissen.

»Das heißt, dass wir morgen ziemlich früh rausmüssen.«

»Was heißt ziemlich früh?«, wollte ich wissen.

»So gegen sechs.«

»Gegen *sechs*?«

»Gegen sechs.« Er nickte bekräftigend.

Ich ging ins Bett und wollte noch eine Runde lesen. Das kann man auf einem Boot wirklich gut: lesen, lesen, lesen. Vorsorglich war ich noch in der Buchhandlung meines Vertrauens gewesen und habe mich mit Psychothrillern und Unterhaltungsliteratur eingedeckt; vier Wochen sind schließlich kein Pappenstiel, und das Grauenhafteste, was ich mir vorstellen konnte, war, keine Bücher dabeizuhaben. Auf einen Thriller hatte ich jetzt richtig Lust. Ich ging den Niedergang nach unten und zog meinen Schlafanzug an, schminkte mich ab und suchte nach der Büchertasche. Ja, ich hatte eine komplette Tasche nur mit Büchern gepackt. Es waren ungefähr dreißig, für jeden Tag eins, wenn man's genau nimmt. Ich fand die Tasche nicht auf Anhieb, was mich ein wenig wunderte, denn so groß war das Boot ja nicht und ich hatte sie persönlich auf den Steg gehievt.

»Wo ist denn die Büchertasche?«, rief ich nach oben, wo er schon wieder dasaß und Seekarten studierte, diesmal mit einem Stechzirkel, was hoch professionell aussah.

»Wozu brauchst du die denn jetzt?«

Herrje noch mal, wozu braucht man eine Büchertasche? »Wo ist sie?« Ich ging gar nicht auf die hirnlose Gegenfrage ein.

»Ach«, sagte er. »Die steht noch vorn.«

»Auf dem Steg?« Es regnete doch.

»Nein, schon auf dem Boot, ich hab nur vergessen, sie runterzutragen.« Na toll. Er stand auf. »Ich hol sie dir.« Er hatte schon ein bisschen was getrunken und taumelte mit einer Taschenlampe bewaffnet in Richtung Vorschiff. Ich wartete zwei Minuten, dann wagte ich die Frage »Hast du sie?« zu stellen.

»Nein«, kam es zurück. »Sie ist weg. Die muss jemand geklaut haben.«

Sicher. Man liest ja immer wieder von Leuten, die zu später Stunde in Dänemarks Häfen einfallen und Büchertaschen klauen.Von Leuten, die anderen diese Bücher einfach nicht gönnen, warten, bis es dunkel ist, und dann gewissenlos zur Tat schreiten. Die Zeitungen sind voll mit Tatsachenberichten über diese Menschen, die zusätzlich auch noch darauf warten, dass es endlich anfängt zu regnen, weil dann das Klauen noch mal mehr Spaß macht.

Noch bevor ich etwas erwidern konnte, kam ein »Oh scheiße!«. Ich krabbelte in meinem Pyjama auf dem nassen Deck zu ihm. Er leuchtete mit der Taschenlampe aufs Wasser. Und da sah ich sie. Keine verwunschene Nixe, sondern meine Büchertasche. Sie lag geschätzte zwei Meter tief auf dem Sandboden, und nur weil das Wasser hier sehr klar war, konnte man sie gut erkennen.

Augenblicklich bekam ich Sodbrennen. Und Panik. Hier in Sønderborg gab es keine Buchhandlung, die deutsche Bücher führte, das wusste ich. Und am nächsten Morgen wollten wir ja früh los, da konnte ich nicht noch mal schnell über die Grenze nach Flensburg fahren. Außerdem war morgen Sonntag. Aber vier Wochen ohne Bücher? Ein Albtraum. An das viele Geld, das die Bücher gekostet hatten, wollte ich gar nicht erst denken.

»Tja, da kann man nichts machen«, sagte mein Mann. »Es gibt Schlimmeres.« Und als er sah, dass ich sauer war, sagte er noch: »Stell dich nicht so an!«

Jetzt war ich wirklich wütend. »Deine Bücher sind ja noch alle da! Du hast ja keinen Nachteil!« Ja, meine Stimme war schrill und keifend.

Irgendwann legte ich mich in die Koje und löste in meiner Verzweiflung ein Kamikaze-Sudoku beziehungsweise versuchte, es zu lösen. Natürlich kam ich völlig durcheinander mit den ganzen Zahlen, auch weil ich so sauer war, und einen Radiergummi, um die falschen Ziffern auszulöschen, hatte ich selbstredend nicht.

Am Sonntagmorgen um sechs Uhr regnete es nicht mehr. Es schüttete wie aus Eimern. Wir mussten Ölzeug und Gummistiefel anziehen sowie bei relativ viel Wind ein kompliziertes Ablegemanöver starten. Søren kam natürlich wieder zum Vorschein und meinte, »dass die Wetter die nächste Wochen gar nicht besser würde sein und dass wir uns vielleicht hätten andere Zeit aussuche sollen, wo wir in Urlaub fahren«. Ich hätte ihn erwürgen können.

Als wir an der Brücke beim Sønderborger Stadthafen ankamen, die nur einmal pro Stunde hochging, um Boote durchzulassen, war ich trotz Ölzeug klatschnass, und selbstverständlich mussten wir bis zur nächsten Öffnung fünfundfünfzig Minuten warten und im Kreis fahren. Ich schmierte Frühstücksbrote und räumte unten auf, weil ich sonst nichts zu tun hatte. Ich hätte gern gelesen. Meinem Mann machte das alles nichts aus. Er meinte fröhlich, dass dieses Wetter einen widerstandsfähiger machen würde.

Nachdem wir die Brücke passiert hatten, konnten wir Segel setzen. Natürlich schüttete es immer noch. Und natürlich wurde mir schlecht. Und weil mir schlecht wurde, musste ich kotzen. Ich glaube, es gibt kaum einen Menschen auf dieser Welt, der es gut findet, sich zu übergeben, weil das ja so peinlich ist und stets den Eindruck erweckt, man hätte neunzehn Schnaps zu viel gehabt. Aber wenn man über einer Bootsreling hängt und kotzt, ist das noch etwas anderes, gerade im Sommer, weil das meistens andere Leute auf anderen Booten mitkriegen. In meinem Fall jedenfalls ist das immer so gewesen und wird aller Wahrscheinlichkeit nach auch immer so bleiben. Jedenfalls schauten die Leute, die ziemlich dicht neben uns auf einem Vierunddreißig-Fuß-Boot hersegelten, mit einer Mischung aus Mitleid, Verachtung und auch Ekel zu uns herüber.

Mein Mann sagte: »Ich war noch nie mit einer Frau zusammen, die vor mir gekotzt hat.« Fast hörte es sich an, als sei er stolz auf mich.

»Und mich hat noch nie vorher ein Mann zum Kotzen gebracht«, war meine Antwort, aber die hörte er nicht mehr, weil er die Kopfhörer seines iPods bereits in die Ohren gesteckt hatte.

Stunden später liefen wir in den Hafen von Ærøsund ein. Mir war kalt, ich hatte Kopfschmerzen, ich wollte heißen Tee mit Rum und meine Ruhe haben. Vor allen Dingen aber wollte ich das nasse Ölzeug ausziehen. Und ich beschloss, auf jeden Fall heute noch heiß zu duschen, egal, wie weit weg die sanitären Anlagen auf diesem Hafengelände waren. Wir tuckerten mit drei Knoten durch den Hafen, um festzustellen, dass es keinen freien Liegeplatz mehr gab. Der Hafen war knallvoll.

»Dann ankern wir eben«, sagte mein Mann mit stoischer Ruhe.

Ich war entsetzt. Ankern bei dieser Windstärke? Und außerdem würde ich nicht duschen können. Ich wollte aber duschen. Um jeden Preis. Ohne heißes Wasser würde ich mir den sicheren Tod holen. Das war eine mathematische Gewissheit. Ich sagte das meinem Mann genau so, und wir begannen zu diskutieren. Zwei Minuten später stritten wir uns so laut, dass die Leute zu uns herübersahen. Letztendlich fanden wir doch noch einen Liegeplatz, und zwar dicht gequetscht zwischen einem Motorboot und einer kleinen Segeljacht, auf der ein schlecht gelauntes Ehepaar unter der Kuchenbude saß, diesem zeltartigen Überbau im Cockpit, und sich beim Abendessen anschwieg. Ich lächelte ihnen freundlich zu und erntete böse Blicke.

»Machen Sie bitte die Musik leiser«, sagte der Mann, als ich es wagte, eine Café-del-Mar-CD einzulegen und den Regler auf zwei zu stellen. »Das hält ja kein Mensch aus.«

Ich lächelte nicht mehr und bin dann erst mal mit meinem Waschbeutel in Richtung Duschen gelaufen, um dort wiederum festzustellen, dass die Duschen »derzeit nicht benutzt werden können«. Das Hafenrestaurant war ebenfalls geschlossen. *Lukket*, wie es so schön auf Dänisch heißt. *Lukket* gleich *zu*. Ich hätte alle verfügbaren Türen eintreten können. Wenn mein Mann bei meiner Rückkehr gesagt hätte: »Stell dich nicht so an!« oder »Es gibt wohl Schlimmeres«, ich weiß nicht, was passiert wäre. Ich war auf hundertachtzig.

»Ach, na ja«, mein Mann reckte sich. »Dann duschst du eben im nächsten Hafen. Und zu essen haben wir ja genug mitgenommen.«

Toll. Toll. So hatte ich mir den ersten Abend meines Jahresurlaubs vorgestellt. Stinkend auf einem Boot hocken und Wiener Würstchen mit chemieverseuchtem Kartoffelsalat essen. Wer braucht schon ein nettes Restaurant mit gedämpftem Licht, dezenter Hintergrundmusik, einer Hummercremesuppe vorneweg, gefolgt von Lammfilets mit Rosmarinkartoffeln und frischem Feldsalat? Nein, ich musste doch dankbar sein, dass ich hier sitzen und lauwarmes Bier aus der Dose trinken durfte. Mit den netten Nachbarn, die ununterbrochen meinten, man sollte doch bitte leiser sein, das Kauen würde sie empfindlich stören.

Aber es kam noch besser. Die Crew des Motorboots, das auf der anderen Seite von uns lag, kam zurück. Angetrunken und grölend. Man riss zotige Witze und schrie nach Bier, das auch einer holte. Schließlich saßen acht Mann an Deck und brüllten sich an. An Schlaf war nicht zu denken. Es war zum Aus-der-Haut-Fahren! Und dann sagte der geräuschempfindliche Mann von der anderen Seite auch noch: »Ach, das gehört doch einfach dazu. Das muss man vorher wissen.« Die Frau nickte und sagte: »Hauptsache, niemand kaut und keiner hört Musik. Das ist Gift für meine Ohren.« Dass die sturzbetrunkene Crew mittlerweile Shantys sang, wurde von ihr ignoriert. Von meinem lieben Mann ebenfalls, der hatte schon wieder seinen iPod aktiviert, was mich daran erinnerte, dass auch ich einen iPod hatte. Ja, *hatte*. Denn der befand sich in der Büchertasche und die befand sich, wie wir wissen, auf dem Meeresgrund. Diese Tatsache besserte meine Laune natürlich erheblich.

In dieser Nacht schlief ich eine armselige Stunde lang. Am nächsten Morgen war ich gerädert, meine Haar fettig und meine Laune auf dem absoluten Tiefpunkt.

»Heute machen wir mal eine längere Strecke«, wurde ich zur Begrüßung informiert. »Das wird sicher schön.«

In dieser Sekunde dachte ich zum ersten Mal darüber nach, den Urlaub abzubrechen und mit dem Zug zurück nach Hamburg zu fahren. Aber bestimmt gab es hier keinen Bahnhof und wenn es doch einen geben sollte, würden bestimmt keine Züge fahren. Oder der Bahnhof war *lukket*.

»Was heißt *eine längere Strecke?*« Noch versuchte ich, freundlich zu bleiben. Ich war auch ein Stück weit besänftigt, weil er wenigstens so nett gewesen war, Brötchen zu holen und Kaffee zu kochen.

»Ach, so acht bis zehn Stunden«, sagte er und blinzelte mir zu. »Das Wetter ist nämlich ein bisschen besser geworden.«

Ich schaute mich um. Er hatte recht. Es regnete nicht mehr, es nieselte nur noch. Der Nieselregen kam fast waagerecht, weil der Wind immer noch ziemlich stark war.

Ich mache es kurz: Ich habe natürlich wieder gekotzt, der Wind und der Regen wurden wieder stärker, und wir waren nicht acht oder zehn Stunden unterwegs, nein, es waren zwölf, bis wir endlich im nächsten Hafen ankamen, dessen Namen ich verdrängt habe, um nicht komplett wahnsinnig zu werden. Hier war nicht allzu viel los, genau genommen gar nichts. Es gab nur den Hafen, aber noch nicht mal einen Kiosk geschweige denn – richtig! – sanitäre Anlagen.

An diesem Abend duschte ich kniend im Cockpit mit zwei Eineinhalb-Liter-PET-Flaschen stillem Mineralwasser und einem Ersatzsegel über mir, weil ich etwas nämlich nicht mag: Wenn andere Menschen mir beim Duschen zuschauen. Das mag ich genauso wenig wie die Tatsache, dass mir jemand beim Kotzen zuschaut. Und ich sagte mir immer wieder: »Nur noch achtundzwanzig Tage, nur noch achtundzwanzig Tage!« Ich sagte es wütend und zähneknirschend, denn ich war einfach genervt, nur noch genervt. Ich sehnte das Ende dieses Urlaubs herbei wie eine Zuckerkranke, die sich in der Wüste verlaufen hat und hofft, eine Insulinspritze zu finden.

An diesem Abend haben wir uns zum ersten Mal richtig gestritten, mit Anschreien, gegenseitigen Anschuldigungen, Drohungen und Sätzen wie »Das war's!«, »Blödmann!«, »Du kannst gar nichts ab, du Weichei!« und »Hau doch ab!«. Ich war so sauer und aufgebracht, dass ich ein Kamikaze-Sudoku vollständig löste, was am Adrenalin lag. Später allerdings musste ich feststellen, dass ich in je drei Reihen viermal eine Neun stehen hatte. Ich habe das Sudoku-Heft dann weggeworfen. Der Rest des Abends bestand aus Schweigen und dem hämischen Grinsen vorbeilaufender Spaziergänger, die den Streit vorher mit angehört hatten. Ich wünschte mir Dumdumgeschosse, zumindest aber eine Kleinkaliberpistole. Und ich fand alles scheiße. Das Boot, das Wetter, das hämische Grinsen, Dänemark und dass alles *lukket* war. Ich fühlte mich einsam, verlassen und ungeliebt. Alles, was mir bislang Freude gemacht hatte, war die Tatsache, dass ich mit PET-Flaschen duschen konnte.

Der nächste Tag verlief ähnlich wie dieser, und wir schwiegen uns immer noch an. Ich war nicht bereit, den ersten Schritt zu tun. Eher würde ich an meinem Schweigen ersticken. Das war doch kein Urlaub, das war Marter!

Doch dann, kaum zu glauben, ein Lichtblick: Die Sonne kam raus. Ja, die Sonne! Ich schrie: »Die Sonne ist da!« und begann, wie ein Derwisch auf dem Boot herumzutanzen. Auf einmal war es mir egal, dass ich doch als Erste was sagte, weil ich plötzlich so ein Urlaubsgefühl hatte.

»Aber wir haben keinen Wind«, war das Einzige, was mein Mann antwortete, aber auch das war mir egal. Wir hatten ja einen Motor und den konnten wir anwerfen. Ich malte mir die kommenden Tage einfach herrlich aus. Wir würden in einer idyllischen Bucht ankern und baden, wir würden Gin Tonic trinken und gute Gespräche führen. Noch nicht einmal meine Bücher vermisste ich mehr. Wozu brauchte ich jetzt noch Lesestoff? Nein, nun waren andere Zeiten angebrochen. Zeiten, in denen eine Luftmatratze, Sonnenmilch und die Badeleiter des Bootes eine tragende Rolle spielten. Und die Sonne meinte es gut. Sie beschloss zu bleiben, eine Tatsache, die ich ihr nie vergessen wollte.

»Ich will baden gehen«, erklärte ich und hopste so lange ungeduldig herum, bis wir endlich losfuhren. Kein einziges Mal hab ich gemeckert, und weil ja so wenig Wind war und wir sowieso unter Motor fahren mussten, wurde mir auch nicht schlecht. Ich versöhnte mich mit dem Boot, dem Meer, dem Urlaub und meinem Schicksal.

»Das Wasser ist aber bestimmt noch ziemlich kalt«, sagte mein Mann vorsichtig, aber ich versicherte, dass mir das ganz egal wäre. Kälte war ich schließlich gewohnt. Also tuckerten wir bei wunderbarer Wärme zu einer nahe gelegenen Bucht, und mein Mann warf dort den Anker, während ich unten im Boot stand und zuerst meinen Badeanzug anzog und uns dann Gin Tonics mixte.

»Wollen wir uns wieder vertragen?«, rief er nach unten.

Natürlich sagte ich Ja. Alles war jetzt so unwichtig. Der Urlaub hatte begonnen!

»Das ist gut«, sagte mein Mann. »Ich will nur sicherstellen, dass wir uns nicht gleich schon wieder streiten.«

Ich kletterte nach oben und reichte ihm sein Glas. Ein Frotteehandtuch hatte ich vorsorglich schon mitgebracht. Gott, war das heiß. Es wurde sekündlich heißer. Aber was gab es Schöneres, als bei Gluthitze in die Ostsee zu springen, zu schnorcheln, eine Runde ums Boot zu schwimmen, danach am Gin Tonic zu nippen und laute Musik zu hören? Und das bei schätzungsweise dreiunddreißig Grad im Schatten! Eben. Es gab nichts Schöneres. Also strahlte ich den Mann, wegen dem ich von Hessen nach Norddeutschland gezogen war, an und war plötzlich sehr verliebt.

»Tja«, meinte der nur leise und ein bisschen ängstlich.

»Was heißt hier ›Tja‹?«, wollte ich euphorisiert wissen.

»Nun ja …«

Was sollte das? Wollte er jetzt, ausgerechnet jetzt, eine Grundsatzdiskussion mit mir über was auch immer beginnen? Oh nein. Das musste warten.

»Kommst du?« Ich fummelte schon an der kleinen Reling herum, um besser auf die Badeleiter klettern zu können. Dabei schaute ich aufs Wasser.

Und da sah ich sie.

Quallen.

Nicht zehn, nicht hundert, nicht tausend. Zehntausende mussten es sein. Gut, ich neige zu Übertreibungen, aber man darf mir an dieser Stelle glauben, dass die Ostsee ein einziger Quallenteppich war. Und es waren nicht nur die harmlosen Ohrenquallen, sondern es befanden sich auch massenweise Feuerquallen an der Wasseroberfläche. Sie dümpelten vor sich hin, von Wegtreiben keine Spur, denn es war nicht der Hauch eines Windes zu spüren.

Ich drehte durch. Komplett. Zuerst schleuderte ich die mit Gin Tonic gefüllten Gläser mit einem gezielten Handkantenschlag vom Cockpit-Tisch, um mich dann am Fuß an den Scherben zu verletzen, die natürlich überall auf dem Boden herumlagen, woraufhin ich noch wütender wurde. Dann nahm ich das Handtuch und schlug auf den Tisch und die Reling ein. Und dann brachte ER es auch noch fertig zu sagen: »Jetzt reg dich doch nicht so auf. Du tust ja gerade so, als würde die Welt untergehen. Außerdem sind doch da kaum Feuerquallen, da muss man halt ein bisschen aufpassen im Wasser. Ohrenquallen tun ja nichts. Die sind total harmlos.«

Natürlich tun Ohrenquallen nichts, aber wer *einmal* eine Ohrenqualle angefasst oder unter Wasser mit dem Bein eine gestreift hat, weiß, dass sie eklig glibberig sind. So ähnlich wie dieses grüne Zeug, das es ab den Siebzigerjahren gab – es hieß Slime – und mit dem man unsympathische Leute bewerfen konnte, die daraufhin kreischend das Weite suchten. Nicht mit mir! Ich wollte nicht mit Ohrenquallen schwimmen. Und wenn man eine Feuerqualle berührte, konnte man sogar sterben, jawohl! Zwar musste man einen extrem schwachen Kreislauf und/oder einen Herzfehler haben, aber egal. Ich jedenfalls wollte nicht nach Hause fahren und meinen Freunden erzählen müssen, dass ich im Urlaub ganz viele neue Bekanntschaften gemacht hatte, die zwar keine Namen, mich aber mit tollen roten Pusteln versorgt haben.

»Ich will nach Hause, SOFORT, AUF DER STELLE, JETZT!«

Nun wurde es ihm zu bunt: »Ich kann dein Gemecker nicht mehr ertragen. Seit wir unterwegs sind, nörgelst du rum, du hast doch einen Schlag!«

»Ich habe einen Schlag?« Meine Stimme war schrill, was ich selbst nicht gut fand, weil das so hysterisch klang und nach keifendem, unzufriedenem Waschweib, aber ich war einfach so sauer, so unglaublich sauer und wütend und enttäuscht und überhaupt. »Ich habe also einen Schlag, weil ich mir wünsche, im Urlaub ins Meer zu springen? Weil ich mir Schöneres vorstellen kann, als nicht zu duschen? Weil ich gern meine Bücher hätte …«, ja, jetzt wollte ich sie natürlich wieder haben, »… was aber leider nicht geht, weil du zu blöd warst, die Tasche rechtzeitig reinzuholen. Klar, ich habe einen Schlag. Einen Vollschlag. Ich finde es auch überhaupt nicht schlimm, dass ich nachts nicht schlafen kann, weil eine Horde Schweralkoholiker Freddy-Quinn-Lieder singt, und das auch noch falsch!«

Er fragte verwundert: »Haben die echt falsch gesungen? Das hab ich gar nicht mitgekriegt«, was mich noch mehr zur Weißglut brachte. Ich schrie und zeterte und hasste mich dafür, weil ich kreischende Frauen eigentlich unmöglich finde. Am schlimmsten sind die schmuckbehängten Weiber in den feinen Hamburger Stadtteilen, die ihren Lebensinhalt darin sehen, zur Maniküre und zum Friseur zu rennen und in ihrem Porsche Cayenne einen Parkplatz zu suchen. *Die* Weiber, die Stammgast bei Bulgari auf Sylt sind, die überhaupt keine Probleme haben, aber zur Furie werden und in den höchsten Tönen losschreien, wenn es im Feinkostladen keinen Beluga-Kaviar gibt. Zu diesen Frauen wollte ich nie gehören, fühlte mich aber gerade mit ihnen aufs Engste verbunden. Und dabei wollte ich doch nur baden!

Das Ende vom Lied war, dass ich humpelnd unter Deck gestolpert bin, um meinen von Scherben zerschnittenen Fuß zu reinigen und zu verbinden. »Pass auf das Holz auf!«, wurde mir besorgt nachgerufen.

Wir fuhren später durch das Quallenmeer weiter nach Juelsminde. In Juelsminde konnte man duschen, weil die Duschen nicht *lukket* waren. Aber man brauchte Duschmarken, und die gab es nur beim Hafenmeister, und der Hafenmeister kam erst zwischen neunzehn und zweiundzwanzig Uhr zu den Booten, um die Liegeplatzgebühr einzukassieren. Das hieß im Klartext, dass man entweder auf dem Boot oder dem Steg hocken konnte, bis irgendein Dennis oder Christian mit dem Abendessen fertig war, oder aber man ging in eines der Hafenrestaurant und bekam dort einen steifen Nacken, weil man sich dauernd umdrehen und das Hafenmeisterbüro fixieren musste. Wir entschieden uns, essen zu gehen, das heißt, wir wollten uns dafür entscheiden. Es gab nämlich ein kleines Problem: Irgendeine dänische Eventagentur hatte die grandiose Idee gehabt, in den Sommermonaten mit mobilen Grills durch das Königreich zu reisen und sämtliche Restaurationen mit diesen Grills zu versorgen, selbstverständlich auch mit Grillgut. Die Dänen, ein von jeher gemütliches Völkchen, das unglaublich gern grillt und Bier trinkt, fand das natürlich super. Deswegen waren alle Restaurants im Hafen ausgebucht, und man musste aufpassen, dass man sich nicht an der glühenden Holzkohle verbrannte. Andererseits wäre mir das auch egal gewesen, ich hatte ja schon Schnittwunden am Fuß, da passten Verbrennungen doch super dazu. Oh ja, ich humpelte gern und genoss die mitleidigen Blicke. Ich suhlte mich quasi in meinem Selbstmitleid. Am liebsten hätte ich allen Leuten meinen grauenhaften Urlaubsverlauf auf die Nase gebunden, aber hier gab es, wie es schien, nur Dänen, und die sprechen ja nicht, sondern bellen sich gutturale Laute zu. So ungefähr: *»Hölööldöölgööölfööl!«* Eine Zumutung, wenn man mich fragt.

Jedenfalls bekamen wir keinen Platz, was mein Mann mit den Worten kommentierte: »Dann nehmen wir uns einfach eine Bratwurst mit.« Na super, toll.

Wieder zurück auf dem Boot warteten wir auf den Hafenmeister. Zwischendurch legte neben uns noch ein schwules Pärchen an, das sich liebevoll »Päuzelchen« und »Papa-Bär« nannte und ununterbrochen kicherte. In meinem Fuß pochte es. Offenbar hatte ich nicht alle Splitter entfernt.

Aber der Hafenmeister kam und kam nicht. Bestimmt saß er mit seiner Familie zusammen, und alle glotzten versonnen einen transportablen Grill an, auf dem Nackensteaks und Frikadellen brutzelten.

Meine Bratwurst schmeckte mir nicht. Sie hätte mir auch nicht geschmeckt, wenn sie mir geschmeckt hätte. So einfach war das.

Ich betrank mich mit Rotwein, weil ich sonst nichts zu tun hatte. Und mein Mann sollte leiden. Er hörte natürlich iPod und litt nicht. Das Wippen seines rechten Beins im Takt machte mich aggressiv. Ich wünschte ihm Fieber oder zumindest Ansätze der Pest. Nach Hause telefonieren konnte ich auch nicht, da ich nicht kapierte, wie man das Handynetz auf einen ausländischen Anbieter umstellte.

Und immer noch kein Hafenmeister.

Später saß ich draußen. »Kommst du mit duschen?«, rief Papa-Bär dem Päuzelchen zu und zwinkerte. »Ja!«, schrie das Päuzelchen. Sofort brodelte Neid in mir auf. Woher hatten die Duschmarken? Sie hatten keine, wie ich kurze Zeit später feststellte, sie gingen einfach unter Deck. Ihr Boot war nämlich größer als unseres und hatte eine eingebaute Dusche. Man hörte das gebrüllte »Oh, wie gut tut das denn!« sehr deutlich, und mir war es egal, ob das Wasser oder etwas anderes damit gemeint war.

Der Hafenmeister war auch nach dreiundzwanzig Uhr noch nicht aufgetaucht. Ich ging schlafen, was mir aber erst gegen fünf Uhr morgens gelang. Weil mein verdammter Fuß immer heftiger pochte. Bestimmt musste bald schon mein Unterschenkel amputiert werden. Aber hier zum Arzt gehen? Wie sollte ich dem verständlich machen, was ich hatte? Außerdem war Sommer, und alle Ärzte hatten mit Sicherheit eh *lukket*. Über diese Gedanken schlief ich ein. Draußen war es schon hell.

Gegen sechs Uhr wurde ich von einem Hämmern geweckt, das vom Stock des Hafenmeisters herrührte, der das Liegegeld einkassieren wollte. Ich brüllte meinem Mann zu, er möge bitte Duschmarken kaufen. An Schlaf war danach nicht mehr zu denken. Mein Fuß hatte mittlerweile die Größe eines Heißluftballons, was ich aber nicht wahrhaben wollte, obwohl ich kaum auftreten konnte.

Mein Mann fragte besorgt: »Was ist denn mit deinem Fuß los?«

Warum ist mir das eigentlich vorher nicht aufgefallen? Also dass er so war, wie er war? Aber lernt man sich nicht im Urlaub erst richtig kennen?

Ich antwortete: »Mein Fuß war schon immer so. Das ist eine Erbkrankheit«, und er nickte und sagte: »Ist mal was anderes.« Und dann studierte er mit stoischer Ruhe weiter die verdammte Seekarte und berechnete irgendwelche Kurse, die mich sowieso nicht interessierten. Tunø hieß unsere nächste Station, eine malerische, romantische Insel mit einem pittoresken Hafen und, richtig, einem Grillplatz.

Ich wollte allerdings erst mal zu den Nicht-*lukket*-Duschen in unserem Hafen gehen und verlangte von meinem Mann die Duschmarken, die er ja kaufen sollte. Natürlich hatte er das vergessen. Ich habe mich schon gar nicht mehr aufgeregt. Es hätte ja nichts genützt.

Nach dem Frühstück legte mein Mann ab, ich weigerte mich zu helfen, was auch nicht weiter kommentiert wurde. Offenbar war er der Ansicht, dass man Dinge klären konnte, indem man sie totschweigt. Gefrühstückt hatte ich im Übrigen kalte Erbsen im eigenen Sud aus der Dose, weil es in der Nähe nur einen Bäcker gab, der *lukket* war, und die Restaurants, wo man vielleicht Brot oder Brötchen hätte erstehen können, hatten noch nicht auf. Es war aber auch erst halb sieben. Aber wir hatten ja wieder eine längere Strecke vor uns. Falls es jemanden interessiert: Ich hasse die Redewendung »längere Strecke« heute noch. Sie ist für mich völlig inakzeptabel.

So machten wir uns auf nach Tunø mit dem pittoresken Hafen und durchpflügten das Meer beziehungsweise die

Quallen. Dort würde ich zum Arzt gehen. In meiner kindlichen Vorstellung waren Ärzte auf einer Insel etwas, das im Grundgesetz fest verankert sein musste. Eine Insel war ja beispielsweise bei schlechtem Wetter oder Blitzeis von der Außenwelt abgeschnitten. Wenn dann jemand einen Blinddarmdurchbruch oder einen vereiterten Weisheitszahn, möglicherweise auch eine Lebensmittelvergiftung hatte, musste doch ein Arzt zur Stelle sein.

Während wir in den kleinen Hafen einliefen und einen uns genehmen Liegeplatz suchten, zog sich der Himmel zu, es wurde bedrohlich dunkel, und Wind setzte ein.

»Das sieht nicht gut aus«, meinte mein Mann, aber darauf wäre ich auch gerade noch selbst gekommen. Während wir seitwärts an einem der hinteren Stege festmachten, begann der Jüngste Tag. Ehrlich! Es brach von einer Sekunde auf die andere ein Sturm los, wie ich ihn noch nie vorher erlebt hatte. Ich wartete nur noch darauf, dass Häuser oder Kühe durch die Gegend flogen, so wie damals in dem Film *Twister*. Es war unfassbar. Nach uns kamen noch drei oder vier Boote in den Hafen, die Menschen darauf hatten angstverzerrte Gesichter, und manche haben auch gebetet. Aus Gesprächsfetzen entnahm ich, dass man dem Tod gerade noch mal von der Schippe gesprungen wäre.

Und mein Fuß, mein Fuß. Egal, was war, ich musste zum Arzt.

»Ein Arzt?« Der Mann vom Nachbarboot lachte wiehernd auf. »Die Insel hier hat einhundertfünfzehn Einwohner. Aber ein Arzt ist nicht dabei.«

»Was soll das heißen?« Mir wurde schwummerig.

»Das heißt, dass es hier keinen gibt.« Punkt.

»Wissen Sie das ganz genau?«

»So wahr ich Norbi Strauchkötter heiße. Meine Frau hat hier vor sechs Jahren unseren Sohn bekommen. Da war ähnliches Wetter. Neun Tage lang kamen wir nicht von der Insel weg. Für einen Hubschrauber war es zu stürmisch. Aber gemeinsam haben wir es geschafft. Nicht wahr, Mutti?« Mutti kam aus dem Niedergang hoch und nickte leidend. Sie sah aus, als sei sie wieder schwanger. Vielleicht fuhren sie ja immer zur Niederkunft nach Tunø, wegen der pittoresken Idylle. Oder weil sie die Natur herausfordern wollten. Ich kletterte zurück auf unser wankendes Schiff und musste aufpassen, nicht über Bord zu gehen. Mittlerweile war nicht nur mein Fuß heiß, sondern auch mein Kopf. Ich hatte Fieber.

»Das sieht nicht gut aus«, sagte mein Mann zum zweiten Mal an diesem Tag und diesmal wirkte er wirklich besorgt.

»Es geht schon«, wisperte ich und fuhr mit der Zunge über meine trockenen Lippen, wobei ich zugeben muss, dass ich etwas übertrieb. Jemand rief von draußen »Hallo?«, und zwei Sekunden später stand Norbi vor uns. Er trug einen Koffer. Wollte er hier einziehen?

»Also, falls Sie einen Arzt brauchen, wenn es wirklich nötig ist, dann könnte ich Ihnen vielleicht helfen. Ich bin nämlich Arzt.« Ach was. Eben hatte er noch damit angegeben, dass er gemeinsam mit seiner Frau eine Niederkunft durchgestanden hätte, und jetzt gab er zu, dass er Arzt war? Aber ich sagte nichts, denn ich hatte Angst, dass er wieder gehen könnte. Also hielt ich Norbi meinen geschwollenen Fuß hin, der von ihm ausgiebig begutachtet wurde. Draußen tobte der Sturm immer heftiger.

Norbi sagte: »Ich muss ein wenig schneiden«, und ich kippte nach hinten um. Ein wenig später wachte ich wieder auf und sah Norbi mit meinem Mann dasitzen und Bier trinken. Sie beobachteten das Spektakel einlaufender Boote, die sich in letzter Sekunde in den Hafen hatten retten können. In meinem Fuß pochte es nicht mehr, weil Norbi die Splitter entfernt und irgendwas zum Desinfizieren aufgetragen hatte. Es hieß Betaisadona.

Norbi meinte: »Das nehme ich auch immer, wenn meine Pferde eine Verletzung am Bein haben.«

»Ihre Pferde?«

»Ja«, sagte Norbi. »Ich bin Tierarzt.«

Der Sturm wurde heftiger und heftiger. Ich humpelte mit meinem Mann zu der einzigen Kneipe, die geöffnet hatte. Sie war brechend voll. Ich stellte mir einmal mehr die Frage, warum Dänen sich nicht unterhielten, sondern anbrüllten, obwohl sie sich am Tisch gegenübersaßen. Wir mussten zu allem Überfluss feststellen, dass man hier nicht mit Kreditkarte, sondern nur bar bezahlen konnte. Aber wir hatten kein Bargeld mehr. Weder Euro noch dänische Kronen. Laut Wettervorhersage jedoch würden wir hier mindestens vier Tage, wenn nicht länger zubringen müssen. Glücklicherweise konnten wir aber anschreiben lassen. Der dänische Besitzer schien es nicht so genau zu nehmen mit dem Bezahlen, was uns nur recht war. Aber selbstverständlich schrieb ich mir alles auf. Ich wollte auf gar keinen Fall, dass wir auf der Insel als Kriminelle galten, die die Zeche prellten. Mit der Summe, die ich dem Wirt später überwies, hätte ich ein Auto kaufen können.

Während wir an diesem ersten Abend unser Bier tranken, wurde uns zugeschrien, dass sich im Ort ein Supermarkt befände, der Kartenzahlung akzeptiere.

»Geht Gerät nich«, sagte der freundliche Däne an der

Kasse. »Muss was mit die Stromversorgung sein wegen die Sturm. Kannst du nur mit Geld bezahlen.«

Ich bekam Panik. Unsere Vorräte waren so gut wie aufgebraucht, das Einzige, das wir noch hatten, war eine halbe Packung Knäckebrot und drei Scheiben abgelaufenen Rindersaftschinken.

»Ich rufe die Sparkasse in Hamburg an und frage, ob die telegrafisch Geld anweisen können«, informierte ich meinen Mann, der dankbar nickte, während er die unbezahlte Ware wieder in die Regale einsortierte. Aber ich konnte nicht anrufen. Es gab keinen Handyempfang.

»Kannst du nur auf die Hügel mit die Handy sprechen«, sagte der Kassierer und lächelte freundlich.

»Auf die Hügel« direkt an der Küste herrschten zwölf Windstärken. Warum auch immer, vielleicht weil das Telefon Mitleid mit mir hatte, plötzlich tauchte das Logo eines ausländischen Anbieters auf dem Display auf. Ohne dass ich etwas hätte tun müssen. Das war Schicksal, ganz klar. Aber das Handy zeigte nur einen armseligen Empfangsbalken an. Schreiend schilderte ich meiner Banksachbearbeiterin unsere Notlage und bat um Hilfe. Zwar sagte sie: »Das ist ja entsetzlich«, aber Geld anweisen, das ginge nicht. Sie wüsste auch gar nicht, wohin. Trotzdem wünschte sie mir noch einen erholsamen Urlaub.

Wir brachten es fertig, den Supermarktbesitzer davon zu überzeugen, dass wir ehrliche Menschen waren. Unter anderem bot ich ihm meinen Körper an, was er allerdings ablehnte. Er ließ sich darauf ein, uns Waren zu überlassen, die Rechnung würden wir nach unserer Heimkehr überweisen, sollte eine Heimkehr jemals der Fall sein.

Kurz gesagt: Wir waren eine Woche auf Tunø. Mir war *so*

langweilig, dass ich mir im Supermarkt zwei Fertigstickpackungen auf Kredit kaufte, um dann Veilchen- und Anemonenblüten sowie kleine grinsende Bären in Latzhosen, die sich um einen Honigtopf balgten, auf Aidastoff zu sticken. Im Kreuzstich, während draußen die Welt immer weiter unterging. Wenigstens ging es meinem Fuß besser.

Als wir Tunø endlich verlassen konnten, sprach ich sogar schon einige Worte Dänisch. Ich konnte mich bedanken, ich konnte Bier bestellen, das war mit das Wichtigste, ich konnte »Guten Tag« und »Auf Wiedersehen« sagen und ein Mittagsmenü ordern. Auf Kredit versteht sich.

Gestritten haben wir uns jeden Tag auf Deutsch. Ich machte meinen Mann für alles verantwortlich, auch dafür, dass es Tunø überhaupt gab. Und er? Er verstand mich nicht. Er meinte, das wäre doch ursprünglich und mit nichts zu vergleichen. Wer würde denn so etwas schon erleben? Damit hatte er natürlich recht, aber wer sagte, dass ich darum gebeten hatte, das hier zu erleben? Man will doch nicht automatisch alles, was es gibt, selbst erleben. Ich wollte zum Beispiel noch nie von einem Hochhaus springen und noch nie mit weißen Haien in der Abenddämmerung schwimmen, obwohl das ja auch eine Erfahrung fürs Leben wäre, wenn auch die letzte.

Als wir aus der Hafeneinfahrt rausfuhren, war ich trotzdem fast ein wenig traurig. Aber nur fast. Der Sturm war nun vorbei, aber das Tief immer noch da, was im Klartext hieß, dass es regnete. Immer wieder oder ununterbrochen. Ich konnte es nicht mehr unterscheiden. Aber ich beschloss durchzuhalten. Und so ging es weiter nach Kerteminde, nach Korsør, nach Rudkøbing und nach Svendborg. Überall regnete es. Überall waren die meisten Geschäfte *lukket*, obwohl wir Hochsaison hatten. In Svendborg blieben wir sogar einige Tage, weil irgendwas mit dem Motor nicht in Ordnung war. Hier trafen wir auch Norbi und seine Frau wieder, die immer noch Mutti hieß und schwanger aussah. Ich humpelte auch nicht mehr, was Norbi sehr freute. Und langsam wurde sogar meine Laune besser, weil der Urlaub seinem Ende zuging. Was heißt Urlaub? Der Zustand ging seinem Ende zu, der untragbare wohlgemerkt. Wenigstens waren einige sanitäre Anlagen in den Häfen nicht *lukket*, sodass ich hin und wieder duschen konnte. Aber nur vorsichtig, der Fuß durfte nicht nass werden. Also duschte ich mit einer Plastiktüte darüber, die ich oben zuband, und immer nur vier Minuten lang, weil dann das Wasser automatisch ausging und ich aus welchen Gründen auch immer nie ausreichend viele Duschmarken dabeihatte.

Es waren entspannende Zeiten.

Und so trug es sich zu, dass wir an einem wunderschönen Sommertag nach neunundzwanzig überwiegend schrecklichen Tagen mit dem Boot den Heimathafen in Sønderborg ansteuerten. Als ob das Wetter uns verhöhnen wollte, zeigte es sich von seiner besten Seite. Und bevor ich es vergesse: von Quallen keine Spur. Ich hätte nun baden können, aber ich durfte nicht wegen meines Fußes.

Abends gingen wir zum Abschluss essen und vertrugen uns halbwegs.

»Es tut mir leid«, sagte mein Mann. »Ich wollte doch auch nur einen schönen Urlaub haben.« Er sah traurig aus, und ich beschloss, ihm zu verzeihen. Wir saßen auf der Restauranttterrasse und konnten direkt auf den Stadthafen blicken. Die königliche Jacht *Dannebrog* war auch da.

Aber dann blieb mir der Bissen im Hals stecken. Ich

glaube, es war Schweinefilet. Denn am Nachbartisch nahmen gerade neue Gäste Platz.

Da sah ich sie.

Sie war noch zierlicher als auf den Fotos in der *Gala* oder der *Bunten*.

Mary!

Hier!

Mir gegenüber!

Sie trank einen Weißwein und benahm sich ganz normal. Frederik saß daneben und benahm sich auch ganz normal. Warum hätten sie sich auch nicht normal benehmen sollen?

Ich war zur Salzsäule erstarrt und verbrachte den Rest des Abends damit, die beiden anzuglotzen. Es war herrlich. Mary, sozusagen an einem Tisch mit mir. Es war so, als würden wir gemeinsam zu Abend essen. Ihr glockenhelles Lachen klang wie Musik in meinen Ohren. Wie gern wäre ich zu ihr rübergegangen und hätte sie gefragt, ob so eine Krone eigentlich viel wiegt und man Kopfweh bekommt, wenn man sie zu lange trägt. Aber das ging natürlich nicht. Das machte auch nichts, denn ich war auch so vollkommen zufrieden.

»Nächstes Jahr fahren wir nach Schottland oder irgendwo anders hin; du darfst es dir aussuchen«, sagte mein Mann und nahm meine Hand.

»Nein«, ich schüttelte den Kopf. »Lass uns wieder nach Dänemark fahren. Hier ist es doch toll.«

Er war, glaube ich, ein wenig irritiert, was ich gut nachvollziehen konnte. Zumal er mit dem Rücken zu dem Kronprinzenpaar saß, die beiden aber auch sowieso nicht erkannt hätte.

Als ich nach Hause kam, war das schlechte Wetter vergessen. Jedem erzählte ich, wie unglaublich toll dieser Urlaub gewesen war.

War er ja auch. Wenn man sich nur ans Gute erinnert.

In diesem Jahr werde ich den achten Urlaub in Dänemark verbringen. Und ich freu mich drauf. Auch wenn immer noch ziemlich viel *lukket* ist.

Verzeichnis der Autoren

Susanne Arndt

geboren 1967 in Stuttgart, studierte Amerikanistik in Hamburg und New Orleans, heute arbeitet sie als Chefreporterin bei BRIGITTE.de. Ihre ersten eineinhalb Jahre mit Söhnchen Fred beschrieb sie in ihrem Buch *KiTa, Küche, Karriere* (2007), das ebenso wie ihre erste Kurzgeschichte *Casual Friday* im *Diana Verlag* erschienen ist.

Stephan Bartels

geboren 1967 in Hamburg, studierte zunächst erfolglos für Lehramt, arbeitete nebenbei in Nachtschicht bei der Post und brillierte im Mittelfeld diverser Bezirksligavereine. 1996 machte er in der Henri-Nannen-Schule eine Ausbildung zum Journalisten. Ab 1998 war er für zwei Jahre Redakteur bei BRIGITTE, seit dem Beginn des neuen Jahrtausends ist er freier Autor. Bei BRIGITTE ist Bartels der Experte für Musik (und Fußball, was weniger ins Gewicht fällt), außerdem schreibt er bevorzugt Porträts, Psycho- und Reisegeschichten. 2008 erschien mit *Der Kilo-Killer* sein erstes Buch, ein Roman wird im nächsten Jahr folgen.

Tinka Dippel

geboren 1974 in München, studierte Politologie, arbeitete als Lokalreporterin und als Wahlbeobachterin auf dem Balkan. Dann ging sie auf die Deutsche Journalistenschule. Heute lebt sie als freie Autorin in Hamburg, reist aber viel um die Welt – oft für BRIGITTE, für die sie auch die Kunstseite schreibt.

Beatrix Gerstberger

Jahrgang 1964, studierte Politologie, Publizistik und Nordistik in Münster, lebte ein Jahr in Detroit/USA. Sie besuchte die Henri-Nannen-Journalistenschule und schrieb zunächst für den *Stern*. Seit 1994 arbeitet sie bei BRIGITTE und ist Autorin des Buches *Keine Zeit zum Abschiednehmen. Weiterleben nach seinem Tod*. Beatrix Gerstberger lebt mit ihrem Sohn in Hamburg.

Christine Grän

wurde in Graz geboren und lebte viele Jahre in Afrika. Nach ihrer Rückkehr arbeitete sie als Journalistin, bis sie in den Achtzigerjahren mit der Krimiheldin Anna Marx einen der ersten weiblichen Detektive der deutschsprachigen Kriminliteratur schuf. Seit Romanen wie *Die Hochstaplerin*, *Hurenkind* oder *Heldensterben* gehört sie zu den erfolgreichsten deutschsprachigen Romanautorinnen. Christine Grän lebt mit ihrer Familie in München.

Dora Heldt

geboren 1961 auf Sylt, machte in Bonn eine Buchhändlerlehre, in Koblenz erste Berufserfahrungen und arbeitet seit 1992 als Verlagsvertreterin. Sie schrieb vier Romane und ein Jugendbuch. Mit ihrem letzten Roman *Urlaub mit Papa* stand sie wochenlang auf der *Spiegel*-Bestsellerliste. Dora Heldt lebt heute in Hamburg.

Aexa Hennig von Lange

geboren 1973 in Hannover. 1997 erschien ihr Debütroman *Relax*, der sie zu einer der erfolgreichsten Autorinnen ihrer Generation machte. Es folgten zahlreiche Bücher, nach *Risiko* erschien im Frühjahr 2009 ihr neuester Roman *Peace*. Sie schrieb auch eine Reihe von Jugendbüchern. 2002 wurde sie mit dem Deutschen Jugendliteraturpreis ausgezeichnet. Alexa Hennig von Lange lebt in Berlin, ist verheiratet und hat zwei Kinder.

Oskar Holzberg

Jahrgang 1953, ist Psychotherapeut, Buchautor und schreibt seit vielen Jahren für BRIGITTE. Tagsüber sitzt er in seiner Praxis und hilft Frauen, Männern und Paaren, zu sich selbst zu finden. Außer er hat Urlaub. Dann flieht er mit seiner Frau und seinen drei Kindern aus Hamburg. Und genießt es ein paar Wochen, so zu tun, als sei er ein ganz anderer.

Christine Koischwitz

Jahrgang 1975, ist in Bonn, Krefeld und México City groß geworden, besuchte die Henri-Nannen-Journalistenschule, machte ihren Magister in Philosophie und Politik, war Redakteurin beim *jetzt-Magazin*, Autorin bei *Park Avenue* und ist jetzt stellvertretende Ressortleiterin bei BRIGITTE. Sie lebt in Hamburg und hat bereits zwei Kurzgeschichten veröffentlicht.

Regina Kramer

ist in Düsseldorf aufgewachsen, hat in Köln ein bisschen Psychologie und in Heidelberg viel Sprachen studiert. Wollte dann doch lieber Journalistin werden und ist es geworden. Arbeitet seit Jahren als Autorin für BRIGITTE, lebt in Berlin. Würde gern noch drei Filme drehen, Kriminologie studieren und ein Praktikum als Tiefseetaucherin machen. So viel Zeit muss sein. Wenn nichts dazwischenkommt.

Silke Pfersdorf

geboren 1963 in Hannover, studierte nach der Journalistenausbildung in Madrid, Florenz und Hamburg, schreibt vor allem für BRIGITTE und *Stern* und zwischendurch auch mal ein Buch. Nach mehreren Jahren in Tokio lebt sie mit ihren zwei Kindern wieder in Deutschland.

Till Raether

1969 in Koblenz geboren, wuchs auf in Süd-Berlin. Er besuchte die Deutsche Journalistenschule in München und studierte Amerikanistik und Geschichte in New Orleans und Berlin. Bei BRIGITTE war er unter anderem Kolumnist, stellvertretender Chefredakteur und Elternzeitvertretung. 2007 erschien sein Roman *Das Leben ist nur eine Phase*. Freier Journalist, lebt mit Familie in Hamburg.

Martina Rellin

geboren 1962 in Hamburg, absolvierte die Hamburger Journalistenschule, war bis 2001 Chefredakteurin der traditionsreichen Zeitschrift *Das Magazin* und zählt heute zu den erfolgreichsten Sachbuchautorinnen Deutschlands. Mit den Frauenalltagsporträts *Ich habe einen Liebhaber* und *Klar bin ich eine Ost-Frau!* sowie auch mit ihrem neuesten Buch *Die Wahrheit über meine Ehe* stand sie wochenlang auf der *Spiegel*-Bestsellerliste. Mit Schreib-Amateuren arbeitet sie in ihrer Schreibwerkstatt. Martina Rellin lebt mit ihrer Familie bei Berlin.

Annette Rübesamen

Jahrgang 1964, wuchs in München auf, kam aber Mitte der Neunzigerjahre im norditalienischen Turin vorbei, wo es ihr so gut gefiel, dass sie gleich dablieb und eine Familie gründete. Sie schreibt seit zwanzig Jahren als freie Journalistin und Buchautorin vor allem über Italien und Reisegeschichten.

Kristin Rübesamen

geboren in München, studierte deutsche und russische Literatur. Sie arbeitete für *Spiegel-TV*, *ARD* und *ZDF*, veröffentlichte die Romane *Später, Baby* und *Hitzefrei* und schreibt regelmäßig für die *Süddeutsche Zeitung* und die *Frankfurter Allgemeine Sonntagszeitung*. Nach langen Jahren in New York und London lebt sie nun mit ihrem Mann und ihren beiden Töchtern in Berlin.

Vera Sandberg

geboren in Berlin, absolvierte ihr Journalistikstudium in Leipzig und war zwölf Jahre lang Redakteurin einer Tageszeitung in Ostberlin. Im Juni 1989 wurde ihr die Ausreise bewilligt, seit 1990 ist sie Autorin bei BRIGITTE und hat mehrere Bücher geschrieben, zuletzt *Krebs. Und alles ist anders.* Vera Sandberg ist Mutter von zwei inzwischen erwachsenen Kindern und lebt heute bei Berlin.

Kathrin Tsainis

geboren 1967 in Nürnberg, studierte Psychologie in Erlangen und Amsterdam und besuchte im Anschluss die Hamburger Journalistenschule. Sie arbeitete als Redakteurin u. a. für BRIGITTE, war Reporterin bei *Max*, Chefredakteurin von BRIGITTE YOUNG MISS und ist seit 2006 Autorin bei BRIGITTE. 2001 veröffentlichte sie mit dem Roman *30 Kilo in drei Tagen* ihren ersten Bestseller. Es folgten *Tagediebe*, die Margarete-Mitscherlich-Biografie *Eine unbeugsame Frau* und zuletzt *Enno, mein Bett und ich.* Kathrin Tsainis lebt in Hamburg.

Tina Uebel

geboren in Hamburg, lebt und arbeitet ebendort als Schriftstellerin, Literaturveranstalterin, freie Journalistin, Aktivistin in der Literaturfusion MACHT und Poetry-Slam-MC von »Hamburg ist Slamburg« – wenn sie nicht gerade auf Reisen ist. Diverse Veröffentlichungen, u.a. die Romane *Ich bin Duke* und *Horror Vacui*. Ihr neuer Roman *Die Wahrheit über Frankie* erscheint im Herbst 2009.

Steffi von Wolff

geboren 1966, wuchs in Hessen auf. Sie arbeitete als Hotelkauffrau, Radiomoderatorin und Redakteurin. 2003 erschien ihr erster Bestseller *Fremd küssen*, dem zahlreiche weitere Erfolgsromane folgten. Steffi von Wolff lebt heute mit Mann und Sohn in Hamburg.